2023年卷
（总第1卷）

Book Review of Chinese Procedural Law

中国诉讼法学书评

第一届"韩象乾优秀读书报告奖"文选

主　　编　吴宏耀
学术秘书　刘云霄

当代中国出版社
Contemporary China Publishing House

图书在版编目（CIP）数据

中国诉讼法学书评 . 2023 年卷 . 总第 1 卷 : 第一届“韩象乾优秀读书报告奖”文选 / 吴宏耀主编 . -- 北京 : 当代中国出版社 , 2024.4
ISBN 978-7-5154-1351-8

Ⅰ . ①中… Ⅱ . ①吴… Ⅲ . ①诉讼法—中国—文集 Ⅳ . ① D925.04-53

中国国家版本馆 CIP 数据核字（2024）第 064798 号

出 版 人　王　茵
责任编辑　邓颖君　李　昭
责任校对　贾云华　康　莹
印刷监制　刘艳平
装帧设计　鲁　娟
出版发行　当代中国出版社
地　　址　北京市地安门西大街旌勇里 8 号
网　　址　http://www.ddzg.net
邮政编码　100009
编 辑 部　（010）66572156
市 场 部　（010）66572281　66572157
印　　刷　中国电影出版社印刷厂
开　　本　710 毫米 ×1000 毫米　1/16
印　　张　29.25 印张　1 插页　489 千字
版　　次　2024 年 4 月第 1 版
印　　次　2024 年 4 月第 1 次印刷
定　　价　128.00 元

前　言

为缅怀韩象乾教授，弘扬其教书育人、鼓励后学的治学精神，其家人及学生特设立“韩象乾优秀读书报告奖”。该奖学金旨在鼓励在校诉讼法学研究生以求真务实的治学精神，深耕细读法学经典著作，积淀法学素养；鼓励通过撰写书评或读书报告的方式，提升科研写作能力，为我国诉讼法学发展培育新生力量。

第一届“韩象乾优秀读书报告奖”报名作品共105篇，报名同学分别来自27所院校，根据读书报告内容分为刑事诉讼类和民事诉讼及其他类两部分，其中刑诉40篇，民诉及其他65篇。为了凸显评选活动的学术性、权威性，第一届“韩象乾优秀读书报告奖”邀请相关专家进行评选，评审专家由在高等院校、国家机关及知名律所任职的专家学者共21人组成，其中刑诉组13人，民诉组8人。

根据本届读书报告的申报情况并经韩象乾优秀读书报告奖管理委员会的一致同意，决定评审活动分为作品初审、通信匿名评审及无记名投票三个环节。初审环节，主要是根据作品主题及其关联性、格式规范性逐一进行资格审查。之后，评审专家从书籍的权威性和学术性、作者的研究背景和书籍的意义、对书籍相关问题的论证和说明、结论的学术推动性等方面对作品进行综合评价，共评选推荐优秀奖入选作品31篇。根据“公正公平”的原则，专家组通过无记名投票的方式，从入选作品中评选出10篇获奖作品。

本书即是10篇获奖作品、19篇优秀作品（从原20篇优秀作品中精选）结成的书评文集。

目　录

第一部分　获奖作品

第二部分　优秀作品

目　录

第一部分

获奖作品

刑事诉讼法的哲理化研究与哲学探索

——读《刑事诉讼法哲理思维》有感

刘邦泰*

在全面推进依法治国战略的过程中，我国的法律研究工作获得了空前发展，各部门法领域的理论成果显著，部门法学的研究重心逐渐从实践应用转变为原理探索，刑事诉讼法学研究也走上了哲理化的道路。哲理化的研究思维有助于发掘法律规范背后的哲学问题，透过现象探索本质，并从本质出发构建具有现实意义的哲学体系，丰富法学研究中的理性要素、推动法律建设的长远发展。

《刑事诉讼法哲理思维》一书由樊崇义教授著，具体呈现了我国刑事诉讼法学研究中形成的哲理思想，深刻揭示了哲理化研究走向对诉讼法学理论研究的重要影响。本书创新性地构建了包含认识论、价值论、人本论等内容的哲理体系，详细阐释了各项理论的哲理内涵、所涉及的哲学问题以及在哲学思维下的现实应用等内容，为推进法学研究的哲理化进程奠定了坚实基础。而且，本书的哲理研究与法律实践联系紧密，绝非脱离实践的空谈，而是具有现实性的哲学探索，能够为法律完善提供理性的思考范式，同时也能够指引法律工作者从更深层次理解、适用法律，可以促使我国的法治文明建设跃上新的台阶。

本书共分八章。第一章从部门法学的哲理化出发，概述了我国刑事诉讼法学研究的哲理走向和初步构建的哲学科学体系，明确了哲理思维在众多课题研究中的重大意义以及哲学探索对实践的反思和指导作用；第二、三、四章分别介绍了诉讼认识论、诉讼价值论和诉讼人本论，并详细说明了每项理论的背景来源、含义要旨、现实意义等内容；第五章讲述了具有创新意义的实证方法论对传统研究范式的扩展，以及作者运用该方法论展开法学研究的过程；第六、七章是对诉讼原理研究和检察制度原理研究的介绍；第八章是结合哲学探索与理论研究提出的关于刑事诉讼法再修改的理性思考。

---

* 中国政法大学刑事司法学院诉讼法学硕士研究生。

樊崇义：《刑事诉讼法哲理思维》，中国人民公安大学出版社 2019 年版

本书蕴含的哲理知识丰富、哲学思维精深。从哲理角度对刑事诉讼法学问题展开深度挖掘，有助于构建具有哲学品格的刑事诉讼基础理论，将诉讼法理研究推上新的层次。笔者将基于阅读感悟，探讨本书介绍的诉讼理论与原理研究内容，力求在理解作者高深哲理思维的同时，进行具有哲学意义的探索，提出有利于刑事诉讼法哲理化发展的个性思考。

一、刑事诉讼法哲理化研究路径及展望

（一）哲理化研究路径

1. 起始：哲理化研究意识的出现与普遍化发展

哲理化研究是从哲理的高度、以哲学思维的形式认识部门法学的内容，探索部门法问题背后的哲学原理。[1] 当学者意识到哲理化研究的重要性并在部门法研究中展开哲理探讨时，法学的研究方式开始发生转变。

---

[1] 樊崇义：《刑事诉讼法哲理思维》，中国人民公安大学出版社 2019 年版，第 2 页。

哲理化研究意识刚出现时，具有显著的个体特征，研究的产出数量较少、覆盖面窄、局部性强，难以形成体系化的哲理观点。随着部分重要学者对哲理化研究的介绍以及哲学思想的普及，这种意识在学界中被普遍接受，具有开拓性的研究成果也随之大量出现，结构性的哲学体系得以构造。普遍性的哲理化研究意识成为刑事诉讼法学研究的重要指引，法律哲理也成了这一学科的重要研究方向。

本书作者较早意识到刑事诉讼法学研究应当从注释法学、文本法学迈向理性法学，并且在 2004 年提出了“部门法学哲理化”这一关键命题，引发了学界讨论，获得了一定共识。从那时起，刑事诉讼法的哲理研究开始从学者的个体意识转变为学界的普遍意识。伴随本书作者沿着哲理思路编著的第四版《刑事诉讼法学》教材的出版与适用，这种意识的普遍性影响进一步加强。

2．构建：课题研究的哲理化与哲学体系

在学者意识到哲理化研究的重要意义后，他们会逐渐在课题研究中使用哲理化的研究方法。众多学者对这一方式的接受与认可，推动了哲学与刑事诉讼法学的交融，哲理化研究成了刑事诉讼法学领域必不可少的研究方法之一。

从 2002 年至 2012 年，多位诉讼法博士研究生开创性地对刑事程序的法哲学原理、诉讼主体、诉讼认识、诉讼行为等课题展开哲理化研究，形成了丰富的理论成果。在利用哲理思维对刑事诉讼法律中的大量问题进行分析和思考后，需要从规范层面抽象出刑事诉讼法哲学的范畴和原理并体系化。本书作者在分析和研究学术成果哲理走向的同时，对刑事诉讼法哲学体系中应当包含的内容，如本体论、认识论、价值论、行为论、运行论等，均有了清晰的认识。这些具有系统关联的理论共同组成了刑事诉讼法哲学体系的雏形，为之后更深入的研究提供了基础框架。

从针对刑事诉讼法中的某一问题进行哲理化研究到构建刑事诉讼法哲学体系，这一过程既是学者哲学认识水平提升的过程，也是哲理化研究成果在积累过程中由量变产生质变的过程。

3．发展：哲学体系内涵的丰富和正确的哲学指引

在刑事诉讼法的哲理体系框架搭建起来后，新一代学者开始以既定的理论框架分析法律问题，并将哲理化研究的成果不断填充进体系框架中。不同于构建阶段的哲理化研究，在发展阶段的研究已经有了初步的哲理基础，而且会基于已有的哲理体系或原理展开分析。例如，在诉讼价值论的哲学体系形成后，学者会在

该框架下结合以人权保障为核心的程序正义论[1]等内容分析法律问题。在已形成的体系框架基础上展开哲理化研究，可以促成体系内涵的不断丰满与扩充，我国目前的研究就处于这一发展阶段。

逐渐丰富的哲学内涵对法律建设有重要的指引作用，为法律制度与法学体系的完善提供了学理基础。通过研究以马克思主义唯物史观为指导的诉讼认识理论，学者们意识到客观真实理论的缺陷与法律真实的合理性和正当性，并开始积极推动相关法律制度的修改；对诉讼人本论的研究充分揭示了刑事诉讼中人权保障的重要意义，促使诉讼程序向着充分体现人文精神的“文明、进步、民主与法治”水平发展[2]；在哲学思维指引下的实证研究理论为刑事诉讼法学研究提供了新的工具，改变了传统的思辨研究模式，使得研究结果更加贴合实践、更具有指导法律完善的现实意义。

（二）哲理化研究的未来展望

1．哲学体系下的逻辑整合

逻辑整合是指在哲学体系发展的过程中，同一理论内使用的逻辑统一、不同理论间使用的逻辑互不冲突。在刑事诉讼法学哲理体系建立、哲理内涵不断扩充的过程中，各项理论内部的逻辑整合至关重要。如果从基础理论上就是互不统一、相互矛盾的，那么很难期望在运用理论进行法学实践，如制定法律、修改法律、适用法律时，不会出现矛盾。

例如，在对诉讼价值论的研究中，通过反思目的价值观的缺陷，过程价值观得以产生并逐渐成为我国诉讼理论界的通说。在过程价值观的基础上，诉讼的目的价值与形式价值具有功能的一致性。[3]但是传统目的价值观视角下的安全、自由、秩序等价值，是否在新的价值观下依然有存在的意义，是否能用目的价值与形式价值重新解释，或者能否被取代或替换，其背后的逻辑尚待厘清。

又如，基于对检察制度的原理研究，审判监督权作为一种程序性的制衡权力并不会危害审判机关的实体处理，应当承认检察权的这种制衡作用。[4]可是基于诉

---

[1] 樊崇义：《刑事诉讼法哲理思维》，中国人民公安大学出版社2019年版，第14页。
[2] 同上书，第29页。
[3] 同上书，第157页。
[4] 同上书，第324页。

讼人本论，制度参与主体（包括法官、检察官、诉讼参与人等）的自利性等人性弱点不能被忽略。因此行使审判权的法官可能出于对工作业绩、工作评价等方面的考量担心审判监督权对自己带来负面影响；检察官也可能为了使公诉意见得到支持滥用监督权，影响法官的审理和判断。因此，在探究检察制度原理时必须考虑到诉讼人本理论，从“人”出发考虑行使检察监督权力对案件审判的影响，并完善和补充现有理论。

从上述例证可以发现，在同一理论的发展中会发生新旧观念的交替，这一过程可能会造成理论内部的逻辑系统无法周延，以致新观念下的理论逻辑难以解释旧观念中的合理部分。面对此种情形，需要研究理论内部的逻辑统一问题，在扬弃的同时完成内部整合。在不同理论之间，理论交接部分的冲突同样值得注意，虽然理论内部的逻辑可以自洽，但是由于理论基础不同，在相互接触时难免会产生无法密切接合的情况。理论具有指引具体制度运行的重要价值，具体制度总是协同发挥作用，如果不能及时发现并解决理论间的逻辑矛盾，理论冲突最终会反映到制度中并对法律实践产生负面影响。

2．创新理论的突破发展

经过哲学体系的构建，刑事诉讼法学的话语体系逐渐形成，基础概念的内涵越发清晰，各项理论的内容要旨愈渐明确，对某项制度进行理论分析的内容也较为固定。刑事诉讼法学研究似乎已然变成对现今哲学框架体系和理论内容的细致“修补”，仅需从细节层面加固这座“法学大厦”即可。

但是，笔者在此大胆提出一个观点：突破现今的刑事诉讼法哲学体系进行创新理论研究是极为必要的。已有的哲学框架虽然能够完整包含现行法律所涉及的各项问题，并作出合理的理论归纳与解释，但是这样的框架却也会限制学者研究，使其不得不在思考某一问题时将已有的理论代入其中，并用现成的分析范式进行研究，这在一定程度上阻碍了学术观点的创新。笔者认为，应当鼓励学者从哲学建构的角度出发，突破已有的哲学体系框架束缚，从多种角度甚至援用其他学科的理论（哲学、社会学、政治学等）思考某一法学问题并推动哲学体系的多样化发展。从课题研究的角度看，学者应当是从理性出发而不是从传统出发进行研究，在研究过程中只要其思维逻辑能够自洽、结论可以符合共同的价值观念，尽管研究成果可能学术影响较低，但是也应当被承认是具有理论价值的。

3．突破法学的理论借鉴

突破法学的理论借鉴既是创新理论发展的重要方式，也是刑事诉讼法哲学体系得以具有持久生命力的重要方式。在交叉学科发展的大背景下，刑事诉讼法学者必须注意其他学科理论或研究对本学科理论产生的影响，并且敢于借鉴其他学科的理论来解释问题。

例如，在数据信息技术高速发展的今天，对于证据制度中电子数据的理论研究应当结合数据科学的相关知识，从电子数据的本质出发构建具有自然科学基础的法学理论；又如，当分析对被追诉人人权保障的问题时，可以借鉴政治学的内容，从权力与权利间的矛盾统一关系出发展开讨论；再如，在研究法律制度时，除了应用思辨研究、实证研究等方式，还有必要借鉴社会学研究的成熟范式，采用SWOT分析法、主体选择指标评估体系等展开科学调研。

不可否认的是，借鉴其他学科的理论研究刑事诉讼法学问题对学者的理论素养提出了更高的要求，这意味着一名学者在精通本学科理论的基础上还要同时掌握其他学科的专业知识。但是从本书写到的“部门法哲理化研究”这一观点看，从哲学的角度思考部门法学的理论问题既然已经获得了学界认可，那么交叉学科理论研究也必将成为刑事诉讼法学未来的发展方向。

二、诉讼认识论：向法律真实的转变与诉讼认识的新视角

（一）从客观真实向法律真实跨越

1．对辩证唯物主义认识论的理解

根据辩证唯物主义认识论，认识主体对于客观对象的认识过程是一个长期的、无止境的发展过程，需要通过反复、深入的认识以加深对客体的理解，无限接近客观对象方能获得与对象完全相符的认识结果。因为认识主体的认识能力是有限的、客观对象是复杂的，所以认识主体只有不断发展认识能力才能逐渐加深认识，其很难在初次接触客观对象时就获得与客观对象完全相同的主观认识。而且从绝对真理和相对真理的关系上看，某一历史阶段的人对客观事物或者规律的认识往往具有相对性与局限性，只能认识相对真理。但是由于历史是不断发展的，而且人的认识能力在不断提高、认识活动在不断进行，所以站在历史维度下从人

类整体看，在反复认识客观事物或规律的过程中，人的认识将会越来越接近绝对真理。

因此，作为现实中个体的人，必须承认自身认识能力的局限性，即难以获得与客观对象完全一致的主观认识、难以认识到绝对真理，但是承认局限性并不意味着个体性的人只能放弃认识活动或者认识到的都只是与客观对象不相符合的谬误。作为个体的人可以充分发挥主观能动性，努力缩小主观认识与客观对象之间的差异，或者只认识客观对象的一部分并在部分认识对象的过程中获得依旧具有意义的相对真理。对客观对象的部分认识是指认识主体局限于认识能力和认识目的而进行的认识，在认识主体无法获得与客观对象完全一致的认识时，其可以根据自身实践活动的需要，有选择性地认识部分内容或降低认识的深入程度，以在认识有限性的前提下获得可以满足需要的内容。

2．客观真实标准的认识限制

辩证唯物主义的认识论可以作为诉讼认识论的理论基础，指导刑事诉讼认识活动的开展，结合这一理论展开分析，我们可以发现刑事诉讼活动中存在诸多限制使其非常难以达到客观真实标准。

我国传统证据法学者一直坚信“司法人员只要依法正确收集和审查判断证据，完全有可能对案件事实做出符合客观实际的认识”[1]，即司法人员当然有能力也必然可以通过合法手段获得对案件客观事实的准确认识，认识到案件的实际情况。但是随着司法认识活动的不断开展，越来越多的学者和实务工作人员意识到认识客观真实的难度，并且开始质疑这一标准的现实合理性。

（1）认识对象的方式

在现代非知情人裁判制度下，裁判者直接面对的一般不是作为认识对象的案件事实，而是为证明案件事实而提出的证据[2]，这是一种回溯历史的认识。这样的认识方式使得裁判者并不能身处案件中直接展开认识过程，其只能通过间接手段推理案件事实，这增加了裁判者对案件“客观真实”的认识难度。而且，可以据以裁判的证据必须具有证据能力，如果证据不是合法获得的，裁判者将不能根据其认定案件事实。对于裁判者以外的其他司法工作人员，也都只能在案件发生后

---

[1] 陈一云主编:《证据学》，中国人民大学出版社2000年版，第116页。

[2] 吴宏耀:《诉讼认识论》，中国政法大学2002年博士学位论文。

展开对案件事实的认识，而且基于侦查手段、科技能力的限制，对案件事实的认识同样是有限的。

（2）认识主体的认识能力

在证据裁判规则下，裁判者需要基于案件证据推断案件事实，在这一过程中裁判者依据理性逻辑、经验法则从证据出发对案件事实展开自由评价❶，其认识能力发挥着至关重要的作用。因为人的理性和知识储备是有限的，而且在推理过程中人会受到感性因素的影响，所以裁判者对案件事实的认识也注定是片面和有限的，很难得到绝对的客观事实。即使裁判者能够保持绝对冷静并在储备足够知识的情况下进行推理，由于在证据评价中诉讼推理的形式是以演绎形式进行的归纳推理，推理结论也只能具有或然性而非必然性。❷

（3）认识过程

诉讼过程是具有法律意义的流程，参与诉讼认识的主体必须遵守法律的各项规定和要求，不能任意展开诉讼认识活动。法律规范的要求使得认识主体的行为、证据的收集、证据的采纳、事实的裁判等都受到一定程度的限制。这些法律限制使得诉讼程序在人权保障等方面的价值得以体现，如“疑罪从无原则”在使诉讼认识过程终止的同时保护了被追诉人的人权，也使得客观真实标准更加难以达成。

（4）认识时间

诉讼认识过程不是无限地追求真理的过程，而是有限地解决纠纷的过程，因此法律限制了诉讼进行的时间。从辩证唯物主义认识论的原理可知，只有在趋于无限地对客观事物的认识中才能不断接近绝对真理，作为个体的人只能获得具有一定正确性的相对真理。诉讼认识作为有时间限制的认识，其从理论层面几乎否定了认识主体认识绝对真理的可能，也就是说，认识主体在有限的时间内很难做到主观认识完全符合客观实际。因此，对客观事实绝对真理性的认识基本是不可能的。

3．法律真实的认识要求

与客观真实标准相比，法律真实标准更符合诉讼活动的实际，是诉讼认识主

---

❶ 樊崇义：《刑事诉讼法哲理思维》，中国人民公安大学出版社 2019 年版，第 106 页。

❷ 同上书，第 68 页。

体可以达到的具有可操作性的标准。诉讼认识活动不同于人类一般意义上的认识活动，其诸多特点决定了诉讼主体认识客观事实极其困难而且并无必要性。对于客观真实标准的无限追求不仅与诉讼认识的客观情况相冲突，而且会对实务人员的工作开展造成负面影响。因此，在诉讼认识活动中，采用法律真实作为认识的理论标准更具有现实意义。

（1）根据法律规定开展诉讼认识活动

法律真实要求诉讼认识活动严格遵守法律规定。这意味着应当由符合法律条件的认识主体经过法定程序收集、审查证据，并通过合法的推理办法判断案件事实并达到法律规定的真实标准，依法作出裁判。在检验认定事实的确定性、合理性与合法性时，基于法律真实标准，主要检验证据资料的合法性、可靠性及关联性、程序合法性、认识主体推理的高度确定性等。[1]

（2）认识主体对法律要求的事实进行认识

在法律真实标准下，认识主体不需要对案件事实的各个方面都有准确的认识，仅需要对法律要求的内容有符合法律标准的认识。这既包括了刑事实体法上对于判断是否犯罪的构成要件事实、罪轻罪重的从轻减轻或从重事实等，也包括了程序法上与管辖、回避等相关的事实，还包括了证据法事实。法律真实要求主体在认识过程中牢记法律规范，仅需认识具有法律意义的事实，不必将客观事实认识得面面俱到。

（3）对“案件事实清楚，证据确实、充分”的理解

法律真实是诉讼活动中的认识标准，“案件事实清楚，证据确实、充分”是这一理论认识标准在我国刑事诉讼证明中的规范体现。应当站在法律真实的立场上理解“案件事实清楚”，这里的“事实”是法律意义上的事实，而不是客观事实。诉讼认识存在有限性，如果将证明标准中的“事实”理解为客观事实，那么就意味着诉讼主体必须在证明中达到客观真实标准，这样的标准不仅缺乏可操作性，而且在大量案件中难以实现。

对案件事实的法律认识必须要坚持证据裁判原则，这既符合诉讼活动的基本原理也符合法律规定。证据是连接客观事实与主观认识的桥梁，是诉讼认识主体认识案件事实的手段，必须依据证据认定案件事实，才能保证诉讼认识正确反映

---

[1] 樊崇义：《刑事诉讼法哲理思维》，中国人民公安大学出版社 2019 年版，第 101 页。

案件情况。“证据确实、充分”从质和量两个角度对证据提出了要求，据以定案的证据需要经过法律程序查证属实，而且与定罪量刑相关的事实都要有证据证明，在综合全案证据后根据逻辑与经验认定的事实要能够排除合理怀疑。[1]

（二）利用集合的观点解释“从客观真实到法律真实”

1．基本构想

从客观真实到法律真实的转变是诉讼认识论发展的体现，认识主体对案件事实的认识在一系列法律条件的约束下很难达到客观真实的水平。因为客观真实要求主体认识与客观事实完全一致，这不仅是非常高的标准，而且从马克思主义认识论的角度也是难以实现的。

笔者为了展现认识客观事实的难度和法律真实较客观真实的合理性，创新利用了集合论的知识，将客观事实中包含的不同要素组成一个集合，并通过分析认识要素的数量和认识可能性，体现不同认识标准的差异。

2．观点展示

世界是不断运动的，人的活动也是不断进行的，在这其中，人通过行为与人、物发生关系，产生了大量的事实。这些事实是以人的行为为内容的人与物状态变化的集合。在认识时，首先需要选定一个时间、空间与主体范围。如果不选定范围，基于运动的绝对性，认识活动将及于全部的人类生活，这样广泛的认识是没有实际意义的。

当选定了某个范围内的事实并开始认识事实时，可以想见在需要认识的事实中包含诸多要素，这些要素包括人的行为、物体的运动、形态变化等。根据这些要素所从属的主体不同，可以人和物为单位进行分类。

例如，当我们对某个时间段发生在某地的杀人事实进行认识时，可以该事实中的行凶者、被害人、凶器、地面、环境中的其他物体等为单位进行认识。人与人、人与物之间会存在相互作用，如人拿刀、脚踩地面，这种相互作用与对人和物都需要认识并不矛盾，可以说如果分别认识了人的行为和刀的形态那么自然会认识到人拿刀，而当认识了人拿刀后也自然能区分出人的行为和刀的形态。因此，

---

[1] 《刑事诉讼法》第55条第2款：“证据确实、充分，应当符合以下条件：（一）定罪量刑的事实都有证据证明；（二）据以定案的证据均经法定程序查证属实；（三）综合全案证据，对所认定事实已排除合理怀疑。”

这样的要素归类方式符合认识特点。

根据以上分析可以将需要认识的“对象事实”以其中包含的人和物为单位拆分为细小的“单元事实”，当对所有的“单元事实”进行认识后，可以说对认识对象的主观认识达到了完全符合客观事实的程度，达到了客观真实。我们将每个“单元事实”以字母命名，需要认识的“对象事实”就是“单元事实”的集合：

$$对象事实=\{A, B, C, \cdots, n\}$$

当在认识“对象事实”的过程中考虑法律要素时，可以发现基于法律并不需要认识“对象事实”中的每个人或物，其中一部分是与法律规定中的构成要件无关的。以前述杀人事实为例，对于杀人案件，法律要求认识行为、对象、结果、因果关系、主观过错等，而在杀人发生时同这些法律要求无关的、在案件发生地的一些物体变化，如某物积落灰尘，是不需要认识的。这样一来，以人或物为单位在法律意义上需要认识的“单元事实”集合为：

$$法律意义上的对象事实=\{A, B, C, \cdots, m\}\ (m \leqslant n)$$

在对比两种事实集合后可以发现，法律意义上的“对象事实”是包含案件“单元事实”元素较少的集合，“对象事实”是包含案件“单元事实”元素最多的集合。在此基础上，可以推算出能够完全认识法律意义上的“对象事实”的“单元事实”集合数量为：

$$完全认识的单元事实集合数量=2^{n-m}$$

不能完全认识法律意义上的对象事实的事实集合数量为：

$$不完全认识的单元事实集合数量=2^{n}-2^{n-m}$$

从这一简单分析可以看出，依客观真实标准需要认识“对象事实”中所有要素的可能只有一种，而满足法律意义上的事实认识的“单元事实”集合数量一定更多，而且其中的要素更少，这意味着实现这种认识的可能更大、难度更小。在多个完全认识的单元事实集合中，认识主体只要完成对其中一个的认识就可以达到法律真实的要求。

还需注意的是，不完全认识的单元事实集合数量在一般情况下（当法律意义上需要认识的“单元事实”数量大于1时）会多于完全认识的单元事实集合数量。这意味着认识主体更容易产生不能完全符合法律真实的认识。笔者认为，正是因为认识主体在诉讼活动中更容易产生这种认识，才使得支持客观真实的呼声不断增加。在客观真实标准下主体不得不认识尽可能多的单元事实，并用不断趋近于客观事实的认识方式避免不充分认识的发生。

必须说明的是，在现实的认识活动中，并不是以整体方式认识“单元事实”的，而是会将其展开为多个能以证据表现的更细小的事实。经过展开，同一“单元事实”中的很多要素也将会成为法律意义上无须认识的要素，法律真实标准使认识活动的难度大大降低。

三、诉讼价值论：过程价值观视角下的目的价值与形式价值

（一）目的价值观与过程价值观基础上的目的价值

1．从目的价值观到过程价值观

目的价值观是指将刑事诉讼活动追求的目标作为刑事诉讼的价值，一般这些价值包括秩序、公正、效益等。目的价值观能够体现出诉讼制度的实体目的和社会理想，揭示了制度存在的正当性根基[1]，但是这一价值观忽略了在诉讼程序运行过程中追求的“善”，不能系统展现刑事诉讼丰富的价值内涵，具有明显的局限性。

在反思目的价值观的缺陷后，学界突破性地提出了过程价值观，发现了过程意义上的刑事诉讼价值，并且意识到这种价值视角更能赋予刑事诉讼独立的理论品格，不会使其成为刑事实体的附庸。基于过程价值观，刑事诉讼活动在运行过程中可以表现出一种独特的价值，这种价值随着诉讼活动的开展而逐渐实现；即使诉讼活动没有带来符合期待的实体效果，该价值依旧可以因诉讼的有序进行而存在。可以说，过程价值是与诉讼活动紧密贴合的，只要存在合法、有序进行的诉讼活动，这种价值就能实现。

从目的价值观到过程价值观的转变是我国学界对刑事诉讼活动理解的转变，刑事诉讼不再仅是保证刑法正确实施、惩罚犯罪的法律活动，还具有保障个人权利，尤其是保障被追诉人权利的重要意义。在刑事诉讼活动中，秩序、安全等目的价值固然需要考虑，但是同时也必须要保证诉讼程序合法进行、被追诉人的合法权利不会受到侵犯，不能为了获知案件真相而利用非法手段获取证据，更不能为了追求社会控制的效果强迫被追诉人作出有罪供述。诉讼程序的良性运行是过

[1] 樊崇义：《刑事诉讼法哲理思维》，中国人民公安大学出版社 2019 年版，第 101 页。

程价值的实现方式，破坏程序合法运行所带来的价值损害在一定程度上会比诉讼目的无法实现的损害更大、更令人难以接受。

2. 过程价值观基础上的目的价值

书中提到的过程价值观基础上的诉讼目的价值是指实体公正，实体公正着眼于在行动层面解决纠纷。[1] 笔者认为，过程价值观中的目的价值在概念上与目的价值观中的价值有相似之处，需要进一步区分内涵，以有助于理解。

目的价值观中的价值包含公正，此处的“公正”是刑事诉讼目的的体现。通过诉讼活动能够最终得到一个公正的案件处理结果时，这种价值就实现了。目的价值观中的公正价值着眼于刑事诉讼的结果，通过观察和分析诉讼结果便可以确定是否满足这种价值。诉讼过程在公正价值的实现中只起到间接作用，其存在意义仅是为产生正确的诉讼结果。

过程价值观中的目的价值表现为实体公正，我们对实体公正的理解通常是案件处理结果的公正，但是从过程价值观的角度分析，这种公正蕴含在诉讼过程当中。在验证这种价值是否达成时，需分析诉讼过程对实体处理结果的影响作用，当过程中存在违法行为，以致会侵害公民的基本权利、减损结果的可信度时，无论结果在客观上是否是正确的，均不能认为实现了过程价值观中的实体公正价值。

由此可见，过程价值观基础上的目的价值对刑事诉讼活动提出了更高要求，其不仅要求案件的处理结果是正确的，同时也要求案件的处理过程是合法的。合法的处理过程有助于增强结果的可信性，不能为了获得正确的结果而不择手段。试想，如果法院作出的判决结果因诉讼程序违法而受到质疑，那么尽管这一结果具有正确性，司法公信力也会大幅下降。

（二）过程价值观下的程序公正

过程价值观承认诉讼程序本身具备独立的品质，程序公正是指在程序运行过程中体现的公正，从过程价值观看程序公正价值可以更好地理解该价值的程序属性，认识到诉讼活动运行中凝结的这一珍贵品质。

笔者赞同本书作者的观点，认为程序公正在价值冲突中具有优先性。和实体公正不同，当程序依照法律规定运行后，其公正价值在现实意义上便已经能够实

[1] 樊崇义:《刑事诉讼法哲理思维》，中国人民公安大学出版社 2019 年版，第 157 页。

现。虽然我们当下刑事诉讼法规范中对于程序的规定离理想中的程序公正价值还有一定距离，但是从实践的角度看，能够严格根据法律规范进行的程序已经在一定程度上体现出了程序公正价值。

更进一步讲，我国刑事诉讼活动中程序公正价值体现不佳的原因，主要并不是法律规定不完善、程序不先进，而是实务人员尚未完全转变“重实体，轻程序”的错误思想，常常为了追求所谓正确的司法结果，违反程序要求，采用刑讯逼供、超期羁押、不当羁押等侵犯被追诉人诉讼权利的手段。通过坚守现行法律规定以体现程序公正具有重要的现实意义。

而且，诉讼程序相较于无法确定、难以琢磨的实体结果而言，具有很强的刚性与确定性，是可见的公正。在经过法定程序处理案件后，尽管裁判结果可能不会得到所有人的满意或者认定的事实不具有极高的准确性，但是对程序的严格遵守可以减轻公众的不理解、缓解社会对案件处理的不认可情绪。相反，如果违背程序规定处理案件，那么即使获得的案件结果在客观上是正确的，人们也会产生怀疑，质疑司法能力和公信力。

四、诉讼人本论：人性作用下的建构偏差与人权保障的发展

（一）人性作用下的建构偏差

1．在人性作用下的法律

本书作者认为刑事诉讼中人性的内容包括人的需求性、知性方面的有限理性和德行方面的自利性[1]，在承认这些特性存在的基础上应当采取相应的措施避免其对诉讼活动开展造成不利影响。

人性会在实践中指引人的行为，也会指引人参与的法律活动。虽然《刑事诉讼法》对诉讼行为作出了明确规定，但是在人性作用下实务人员和诉讼参与人的实践会偏离已有规范并形成一套“潜规则”，这套“潜规则”脱胎于法律并形成于实践。例如，在速裁案件中，被追诉人可能并不知道法律规定和诉讼权利，其需求仅是尽快完成诉讼程序，司法工作人员出于尽快结案的需求和不愿增加

---

[1] 樊崇义：《刑事诉讼法哲理思维》，中国人民公安大学出版社2019年版，第204页。

工作负担的自利性，也不会向其详细解释认罪认罚的结果，仅会在告知其认罪认罚可以少判刑后，便引导其签字同意。在这一过程中形式上的法律要求基本达到了，但是由于人性的作用，实践中的法律发生了异变，“潜规则”成为诉讼活动的根据。

2．实践中的法建构偏差

（1）观点介绍

笔者认为，实践中指导行为的规范可能是在人性作用下由法律异变形成的“潜规则”，这种“潜规则”中有对法律未规定内容的细化、有对法律作出的偏离立法目的的补充、有违背法律要求的简化、也有忽略法律具体要求的无视等。这些“潜规则”建构了一套与制定法不同的现实规范，这部“现实法”指导着真实的实践活动。因为在人性的作用下法律要求发生了实用上的变化，所以我们可以通过分析人性以探知这种实践建构规范与本应当严格遵守的法律之间的偏差。

（2）有限理性造成的法建构偏差

在人的有限理性作用下，司法工作人员很难完全认识案件的客观真实情况，充分掌握刑事诉讼领域全部的法律规范，对法律的理解也有可能与法律本身的要求不同。如此一来，司法工作人员对案件事实的认定很可能无法与客观事实保持完全一致，在法律适用过程中也仅能根据自己对法律的理解适用熟悉的法律条文。在实践中能起到规范作用的法律就从制定法变成了符合司法工作人员理解能力和知识水平的法律，据以定案的事实也成了司法工作人员根据其心中的法律要求获知和认定的事实。

对于事实认定问题，虽然在实践中很难获得与客观事实完全一致的认识，但是必须努力追求法律真实与客观真实相一致。由于对制定法理解的有限性，可能出现追求与客观真实更相符的非法律事实的情况。比如，审判人员认为为了获取案件事实可以默许刑讯逼供行为，并利用刑讯获取的证据认定了案件事实，这一过程获得的事实并非法律事实，因为据以认定事实的证据是非法证据，应当予以排除。

有限理性使制定法在实践中的运行情况与理想中的情况不完全相同，真正运行的规范建构出了一套实践中的法并获得了司法工作人员的遵守，而这套法与制定法之间的偏差便是理性理解不及的部分。这一偏差的存在使得法律无法得到良好的遵行，很多规则的设定也只剩下了文本字面的意义，既不利于法律目的实现更不利于维护法秩序的统一。因此，应当在承认有限理性的基础上从增长理性、增强法的可理解度与可操作性上纠正这一偏差。在制定法律的过程中应当认识到司法工作人员并非全能的法律人，制定可操作性强且矛盾少的法律规范，不能一味地依赖工作人员根据对法律原则的理解去实施缺乏具体规则或规则之间存在冲突的行为。同时也要注重加强法律工作人员的专业素质，通过提升其知识水平、增强其认识能力，促进理性的不断发展，以使其更好地掌握和适用法律。

（3）自利性造成的法建构偏差

人的自利性是普遍存在的，承认人性的缺点可以更好地设定制度以避免自利对诉讼产生不良影响。在自利性的作用下，司法工作人员和诉讼参与人都希望诉讼活动可以尽可能减少负面后果、增加积极利益。司法工作人员不希望因为存在违法办案或办案不力情况而受到体系内的负面评价，希望完成重要案件以获得奖励或荣誉。被追诉人希望获得最少的刑罚，得到减刑或假释。辩护人不希望辩护工作占用其太多时间，希望在相同时间办理更多的案件，等等。

这些想法都是因人的自利性而存在的，在实践中会使人的行为有追求积极利益、排斥消极利益的特点。这些利益中有的是合理的权益要求，如被追诉人希望获得更多、更广泛的辩护权利；有些利益则是不合理的，如司法工作人员为避免被追诉人潜逃，不论情况一律逮捕。追求利益的主体虽然在行为时会考虑法律要求并尽可能遵守，但是因为法律的理想化规定和人性特点的存在，实践中的惯常行为会建构出一套不同于制定法的规则。

为了保证法秩序的统一性和权威性，必须消除实践法与制定法之间的偏差，通过构建预防机制避免自利性的不良影响。在法律制定过程中应当充分认识到，参与诉讼活动的人都不是理想中的人，均存在人性弱点，并在承认自利性的基础上合理设计司法程序以避免诉讼主体为了追求私利而放弃遵守法律。比如，在规定法院负责罚金和没收财产的执行时，应当考虑到法官的自利性会造成法院滥用财产刑，因此可以将这一权力交由其他机构执行以避免不良后果。❶

（4）需求性造成的法建构偏差

人的需求包括合理需求与不合理需求，对于合理需求应当支持和保障，对于不合理需求应当反对并防止其实现。我国《刑事诉讼法》赋予了诉讼参与人一系

---

❶ 樊崇义：《刑事诉讼法哲理思维》，中国人民公安大学出版社 2019 年版，第 221 页。

列法律权利，能够在一定程度上保障其合理需求。但是从理论层面看，规范的保障力度依旧不够充分，如辩护人不具有在场权、被追诉人没有沉默权等。诉讼参与人内心对合理需求的追求会使其产生一种对法律规范的期待，并在理想中建构出一套应然存在的法律。理想中的法律虽然不具有现实实体，但是如果其具有代表性，那么这些由合理需求转化形成的理想法便具备了成为制定法的可能，制定法偏离了合理需求的内容应当被纠正。因此，在法律修改中必须充分了解各方参与主体的合理需求，分析需求的现实性和可操作性，并将其中的可行内容以制定法的形式规定下来，以求更好地保障权利。

不合理需求会使人为了满足自己的利益而损害他人利益，打破法律设计的利益平衡。在实践中参与诉讼活动的人为了实现自己的不合理需求可能会破坏法律秩序，在法律之外建构属于自己的规范，形成与制定法不同的“潜规则”。不合理需求的存在使得“潜规则”出现并与制定法偏离，为了坚决防止这类需求实现，应当采用一系列法律手段予以规制，通过设立惩罚规则、加大打击力度、严格执法等方式，杜绝“潜规则”对法治文明的消极影响。

（二）人权保障的发展

随着社会发展，人权的内涵在不断扩充，现已经历了自由权本位、生存权本位与发展权本位三个阶段[1]，甚至有学者提出人权的发展已经进入了和谐权本位阶段[2]。人权的发展与保护密切相关，属于人权的基本权利必须在诉讼活动中获得保护，而且法律规定要有利于实现这些权利。伴随人权观念不断深入人心，我国的法治建设越来越注重保障人权，人权保障成了一项被写入宪法的基本原则。在刑事诉讼法领域，人权的司法保障工作更是取得了很多重要成果，并且向着积极的方向不断发展。

刑事诉讼中的人权保障主要是指对被追诉人的权利保障。在法治文明的发展中，被追诉人的身份地位从诉讼客体转变为诉讼主体，对其基本权利的保护得到了越来越多的关注。在缺乏人权保障时，被追诉人在诉讼中往往会受到不公正的待遇，刑讯逼供时有发生，人身权、自由权、财产权均会受到侵害。经过我国

---

[1] 樊崇义：《刑事诉讼法哲理思维》，中国人民公安大学出版社 2019 年版，第 221 页。

[2] 徐显明：《和谐权：第四代人权》，载《人权》2006 年第 2 期，第 31 页。

《刑事诉讼法》的多次修改和相关司法解释的补充，被告人的辩护权内涵不断扩大，“不得强迫自证其罪”原则与非法证据排除规则确立，司法公开与监督形式创新，多个诉讼程序都得到完善。广大社会公众在这一过程中对诉讼的认识发生了转变，逐渐认可被追诉人应当享有基本人权，未经人民法院依法判决对任何人都不得确认为有罪。

对人权理解的加深是人权保障得到不断发展的基础，只有在认识到被追诉人享有人权，享有和普通人一样的人身、财产权利时，权利保障措施才有建立的土壤。在刑事诉讼活动中与被追诉人对抗的是公权力机关，被追诉人的权利很容易受到公权力侵害，因此在我国《刑事诉讼法》未来的发展中，必须首先明确人权保障的重要意义，将保障人权作为首要的立法目的，并且在程序设计方面采取有效措施贯彻落实，加强对侦查权的制约、合理设置庭前审查程序、保证控辩双方充分参与量刑程序等。[1]

五、实证方法论：践行、反思与构想

（一）基本观点

本书作者系统分析了我国刑事诉讼法学研究方法的历史变化，并提出了应用实证研究方法推动我国研究方法转型的观点。[2]笔者对此深感赞同，并认为实证研究法在研究法律规范的社会运行效果方面有着其他方法难以比拟的作用，其能引导学者深入社会实践，观察各项法律在适用时产生的现实影响，弥补了思辨类研究方法的缺陷，真正将研究目光聚焦在了“活”的法律上。

当《刑事诉讼法》及相关法律规范制定后，参与刑事诉讼的国家机关和公民个人会按照法律规范开展活动，纸面上的“静态”法律走入了社会实践。但是不同国家机关、公民对规定理解存在差异，基于相同法律规定作出的法律行为可能会因地域、时间、案件的不同而不同，在实践中真正对刑事诉讼活动发生规制作用的规则可能与法律的字面规定或规定精神存在差异。这既可能是因为存在法律

---

[1] 樊崇义：《刑事诉讼法哲理思维》，中国人民公安大学出版社2019年版，第221页。

[2] 同上书，第248页。

空白而不得不补充形成实践规则，也可能是因为法律规范本身存在冲突而必须选择适用，还可能是因为法律工作人员的专业素养有限难以准确适用等，正是因为法律规范条文在实践中“活化”后可能会产生“异变”，了解在实践中真正运行的法律才是切实发现法律条文中隐藏问题的不二之法，实证研究方法就是了解这一情况的最好方式。

（二）践行：利用实证方法论展开研究

在阅读了本书作者提出的实证方法论后，笔者联想到自己参与的两项利用实证研究法进行的刑事诉讼法学专题研究，分别是针对刑事速裁程序中上诉不加刑原则的适用问题研究和针对非羁押性强制措施人员管理模式的研究。

在针对刑事速裁程序中上诉不加刑原则的适用问题研究过程中，笔者采用案例分析法展开实证研究，分析了700余件案例的判决情况，了解到司法实践中法院和检察院对刑事速裁上诉案件的不同态度以及速裁程序中被告人上诉后的刑罚变化情况。在这一实证研究中，笔者发现虽然我国法律[1]和司法解释[2]都明确规定了上诉不加刑原则，但是《关于适用认罪认罚从宽制度的指导意见》（以下简称《认罪认罚指导意见》）第45条提出对部分速裁上诉案件可以发回重审不再按认罪认罚从宽处理[3]，似乎默许法院可以突破上诉不加刑原则裁判，而且在针对该条文的参考案例中更提出了“重新判罚的结果如果比原审重，是根据案件事实、性质、情节以及被告人因认罪认罚所得到的从宽待遇被取消等因素所致，并非‘加重’被告人的刑罚”[4]。由此可见，法律规范间存在的冲突会引起实践中法律适用的困难，造成“同案不同判”的窘况，而正是通过实证研究方法才能让笔者更清晰

---

[1] 《刑事诉讼法》第237条第1款：“第二审人民法院审理被告人或者他的法定代理人、辩护人、近亲属上诉的案件，不得加重被告人的刑罚。第二审人民法院发回原审人民法院重新审判的案件，除有新的犯罪事实，人民检察院补充起诉的以外，原审人民法院也不得加重被告人的刑罚。”

[2] 《最高人民法院关于适用〈中华人民共和国刑事诉讼法〉的解释》第401条：“审理被告人或者其法定代理人、辩护人、近亲属提出上诉的案件，不得对被告人的刑罚作出实质不利的改判。”

[3] 《关于适用认罪认罚从宽制度的指导意见》第45条：“被告人不服适用速裁程序作出的第一审判决提出上诉的案件，可以不开庭审理。第二审人民法院审查后，按照下列情形分别处理：（一）发现被告人以事实不清、证据不足为由提出上诉的，应当裁定撤销原判，发回原审人民法院适用普通程序重新审理，不再按认罪认罚案件从宽处罚。”

[4] 《〔第1408号〕“段红安妨害公务案”——如何准确理解和适用〈最高人民法院、最高人民检察院公安部、国家安全部、司法部关于适用认罪认罚从宽制度的指导意见〉第45条的规定》，载《刑事审判参考》（总第127辑），人民法院出版社2021年版。

地认识到这一困难并展开对策研究。

在针对非羁押性强制措施人员管理模式的研究中，笔者采用调查研究的方式，选取了我国非羁押性强制措施人员管理模式较为先进的若干家检察院，展开问卷调查、访谈调查等。同时结合对照组实验法，与未采取新模式的检察机关工作人员展开沟通，了解其在非羁押性强制措施人员管理上的困难以及对适用新模式的看法。经过一段时间的调研考察，笔者发现在刑事诉讼实践中并无关于管理相关人员的完善规定，各地区会结合本地情况选择适用网络数据手段管理被追诉人。但是在这一过程中就会出现因法律规范空白而造成的规则不清或以人管替代法管的情况，对被追诉人的诉讼权利产生了潜在的负面影响。利用实证研究法深入探索的过程，使笔者逐渐明确了我国非羁押性强制措施人员管理方式中现存的实践困难和法律问题。

笔者的实证研究是在哲学原理的指引下开展的，是始终坚持问题意识的调查研究，当抓住研究问题的主要矛盾并通过实证调研法获取对研究对象的具体了解后[1]，后续的问题解决过程更具有现实性与针对性。

（三）反思：实证研究方法的现实困难

1．难以获得研究对象的支持

笔者在实证研究中发现，因为刑事诉讼问题大多涉及法院、检察院、公安机关等国家机关，所以在研究时经常需要和这类机关合作，并在获得其同意的前提下进行问卷调查、访谈调查等研究。但是这类机关往往出于内部工作繁重、担心泄露案件秘密、不具有合作调研动力等原因，不愿意轻易合作、支持研究，使得实证研究的门槛大幅提升。根据笔者观察，能够被这类机关接受的研究一般是相关专业学生在导师带领下开展的课题研究，并且伴随课题价值的提高，各机关的接受程度也在提高。如果没有导师参与，仅凭学生的个人能力较难取得联系；甚至在导师的带领下，如果不是由导师与机关直接对接研究事务，相关机关也不太愿意直接和学生沟通交流。因此在多数情况下，进行实证研究前首先要考虑能否获得有关国家机关的支持。如果难以获得，可能就需要变更研究方式或者更换选题；如果愿意尝试争取国家机关的合作，那么接下来就要把大量的时间、精力投

---

[1] 樊崇义：《刑事诉讼法哲理思维》，中国人民公安大学出版社2019年版，第252页。

入与合作方的对接中，仅实证研究正式开展前的准备过程就是非常困难的。

2．难以进行反复的推演研究

刑事诉讼法学是人文社会科学，不是自然科学，学科属性决定了对于其内容的研究很难如自然科学一样可以进行反复的推理演算并且经过多次实验验证。虽然在实证研究过程中可以采用对照研究的方法安插实验因子、设计对照组实验，但是这样的实验往往很难在相同客观情况下重复开展。这是因为人文社科实验中普遍包含了“人”的要素，人会参与到实验过程中接受试验，而在重复实验时，不同于物，即使参与实验的人是相同的，其也会受到先前实验的影响而发生心理、生理上的变化，进而引发实验结果的改变。如果难以保证各要素在重复实验时是完全相同的，那么也就很难保证实验得到的结果是绝对的、恒定的。这意味着在刑事诉讼领域进行实证研究所获得的结果，更多只具有参照意义而非决定意义。

3．模拟法庭教学中出现的困难

本书作者提到的模拟法庭教学方法在实践中能够给法学学生带来很大帮助，可以指导大家了解法庭流程、锻炼庭辩技巧、熟悉专业知识、提升思维能力，在发挥学生主观能动性的同时，培养学生的法学素养。但是在现实教学中，因为教学时间和资源的有限性，开展模拟法庭教学存在一定的困难。虽然学校会开设模拟法庭学习课程并且组织大量的模拟法庭活动供同学们参加，但是有机会深入参与的同学数量相较于学生整体数量而言还是较少，很难保证法学学生全部参与其中。而且准备一场模拟法庭的周期较长，将其放入教学时间紧凑的专业课程中开展也具有一定难度。

（四）构想：实证研究方法的广泛适用

结合对实证研究法的了解和研究实践，笔者认为这一研究方法在刑事诉讼法学研究中具有非常关键的意义，是联系学术思辨与实践运行的重要桥梁。为了促进实证研究法在刑事司法研究中的广泛适用，笔者建议参与刑事诉讼活动的各类国家机关积极转变思维，通过制定计划的方式主动参与到学者的实证研究活动中。研究结果既可以作为学者的学术成果，又可以作为实务部门参与法学制度建设的指标和贡献，以此激发参与热情，从增加实证研究合作方需求的角度推动实证研究方法在学术领域的适用。虽然实证研究结果不一定具有自然科学意义上的公理特性，但是其对于法学制度改革的参照作用还是不容忽视的。在本书作者带领下开展的“侦查讯问全过程的律师在场、录音、录像”实验活动就获得了社会的广泛认同和司法实务部门的认可，推动了法律制度的修改与完善。除此之外，在法学教育的过程中也要注重培养学生实证研究的意识，在课程设计、课程考核、论文写作等过程中广泛加入实证因素，引导学生深入实践调查法律的运行情况，从“活”的法律切入，理解和分析法学问题。

六、检察制度原理研究：监察体制改革后的检察监督职能

（一）检察监督职能

检察监督职能是指根据《宪法》规定[1]由检察机关行使的法律监督权能。在我国层级化的权力结构模式中，全国人民代表大会是最高权力机关，在理论上拥有所有国家权力，但是因为行政权和司法权需要经常行使，所以这两项权力被交由政府和法院，并由全国人大监督行使情况。由于全国人大监督具有定期性，而这两项权力的行使却是经常性的，因此有必要设立独立于两类机关的经常性监督机关监督各项权力，确保其在法律的约束下行使。[2]为了达成这个目的，检察院被赋予了法律监督权，负责进行法律监督工作。在我国一元分立的权力结构下，通过专门设立常态化监督机关监督其他机关的权力行使是非常必要的，也正是这种法律监督的存在，确保了公权力不会任意突破法律边界。

值得注意的是，检察机关的监督权和公诉权之间存在区别，应当坚持“职权二元论”的立场，不能将两种权力等同。监督权是指检察机关对其他权力机关是否遵守法律进行监督的权力，公诉权是指检察机关可以在诉讼活动中提起诉讼的权力（狭义上是在刑事司法案件中提起公诉、广义上是对符合法律要求的一切案件提起公诉），两者存在明显的内涵区别。笔者认为，监督权的目的是维护国家法律的适用，避免违反法律的行为出现，尤其通过监督公权力的运行来确保法律得到遵守，以权力监督权力；而公诉权的作用则是允许检察机关对某些违反法律的行为进行追诉并开启诉讼程序，是对具体行为手段的授权，为的是实现诉讼目

[1] 《宪法》第134条：“中华人民共和国人民检察院是国家的法律监督机关。”

[2] 樊崇义：《刑事诉讼法哲理思维》，中国人民公安大学出版社2019年版，第319页。

标。这两种权力可能在具体行使中存在交叉，比如检察机关在提起公诉时在庭审中同时进行法律监督，但是两者分别具有不同的权力来源理由、权力对象、权力行使场域，和其他权力间的关系也大不相同。

（二）检察机关对监察机关的监督可能性

在经过监察体制改革后，我国的权力结构发生了一定变化。监察机关享有对行使公权力的公职人员的监督权，大多数职务违法、职务犯罪案件都由监察机关进行调查。检察机关的监督和监察机关的监督都是我国权力监督体系中的重要部分，但是两者在法律定义、监督方式、具体监督内容等方面均存在显著差异。检察监督是通过监督公权力行使，确保在我国权力结构下的公权机关严格遵守法律规定，检察机关可以利用司法手段对违法行为进行纠正；监察监督是通过监督行使公权力的人的行为，确保公职人员严格遵守法律，监察机关可以对职务违法与职务犯罪案件展开调查。

笔者认为，从理论上说有权监督国家权力机关的检察机关应当也有权监督监察机关，监督其执法行为是否符合法律规定，并在发现问题时后及时纠正。在现有制度中，监察机关完成调查的职务犯罪案件会移送检察机关审查起诉，检察机关可以依法作出起诉、不起诉的决定或者退回补充调查，以此对调查行为进行一定程度的监督。但是由于监察机关是政治机关，其调查的案件政治属性较强，而且法律也赋予了其对不起诉决定向上一级检察机关提请复议的权力[1]，这就使得检察机关通过审查起诉来监督监察机关的制度设计不可避免地陷入“戴着镣铐跳舞”的尴尬境地，很可能在实践中流于形式。[2]另外，由于监察机关具有对公职人员的监督权力，所以在办案实践中检察机关对监察机关的法律监督可能变为两个机关之间的相互制约，这也会降低检察机关的监督能力。综上分析，笔者认为检察机关虽然在理论上应当具有监督监察机关的权力，但是由于监察行为的特殊性质、法律规定的倾向性和两种监督权力间可能存在的相互作用，这种监督权力在实践中暂时难以充分发挥效果。

---

[1] 《监察法》第 47 条第 4 款：“监察机关认为不起诉的决定有错误的，可以向上一级人民检察院提请复议。”

[2] 郭世杰：《论监察权和检察权的衔接与协调》，载《青海社会科学》2022 年第 3 期，第 125 页。

七、结语

通过阅读樊崇义教授的《刑事诉讼法哲理思维》一书，笔者对刑事诉讼法学有了更深入的理解，并且认识到了哲理化研究的重要意义。书中对诉讼认识论、价值论、人本论等哲学内容的介绍激发了笔者思考，让笔者对相关学术研究内容有了全新的感悟。

本书介绍的内容与我国法律制度的发展联系紧密。通过阅读可以认识到法律制度完善的过程和现有的制度缺陷，明晰哲理思维对法学理论研究和实践研究的重要意义。哲理化研究有助于促进我国刑事诉讼法学理论建设的长远发展，使得理论框架更为完善、理论内涵更为丰富。在哲理思维的引导下，广大学者可以更好地厘清《刑事诉讼法》背后蕴含的理论逻辑，从更高层次分析法律制度中存在的问题并对法律修改提出更完善的建议，为法治建设做出贡献。

笔者在本书内容的积极影响下，也尝试利用哲理化的思维方式对《刑事诉讼法》中的相关问题展开思考。虽然笔者才疏学浅，思考所得出的结论可能并无很高的理论价值，但是这种从哲学角度分析部门法学问题的方式给笔者的学术研究带来了极大启发，从哲学出发探索刑事诉讼法学原理是学术研究史上的伟大突破。

论量刑协商程序中的控辩平衡

——《诉讼原理》读后

李　宁*

刑事诉讼程序围绕着惩罚犯罪和保障人权这两个主题而展开。如何处理二者之间的关系成为各国刑事诉讼司法领域历来重点关注的问题。在传统刑事司法领域中，似乎更加重视前者。《诉讼原理》一书从诉讼活动最基本的规律出发，创新性地将诉讼原理归纳为11个命题，即诉讼本质、诉讼价值、程序正义、诉讼文化、诉讼认识、诉讼人权、诉讼透明、诉讼系统、司法独立、诉讼行为、法律移植。通过各章节涉及刑事诉讼程序的论述可以看出，该书站在诉讼法制现代化的高度，突出强调了保障人权在刑事诉讼程序中的重要价值。书中指出按照近现代刑事司法的国际准则和司法现代化的标准，在一个完整和健康的刑事诉讼体系中，辩护职能是不可削弱的，更是不可空缺的基本职能。但我国刑事诉讼立法关于辩护制度的确立和完善，仍有相当差距。无论是从律师介入诉讼的时间，还是从介入诉讼后的权利保障，诸如律师的先悉权、会见权、申请调查权等，都存在相当多的问题。[1] 刑事诉讼中的辩护制度作为保障人权的有力武器，经过《刑事诉讼法》的历次修改，有所完善。然而，认罪认罚从宽制度中量刑协商程序的发展对辩护制度提出了更高的要求。

自认罪认罚从宽制度全面实施以来，大部分刑事案件的解决重心由原来的法庭审判程序转向审前控辩双方的量刑协商程序，继而确立了量刑协商程序相对独立的地位。[2]2022年3月8日，时任最高人民检察院检察长张军代表最高检向全国人大所作的报告中指出，2021年认罪认罚从宽制度适用率超过85%，量刑建议采

* 中国海洋大学法学院2023级诉讼法学博士研究生。

[1] 樊崇义主编:《诉讼原理》，法律出版社2009年版，第9页。

[2] 樊崇义:《认罪认罚从宽协商程序的独立地位与保障机制》，载《国家检察官学院学报》2018年第1期，第122页。

樊崇义主编:《诉讼原理》，法律出版社2009年版

纳率超过97%，一审服判率为96.5%。[1] 从上述办案数据我们可以看出，制度适用率以及量刑建议的采纳率有所提高，刑事司法正在朝着“简案快办、提高诉讼效率、节约司法资源”的制度设立初衷不断发展。当前，大多数认罪认罚案件的解决重心转移到法庭审判之前，由承办具体案件的检察官在充分听取辩方意见之后主导提出量刑建议，最后以该量刑建议为载体向法官展示控辩双方关于量刑方面的协商结果。在该过程中，检察机关实际上承担了大部分的诉讼工作，不仅掌握着制度适用的决定权，还主导着量刑建议的提出。[2] 由此，被追诉人的权利保障和平等武装成为量刑协商中的重中之重。但实践中控辩双方的关系呈现出不平衡的状态：鼓励被追诉人在律师尚未介入的侦查阶段认罪认罚缺乏权利保障；检察官批捕权的空前强化使得控辩双方的地位更加不对等；被追诉人的知情权受限使得协商双方主体信息不对称；值班律师制度不完善使其逐渐成为具结书的形式“背书人”等。为了防止认罪认罚从宽制度沦为公平正义向诉讼效率低头的一种工具，

[1] 数据来源:《最高人民检察院工作报告》，载最高人民检察院网，https://www.spp.gov.cn/spp/gzbg/202203/t20220315_549267.shtml，2022年8月10日访问。

[2] 贾宇:《认罪认罚从宽制度与检察官在刑事诉讼中的主导地位》，载《法学评论》2020年第3期，第7页。

守住程序正义的底线，应该以刑事诉讼原理为指引，寄希望于探索控辩平衡的具体实现路径。

一、《诉讼原理》中控辩平衡基础梳理

刑事诉讼程序是国家运用公权力主动发动的，对于被追诉人具有单方面攻击性的特点。不可否认的是，刑事诉讼程序中，代表国家的控方依托国家权力及国家其他司法资源的支持，较于辩方具有显著性优势。为保障刑事诉讼程序中被追诉人免受强大公权力的侵犯，强化辩方在刑事诉讼程序中的权利，保障刑事诉讼程序中控辩双方法律地位和武装手段上的平衡尤为重要。《诉讼原理》一书中对于程序正义、诉讼人权、无罪推定的论述为控辩平衡提供了原理指引。

（一）程序正义原理

程序正义这一概念是与实体正义相对而言的。罗尔斯根据程序正义和实体正义之间的关系将程序正义区分为三种类型，即纯粹的程序正义、完善的程序正义和不完善的程序正义。纯粹的程序正义是指无论程序产生什么样的结果，它的存在都是公正的，没有衡量程序结果的单独标准，程序存在的本身就决定了该程序所带来结果的正义性。他认为纯粹的程序正义的典型例证就是轮盘赌，只要人们在参与的过程中遵守了特定的程序，那么结果总会是公平且正确的，无论该程序带来何种结果。完善的程序正义和不完善的程序正义都存在独立的公正标准，二者的不同在于前者存在一种总是能够保证达到这种结果的程序，其典型的例子是著名的切蛋糕程序；不完善的程序正义的识别标志是当有一种判断正确结果的独立标准时，却没有可以保证达到它的程序。罗尔斯认为，在刑事诉讼程序中，即便法律被仔细的遵循，过程被公正恰当的引导，还是有可能产生错误的结果，这就是一种不完善的程序正义。本书对于罗尔斯上述三种程序正义理论提出了质疑，指出由于人类认识能力的有限性和法律规范的种种限制，要求诉讼总能达到符合客观事实状态的正确结果几乎是不可能的。因此，诉讼程序必须要摆脱它对诉讼结果的依附地位，而要摆脱这种地位，就必须增加那些有助于促进程序自身正义性但未必保证结果正确性的程序特征。综上，程序正义的灵魂在于：利益主体参

与程序并自主行使权利。[1]根据书中对程序正义原理的厘清，刑事诉讼程序要想趋近于程序正义，就应当保障包括被追诉人在内的利益主体能够参与程序并保障其权利的行使。具体到认罪认罚案件的量刑协商程序中，要求保障被追诉人和辩护人诉讼权利的行使，通过控辩之间的平等武装在协商一致的情形下形成量刑建议。尽管认罪认罚从宽制度设立的初衷是提高司法效率，但专门机关不能为了完结率而以牺牲公平正义为代价。在当前认罪认罚从宽案件数量占绝对优势的背景下，保证量刑协商程序中的控辩平衡，使协商程序不断完善并保持稳定，对防止冤假错案的发生及程序正义的实现具有里程碑式的意义。

（二）诉讼人权原理

尊重和保障人权是当今世界各国所公认的准则。诉讼人权是人权领域中一个重要的组成部分，它通过规定一系列的诉讼原则保护人权，在法律领域反映了人类在保护人权方面的进步和文明程度。诉讼人权是人们参与诉讼和在诉讼过程中所享有的权利，主要体现为参与诉讼的自然人与其他诉讼参与人之间的权利和义务关系。现代法治社会诉讼的一个基本要求是诉讼双方平等。在诉讼人权实现的过程中，国家与个人之间必然会发生诉讼关系。在刑事诉讼中，国家充当了原告人的角色，但是由于国家自身力量的强大，很容易形成诉讼双方的不平等。在历史上，这种不平等是合法的；而现在，诉讼双方不平等是不合法的。书中认为“法律面前人人平等”中的“人人”既包括自然人也包括作为诉讼一方的法人和国家机关。在刑事诉讼中，由于国家力量的强大和个人力量的相对弱小，这种平等不容易维持，因此更应当重视对个人诉讼权利的保障，以此实现平等对抗。平等对抗的原则有两个方面的内容：一是控辩平等，即控诉方与辩护方在诉讼中法律地位平等，权利义务相等，彼此不凌驾于对方之上；二是控辩双方在平等的基础上对抗，即控辩双方在法庭审判中，以平等的地位运用法律所确认的诉讼权利展开诉讼活动，论证本方主张，反驳他方的主张，以求得有利的诉讼效果。[2]基于此，诉讼人权原理为实现认罪认罚案件量刑程序中的控辩平衡提供了理论基础和动力。在认罪认罚案件的量刑协商程序中，由于被追诉人处于弱势地位，所以其权

---

[1] 樊崇义主编：《诉讼原理》，法律出版社2009年版，第213页。

[2] 同上书，第269页。

利极易受到国家公权力的侵犯。被追诉人的弱势地位主要体现在对认罪认罚从宽制度的认识及法律知识的欠缺上，为了补齐这一短板，应当在提高认罪认罚案件律师参与率的基础上，保障辩护方的合法权利并使其得以实现，实现控辩平衡的目标。

（三）无罪推定原则

在“诉讼人权”这一章节中，还提到了无罪推定，认为人在自然状态下是一样的，都是无罪的，如果要确定一个人有罪或者有过错，必须以法律的程序加以证明。❶无罪推定原则发源于 20 世纪 70 年代，著名的意大利法学家贝卡里亚在《论犯罪与刑罚》中提出了无罪推定思想，即“在法官判决之前，一个人是不能被称为罪犯的；只要还不能断定他已经侵犯了给予他公共保护的契约，社会就不能取消对他的公共保护”“如果犯罪是肯定的，对他只能适用法律所规定的刑罚，而没有必要折磨他，因为他交代与否已经无所谓了；如果犯罪是不肯定的，就不应折磨一个无辜者，因为，在法律看来，他的罪行并没有得到证实”。❷贝卡里亚这一思想的提出轰动一时，给中世纪时盛行的纠问式诉讼制度及该制度下的有罪推定原则带来了巨大的冲击，也体现出刑事司法开始朝着民主法治的方向迈进和发展。无罪推定原则最早被法国《人权宣言》所确立，1789 年法国《人权宣言》第 9 条规定：“任何人在宣判有罪之前应当视为无罪。”❸无罪推定原则发展到现在，已经成为一项国际通行的刑事司法原则，该原则作为一项保障人权的重要司法制度，已经被世界上大多数国家普遍承认和接受。我国法律也认可这一原则。所谓无罪推定原则，是指任何公民在没有充分的证据证明其有所犯被指控之罪时，法律就应当推定其为无罪之人，任何人都不能剥夺当事人享有的此项权利，因为人生而平等自由，要判定一个人犯罪必须提供准确的证据证明其指控的犯罪事实确系为犯罪嫌疑人或者被告人所为，否则就应当将其当成无罪的人，不能对其权利造成侵害。根据该原则，在量刑协商程序中，应做到充分保障被追诉人的人权和

---

❶ 樊崇义主编：《诉讼原理》，法律出版社 2009 年版，第 255 页。

❷ ［意］切萨雷·贝卡里亚：《论犯罪与刑罚》，黄风译，北京大学出版社 2008 年版，第 37 页。

❸ 法国《人权宣言》第 9 条法文原文为：“Article 9 — Tout homme étant présumé innocent jusqu’à ce qu’il ait été déclaré coupable, s’il est jugé indispensable de l’arrêter, toute rigueur qui ne serait pas nécessaire pour s’assurer de sa personne doit être sévèrement réprimée par la loi.”

诉讼地位，切实保障控辩对等的主体地位。正如林劲松教授指出的："刑事诉讼中的基本人权是被追诉人的人权。整个刑事诉讼活动的开展，都是围绕确认被追诉人的刑事责任问题进行。被追诉人权利与国家权力在刑事诉讼中处于对立的两极，因而最容易受到来自权力的非法或无理的侵犯，刑事诉讼中的人权保障自然应当以被追诉人的权利保护为核心内容。"当然，站在诉讼主体的角度看："公诉案件中的被害人仍然属于控诉一方，与公诉人一起从不同的角度追求共同的诉讼目标。由于被害人已经有公诉人的支持，而被告人的诉讼主体地位又一直面临威胁，因此为维护控辩双方对抗的平衡，不宜将被害人的诉讼地位提得过高，也不宜赋予被害人以太多的诉讼权利。"[1]在无罪推定的法治语境下，人们更应关注被追诉人的权利保障，且如"认罪认罚从宽具结内含协商与合意的因素，但其权利品性不应被忽视。允许被追诉人撤回认罪认罚是保障认罪认罚自愿性的内在要求，符合无罪推定之精神，契合诉讼运行规律，也是有效防范相关制度风险的需要"[2]。唯此，才能逐渐改变陋习，保障被追诉人的合法权利，逐步实现控辩双方的平衡。正如樊崇义教授所指出的："认罪认罚从宽制度与辩诉交易制度在很大程度上是为了应对案件多、司法资源少的情况下如何保障犯罪嫌疑人、被告人的快速审判权问题，但辩诉交易制度的发展历史表明：不能矫枉过正，以致刑事审判沦为只为清理积案的快速通道，却忽视被告人的正当程序权利。"[3]

二、认罪认罚案件量刑程序中控辩关系现状检视

随着认罪认罚从宽制度的落实与推进，控辩之间的协商空间或将进一步扩大，这对协商程序中控辩双方的平衡提出了更高的要求。然而，从当前的制度实施情况来看，基本上演变为由控方主导的高效治罪手段，这种控辩协商机制在司法实践中也未能达到预期的诉讼效果。由于侦查讯问时律师在场制度、证据开示制度、法律援助制度等保障被追诉人合法权益的配套制度尚未建立或者完善，刑事辩护全覆盖尚未落实到位等，使得认罪认罚案件中量刑协商程序出现控辩失衡，阻碍

[1] 樊崇义：《刑事诉讼法学》，中国政法大学出版社2002年版，第32—33页。

[2] 汪海燕：《被追诉人认罪认罚的撤回》，载《法学研究》2020年第5期，第175页。

[3] 樊崇义：《注重快速审判不能无视基本诉权》，载《中国社会科学文摘》2017年第9期，第156页。

了制度的进一步发展和完善。

（一）侦查阶段认罪认罚缺乏律师帮助

2018年的《刑事诉讼法》在确立认罪认罚从宽制度时，没有规定该制度能否适用于侦查阶段。随后，2019年10月，“两高三部”联合发布的《关于适用认罪认罚从宽制度的指导意见》（以下简称《指导意见》）中明确了该制度可以适用于侦查阶段。[1]同时，该《指导意见》明确了不同阶段认罪的从宽幅度也不同，即越早认罪，从宽幅度就越大。[2]《指导意见》的上述规定通过调整量刑幅度，对犯罪嫌疑人在侦查阶段认罪认罚起到了一定的激励作用。如果犯罪嫌疑人能够在案件办理的初始阶段主动认罪，为侦查机关提供案件线索，侦查取证的压力就会减轻，司法成本就会降低。正如学者所言，犯罪嫌疑人如果在侦查阶段就自愿认罪，将为侦查机关尽早收集证据和破案提供有力的帮助。[3]但是，一些学者也表示了担忧：侦查阶段主要负责调查取证，如果允许侦查阶段认罪认罚，会导致犯罪嫌疑人为了避免讼累而虚假供述或者侦查人员为尽快破案以从宽诱供情形的发生。[4]上述担忧有一定的道理，特别是在侦查讯问时律师在场制度未建立的实际背景下，允许侦查阶段认罪认罚将不利于被追诉人合法权益的保护。

首先，犯罪嫌疑人在侦查阶段认罪认罚缺乏辩护律师的帮助。我国《刑事诉讼法》虽然规定了侦查机关在第一次讯问或者采取强制措施之后应当告知犯罪嫌疑人有权委托辩护律师，但是由于各种因素，犯罪嫌疑人可能不委托或者尚未委托到辩护律师，特别是在一些涉嫌轻罪的案件中，犯罪嫌疑人委托辩护律师的积极性不高，这会导致侦查机关极可能在犯罪嫌疑人不完全了解其认罪认罚后果的情况下适用该制度。犯罪嫌疑人缺乏相应的法律知识，不了解自己所实施的行为在法律上应该如何评价以及认罪认罚能否给自己带来利益最大化，加上该阶段

---

[1] 《指导意见》第5条：“认罪认罚从宽制度贯穿刑事诉讼全过程，适用于侦查、起诉、审判各个阶段。”

[2] 《指导意见》第9条：“办理认罪认罚案件，应当区别认罪认罚的不同诉讼阶段、对查明案件事实的价值和意义、是否确有悔罪表现，以及罪行严重程度等，综合考量确定从宽的限度和幅度。在刑罚评价上，主动认罪优于被动认罪，早认罪优于晚认罪，彻底认罪优于不彻底认罪，稳定认罪优于不稳定认罪。”

[3] 刘灿华：《“认罚”的理论构建》，载《法制与社会发展》2021年第2期，第117页。

[4] 刘静坤：《如何防止无辜者被强迫认罪——兼论不被强迫认罪权的程序要素》，载《政法论坛》2021年第3期，第78页。

的犯罪嫌疑人心理极度恐慌、头脑不够清醒等，如果此时侦查人员以大幅度的量刑从宽对其威逼利诱，犯罪嫌疑人或许会因急于摆脱当前的羁押困境而盲目认罪认罚，从而损害到自己长期的合法权益。其次，目前全国范围内刑事案件的辩护率仍有待提高。据学者考究，在我国刑事案件中，2020年以前律师辩护率不足25%，并且该律师辩护率主要体现在审查起诉和审判阶段，侦查阶段律师的辩护率要远低于总体辩护率。[1]这也说明侦查阶段犯罪嫌疑人认罪认罚缺乏辩护律师的参与，导致侦查机关与犯罪嫌疑人所掌握的信息严重不对称。最后，值班律师在侦查阶段尚未发挥应有的作用。为了弥补侦查阶段认罪认罚双方主体信息不对称这一漏洞，在当前无法实现法律援助律师全覆盖的情况之下建立了值班律师制度，为犯罪嫌疑人提供法律咨询、程序选择建议、申请变更强制措施等法律帮助。[2]但是，学者的实际调研发现，值班律师由于经济收益、执业权利等缺乏保障，所能发挥的作用有限，大多数情况下就是“走过场”。因此，上述配套制度不完善使得被追诉人在侦查阶段的认罪认罚缺乏权利保障，无法与强大的公权力相抗衡。

（二）承办案件检察官的权力空前强化

长期以来，我国刑事司法中贯彻的都是“捕诉分离”的办案模式，即批准逮捕和提起公诉分别由检察机关的不同部门负责。直到2018年，最高检推行“捕诉合一”的内设机构改革，即某一案件的批准逮捕和提起公诉由同一检察官负责。检察机关兴起的这一内设机构改革使得检察官的批捕权力空前强化，同时也引起了学界对于其正当性与合理性的争论。支持者们主要有如下理由：“捕诉分离”或者“捕诉合一”实质上是检察院内部权限分工模式的不同，二者在刑事诉讼法上的效力没有本质区别[3]；“捕诉合一”虽然是批准逮捕权和公诉权的简单叠加，但它所发挥的作用能够远远超越两项权能分离时的作用[4]；“捕诉合一”对于提高案件处

---

[1] 龙宗智：《完善认罪认罚从宽制度的关键是控辩平衡》，载《环球法律评论》2020年第2期，第10页。

[2] 《指导意见》第10条第2款：“犯罪嫌疑人、被告人自愿认罪认罚，没有辩护人的，人民法院、人民检察院、公安机关（看守所）应当通知值班律师为其提供法律咨询、程序选择建议、申请变更强制措施等法律帮助。符合通知辩护条件的，应当依法通知法律援助机构指派律师为其提供辩护。”

[3] 张建伟：《“捕诉合一”的改革是一项危险的抉择？——检察机关“捕诉合一”之利弊分析》，载《中国刑事法杂志》2018年第4期，第12页。

[4] 叶青：《关于“捕诉合一”办案模式的理论反思与实践价值》，载《中国刑事法杂志》2018年第4期，第3页。

理效率和实现刑事诉讼目的都发挥着重要作用[1]。反对者则认为："捕诉合一"不利于遵守正当程序原则，也与强化检察机关法律监督主体的改革路线相背离[2]；"捕诉合一"的核心问题在于，批准逮捕权的行使缺乏中立性和独立性，与刑事诉讼的发展规律不符[3]；逮捕审查批准权的行使涉及人身自由问题，由此具备一定的司法性质职能，所以该职能的行使主体应当具有一定的中立立场，不易由具备追诉职能的检察机关行使[4]。可以看出，学者们对"捕诉合一"的态度各异，支持者主要是看中"捕诉合一"所带来的效率价值；而反对者则认为不能为了效率而牺牲正当程序和公民权利。

如果将"捕诉合一"放到认罪认罚从宽制度的框架下来看，检察机关在办理认罪认罚案件时将批捕权、量刑协商权、公诉权汇集于一身，这加剧了控辩双方资源和信息的不对等性。在这种情况之下，办理案件的检察官在批捕阶段就已经掌握了案件处理的话语权，而辩护律师本来可以有更多的机会去说服控方或者审判者，但是在"捕诉合一"的模式下，他只能想尽各种办法去说服这位既负责案件的批捕又负责案件公诉的检察官。而且，根据《刑事诉讼法》，公安机关向检察机关就某一案件提请批准逮捕时，只需递交相关材料即可，没有规定要通知辩护律师[5]；同时，辩护律师也只有在审查起诉之日起才能查阅本案的相关案卷材料[6]，所以之前的审查逮捕阶段只能通过当事人了解情况。上述法律规定都使得辩护律师在己方当事人的逮捕程序中处于被动和信息缺乏的状态。在检察机关的批捕权强化的状态之下，辩护律师无法具体针对控方的相关证据展开有效的辩护，可能会出现对犯罪嫌疑人的不当羁押，延长犯罪嫌疑人人身自由受限的期限，也会提高犯罪嫌疑人在孤立无援的情形下接受控方要求认罪认罚的概率。总之，"捕

---

❶ 郭烁：《捕诉调整："世易时移"的检察机制再选择》，载《东方法学》2018年第4期，第135页。

❷ 童伟华：《谨慎对待"捕诉合一"》，载《东方法学》2018年第6期，第110页。

❸ 孙长永：《"捕诉合一"的域外实践及其启示》，载《环球法律评论》2019年第5期，第5页。

❹ 魏晓娜：《从"捕诉一体"到"侦诉一体"：中国侦查控制路径之转型》，载《政治与法律》2021年第10期，第157页。

❺ 《刑事诉讼法》第87条："公安机关要求逮捕犯罪嫌疑人的时候，应当写出提请批准逮捕书，连同案卷材料、证据，一并移送同级人民检察院审查批准。必要的时候，人民检察院可以派人参加公安机关对于重大案件的讨论。"

❻ 《刑事诉讼法》第40条："辩护律师自人民检察院对案件审查起诉之日起，可以查阅、摘抄、复制本案的案卷材料。其他辩护人经人民法院、人民检察院许可，也可以查阅、摘抄、复制上述材料。"

诉合一”的检察机关内设机构改革，不仅没有将批捕权交给中立的主体，反而进一步强化了控方的权力。这对于认罪认罚案件中由检察官主导的量刑协商程序来说，会加剧协商双方主体的不平衡性，给被追诉人的权利保障带来阻碍。

（三）被追诉人的知情权缺乏保障

被追诉人是刑事案件中判决结果的承担方，在刑事诉讼程序中具有主体地位，1996 年的《刑事诉讼法》也对其主体地位予以确认，并在历次的修改过程中对被追诉人的主体地位不断强化。但就实践中被追诉人的诉讼主体地位来看，司法实践与法律规定和制度的顶层设计之间存在一定程度上的脱节。当前的司法实践中，被追诉人的主体地位欠缺保障。例如，我国相关法律尚未赋予被追诉人阅卷权，也尚未确立证据开示制度。反观其他对抗制较为明显的国家基本上都建立了证据开示制度，这在一定程度上保障了辩诉交易制度、量刑协商制度等合意程序的顺利开展。一些尚未建立证据开示制度的大陆法系国家，为保障被追诉人对案件相关处理情况的知情权，赋予了被追诉人阅卷权。例如，欧洲国家的人权法院已经以若干判例的形式确立了被追诉人的阅卷权。在我国刑事诉讼法学领域，有学者曾提出“审判者居中裁判，控辩双方平等对抗”应当是刑事诉讼程序所追求的诉讼构造，并主张阅卷权应为辩护人和被追诉人所共有。但是该主张尚未在学界达成共识，也没有引起立法者的重视。随着社会的发展和国民整体受教育水平的提高，在认罪认罚案件中赋予被追诉人一定的阅卷权具有可行性。一方面让被追诉人知晓自己涉嫌犯罪的一些证据已被侦查机关所掌握，促使被追诉人自愿认罪认罚；另一方面使被追诉人成为量刑协商程序的实质主体，掌握与控方对等的信息资源，从而有利于保障被追诉人在量刑协商程序中的主体利益。

2019 年“两高三部”发布的《指导意见》中提到人民检察院可以探索证据开示制度。[1] 但是从司法实践情况来看，效果不佳。截至 2022 年 10 月 7 日，在中国裁判文书网输入“刑事案件”“证据开示”“认罪认罚”“2019 年 10 月 30 日—2022 年 10 月 7 日”等关键词进行检索，共检索到符合条件的判决书 632 份，其

---

[1] 《指导意见》第 29 条：“人民检察院可以针对案件具体情况，探索证据开示制度，保障犯罪嫌疑人的知情权和认罪认罚的真实性及自愿性。”

中2022年3份、2021年59份、2020年479份、2019年91份。[1]这一数据与上述提到的制度适用率已经达到85%以上的情况相差悬殊，表明证据开示制度在探索阶段中在认罪认罚案件中的适用率低。同时，通过该裁判文书检索数据还可以看出证据开示制度探索初期（2019年10月至2020年12月）适用率较高，之后的2021年适用率明显下降。这是因为证据开示制度的探索主体为检察机关，适用该制度可能会给检察机关增添不少工作“负担”；而且一旦证据开示就会将原本属于控方的“筹码”展示给辩方，减弱控方在量刑协商程序中的主导权；等等。基于这些原因，检察机关在认罪认罚案件中会排斥证据开示制度的适用。证据开示制度在探索的过程中受到阻碍，尚未取得实质性成果，将不利于认罪认罚案件中被追诉人知情权的保障。

（四）值班律师的作用渐趋形式化

我国的值班律师制度是一种舶来品，该制度在我国经历从无到有的过程相对漫长，对值班律师制度中国化的早期探索，为该制度的确立和发展奠定了基础。伴随认罪认罚从宽制度的落实，值班律师制度进入快速发展阶段。2021年8月20日，第十三届全国人大常委会第三十次会议通过了《法律援助法》，其中规定了值班律师的法律帮助应作为法律援助机构的服务形式之一，这足以看出国家对于值班律师制度的重视程度。由于当前我国尚不完全具备刑事案件法律援助律师辩护全覆盖的条件，所以对于法律援助指定辩护设定了门槛，在认罪认罚案件中大部分人无法通过指定辩护得到法律帮助。在这种情况下，国家大力发展值班律师制度，一方面利用值班律师为被追诉人提供法律帮助的形式逐步向刑事辩护全覆盖的目标努力；另一方面有利于保障被追诉人在认罪认罚过程中的权益。

司法实践中，值班律师制度的落实情况与顶层设计存在较大的差异。例如，有学者提出实践中存在“值班律师”等同于“律师值班”、提供法律咨询和辩护不及时、值班律师的相关补贴普遍偏低等问题。[2]还有学者提出，值班律师仅能提供法律咨询、申请变更强制措施等法律帮助，没有阅卷权，从而难以全面掌握案

---

[1] 由于部分文书尚未及时公开到裁判文书网，所以632份文书只是一个大致的参考。参见中国裁判文书网，http://wenshu.court.gov.cn/，2022年10月7日访问。

[2] 赵天红：《法律援助经费保障制度研究——以我国〈法律援助法〉为导向》，载《法学杂志》2022年第2期，第65页。

件的实际情况，难以为被追诉人提供有效的法律帮助。❶在学者们的这种质疑之下，《指导意见》赋予了值班律师会见权和阅卷权，这在一定程度上缓解了过去值班律师"有名无实"的状况。但是由于值班律师的物质保障、权利保障等尚不完善导致这一规定在实践中并未得到很好的落实。如有学者提出，由于值班律师制度规定得相对粗疏，使得其从试点时期开始就在各地不同程度地出现值班律师"见证人化"、履行职责流于形式的现象。❷除此之外，甚至很多律师表示自己经常为检察官"补签字"。值班律师出现的上述形式化趋势，需要及时制止和解决，以保障认罪认罚案件中的控辩平衡。

三、认罪认罚案件控辩平衡的实现路径

上述针对认罪认罚案件中控辩关系现状的分析表明，我国认罪认罚从宽制度的确立和发展，是在相关配套措施未建立或者不完善的情况下进行的，即探索式发展。认罪认罚从宽制度实施至今，取得了令人瞩目的成就。但是司法实践中还是表现出了一些问题，最令人担忧的就是量刑协商程序中的控辩失衡问题。当然，控辩失衡的原因既有配套制度设置上的缺乏，也有实施过程中的偏差。基于此，探索认罪认罚案件中控辩平衡的实现路径具有现实意义。

（一）设立侦查讯问时律师在场制度

目前，讯问时律师在场制度已经在英国、美国、俄罗斯等众多国家建立和发展起来。当前，在我国刑事诉讼中允许侦查阶段认罪认罚并鼓励被追诉人早认罪的背景之下，应当推行侦查阶段讯问时律师在场制度，一方面有利于从程序的源头上保障认罪认罚的自愿性；另一方面有利于为犯罪嫌疑人提供与侦查机关平等对抗的保障。辩护律师正式介入刑事诉讼程序的时间较晚，法律规定为犯罪嫌疑人第一次被讯问之后。在此之前，犯罪嫌疑人缺乏专业律师的帮助并且无沉默权，面对侦查人员多次讯问的压力，很有可能作出有罪供述并成为之后审判阶段的重要证据。❸认罪认罚案件中，还会出现当事人为了避免诉累，在不知道侦查机关所

---

❶ 叶青：《认罪认罚从宽制度的若干程序展开》，载《法治研究》2018 年第 1 期，第 55 页。
❷ 罗海敏：《被审前羁押者获得律师帮助权探究》，载《当代法学》2022 年第 4 期，第 158 页。
❸ 熊秋红：《"两种刑事诉讼程序"中的有效辩护》，载《法律适用》2018 年第 3 期，第 60 页。

掌握的证据的情况之下，而选择接受侦查机关抛出的认罪认罚福利。这些情况在实践中时有发生，使得被追诉人认罪认罚的最低要求即自愿性难以达到。有学者关注到该问题并提出，认罪认罚从宽制度实施的关键在于保障被追诉人认罪认罚的自愿性，而设立讯问时律师在场制度是重要手段。❶

域外很多国家的讯问时律师在场制度已经趋于成熟，我国在设立该制度时可以取长补短，注意如下几点。首先，应当明确讯问时律师在场行使的是消极监督还是积极辩护的权利。学界中的主流观点是律师在侦查讯问时在场应该发挥消极监督的作用。❷从国外的实践来看，在英国、法国、奥地利以及俄罗斯四个明确规定讯问时律师在场制度的国家中，只有英国是“积极辩护模式”，其他国家更倾向于“消极监督模式”。我国的侦查人员肩负着收集证据、查清案件事实的任务，如果在讯问中律师可以积极对抗，则有可能发挥矫枉过正的效果，阻碍侦查机关正常的工作。所以建立讯问时律师在场制度应选择“消极监督模式”，律师只有在发现侦查人员涉嫌使用刑讯逼供、诱供等违法手段时才能够积极发言并制止。其次，严格把握权利告知与放弃权利的程序。从英、美等国家的实践来看，侦查人员在向犯罪嫌疑人告知时经常会模糊表达使其不知所以，以此让犯罪嫌疑人放弃律师在场权，进而排除其侦查讯问时的“阻碍”。我国应该吸取教训，可以采取向犯罪嫌疑人以及律师双向告知的方式，只要一人同意便可在场；放弃该权利时采取犯罪嫌疑人和律师双方同意的方式。最后，应当建立完善权利保障与救济的途径。就权利保障而言，提前告知律师讯问的时间和地点、白天讯问、派驻看守所全天候的值班律师等；就救济途径而言，未告知或者出现非法讯问时，可以利用非法证据排除规则排除该口供等。

（二）确立审查逮捕听证制度

2018年在检察院的内设机构改革中，“捕诉合一”的改革打破了长期以来的“捕诉分离”的案件办理方式。同时，也引起了学界中的热烈讨论。从世界上的其

---

❶ 陈卫东、安娜：《认罪认罚从宽制度下律师的地位与作用——以三个诉讼阶段为研究视角》，载《浙江工商大学学报》2020年第6期，第75页。

❷ 学者们认为，鉴于制度本土化的诉求，应当考虑借鉴消极面向的基本范式，即以监督和事后反馈的方式保障犯罪嫌疑人的诉讼权利不受侵犯。如陈卫东、孟婕：《重新审视律师在场权：一种消极主义面向的可能性——以侦查讯问期间为研究节点》，载《法学论坛》2020年第3期；邵聪：《讯问时律师在场制度的域外考察与中国构想》，载《学术交流》2017年第10期。

他国家来看，许多国家的刑事诉讼中都能找到“捕诉合一”的痕迹。[1] 但是其中的大多数国家伴随苏联解体和东欧剧变，对公民权利和自由的重视度不断提高，检察官同时拥有审查逮捕权和追诉权的做法逐渐被废止，并将审查逮捕权交由中立的司法官或者经法律授权的中立方行使。从“捕诉合一”转向“捕诉分离”和彻底的“控审分离”，通过中立的司法权制约强大的追诉权，是世界刑事诉讼制度发展的基本趋势和规律。学界中许多学者对于我国进行的“捕诉合一”改革强烈反对，主张应该借鉴外国的做法，将审查逮捕权交由中立的法院行使。这种观点有待商榷。鉴于我国法律规定的检察机关具有的批准逮捕权力和司法监督职能，以及长期以来无论是“捕诉分离”还是“捕诉合一”，审查逮捕权都属于检察机关的司法传统，为了实现司法经济和效益，暂时不宜将批准逮捕权交由法院。捕诉一体的办案模式虽然能够提高办案效率，但是其对权利保障的影响也备受质疑。面对认罪认罚案件中检察官批捕权空前强化的现状，为了保持控辩平衡和保护犯罪嫌疑人的合法权益，可以在“捕诉合一”以及审查逮捕听证试点的基础之上，进一步推广和完善审查逮捕听证程序。

在推广和完善审查逮捕听证程序的过程中，应当注意以下问题。首先，听证的刑事案件范围应该加以限制。为了减轻检察院的办案压力，不宜将所有的审查逮捕案件都纳入听证程序中。侦查中涉及危害国家安全、恐怖活动、黑社会组织、毒品等严重犯罪，基于特殊原因需要可以不纳入听证程序；犯罪嫌疑人认罪认罚完全自愿、知情，证据事实无争议，判处徒刑以下刑法等，这些案件都不强制进入审查逮捕听证程序。其次，参与主体应当由检察官、侦查人员、犯罪嫌疑人及其辩护人（未聘请律师的由值班律师代替）三方构成。其中，由检察官居中听取侦查人员及辩护方的意见，犯罪嫌疑人要求参加的可以参加。最后，就听证模式而言，可以效仿法院开庭的模式，检察官宣布听证程序的开始、听证纪律，侦查人员首先向法庭列举应予逮捕的事实根据和法律依据，辩护方据此发表自己的观点，主要是不予逮捕的事实、理由和根据。通过这样的听证程序设计，能够赋予犯罪嫌疑人及其辩护律师一定的话语权，同时也让检察官兼听则明。

---

[1] 如受苏联影响的匈牙利、保加利亚、波兰和罗马尼亚等国家，又如瑞士、意大利、荷兰、比利时和英国等，在刑事司法中都出现过“捕诉合一”的实践。

（三）建立控辩证据开示制度

随着认罪认罚从宽制度适用率的不断提高，建立证据开示制度对于被追诉人诉讼主体地位的保障具有重要意义。在认罪认罚案件中，案件的处理重心转移到审查起诉阶段的量刑协商程序上。然而，被追诉人在量刑协商程序中面对强大的控方，协商主体地位的平衡难以保障。要想平衡控辩双方的协商地位，就必须更加注重辩方的权利保护。当前，被追诉人的阅卷权和证据开示制度尚未建立，其在量刑协商的过程中处于被动状态。一方面，被追诉人可能会被动依附辩护律师的意见。辩护律师毕竟不是案件的亲历者，对于一些事实情节难以把握透彻，而被追诉人仅仅通过辩护律师的阅卷记忆间接了解卷宗，获取的控方“筹码”信息可能不完全、不充分。该情形之下，被追诉人和辩护人难以实现辩护思路的统一，所以辩方难以在量刑协商程序中实现有效辩护和平等协商。另一方面，在一些轻微案件中，大多数被追诉人不聘请律师，在量刑协商程序中主要依靠自行辩护和值班律师的帮助。前面我们也提到值班律师制度不完善，提供的帮助有限，常常成为认罪认罚具结书的“背书人”。在这种情况下，如果不赋予被追诉人阅卷权的话，将会使得被追诉人在与控方的量刑协商程序中趋于被动和被压制的状态，违背认罪认罚从宽制度要求的自愿性底线。基于此，在认罪认罚案件办理的过程中，应当大力探索建立证据开示制度，为量刑协商的成果即量刑建议提供正当性基础。

首先，应当明确证据开示的阶段。根据《指导意见》的规定，证据开示应该在审查起诉阶段展开。有观点提出，应当将证据开示的时间提前到侦查阶段。[1]该观点值得进一步探讨，侦查阶段并未进入正式的量刑协商程序，进行证据开示欠缺必要性。在审查起诉阶段，案件已经侦查完结，证据已基本固定，在正式进入量刑协商之前进行证据开示有利于控辩平衡。其次，应当明确证据开示的主体与对象。就证据开示的主体而言，为了落实刑事诉讼中的诉讼关照义务原则，证据开示应当由检察机关来组织。正如学者所言，如果刑事诉讼过于强调对抗，缺乏检察官对被追诉人的关照，那么控辩双方将永远处于失衡状态。[2]就证据开示的对象而言，应该包括辩护律师、值班律师以及被追诉人。在证据开示时，应该尽可

[1] 张靖雪：《认罪认罚协商中被追诉人证据知悉权之完善——以证据开示为视角》，载《北京警察学院学报》2021年第1期，第25页。

[2] 陈永生：《论客观与诉讼关照义务原则》，载《国家检察官学院学报》2005年第4期，第18页。

能保障被追诉人与律师同时在场，这样能够最大限度地将案件事实与法律结合在一起，从而形成一个有效的辩护意见。再次，应当明确证据开示的范围，应开示除应当保密的证据之外的拟作为指控被追诉人罪行的所有证据。在此基础上，辩方才能在与控方所掌握的资源平等的基础之上进行量刑协商。最后，应当明确证据开示的救济机制。如果因证据未开示而导致控辩双方在资源不对等的情况下进行量刑协商，损害到被追诉人的知情权，应当构建相应的司法救济机制。如法院在审判时，可以对控方提供的证据开示资料进行重点审查等。

（四）完善值班律师制度

当前，认罪认罚案件中对于律师的需求大量增加，值班律师制度得到大力推广。然而，实践中值班律师制度的运行尚存问题。最为显著的问题就是有些地区（主要是市、县）值班律师只是到场参与见证，而未提供有效的法律帮助，存在形式化参与认罪认罚工作的问题。针对这一问题，学者们提出值班律师向辩护律师转化的建议。也有学者认为现阶段将值班律师直接“辩护人化”操之过急，应当暂时把值班律师纳入正在建设的法律援助制度体系中，解决当前刑事诉讼中法律援助不足的难题。[1]确实，在现有的司法环境和法律制度的框架之下，将值班律师辩护人化的条件尚不具备，如律师资源缺乏、案情简单的案件可能无须辩护人、无法保障值班律师的市场化酬劳等。值班律师制度是在律师资源尚不能实现刑事案件辩护全覆盖的情况下采取的一种权利保护应急的方式，所以将值班律师纳入法律援助制度的体系并加以完善更具有现实的意义。

为了纠正认罪认罚案件值班律师“走过场”的现状，保证控辩平衡，应该加强值班律师的执业保障以及办案质量监督。首先，应进一步将值班律师的阅卷权和会见权进行细化并在《刑事诉讼法》中加以规定，让值班律师的权利保障有法可依。虽然《指导意见》对值班律师的阅卷权和会见权作出了规定，但是实践中值班律师的权利并没有得到很好的保障，从而难以与控方在平等的地位上进行对抗和协商。其次，国家应该加强对于法律援助值班律师制度的财政保障力度，探索其他经费来源渠道，如依靠民间服务机构、慈善组织、社会人士或者公司的筹集等。同时，还可以进一步探索并引进英国“附条件费用协议”的模式，进而保

---

[1] 樊崇义：《法律援助制度研究》，中国人民公安大学出版社2020年版，第196页。

证值班律师参与的质量和积极性。[1]采取这种报酬与案件结果挂钩的方式，既可以督促值班律师认真提供法律帮助，又能够避免国家资金浪费。最后，应该建立值班律师办案质量的监督体系。实践中，由于值班律师报酬偏低、不愿意得罪检察机关等原因，值班律师自身的帮助意愿和质量不高。对此，应该建立统一的值班律师办案质量评估标准，对提供法律帮助的全流程进行监督和评估；还应该建立值班律师的末位淘汰制度，将办案质量较低的律师淘汰出值班律师的市场。

四、结语

《诉讼原理》首次提出了诉讼人权、诉讼认识论、诉讼价值、诉讼法律移植、诉讼透明等一系列新概念，为刑事诉讼法学的理论研究和司法实践提供了原理指引。在刑事诉讼中，控辩双方作为刑事诉讼程序中的重要主体，二者之间的关系备受关注。因此，在《诉讼原理》的指引下，研究控辩关系具有理论价值。同时，随着认罪认罚从宽制度的实施，研究控辩双方的关系对审前的量刑协商程序具有现实意义。从宏观上来说，当前认罪认罚制度落实过程中最大的阻碍就是量刑协商程序中的控辩失衡状态，控辩失衡状态是多种因素共同作用的结果。审判前的量刑协商程序应当是由检察官与犯罪嫌疑人以及律师在资源和信息对等的情形下，发表各自的看法，从而达成双方均认可的量刑建议并签署认罪认罚具结书的过程。然而，由于侦查阶段认罪认罚缺乏保障、“捕诉合一”使得检察官的批捕权力空前强化、被追诉人的知情权立法缺位、值班律师的作用逐渐形式化等，检察官在量刑协商程序中逐渐掌握了主导权，律师难以实现有效辩护，从而使得被追诉人的合法权益受损。在此背景下，对当前我国控辩失衡的现状及产生的原因展开分析，提出推行侦查讯问律师在场制度、大力推广审查逮捕听证程序、探索建立控辩证据开示制度、完善法律援助值班律师制度四个方面的发展对策，以期进一步促进控辩平衡，保障被追诉人的合法权益，实现认罪认罚从宽制度的可持续性发展。

---

[1] 根据英国《1990 年法庭与法律服务法》第 58 条第 2 款的界定，附条件费用协议是指“与一个能够提供辩护或诉讼服务的人签订的，旨在承担，并且仅在特定情况下才承担起所支付的费用或耗费的全部或一部的协议”，即法律服务提供者达成一定的目标才能支付费用的协议。

刑事审判的心结

——《合理怀疑的起源——刑事审判的神学根基》阅读札记

温家珠*

古老的道德神学家是正确的：实施惩罚是我们严肃的公共责任的一部分。但它是沉甸甸的责任。慈善的人类在给他人定罪时，秉持谦恭、忠贞之精神，对自身的道德立场满怀敬畏之心，战战兢兢、如履薄冰。这也是我们的先辈——皆因他们的血污——所深信不疑的，也是他们谈论“合理怀疑”的原因。我们无法回到我们祖辈的道德世界：我们永远失去了让他们得以理解合理怀疑功课的神学。但是，这一功课我们可以尝试重温。

——［美］詹姆士·Q.惠特曼

一、引言：《合理怀疑的起源》述要与思考进路

“不要论断别人，免得自己被论断。”这一则圣徒马太禁令说明，“在基督教古老的传统中，判决一名无辜的被告有罪被视为一项潜在的致死罪孽”。这一禁令以及类似的训谕有着精神上的现实威胁。在此背景下，刑事程序目的被划分为旨在事实证明或旨在进行道德慰藉。但在历史发展变化过程中，道德慰藉这一功能在司法程序中的分量日渐式微，而事实证明的作用则稳步增强。原因有：第一，对宗教焦虑感的消退；第二，辩诉交易的发展壮大；第三，历史学家没有正确地理解合理怀疑规则的起源。第三，也正是惠特曼教授写作的起源所在，由此开始挖掘基督教神学和西欧道德慰藉的传统。

在古代，西方基督教审判的道德神学理念在圣哲罗姆和圣奥古斯丁贡献下被

* 南京大学法学院 2023 级博士研究生。

［美］詹姆士·Q. 惠特曼：《合理怀疑的起源——刑事审判的神学根基》，佀化强、李伟译，中国政法大学出版社 2012 年版

确立起来，以忌讳即流血问题为中心。因此，审判如同从军，都是导致污染的行为。公元 1000 年到 1250 年，欧洲社会经历了制度变革，改革者们声称神明裁判是在试探上帝以及神明裁判的相关人员沾染了血污，这两点罪状使得上帝审判制度逐渐衰微。在如何解决犯罪谜题上，取而代之的是陪审团审判，这一变革所带来的是审判责任和作证责任的重大危机。[1] 因此，制度设计开始不断探索如何缓解这种道德重负，集体承担（collectivizing）、随机选择（randomizing）、责任转移（responsibility-shifting）以及职能否认（agency denial）四种途径都是选择的路径。同时，确证了道德责难的核心是如何摆平“良心”和“义务”的关系，因此 18 世纪的道德学家们探索出一个准则“心存怀疑的良心”，具体内容为“审查案件时，如果证据不足以让审判人员排除合理怀疑地相信所有被告或其中之一有罪，那么，根据仁慈和法律之理性，就要宣告其无罪。但是，假如证据足以让审判人

[1] 神明裁判最为重要的是，能够让人类免于承担审判的道德责任。从神证到人证的转换使陪审员处于一个极其微妙的道德位置。这意味着他们的灵魂以及身体处于实际的危险中：被迫承担以前由上帝承担的道德责任，面临招致报复和诅咒的危险。参见［美］詹姆士·Q. 惠特曼：《合理怀疑的起源——刑事审判的神学根基》，佀化强、李伟译，中国政法大学出版社 2012 年版，第 53 页。

员排除合理怀疑地相信被告有罪，那么，法律之正义要求判决他们有罪，从而法律之仁慈也就在这场公平、无偏私的审判中得以实现”。[1]

随着时代发展，这一规则被称为“合理怀疑”，但已然有了新的解读，斯卡利亚大法官在2004年一个刑事判决意见中指出“排除合理怀疑是一项引导陪审团发现特定事实的法则”。正是类似的这种误读带来规则适用上的困难，如思考“怀疑”是否属于“合理的”含义以及“怀疑”是主观的还是客观的。在此基础上，惠特曼教授指出，虽然我们已经失去了古老的信条，但仍应当明确实施惩罚是我们严肃的公共责任的一部分，应当以更渊博的历史知识、更开放的头脑、更道德的人文精神去理解这一古老用语。

简言之，排除合理怀疑的起源，其原初功能是指向缓解陪审团成员作出有罪判决时的道德压力，保护他们免受上帝的诅咒，这是对合理怀疑的固有理解。后在发展中被遗忘了神学世界所关注的道德法则，进而面临着含义不明、界定冲突和缺乏可操作性的挑战。我国于2012年《刑事诉讼法》修改时正式引入“排除合理怀疑”，由此建构以事实清楚，证据确实充分为基础的具有多元化形式特征的诉讼程序，初衷是利用增加主观证明规则强化对裁判者的约束，减少冤假错案的发生，同时也确保真正的犯罪者受到法律制裁。但是由于该标准具有先天的模糊性，西方国家在运用中发生的困境我国在司法实践中应当避免。职是之故，笔者以“证明标准”与“法官司法责任”两条主线为进路，追溯两大法系与我国排除合理怀疑的确立过程，厘清其应有属性与功能，为合理怀疑规则的完善提供客观系统的资料和思路的借鉴。

二、排除合理怀疑的程序价值

（一）“排除合理怀疑”的引入历程与解释难题

新中国成立之初，法学界在彻底废除国民党旧法统的基础上，创造性地确立了具有中国特色的证据制度原则——实事求是原则，并将其作为我国诉讼制度的重

---

[1] ［美］詹姆士·Q.惠特曼：《合理怀疑的起源——刑事审判的神学根基》，佀化强、李伟译，中国政法大学出版社2012年版，第300页。

要指导思想。在1979年《刑事诉讼法》以基本法律的形式明确规定“案件事实清楚，证据确实、充分”为我国的刑事证明标准，其基本理念是“客观真实”。客观真实既是诉讼的目的，又是司法人员心中高悬的评价标准和参照物。因此，要求司法人员在使用证据认定事实时应当始终盯住客观事实状况，对一切案件的判处都要重证据，重调查研究，不轻信口供；一切证据必须经过查证属实，才能作为定案的根据。在20世纪90年代之前，我国法学界对此根本不存在异议。但随着证据立法逐渐成为社会各界关注的焦点，有关刑事证明标准问题的学理探讨日益引起了学术界的激烈争鸣。❶在客观意义上来说，此种争论在深层次上推动了认识论的发展，即证明标准不可能完全客观化。而“案件事实清楚，证据确实、充分”的刑事证明标准及对其权威性的解释都偏重于客观事实，对作为认定事实、判断证据取舍的司法人员在主观上应达到的标准没有设定明确的幅度和主观标准。❷那么，怎么更为准确合理地构建刑事证明标准是重中之重且又最艰难的。

无论是大陆法系国家还是英美法系国家，在法官对证据的审查判断或在证据的证明力问题上都基本采用了自由证明的态度，即由法官或陪审团根据案件的具体情况对证据的真实可靠性和证明价值作出评断。按照大陆法系国家的说法，这就是自由心证；按照英美法系国家的说法，则是对证据的自由评断。大约30年前，学界主流观点认为自由心证代表的是资产阶级利益，奉行不可知论，是主观唯心主义的表现，据此对其进行简单的否定和批判。在批判自由心证的背景下，尽管“排除合理怀疑”并没有成为明确的讨伐对象，但其不可能有生存空间。后随着学者对自由心证制度进行具体分析，对其予以历史地、科学地看待，采取批判继承的态度。随着西方自由心证体现下的证明标准不再是单纯被批判的对象，

---

❶ 主要争议点在于是否应当继续坚持客观真实的理念追求问题，突出表现为“客观真实”与“法律真实”之争。根据辩证唯物主义认识论，认识的根源在于主客体之间的矛盾运动，而认识的主客体之间是对立统一的辩证关系。具体到诉讼证明，其不仅是对过去发生的案件事实的再认识过程，也是事实裁判者进行主观判断的活动。刑事证明是一种回溯性的社会领域的证明，过去的状态无法重现，必须遵循人类认识的基本规律。

❷ 从“清楚”“确实”“充分”的本义来看是强调一种客观状态。加之，根据最高人民检察院《刑事诉讼法》第55条的解释，“案件事实清楚，证据确实、充分”具体是指达到以下标准：（1）据以定案的每个证据都已查证属实；（2）每个证据必须和待查证的犯罪事实之间存在客观联系，具有证明力；（3）属于犯罪构成各要件的事实均有相应的证据加以证明；（4）所有证据在总体上已足以对所要证明的犯罪事实得出确定无疑的结论，即排除其他一切可能性而得出的唯一结论。可以看出，此时的证明标准不是从人的主观和人的内心方面来加以考虑设立的，而是强调证据的客观性、强调案件事实的认定要与客观事实相符合。参见陈光中、陈海光、魏晓娜：《刑事证据制度与认识论》，载《中国法学》2001年第1期，第45页。

英美法系的“排除合理怀疑”与大陆法系的“内心确信”被引入证明标准研究领域。由于“事实清楚，证据确实充分”在理论层面上忽略了法官主观层面的内心确信，在实践层面本身并不包含具体的、具有可操作性的衡量方法，在表达层面上，对其理解不统一、存在分歧，致使司法实践难以把握。同时，随着时代的发展和通信便捷性的提升，一些冤假错案屡见报端。在这种环境下，“证据确实充分”“排除合理怀疑”与“内心确信”在证明标准领域形成思想角逐的局面。我国立法所确立的“事实清楚，证据确实、充分”的证明标准是历史的产物与司法经验的总结，符合民众的心理需求与表达习惯，有着深厚的实践根基，地位短期内难以得到根本性的撼动。

“排除合理怀疑”更多地强调外在的尺度而非个人化的尺度，更多地要求普遍的、公共性的感觉而非个别的、私人的体验，这就要求事实认定者在判断时更多地考虑一个理性人会如何判断。而内心确信的证明标准，重要依据是事实认定者被视为司法精英，具备超越常人的认知能力。“排除合理怀疑”无疑在“事实清楚，证据确实充分”的理解存在混乱、“错案追究制”发挥作用、法官无所适从的情况下，更能有效降低事实认定者的风险，减轻其心理负担。[1]因而，无论是地方性证据规定，抑或是曾经拟议中的司法解释，还是曾经刑事诉讼法修正案草案，对刑事证明标准采取的都是在坚持“事实清楚，证据确实充分”的前提下，吸收“排除合理怀疑”标准，力图采取一种改良的方式来弥补原有证明标准的缺陷。

“排除合理怀疑”进入立法是多重因素合力的结果，一方面其内容本身抽象，富高度哲理性，在司法实践中无法成为可度量的证明尺度；同时其作为一个舶来品，并非一个简单的法律术语，它代表一套具有多元性的、内涵丰富的法理念、法制度和法经验，与我国成文法国家追求可言说的理性又有一定的排异性。这样使得对合理怀疑难以达成一致的理解，从而徘徊在道义与理性中。顺此逻辑，下文结合惠特曼教授的《合理怀疑的起源——刑事审判的神学根基》一书进行历史的梳理，力求廓清对其认识的迷雾。

（二）西方“合理怀疑”的起源与发展变迁

在神明裁判逐渐退出历史舞台的同时，欧洲大陆国家和英格兰的诉讼制度基

---

[1] 参见李训虎：《“排除合理怀疑”的中国叙事》，载《法学家》2012年第5期，第62页。

于各种因素也开始分道扬镳。欧洲大陆国家实行了以司法职权为核心的纠问式诉讼制度；英国则形成了以陪审制为基础、以当事人为主导的抗辩式诉讼制度。

英国早期的陪审团由 12 名了解案件情况的当地居民组成，称为知情陪审团。在此种审判方式下，陪审员都是根据自己的“知识”判案，并非根据他人提供的证据判案，所以法律就没有必要就证据问题作出规定。在 14 —15 世纪，随着人口的增加和流动，要在每个案件中找到 12 个熟悉案件的知情者充当裁判者是十分困难的。于是，知情陪审团开始向不知情陪审团转变。这个转变使得陪审团在裁判时面临着两大难题：第一，缺乏衡量证据的规则。在不知情陪审团制度下，证人就变得越来越重要，陪审团就需要对证人证言进行评估，评估就需要一个标准。第二，裁判责任的精神压力。在基督教教义里，审判活动中如果使得无辜者受到刑罚，自己就成为“谋杀者”，沾染了杀人的罪孽，会遭受上帝的惩罚。在这两个难题之下，陪审员在审判时不放过任何细微的可能性，只有在没有任何怀疑的情况下，才敢认定被告人有罪。但由于犯罪的隐蔽性，往往不可能发现全部的证据，一定程度上会放纵罪犯。在此背景下，为了缓解陪审员的道德焦虑，当时的宗教认识论以及清教决疑论的发展，为陪审员提供了一种指引其行为的规则，即“令人满意的良知”“排除合理怀疑”“道德上的确定性”等有罪裁决标准的表述。❶核心理念是依据上帝的指引，运用理性之人的良知作出决定，从而避免自我的灵魂处于危险之中。正如惠特曼教授所言，“排除合理怀疑”这一制度的作用恰恰并不在于证明和驱散我们对事实的无知，而是旨在给惩罚者忐忑不安的心灵提供一个“道德安全避风港”。后“排除合理怀疑”这一标准被广泛运用于英美法国家，但是在陪审员指示中存在混用的措辞。时至今日，随着宗教神学在裁判中不断被“祛魅”，刑事审判的神学基础已经被瓦解殆尽，“排除合理怀疑”的道德慰藉功能已全无用武之地。

当这一规则被用来服务于探究事实真相时，其理论上的空洞性就暴露无遗，❷

---

❶ 根据夏皮罗教授的考证，1668 —1750 年的判例和所使用的语言大多是与“令人满意的良知”相联系的司法指令。良知应关注“合理怀疑”，但不应变为过分的怀疑。因此，到 18 世纪后半期，法官和律师开始关注合理地出现在陪审团心中的“怀疑”问题。参见［美］巴巴拉 · J. 夏皮罗：《对英美“排除合理怀疑”主义之历史透视》，熊秋红译，载王敏远主编：《公法（第四卷）》，法律出版社 2003 年版，第 59 页。

❷ 参见王彬：《后果论视角下的刑事证明标准——以“排除合理怀疑”为中心的分析》，载《法商研究》2021 年第 6 期，第 144 页。

核心问题是含义过于抽象和模糊。❶ 按劳丹的总结，晚近以来，美国的法院、立法机构乃至法学界为正面界定“合理怀疑”做过许多尝试，却无一成功。例如，有人认为司法裁判者应参考自己“在现实生活中有多大把握时会毫不犹豫地采取行动”，与之相当的心理状态就算“排除了合理怀疑”；又有人认为，“排除合理怀疑”意味着司法裁判者“坚定地相信”被告有罪；还有人认为，“合理怀疑”可以被界定为“有根据的怀疑”。❷ 这些尝试都算不上成功，并未给予法官可操作性的指导，亦无法消除作为外行的陪审员的疑惑。不能否认，“排除合理怀疑”是一项具有多义性，可能见仁见智的证明标准，但受文化传统、事实理念、制度框架等各方面因素的影响，对其理解和解释具有某些规律可循。即为避免无辜者受到不公正的指控，“排除合理怀疑”必须遵守两条基本界限。一是上限。排除合理怀疑不要求达到绝对确定的程度，不要求百分之百确定无疑。因为诉讼认识是一种历史认识，是对已经发生且无法再现的案件事实的认识，是不可能达到绝对确定的程度的。因而只需将“合理的”怀疑予以排除即可。二是下限。排除合理怀疑要求对刑事案件的证明必须达到诉讼认识所能达到的最高程度。由于人的认识能力的限度和客观条件的制约，司法人员的认识可能与事实真相存在偏差。而随着科技的发展和司法制度的完善，人们对案件认识的水平在不断提高，但是这个过程不会终结，总是处在不断完善之中。因而，最高程度是现阶段在刑事司法中认识能力所能达到的最高标准。当然，基于“合理怀疑”词语本身的不确定性，理解也随着判例法中案例的更新进行新的解释中，并且被赋予不证自明的道德公理属性。

（三）对我国“排除合理怀疑”的重新解读：具有道德价值

“排除合理怀疑”最初是作为道德慰藉程序出现的，能够缓解陪审员的精神压力，促使审判活动顺利进行，维护社会秩序。如今道德色彩逐渐退出司法活动，

---

❶ 按照学者陈永生的归纳，其面临着三大挑战：含义过于抽象和模糊；司法实践中对其含义的界定相互矛盾和冲突；缺乏可操作性。当然，面对实践中的挑战，英美法系国家也在自觉或不自觉地寻找应对措施。据现有资料，至少有三个方法比较明显：综合各种角度设计示范模式；不固定表述；实行排除合理怀疑与确信其罪正反两方面相结合进行表述。参见陈永生：《排除合理怀疑及其在西方面临的挑战》，载《中国法学》2003 年第 3 期，第 157 页。

❷ 桑本谦、戴昕：《真相、后果与“排除合理怀疑”——以复旦投毒案为例》，载《法律科学（西北政法大学学报）》2017 年第 3 期，第 29 页。

审判活动更倾向于职业化地完成某项专业工作，并不会使裁定者面临道德风险。而且我国在引入这一标准时，没有英美法系的宗教色彩，又面临着与本土文化相融合的问题。该如何理解这一证明标准是刑事司法的重要问题。

理论上证明过程分为收集、保全证据和审查、判断证据两个环节。但实践中，一组证据在经过审查判断之后，往往不能自然地认定某一事实，而需要对证据进行进一步的加工、整合，事实认定的过程也应被视为是证明过程中单独的一环。据此，“每个具体的司法证明过程都可以划分为证据筛选、证据评价与事实认定三个环节或阶段”[1]。而“排除合理怀疑”并非在证据筛选环节出现，也并不直接参与证据评价，而是由审判人员对筛选得到的证据进行评价之后才被加以运用。据此，笔者认为，虽然我国并不是以基督教为根基，但作出判决的道德责任仍需要法官来分担。

龙宗智教授曾对《圣经》与诉讼法的关系进行概括，“《圣经》就是一本诉讼法学教科书”，说明了诉讼活动离不开宗教等因素的考量。宗教是与良心原则密切相连的，仁慈的人类在给同伴定罪时，应对自身的道德立场满怀敬畏之心。但理性主义的发展借助科学来解释一切，让我们误以为对“人”本身也可经由审判的“透视”行为予以评判。[2]《刑事诉讼法》规定了司法机关、回避等相关制度，但基本上将其作为“执行者”甚至机械性执行者来看待，对主体性研究较为缺乏。一大原因是并未将“人”作为决定制度运行效果的“能动”因素来看待，更未认识到“人”的各种因素——观点、利益与能力等应当作为立法的基本点加以考虑。[3]在立法理念上，有两种倾向，一是把法官当“好人”的理性主义，或者至少认为绝大多数法官的操守和能力都是值得高度信赖的，因而偏好设置笼统的法律原则而非具体的法律规范或即使设定具体的规范，也往往赋予法官广泛的自由裁量权。二是把法官当“小人”的功利主义管理，强调对一线法官收权，以沿革的流程监控和考核指标约束法官。这两种倾向都未能把法官当作一个正常的社会人。对于法官来说，尽管职业的特殊性要求其与外界保持必要的距离，但其归根结底

---

[1] 封利强：《司法证明过程论——以系统科学为视角》，法律出版社 2012 年版，第 279 页。

[2] 参见陆涵之：《排除合理怀疑制度的道德根基》，载《青岛行政学院学报》2021 年第 4 期，第 100 页。

[3] 参见左卫民：《刑事诉讼中的“人”：一种主体性研究》，载《中国法学》2021 年第 5 期，第 95 页。

还是“社会人”。他无非是如同你我一样的“凡人”，既要为“稻粱谋”，又要尽力迎合社会、单位、亲友等对个人的期待，还要同内心的道德作斗争。[1]因此，理性状态下，对法官不仅应当限制也应当对其形成保护，即正视法官作为“人”的软弱性。

实则，证据的程序基本可以区分为：一个是旨在事实证明的程序，另一个是道德慰藉程序。例如，集体承担即虽然定罪结论由裁判主体作出，但由于“共同”的行为属性与制度设计，使得裁判群体中个体的道德忧虑感大大降低。还有辩诉交易制度，既然罪犯都承认自己有罪，法官在道德上即可得到慰藉，不用反复在良心责问中辗转。道德慰藉与事实调查的关系，如同程序法与实体法关系一样，既具有工具价值又具有独立价值。[2]道德程序的工具价值体现在，既是事实调查的最终目的和最高要求，也是指导事实调查不偏离正确方向的有效手段。它的独立价值体现在，立足人性假设，以“人”为中心，有效避免法官、陪审员或证人等道德焦虑。正如我国刑事司法中一大难题是证人出庭制度，对其进行保护以及其他物质保障一定程度都是为了缓解其道德上的压力。在排除合理怀疑制度上，具体来说，一方面可以促进案件真相的调查。法院对于被告人的最终裁判只能出现两种结果，即裁定事实有罪者有罪和裁定事实无罪者无罪。美国波斯纳法官将刑事判决的错误分为两类：一类是积极性错误即判决了无辜的人有罪，另一类是消极性错误即错误的无罪开释判决。[3]在第一类心理压力下，法官会更加审慎判断证据，从而导致可能不敢判而放纵犯罪。在第二类心理压力下，容易导致有罪推定的思想路径。另一方面，裁判者怀疑的产生不违背自己的良心，可以促进其更好地履职、缓释其内心的压力。换言之，一份公正的判决多数情况下是在法官不断怀疑乃至最终确定的过程中产生的，怀疑为裁判者的正确思维提供了路径指引和方法保障。1850年，美国马萨诸塞州最高法院的首席大法官肖在韦伯斯特案中对合理怀疑的性质及其含义进行了分析。他说：“什么是合理怀疑？这是一个经常使用的术语，也可能理解得很恰当，但很难定义。它不仅是可能的怀疑，因为任何

---

[1] 参见兰荣杰：《把法官当“人”看——兼论程序失灵现象及其补救》，载《法制与社会发展》2011年第5期，第5页。

[2] 参见张斌：《论英美刑事证明标准的神学渊源及启示——以“怀疑”的道德蕴涵为中心》，载《清华法学》2009年第3期，第106页。

[3] ［美］理查德·A. 波斯纳：《证据法的经济分析》，徐昕、徐昀译，中国法制出版社2001年版，第64页。

有关人类事务和依赖于道德证明的事项都会存在可能的或想象的怀疑。它指案件的一种状态：经过对所有证据的全面比较和考虑，陪审员感觉到根据案件事实作出有罪判决仍然难以达到道德上的确信。仅仅确定指控事实的真实高于虚假的可能性并不足够，依据证据所形成的案件真实必须达到合理的、道德上的确信。对于依其进行裁判的人来说，这种确信说服并指导着他们的理解，成为他们推理与裁判的根据。”据此，排除合理怀疑的正当性基础便是关注“人”的需求，司法人员作为有限的理性人，具有人性的一般特点，当其在产生道德压力时合理缓释以使其以一种更客观公允的立场审慎作出决定。证据学并非实验科学和精密科学，证据判断是根据各种客观物质痕迹和主观印象痕迹来回溯历史事实，是以判断者的生活经验包括司法经验为基础，以“内省”“想象”“常识运用”“归纳”等波斯纳法官所谓的实践理性为方法所作的认识活动。❶ 排除合理怀疑的运用必然具有相对性，作用无疑也是有限的。应当强调的是排除合理怀疑道德维度的意义，即证据程序不仅证明事实方面具有工具价值，而且具有道德价值。

三、排除合理怀疑的道德价值

（一）自由心证与司法责任制关系的现状

近现代各国实行自由心证制度，没有什么僵硬的有关证据证明力的规则限制事实裁判者的心证，审判人员可以根据自己的良知、理性和经验评判各证据的证明力。但如果想让自由心证制度运转良好，必须解决两个问题：一是保障事实裁判者的心证自由；二是防止事实裁判者擅断。❷ 那么，针对防止裁判擅断，确立了相应的错案追究责任制。司法的三大基本要素，“独立—专业—负责”是一个完整的体系。“独立”包含司法权限的独立享有和行使，以及确保司法权独立行使的相应职业保障；“专业”指独立行使权限并相应负责的职业能力；“负责”指与独立权限相匹配，以职业能力为基础、以职业保障为前提、以宪法和法律为依据的司法问责。在这个体系中，包含了三个实质性要素，即角色权利、角色义务以及角

❶ ［美］波斯纳：《法理学问题》，苏力译，中国政法大学出版社 1994 年版，第 71 页。

❷ 参见黄士元：《自由心证制度下的法官责任——心证“自由”的保障及其扭曲》，载《证据学论坛》2007 年第 2 期，第 51 页。

色规范。法官责任便是法官基于其角色职责所应当承担的一种法律责任，具体包含两层含义：一是积极意义上的法官应当正确行使审判权的法律职责，这是必须履行的、无条件的；二是消极意义上的法官在违法行使审判权时应当承担的不利后果。目前，法院系统实行的错案责任追究制强调的是法官责任的消极含义，通过审查案件审判结果的对错，对错案承办法官进行责任追究，进而倒逼法官提高办案质量，减少错案的发生，保障当事人的权益，实现司法公正，提升司法公信力。

但应当明确的是，实际司法审判中，第一，法官受制于诸多案外因素，不能独立自主定夺，无权却担责。第二，法官也会面临打击犯罪与保障人权间的难题，诸如以下的情况，非法证据是否排除、情状证据能否运用以及科学证据的证明力。第三，法官集多种角色于一身，既是审判者，又是公务员，还可能是党员，这种多重身份带来的便是除司法责任外的多重责任。使得法官既需要考虑审判责任，也要考虑廉洁责任、纪律责任和政法责任，但这些责任之间的界限并不十分明晰甚或相互交叉。第四，也是更为重要的，在司法裁判的过程中，法官同样不能回到过去，是通过庭审双方对抗以及证据调查等建构案件事实，本质上便具有可错性。❶那么，错案惩戒犹如悬在法官头顶上的“达摩克利斯之剑”一般，时时刻刻可能危及法官的职位，个别法官便采取一些违背司法规律的非常规措施来规避错案追究风险。例如，可以通过部门或院领导审批的方式寻求“保护”，还可以通过案件请示制度向上级法院寻求“帮助”以降低改判率或发回重审率。❷这样做，是错误的。但也不可否认，这种压力使得裁判者在事实建构的过程中自由心证受到一定的限制，使得司法职业成为一种更容易受到攻击的职业。

（二）基于案件可错性对法官责任配置的思考

仔细审视刑事司法制度，可以发现三个不同的目标或价值，“第一个目标是发

---

❶ 事实尽管有其客观基础，并且受到逻辑圆洽性等限制，但从根本上讲则是实实在在的主观建构，因为它根本上只能通过人的主观回构才能得以生成，并必须仰赖人的主观能动性才能获得某种特定的意义。这表明，在司法决策的过程中，无论是“小前提事实”的确定，还是“大前提规范”的选择，都具有明显主观性、可错性，这使得我们不可能预先设定一个错案（或对案）的实体判断标准。参见周赟：《错案责任追究机制之反思——兼议我国司法责任制度的完善进路》，载《法商研究》2017年第3期，第6页。

❷ 参见詹建红：《我国法官惩戒制度的困境与出路》，载《法学评论》2016年第2期，第196页。

现犯罪真相，避免错误判决；第二个目标是建立在这个错误减少论认识的前提之上，明确不管怎么努力避免，错误总是在所难免，到底错判无罪和错判有罪哪一个错误更为严重，并需要切实地防止其发生，称为错误分配论；第三个目标是关注刑事司法制度中其他一些重要问题，例如，司法资源的有效利用、保障被告人的权利等，称之为非认识论的政策价值”❶。这些目标的实现必须围绕着证明标准和法官责任来进行分配。二者之间的衔接点恰恰是合理怀疑，自由裁量是法官裁判工作的本质特征之一，也是其承担责任的应有之义。但合理怀疑目前的解释是促进刑事审判真实发现目标的标准。此外，考察各种排除合理怀疑的解释，看起来既空洞也无法令人满意，其中一个原因是，这些解释都努力避免谈论证明结构或控方应当证明的案件类型，固执地集中于审判人员的主观状态。但关注证据和评价证据的过程如同一个黑箱，形成特定的标准。因此，最恰当的做法是抛弃这种迷思——法官的信念强度，重新将合理怀疑在法官责任承担与证明标准中进行定位。

诉讼实践中，排除合理怀疑的证明过程是一个疑点形成与排除的心理过程，这无法否认裁判者道德信念的制约作用。因此，对法官除承担责任外，还科以严格的道德要求，具体理由有三方面。第一，身份性理由。定纷止争是法官的天职，法官在争讼两造之间居中裁判，需要公正无私，不偏不倚，因此，这科以法官高阶的道德负担。第二，利益性理由。即认为诉诸法院的纠纷，一般涉及当事人的重大利益，而法官的裁判结果对当事人的重大利益将产生直接影响，因此应当公正廉明，勤勉谨慎。第三，形象性理由。法官个体需要为整个群体形象负责，他们在分享法官职业荣光的同时，也肩负同样高阶的道德期待。以上诸多的理由只能说明法官应当承担相较于一般人更高的道德责任，但并不能站在上帝视角用圣人的标准来严格要求法官。那么，按照当前司法配置，法官的职业保障并不能匹配其问责分担。换言之，在强化法官责任制的过程中，以规范性文件和“铁规禁令”等形式所规定的追责事由已大大突破基本法《法官法》的规定，体现出某种泛化和全面追责的迹象。❷责任追究制将结果与行为都作为法官责任归责基准，以裁判结果对错和道德不当来评定法官是否负有责任。在此背景下，办案质量终身

❶ ［美］拉里·劳丹：《错案的哲学——刑事诉讼认识论》，李昌盛译，北京大学出版社 2015 年版，第 2 页。

❷ 参见王迎龙：《司法责任语境下法官责任制》，载《政法论坛》2016 年第 5 期，第 137 页。

负责制和错案责任倒查问责制的压力颇有合理怀疑起源之初的劲头。正如惠特曼教授所说，现代法官成功地将自身与其判决结果之间保持了一定的心理距离。但是，这种保持心理距离的能力发展是十分缓慢的。审判是危险的，不仅是对被告，对法官亦然。❶以往对“合理怀疑”的探讨偏重制度层面的专业问题，事实上“人”是重要的关键，而法官的职业道德与该规则息息相关。从长远来看，“除了法官的人格外，没有其他东西可以保证实现正义”。

（三）法官恪守义务的平衡点应为排除合理怀疑

在责任追究的考核压力下，裁判的作出加重了法官的心理负担。而司法权的基本内涵就是作出判断，如何有效化解这一困境？我国现代著名历史学家钱穆在分析中国历史时曾指出，中国政治制度演绎的传统是，一个制度出了毛病就再制定一个制度来防止它。结果制度越来越多，往往造成前后矛盾、执行困难，反而失去效率与效力。因此，笔者并不赞同再设置相关保障制度以缓释法官的心理与其权力的运行，而是在现有制度内进行法教义学的阐释。

人类知识分为两个领域：在第一个领域可能达到数学证明的绝对确定性，如一个直角三角形的斜边的平方等于其他两边的平方之和；在另一个领域，即对事件进行实证证明的领域，达到绝对的确定性是不可能的。正因为在事件的领域绝对的可能性不可能达到，我们便不应将每个事物仅视为一种猜测或一种意见。在这个领域，应当存在着不同程度的确定性。当所得到的证据的量和质增加时，也达到越来越高的确定性。❷英国启蒙思想家洛克在《人类悟性论》一书中，按照人类认识外界事物的可能性程度，将认识分为“道德确定”“确信”“相信”“推测”“揣想”“怀疑”“犹豫”“不相信”“不可能”九种形式。最高层级的可能性（道德确定）是所有成员一致同意的状态，它是所有成员运用个人恒常和没有差错的经验知识的结果。所以，我国刑事证明标准主观方面是排除合理怀疑，❸着眼于

---

❶ ［美］詹姆士 · Q. 惠特曼：《合理怀疑的起源——刑事审判的神学根基》，佀化强、李伟译，中国政法大学出版社 2016 年版，第 15 页。

❷ ［美］巴巴拉 · J. 夏皮罗：《对英美“排除合理怀疑”主义之历史透视》，熊秋红译，载王敏远主编：《公法（第四卷）》，法律出版社 2003 年版，第 78 页。

❸ 证明标准实际上暗含了两个关键性的要素：客观性要素和主观性要素。客观性要素即证据要素，包括对证据材料的种类、数量、形式等方面的要求；主观性要素是责任主体对证据进行认识和判断有关证据是否达到刑事诉讼相关法律所规定的证明标准。

解构建构的事实，即在证明过程中寻求其薄弱环节，进行疑点发现及其消除性检验。在基督教的教义中，“怀疑”是基督徒的一种“主观焦虑状态”。陪审团成员在给被告定罪时，定罪的焦点问题并不在于他们能否通过相关调查推测分析出特定的事实真相，而是在于能否帮助他们有效地克服那种基于道德压力而产生的疑虑。换言之，“怀疑”是神学意义上“焦虑”的同义词，是道德责任的标志。进一步用逻辑学的方式表达怀疑的内涵为：是 P 而非 Q，P 被认为是控方假说，Q 被认为是审判人员产生的一个或多个陪衬物，当审判人员无法确定是 P 还是 Q，且 P 和 Q 不相容的情况下，怀疑就可以产生。但如何判断 P 和 Q 之间存在的问题，便需要去考虑第二个概念，即何为“合理”。

合理怀疑本身就具有非常强烈的主观色彩，由此，人们会发问：什么样的怀疑才是“合理”的？对于该问题，英美法系的理论家和实践者提出了比较多的回答，大致是沿着如下两种分析方法实现的，即量化分析法和语义分析法。量化论者认为，应以一种划分比率的方式来判断案件事实的确定性程度。而语义分析者认为应借助其他言词使得合理怀疑的含义更加明确。但笔者认为，既然“怀疑”是对“是 P 而非 Q”的不确定性，那么“合理”就应当理解为“构成 P 与非 Q 情形下对应事件缺乏的一个合乎逻辑的说明”。那么，合乎逻辑的说明本质上是一种经验判断，即依靠审判者个人的良知与道德评价作为标准。换言之，对合理的判断离不开逻辑推理与经验法则的检验。首先，逻辑推理作为连接证据和案件事实的桥梁，要求在案件事实的发现过程中，注重证据的客观性与推理的科学性，从而对案件中存在的疑点在逻辑推理的基础上得到正确认知。[1] 其次，所谓经验或经验法则就是人们从已发生的实践中获取关于事物因果关系或属性状态的知识。根据经验法则形成的原理与验证方法的不同，将经验法则分为科学经验法则和人文经验法则。前者是指理智正常的人通常所具有的、可以用判断和命题来表示的科学知识，它具有普遍性、客观性和直接性的特点，是知识型的经验；后者涉及对某种社会现象的解释或对特定个体的行为赋予一定的社会学含义，它帮助我们正确理解他人及自身行为的社会学意义。而这些经验法则都是从人类的实践生活中抽象出来的，来自人类知识的总体。最后，逻辑与经验在对合理的界定中并不必然分离，他们都存在于审判人员的主观认知中，往往需要综合认定。需要注意的

[1] 参见陈瑞华：《刑事证据法的理论问题》，法律出版社 2015 年版，第 277 页。

是，由于合理是一种主观性标准，这意味着对合理的理解不同会严重影响判决的结果。所以，强调逻辑与经验法则是非个人化的，而是一种社会标准。法官作为社会生活的一员，与这个社会的其他成员一道分享着这个社会的共同经验，遵循着它的意义系统。

四、余论：法律是一种文化

惠特曼教授在《合理怀疑的起源——刑事审判的神学根基》一书中想表达的思想远不止是为了澄清刑事审判的神学根基，更是为了说明现代审判应当对传统文化秉持一种敬畏的理念。法律是复杂的社会现象的综合反映，又由国家制定或认可并为本国利益服务，因而它是基于本国的政治制度、经济基础、文化教育和科学技术的发展程度在一定空间尺度内运行。但由于社会文化具有一定的共性，所以会出现法律的跨文化和跨国家的传播与流动。过往常常强调中西法律文化的差异，对古今文化的继受关注阙如。葛兆光先生说："在博物馆里、在考古遗址里以及在历史教科书中，都在向我们叙说着过去，我们可以聆听和阅读，也可以转身走开，这种'历史'并不纠缠'当下'。真正绵延至今而且时时影响着今天的生活的，一是几千年来不断增长的知识和技术，前人的智慧和辛苦积攒了许多生活的知识和技术，使后人得以现成享用，也使后来的人们可以把前人的终点当起点；另一个是几千年来反复思索的问题以及由此形成的观念，多少代人苦苦追寻的宇宙和人生的意义，多少人费尽心思寻找的有关宇宙、社会、人生问题的观念和方法，影响着今天的思路，使今天的人依然常常沿着这些思路思索这些难解的问题，正是在这里，历史不断地重叠着历史。"❶ 正是思想在语言文字与社会中浸泡延续至今，其时间和空间的维度才需要不断进行重复与更新。因此，在诉讼法学的研究中，我们也应该关注历史文化，无论是西方古代文化还是我国古代文化，都应当进行不断思考。在《合理怀疑起源》的总序中所提及的，从器物到制度的百年路径，成效并不理想，并以"马锡五"审判方式为例说明文化与法律制度之间的关系。而在藏族地区，刑事纠纷的解决还保留着灭神灯方式，这都说明法律是理念、是制度、是方法，也是一种文化。

---

❶ 参见葛兆光：《思想史的写法——中国思想史导论》，复旦大学出版社2004年版，第2页。

独立性证成到解释性调整：程序正义理论价值机理的溯源与展望

——以《程序正义理论》（第二版）为中心

翟昊天 *

一、问题的提出

程序正义是一种观念，自英美普通法国家发源，得到众多学者研究与探讨，从而产生了诸多理论性学说。作者陈瑞华教授在国内是最早一批研究程序正义的学者，本书是其系统的成果总结。《程序正义理论》（第二版）的面世，更是融聚了陈瑞华教授的新思考与体会，结合了中国司法制度尤其是刑事诉讼领域的重大变更，反思、总结和提炼了新的程序正义理论，从而产生了传统程序正义与新程序正义之分。

从传统程序正义理论到新的程序正义理论，不仅是时代背景的更迭，更是研究目的的转化。不难看出，尤其是陈瑞华教授提出的“协商性程序正义理论”，其内涵与价值明显与传统程序正义理论大相径庭。传统程序正义理论下的程序价值经历了是否存在程序价值、程序价值与实体价值是否可以分离以及研究程序价值为何重要等研究命题的转变，因此其重点在于程序性保障的提升。在刑事诉讼法视域下，凸显于对抗式诉讼模式中赋予被追诉人的正当性权利保护。但随着法律制度的发展，无论是本书新介绍的“实质性程序正义”还是“协商性程序正义”，其研究目的绝不仅是唤醒对于被追诉人的程序性保障，并且受限于协商性司法特征，也难以理论移植。[1]那么研究程序价值的目的以及程序价值的作用机理自过去至今发生了什么变化？传统与新理论的程序价值机理分别是什么？这是本文的出发点。

---

* 中国政法大学刑事司法学院 2021 级硕士研究生。

[1] 参见陈瑞华：《程序正义理论》（第二版），商务印书馆 2022 年版，第 237 页。

陈瑞华：《程序正义理论》（第二版），商务印书馆2022年版

另外，研究程序正义理论，探析程序价值，不可逾越的鸿沟就是与实体正义的关系鉴别，程序工具主义还是程序本位主义之争就是例证。在新的程序正义理论下，程序与结果的地位关系又发生了什么变化？围绕上述问题，本文先总结、追溯传统程序正义理论的内涵及价值基础，学者们证明其独立性地位，从而归纳其保障性价值的努力，然后围绕陈瑞华教授提出的新程序正义理论，在传统理论基础上进行解释性说明，探寻其价值边界，总结其对实践的指导性意义。

二、独立性证成：程序正义的保障性价值

（一）正义之内涵及与法律之关系

论述程序正义之前，首先我们需要分析何为正义。这是程序正义的出发点，同时正义与法律的关系也是研究程序正义独立性的有益论据。

首先，正义的领域是什么？是个人还是社会。从最基本的角度出发，满足个人的合理需要和主张，同时促进生产进步和提高社会内聚性的程度——这是维续

文明社会所必需的正义目标。[1]其中，个人的合理需要和主张，如同经典论述“正义使每个人获得其应得的东西”，强调正义的个体精神成分，但理应还包括制度成分。瑞士神学家埃米尔·布伦纳将正义的精神成分和制度成分结合在一起，亚里士多德关于分配正义与矫正正义的论述也是正义领域的扩大。[2]这是正义领域的界定，既有个体主观精神需求，也有从个人领域迈出，走向社会制度层面的界定。这是诸多学者论述社会正义、实质公平的基础。因此，在我们进而研究正义中的程序正义问题时，无论是程序内在价值的形式平等与实质平等，还是程序公平性的综合判断，都需要拥有基于个人及集体的视角。

其次，正义包含哪些要素。德沃金认为，正义应从平等、自由、民主和法律层面去讨论。尤其是在平等层面，其包含了对命运的平等关心原则和对责任的充分尊重原则。尤其是公权力机关需要对每一个个人都给予平等关心，同时对个人选择的责任与权利表示尊重，两条基本原则可能会发生冲突，因此需要做一个“联立方程”。[3]平等基础上的自由，德沃金认为正当法律程序是一种“自由”权利，但也来自人们的平等关心。[4]罗尔斯在《正义论》中更是在前人如洛克、卢梭提出的社会契约的基础上，提出了他所代表的“公平的正义”理论。在“无知之幕”后被选择，保证任何人不会因为自然的机遇或社会环境的偶然因素得益或受害，正义原则是一种公平的、被一致同意的原始状态。[5]罗尔斯进一步提出了正义的两个原则：一是平等的分配基本的权利和义务；二是社会和经济的不平等对待下，结果能为每个人尤其是最少受惠的社会成员带来补偿利益，就是正义的。[6]可以鲜明地看出罗尔斯的正义理论具有非常鲜明的平等观点，平等贯穿始终，社会正义基础上，强调社会利益和负担的分配问题。可以看出，在关于正义的论述中，平等与自由是人们普遍关注的对象。而程序正义中，如何研究平等问题，以及个人自由问题需要得到重视，更重要的是，程序价值冲突下，平等与自由冲突之解

---

[1] ［美］E. 博登海默：《法理学：法律哲学与法律方法》，邓正来译，中国政法大学出版社 2016 年版，第 261 页。

[2] 同上书，第 278 页。

[3] 参见［美］罗纳德·德沃金：《刺猬的正义》，周望、徐宗立译，中国政法大学出版社 2016 年版，第 2—5 页。

[4] 同上书，第 4、405 页。

[5] 参见［美］约翰·罗尔斯：《正义论》，何怀宏、何包钢、廖申白译，中国社会科学出版社 2014 年版，第 11—13 页。

[6] 同上书，第 14—15 页。

决也是一大难题。

最后，正义与法律的关系是什么？笔者认为，是程序价值的价值机理中“评价性”的根基。凯尔森和罗斯是强调正义非理性性质的论者，他们认为正义本身实际上就成了合法条性，合法与正义没有区分。但也有学者认为正义是衡量法律之善的尺度。[1]在本书上，陈瑞华教授也进行了论证，他观点明显站后者，认为二者并非一回事，一个社会实行的法律制度不一定是具有正当性的法律制度，程序尽管再紧密或者发达，也不一定是属于公正的程序。[2]这是一种独立于程序本身的价值标准，促使人们依照一个标准去改革法律程序。

（二）程序正义之界定及独立性思考

首先，何为程序正义，与公正性关系是什么？陈瑞华教授在本书指出，法律程序的功利性又可以称为工具性，即程序在实现实体法所承载的价值目标方面的有用性和有效性；法律程序的正义性又被称为“公正性”，即程序本身所具有的内在品质，而后者标志着法律程序本身内在优秀品质的价值，人们通常称为“程序正义”或“程序公正”。[3]所以，在陈瑞华教授看来，法律程序的内在优秀品质的价值、法律程序的公正性，就是程序正义。谷口安平教授也指出，法制度的正当性在今天就是通过民主程序的民意，其中审判制度的正当性在于程序正义，具有赋予结果正当性的重要作用。[4]

其次，程序的内在价值是否具有独立性？这也是过程（程序）与结果（实体）之关系的界定，这也是本书第一部分的一大重点，尤其是各大学说流派的介绍。从陈瑞华教授本身持有的“程序公正与实体公正并重”的观点以及在本书第二部分新程序正义理论下对裁判结果的约束力，可以看出该问题的思考贯穿全书。我们首先在此处进行溯源，研究经典之争，即程序工具主义与程序本位主义之争。第一，程序工具主义认为，程序最重要的作用就是为了结果的好坏，本身的内在价值不是关键。分为绝对的工具主义及相对的工具主义。因此，陈瑞华教授指出

---

[1] 参见［美］E. 博登海默：《法理学：法律哲学与法律方法》，邓正来译，中国政法大学2016年版，第284—286页。

[2] 参见陈瑞华：《程序正义理论》（第二版），商务印书馆2022年版，第13页。

[3] 同上书，第14页。

[4] 参见［日］谷口安平：《程序的正义与诉讼》，王亚新、刘荣军译，中国政法大学出版社2002年版，第9—10页。

如果程序工具主义走向极端，后果往往是承认甚至鼓励裁判者为实现正确结果而完全或者变相地不择手段。第二，程序本位主义认为，评价程序好坏的标准是程序本身是否具备一些内在的品质而不是程序作为实现某种外在目的的手段的有用性。[1]尤其是萨默斯提出的独立性论据，他界定为程序价值与“好结果效能”。程序价值不依附于好结果效能而独立存在，具有和谐一致性，但也会出现冲突的情况。萨默斯基于一定自然法学派的思想背景，在结果的善与论证过程本身的善之间，不以结果推定过程。这本质上是程序本位主义观点的学者对于实用的工具主义伦理的批判。笔者认为，上述程序工具主义与程序本位主义之争涉及“法律工具主义”的思辨过程。塔玛纳哈教授在论述法律工具主义的危害时，强调法律工具主义下，法律不过是一个能够达到任何目的的空洞的容器而已，是司法判决关注结果、抛开法律规则、引入对非法因素的考量。[2]笔者认为，其关键是减少了法官对于规则导向的裁判思维。法律工具主义理念是“目的—手段”型推理，可以毫无顾忌地以任何方式利用法律达成目的。因此，在对“法律工具主义”的反思中，我们可以论证程序价值独立性之意义，避免“工具化”且减少审判者所谓的“为结果进而手段肆意化”的趋势。但陈瑞华教授也对程序本位主义理论作出了反思性评价，认为程序本位主义理论不重视甚至放弃裁判结果公正的追求，聚焦程序自身的内在价值，但其实质忽略了被裁判者对有利的实体结果的重视，这个对于程序本位主义的批判性反思也是促使陈瑞华教授后期提出“实质性程序正义理论”的思考起点，他旗帜鲜明地认为程序公正与实体公正应该并重，且程序对于实体有着约束作用。

（三）传统程序正义之价值机理——对抗式诉讼下提供最低救济

前面的研究是铺垫，最重要的是我们要回归于程序正义的内涵。前人研究程序正义的目的，也就是传统的程序正义理论之机理。陈瑞华教授重点介绍了萨默斯的“程序价值”理论以及贝勒斯的“综合型程序价值”理论，并充分肯定马修的“尊严价值”作为价值基础，在第二版中也补充了程序正义的社会心理学研究。

首先，以萨默斯的程序价值理论及贝勒斯的综合价值理论作为研究基础。萨

---

[1] 参见陈瑞华:《程序正义理论》(第二版)，商务印书馆2022年版，第37页。

[2] 参见布莱恩·Z.塔玛纳哈:《法律工具主义：对法治的危害》，陈虎、杨洁译，北京大学出版社2016年版，第319—345页。

默斯的程序价值理论包括：参与性统治、程序正统性、程序和平性、人道性及尊重个人尊严、个人隐私、协议性、程序公平性、程序法治、程序理性、及时性和终结性。❶其中程序法治相对难以理解，其认为程序正义能够体现出程序可以提供一种治理模式以及治理理性，应当由法律来治理而不是人的治理，程序规则的明晰也能给每一个参与的人带来确定性和可预见性。其中程序公平性、参与性统治都能体现出前文“正义”研究中的平等与自由之思考。而贝勒斯的综合价值理论则选择不同的研究路径，他将法律程序的内在目标定位于发现事实真相和解决争端上。这是他的研究前提。他从发现事实真相上提出应该要避免裁判的错误效果，降低两大成本：经济成本和道德成本。同时，在解决争端领域，要从心理上、实践上解决争端，就必须最大限度地实现“内在价值”。贝勒斯认为不正确的决定的成本被称作错误成本（error costs，EC），而作出决定的成本被称为直接成本（direct costs，DC），借鉴德沃金的道德成本研究思路，贝勒斯进一步提出道德成本（moral costs，MC）。更为关键的是，贝勒斯发现了程序所具有的、具有独立性的内在过程价值以及过程利益（process benefits，PB）。综合上述结论，贝勒斯最后得出评价程序的公示为最小化（EC + MC + DC–PB）之和。❷不难看出，贝勒斯的程序正义理论将个体精神满足结合到了社会、制度层面，运用经济学成本—收益理论进行了分析。陈瑞华教授认为贝勒斯教授突破了程序本位主义及程序工具主义，真正做到既关注程序的内在价值也关注程序的外在价值，并且加以融合，虽然整体逻辑比较简单，也仅进行等式计算，没有真正考虑价值之间的立体关系、冲突关系。

其次，分析程序正义理论的理论基础，包含尊严理论和公信力理论。❸这也是为什么陈瑞华教授特别强调马修的理论，因为他认为马修的“尊严价值”真正意义在深入解释程序价值的内在逻辑。从价值内涵入手，马修举出败诉的人的例子，尽管败诉的人没有获得诉讼的成功，但如果他在诉讼过程中受到认真地对待，他也会产生受到尊重的感觉，尊重之含义就是程序的价值。同时在公信力上，程序假如具有工具性，也不是相对于裁判结论的公正性，而是相对于司法裁判的社会

---

❶ 参见陈瑞华:《程序正义理论》(第二版)，商务印书馆2022年版，第52—58页。

❷ 参见［美］迈克尔·D.贝勒斯:《程序正义——向个人的分配》，邓海平译，高等教育出版社2005年版，第143—157页。

❸ 参见陈瑞华:《程序正义理论》(第二版)，商务印书馆2022年版，第198—205页。

效果。笔者认为，这与贝勒斯教授认为的程序内在价值的判断有一定的相似，贝勒斯教授提出了一个新的“内在价值”：加强人们对法律程序的信任，或者在法律程序中体现表面的正义。因此，就如陈瑞华老师在本书中所述：“公正的审判可以唤起社会公众对司法裁判过程和结果的认同感和满足感，促使他们对国家司法机关的权威予以尊重和信赖。”❶

最后，传统程序正义理论的价值机理诚如前文研究，笔者认为，在刑事诉讼法视角下，最终应回归于对被追诉人提供程序保障，对此加强平等对抗。第一，人们客观上对公正的程序存在需求。笔者并不赞同卡普罗提出的程序正义均衡论，他认同波斯纳的经济学解释，认为许多程序实施起来复杂，因此可以容忍一定的错判损失，避免集体福利降低。❷但是在刑事诉讼领域，每一个错判都可能导致对一个个体自由、财产甚至生命的剥夺，此时可以用福利指数等财政支出进行比较或者量化吗？基于无罪推定原则，笔者认为程序应当给予每一个刑事诉讼中的被追诉人提供平等武装。第二，人们内心也主观需要公正的程序。从心理学角度出发，蒂博和沃克尔运用社会行为交换理论分析，在纠纷解决中，有一定程度的第三方控制为人们所需要，但是过度的第三方控制却不受人待见。❸这也是陈瑞华教授在本书第二版中引入的“主观的程序正义理论”介绍的观点。这里面蕴含着两层含义。中立第三方去解决纠纷即审判程序的引入具有正当性，人们更愿意交付这样的权力，而不是纠问制诉讼模式下成了诉讼客体。但进一步来说，不能过度控制。在庭审审判中，当程序减少与判断无关的要素，人们就会认为更加公正，即“预断排除原则”，要减少先入为主的印象、排除偏见以及避免自身利益。❹人们心理需要公正的程序。因此，我们不断强调程序价值的目的就是提高被追诉人的地位，实现平等武装与平等保护，“正义”下的平等之意在刑事诉讼中理应得到极大凸显，当中既是形式平等，也是实质平等，后者赋予了无罪推定、控方负有举证责任、非法证据排除规则等“武器”。❺

---

❶ 陈瑞华：《程序正义理论》（第二版），商务印书馆2022年版，第204—205页。

❷ 参见汪沛、武阳：《程序正义均衡论》，武汉大学出版社2017年版，第21—22页。

❸ ［美］艾伦·林德、［美］汤姆·泰勒：《程序正义的社会心理学》，冯健鹏译，法律出版社2017年版，第12—16页。

❹ 张进德：《司法文明与程序正义》，中国政法大学出版社2015年版，第129—136页。

❺ 谢佑平、万毅：《刑事诉讼法原则：程序正义的基石》，法律出版社2002年版，第222—228页。

三、解释性调整：程序正义的指导性意义

相较于第一版，在中国司法体制改革发生变化的背景下，陈瑞华教授有针对性地提出了新的思考，笔者归纳重点有二。第一，提出“实质性程序正义理论”与“协商性程序正义理论”，笔者认为其相较于传统的程序正义理论并非创建性，而是解释性地适时调整。陈瑞华教授进行理论性充分解释，以此适应司法制度变更。第二，新的程序正义理论更重在解释后的指引效果，运用新的程序正义理论去指导新时代司法改革，从而进一步提升程序的正义品质。

（一）实质性程序正义理论之解释

首先，什么是实质性程序正义理论，陈瑞华教授认为，该理论包括：第一，程序自治效应；第二，结果选择功能；第三，裁量限制作用；第四，程序阻隔效果。[1]简言之，实体结果从实质的庭审中来，正当的程序对于庭审结果有一定的选择性，同时在量刑和财物追缴等方面也受到程序的限制。比如，以“程序自治效应”为例，其强调案件的裁判结果应当从刑事审判中产生。在我国“以审判为中心”的诉讼制度改革下，“庭审实质化”的技术性改革方案确保程序正义发挥一种“程序自治效应”，庭审结果具有最低限度的不可预测性，这当中就是避免“抽象的实体正义”作为审判的前提，强调庭审程序对裁判结果实施有效的影响、决定和塑造作用。

其次，为什么是实质性？这个新的理论与传统理论有什么区分？这需要针对积极的改革探索，围绕程序正义与实体正义的关系，进行针对性解释。这也是陈瑞华教授带给我们的思考与反思：实质性的程序正义理念是否是全新的程序正义？笔者尝试结合该书前文就传统程序正义的诸多学说流派进行分析。第一，实质性的程序正义当然性违背程序本位主义一派的观点，因为程序本位主义认为程序本身对于结果是没有作用的，这里的结果特指裁判结果，而不包括社会公信力等延伸结果，实质性程序正义下的裁判结果控制作用明显不符。第二，实质性程序正义也并非走向程序工具主义的极端。陈瑞华教授强调程序的重要性，从其提出的“结果选择功能”“裁量限制作用”等功能，不难看出其确实强调了程序价值

---

[1] 参见陈瑞华：《程序正义理论》（第二版），商务印书馆 2022 年版，第 210 页。

里面的工具价值，有利于保障实体法的实现。但这是否是观念的倒流，答案肯定是否定的。因为陈瑞华教授认为程序越公正，对于裁判结果的控制力越强，增强裁判的未知性，当中存在程序与结果的有益的正向关系，而程序工具主义观点下，程序本身的好与坏并非关键。第三，实质性程序正义是否仅仅是“程序公正与实体公正并重”的折中性观点呢？就如同陈瑞华教授在论述刑事审判原理中强调的刑事审判程序价值之多元论[1]，其中能“大大提高产生公正裁决结果的能力”等工具性价值表明，程序对于裁判结果确有促进和保障作用，此时的促进或保障作用的价值与陈瑞华教授所谈及的实质性的程序正义理论有何关系？笔者认为，这是控制与促进的区别。陈瑞华教授在分析实质性的程序正义理论时，是与“抽象的实体正义”理念相比较，后者是一种先验的、独立的、理想的结果公正标准。[2]尤其是先验性、理想性，是其批驳的点，先验性容易导致“程序虚无主义”，而理想性则结合罗尔斯提出的“不完善的程序正义”，罗尔斯所提出的公正标准难以实现，因此程序的功能也受到了限制。而他认为如果将这种先验性降低，促使裁判结果充满了不确定性与不可预测性，再将具体的结构标准具象化，那么就能发挥程序的结果控制作用，即证成实质的程序正义理论。罗尔斯提出的“纯粹的程序正义”确实基于一种结果公正不存在或者不容易判断的前提，因此更加凸显程序的价值，而陈瑞华教授认为此时的程序本位主义过于凸显“形式性”，呼吁将此时的价值具象化，目的仍是强调此时程序的重要性，但将程序价值提高到了一个新的高度，是“控制”而非仅仅“促进”，从“限制”“阻隔”的用词就可见一斑，明白其宏达之举。

（二）协商性程序正义理论之提出及反思

首先，什么是协商性程序正义理论。早在《程序正义理论》（第一版）时，陈瑞华教授就明确提到程序正当性的限制问题，当中就包含合作性司法的限制。表明传统程序正义理论的诸多价值，例如“任何人不能当自己的法官”“回避原则”“程序平等性”都是基于对抗式诉讼模式下，在合作性司法所营造的“协商、和解”等背景下，适用程度得到了很大程度的削弱，这是对程序正当性的限

---

[1] 参见陈瑞华：《刑事审判原理论》（第三版），法律出版社 2020 年版，第 125—144 页。

[2] 参见陈瑞华：《程序正义理论》（第二版），商务印书馆 2022 年版，第 228—231 页。

制。魏晓娜教授也明确指出这是一种对于程序正义的背叛。[1]当然这里的程序正当性毫无疑问属于一种传统的程序正义理论。传统的程序正义，研究视野在于对抗式司法程序，主要是一种基于过程控制而实现的诉讼价值。而协商性程序正义，适用于协商性司法，是一种基于结果控制而实现的诉讼价值。陈瑞华教授认为，协商性的程序正义可以视为一种"有限度的纯粹程序正义"，其要素包括：（1）可弃权性；（2）弃权的自愿性；（3）可协商性；（4）诉讼结果上的可获益性；（5）最低限度的参与性。其中弃权的自愿性在刑事诉讼领域认罪认罚制度中得到极大彰显，被追诉人认罪认罚的自愿性保障自制度伊始就是各个阶段尤其是庭审程序的重点。弃权的自愿性及可协商性，也可以结合萨默斯教授所言的程序价值中的协议性去理解。萨默斯教授认为现代法律程序的许多特征都允许潜在的程序参与者放弃参与法律程序的运作过程。笔者认为，其中最重要的是最低限度的参与，一个人在国家裁判机构作出对其利益有利或者不利的裁判时，应当至少能够处于一种可与裁判者就如何对待他的问题理性地协商的地位。[2]用陈瑞华教授的理论，这就是协商性司法的"结果控制"价值标准。当然也可以借鉴马修的过程控制理论来看，当事人通过实际参与，控制了对法律结论的制作过程等机会。马修教授认为控制程度越高，当事者从法律程序之中所能感受到的尊重就会越强，尊严无疑是其程序正当性的基础。

其次，协商性程序正义理论的理论基础是什么？从理论基础进行分析，笔者反思是否存在程序工具主义的复辟之嫌？陈瑞华教授归纳的理论基础：（1）诉讼主体理论；（2）程序选择理论；（3）功利主义哲学。陈瑞华教授指出功利主义哲学的基础，无论是和解程序的双方还是认罪认罚程序的被追诉人都获得了利益，检察机关和审判机关也同样具备了有益的效果，此时呈现出来的利益兼得的效果。笔者对此存在疑惑，此时程序正当性的体现与结果正当性呈现如何区分，如果难以区分，那么程序自身还存在意义与价值吗？举例说明，在刑事诉讼认罪认罚案件中，如果抛开被追诉人从宽的量刑结果、审检方诉讼效率提升及信访率下降的程序、社会效果，被追诉人等还会愿意选择该程序吗？尽管陈瑞华教授也指出，在控辩合意中的可收益型是通过避免诉讼争议而带来的程序互惠，但是究其根本，

---

[1] 参见魏晓娜：《背叛程序正义：协商性刑事司法研究》，法律出版社2014年版。
[2] 参见陈瑞华：《程序正义理论》（第二版），商务印书馆2022年版，第256—257页。

诸如被追诉人选择该程序动力源于结果而并非程序，如果结果失衡，那么动力系统就会出现“怠速”[1]。那么这样的程序价值在于何处？结合前文正义一词的分析路径，关注人的主观及制度，为什么会选择这一程序，那么都指向的是实体结果。因此，笔者认为陈瑞华教授提出的诉讼主体理论抑或程序选择理论在功利主义哲学面前，解释力都存在局限。无论是自愿性选择还是陈瑞华教授秉持的“过程公正与实体公正并重”的程序正义理论，在协商性司法程序中存在变形，其提出的协商性程序正义理论值得深思。但这仅停留在理论探讨阶段，笔者并非否定该理论的提出，仅就其理论根基产生一定顾虑。同时陈瑞华教授就“协商性程序正义理论”各要素的归纳与分析，对于新时代的多处改革实践无疑存在极具中国特色的指引作用。

（三）新程序正义理论之价值机理——新时代司法改革下的指导性适用

1．量刑协商及量刑合意之指引

认罪认罚从宽制度经过2016年试点及2018年正式入法，体现了中国特色的“协商性司法”，当中最具协商性的莫过于在审查起诉环节中，检察官主导的量刑协商。区别于美国的辩诉交易，我们国家不能针对罪名及罪数等进行交易，仅能针对量刑进行协商。具体表现为检察机关在出具最终量刑建议前，应该听取犯罪嫌疑人、被告人及其辩护人的意见，并在官方指导文件明确提及了“协商一致”的表述。[2]在但如今认罪认罚案件中的量刑协商大多体现为“提出意见”的模式，[3]由检察官单方提出针对案情的量刑建议。其中缺乏量刑协商过程，导致辩方意见的缺失或未充分吸收。因此，量刑协商是当中的关键，最终会形成认罪认罚案件的量刑建议。以上现实困境亟须解决，而陈瑞华教授提出的“协商性程序正义理论”起到了关键的弥补、指引作用。

首先，“协商性程序正义理论”应该作为一种独立的价值评价标准，比如最低

---

[1] 参见元轶：《速裁程序中控辩审三方动力体系研究》，载《国家检察官学院学报》2021年第4期，第163—170页。

[2] 参见“两高三部”《关于适用认罪认罚从宽制度的指导意见》第33条第1款规定：“犯罪嫌疑人认罪认罚的，人民检察院应当就主刑、附加刑、是否适用缓刑等提出量刑建议。人民检察院提出量刑建议前，应当充分听取犯罪嫌疑人、辩护人或者值班律师的意见，尽量协商一致。”

[3] 参见闫召华：《听取意见式司法的理性建构——以认罪认罚从宽制度为中心》，载《法制与社会发展》2019年第4期，第57—60页。

限度的可参与性，明确了量刑协商环节的独立价值。因此在制度构建上，首先应确认量刑协商环节的法律地位，在立法层面上给予量刑协商环节应有的价值。严禁各办案机关忽视协商环节，鼓励各办案机关积极探索量刑协商环节的发展方向。尤其是被追诉人的意见参与及其辩护权保障，理应得到重视。

其次，“实质性程序正义理论”证成了量刑协商环节对裁判结果具有一定约束作用的正当性。认罪认罚从宽制度与确定刑量刑建议的司法适用相辅相成，《刑事诉讼法》第201条提供了量刑上的裁判指引，法院一般应当采纳检察官提出的量刑建议。笔者认为量刑建议本身的内涵是关键。熊秋红教授指出，认罪认罚案件中的量刑建议实际上已经转化为了控辩双方的合意，可以视为一种契约，其正当性基础在于控辩双方的自愿。[1] 量刑建议达成及量刑建议采纳时，以诉讼合意为基准就是体现了兑现承诺，理应在这一层面对于法院量刑裁决存在效力的延续。[2] 而量刑建议出具就是依托于上文所强调之量刑协商环节等程序。因此，可以得出，该程序越发公正，那么从中产生的量刑建议则愈发具备正当性，对于法院的“约束力”则更强。不难看出，“实质性程序正义理论”也为《刑事诉讼法》第201条提供了解释路径。

2．合规不起诉改革之正当性论证

企业合规一词近年来在国内逐渐受到了立法者、学者的普遍关注，一个贯穿于管理学、法学、财会学等多领域的交叉问题成了21世纪的重大课题。回顾我国的企业合规的发展史，我国企业合规不同于国外发展史，发端于刑事合规领域。在最高人民检察院的大力推动下，我国开展涉案企业改革研究试点工作并积极探索。毕竟如今的合规不起诉改革还未得到立法层面的认可，所以其正当性需要理论基础的解释与补充。

首先，合规不起诉的启动基础是什么？要素对于启动有无影响。企业认罪认罚是对涉案企业启动合规整改程序的必要条件，为什么要强调自愿性？陈瑞华教授指出，企业所涉嫌实施的犯罪事实清楚，证据确实、充分同时企业自愿认罪认罚，重要的是企业具有建立刑事合规体系的意愿，并提交了有效的书面合规计划等。[3] “协商性程序正义”理论当中的要素之一为弃权的自愿性，企业选择了认罪

[1] 参见熊秋红：《认罪认罚从宽制度中的量刑建议》，载《中外法学》2020年第5期，第1176页。

[2] 参见陈瑞华：《论量刑协商的性质和效力》，载《中外法学》2020年第5期，第1137—1138页。

[3] 参见陈瑞华：《企业合规基本理论》（第二版），法律出版社2021年版，第309—310页。

无疑是放弃了传统的抗辩式的诉讼对策，在诉讼权利方面进行了取舍，自愿性的保障是该程序具有正当性的前提。而在最低限度的可参与性方面，也是表明尽管合规不起诉制度不经过庭审程序，但无论是合规计划的确定、合规整改的全过程配合以及最终合规整改结论的出具，都需要涉案企业保持参与，其意见理应得到重视。

其次，能否通过合规不起诉改革达到实质性结果，有无正当性基础，这关系到“程序对结果控制”之理解。在回顾企业合规不起诉的本源问题时，李本灿教授指出企业缓起诉制度应当由检察院主导，但也有制约问题，这当中涉及法院司法审查，因为属于自由裁量权的范围，也具备了刑罚制裁的功能。❶刘艳红教授也指出在合规不起诉制度中，合规计划的建设本身就具有较强的制裁性，企业根据合规计划进行整改，这一过程已经发挥了超越刑罚的制裁性功能。❷可见，合规不起诉改革本身就有结果意义上的效力，如果是不起诉已然具备了程序出罪的内涵。同时合规整改的工作并非仅是过程性的程序，企业的实质性变更能够凸显“协商性程序正义理论”中的“结果控制”之意。因此，正当性基础得到解释性论证。

四、结论

传统程序正义理论与新程序正义理论在价值机理上存在变化。前者重在创建，是石破天惊式地强调程序的内在价值。因为在过度强调结果正义从而导致程序失灵的年代下，程序正义无疑在刑事诉讼中为被追诉人注入一剂强心针，在对抗式诉讼模式下提供了武装式对抗。而后者重在解释，在程序价值的共识基础（至少是最低限度的程序正义）上，针对司法改革实践进行调整性解释。这并非在于理论的根本性重塑，而是为了更好地指引实践而进行正当性解释。

另外，程序正义与实体正义的关系是亘古不变的难题，在不同学派观点上，陈瑞华教授进行了梳理，也结合了最新的全球司法实践改革，提出了全新的关系范式，尤其是“程序控制结果”的新思考值得诉讼法学人不断反思实践，实践在

---

❶ 参见李本灿：《域外企业缓起诉制度比较研究》，载《中国刑事法杂志》2020年第3期，第104—105页。

❷ 参见刘艳红：《企业合规不起诉改革的刑法教义学根基》，载《中国刑事法杂志》2022年第1期，第121页。

变，理论也应随之创新，正如陈瑞华教授在《程序正义理论》（第二版）序言中所说，仅从理论分享的角度，再推出这部书的第二版的意义并不大。但“无论是中国社会的变迁，还是司法体制的改革和法律制度的发展，都提出了一系列新的有待解决的研究课题。在程序正义领域，研究者可否从中国的法制经验出发，对程序正义提出一些新的总结和提炼，从而做出一点原创性的贡献”[1]。笔者认为这是这本书想带给我们的思考。

[1] 参见陈瑞华:《企业合规基本理论》（第二版），法律出版社 2021 年版，第二版序言。

庭审之外认罪协商制度的实践样态及理论诠释

——《庭审之外的辩诉交易》读后感

余鹏文*

制度的生命力来源于其内部。

——［美］E.博登海默

一、背景：认罪认罚从宽制度发展及溯源

（一）犯罪形势变化与司法资源稀缺性的矛盾

自20世纪70年代以来，以德国为代表的大陆法系国家和以美国为代表的英美法系国家均面临着超负荷的案件数量、日益复杂的诉讼程序以及诉讼参与人之间的利益冲突等问题，基于实用主义和诉讼各方利益最大化的考量，各国刑事诉讼制度的发展趋势是从对抗制转向合作制。❶尤其是德国，作为奉行职权调查原则和追求发现实体真实原则的国家，由于包括白领犯罪在内的复杂新型犯罪剧增，涉及复杂的证据和法律争议，使德国司法制度面临沉重的司法负担。同时，国家拒绝增设司法工作人员和财政资源，并设立严格的绩效量化制度，推动了检察官和法官追求协商性司法，以在较短时间内处理大量复杂案件，提高量化产出。❷类似地，美国为缓解刑事司法资源的严重不足，规避检察官败诉的风险，减轻当事人的讼累，早在1970年联邦最高法院便正式确认辩诉交易制度（Brady v. United

---

* 中国政法大学刑事司法学院博士生。

❶ 参见郑肖垚：《检察官主导下的协商性司法——认罪认罚从宽制度的理论考察》，载《四川警察学院学报》2019年第3期。

❷ 参见［德］托马斯·魏根特、［美］杰尼亚·I.萩娜：《德国刑事协商判决的合宪性》，朱自强译，载李昌盛主编：《刑事司法论丛》（第5卷），中国检察出版社2018年版，第411—413页。

［美］斯蒂芬诺斯 · 毕贝斯：《庭审之外的辩诉交易》，杨先德、廖钰译，中国法制出版社 2018 年版

States）。❶ 自此之后，美国最高法院陆续作出了多个与辩诉交易有关的重要判例，解决了有罪答辩自愿性、辩诉交易中律师有效帮助等焦点问题，使得辩诉交易制度进一步完善和丰富。据统计，在美国联邦犯罪案件中，每年大约有 96% 的案件通过辩诉交易结案。❷

而在我国，近年来随着经济社会发展，法定犯罪的类型和结构也在发生重大变化。全国严重危害社会治安犯罪案件和暴力犯罪案件全面下降，轻微刑事案件的数量反而呈现逐年上升的趋势，且占总体刑事案件数量的比重越来越大。❸ 据最高检报告显示："1999 年至 2019 年，检察机关起诉严重暴力犯罪从 16.2 万人降至 6 万人，年均下降 4.8%；被判处三年有期徒刑以上刑罚的占比从 45.4% 降至

❶ 参见汪建成：《辩诉交易的理论基础》，载《政法论坛》2002 年第 6 期，第 14 页。

❷ 据美国量刑委员会统计的数据，2005 —2009 年，在联邦犯罪中，每年大约有 96% 的案件是通过辩诉交易的方式解决的。

❸ 《最高检召开"准确适用认罪认罚从宽制度"新闻发布会》，载最高人民检察院网站，https://www.spp.gov.cn/spp/zgrmjcyxwfbh/zqsyrzrfckzd/index.shtml，2022 年 2 月 25 日访问。

21.3%。”❶ 与此同时，伴随社会治理体系的创新，一些严重行政违法行为被纳入刑事处罚范畴，使得轻微的犯罪案件占比极大，占用大量的司法资源，如危险驾驶犯罪已经替代盗窃罪成为刑事追诉第一犯罪。然而，与轻微刑事案件大量涌现的态势相比，随着我国法官、检察官员额制改革不断推动，司法机关的办案力量反而不断趋向精简干练，法官、检察官所占中央政法专项编制人数比例始终维持在39%以下。❷ 这一现状导致犯罪形势轻型泛化与司法资源有限性之间的矛盾越发凸显，刑事司法制度也不得不对此问题作出积极有效的回应。面对严重暴力犯罪不断减少、轻微案件大量上升的现代犯罪态势，认罪认罚从宽制度应运而生，成为推动案件繁简分流，优化司法资源配置，提高诉讼效率的重要方式。

（二）我国认罪认罚从宽制度与辩诉交易制度的渊源

正如著名学者阿尔舒勒（Albert W. Alschuler）所言：“辩诉交易体系的发展很大程度上是环境的产物，而不是人为选择的产物。”❸ 这些环境因素包括：犯罪增加，案件量上升；刑法的扩张和刑罚的严厉化；庭审程序的漫长和复杂化；司法资源的有限等。在这样的环境因素的刺激和推动下，伴随不同诉讼参与者的角色认知上的转变，辩诉交易制度逐渐成为美国刑事司法制度中的主导诉讼程序。辩诉交易制度在美国虽然满足了其提高效率和减轻控方负担的需要，在一定程度上体现了当事人的诉讼主体性，但因该制度存在牺牲司法正义之虞，在美国实行该制度之初就遭到了强烈反对。但有趣的是，辩诉交易制度自诞生之初虽然便被种种批评、责难所淹没，但依旧在美国的司法体制中生根发芽并茁壮成长，甚至经过不断完善和发展，备受各国刑事诉讼实践的追捧和青睐，甚至已经成为一种世界性的司法潮流。❹

事实上，早在20世纪90年代随着对西方法学经典的翻译，辩诉交易制度就进入刑事诉讼法学者的视野，并在2002年的“中国辩诉交易第一案”（孟某虎故

---

❶ 《最高人民检察院工作报告——2020年5月25日在第十三届全国人民代表大会第三次会议上》，载最高人民检察院网站，http://www.spp.gov.cn/spp/gzbg/202005/t20200526_463057.shtml，2022年2月27日访问。

❷ 陈卫东：《认罪认罚从宽制度研究》，载《中国法学》2016年第2期，第51页。

❸ Albert W. Alschuler, *The Prosecutor's Role in the Plea Bargaining*, The university of Chicago Law Review Vol. 36, No.1, p.50（1968）.

❹ 参见李佳臻：《中美认罪协商制度之比较》，载《政法学刊》2020年第1期，第89页。

意伤害案）前后达到高潮。学者们就辩诉交易制度中的诉讼民主、权利保障、诉讼效率，以及辩诉交易之于我国刑事诉讼制度的契合度等论题展开了广泛研讨，但这一阶段的成果更多是基于制度的初步介绍和比较，而司法机关简单的制度套用，更是凸显出一系列深层问题，最终并没有达成理论与实践的普遍共识，其话语热度也逐渐消退。❶但正如上述，案件数量不断激增和司法资源有限性之间的矛盾，一直是我国刑事司法实践中的重点难题。面对案多人少的矛盾，基于人权保障和诉讼经济原则的平衡考虑，在司法理念上随之发生转变，即检察官和法官单纯实施刑法以惩罚犯罪，并不是刑事诉讼的唯一目的。刑事诉讼更重要的作用是作为一种社会管理控制手段以解决社会问题。传统的控辩平等对抗、法官独立作出裁判的对抗模式，由于其固有的复杂性及其运作所需投入的大量司法资源，并不是解决复杂犯罪剧增和司法资源紧缺之间矛盾的最佳对策，也不适合现代社会成本效率、速度及经济的需要，其主导地位应当被控辩审三方的协作模式所取代。❷

因此，2014年，党的十八届四中全会决定提出“完善刑事诉讼中认罪认罚从宽制度”的具体改革任务。经过为期两年的试点，2018年修改后的《刑事诉讼法》正式将“认罪认罚从宽”确立为我国刑事诉讼法的一项基本原则，并在相应的诉讼阶段规定了具体的认罪认罚程序。2019年10月，为解决司法实践中存在的分歧与疑惑，“两高三部”专门制定了《关于适用认罪认罚从宽制度的指导意见》。以立法规定的制度框架为基础，就认罪认罚从宽制度的相关内容进行了细化，从而形成了一套较为完备的规则体系。虽然我国的认罪认罚从宽与美国的辩诉交易制度不同，在协商内容范围是否包括罪名罪数、证明标准是否降低以及认罪反悔机制等方面都有所差异，但在本质上都体现为一种协商性司法理念，旨在提高案件处理效率、缓解办案机关压力以及减少诉讼成本。基于此，可以通过吸收和引入辩诉交易制度的合理因素，以完善和发展我国认罪认罚从宽制度之理论与实践。

---

❶ 谢澍:《直面认罪协商制度的“复杂性”——〈庭审之外的辩诉交易〉之方法论启示》，载《政法论坛》2019年第6期，第171页。

❷ 参见［德］约阿希姆·赫尔曼:《协商性司法——德国刑事程序中的辩诉交易？》，程雷译，载《中国刑事法杂志》2004年第2期，第126页。

（三）《庭审之外的辩诉交易》一书简介

当前，在我国刑事诉讼法学研究之中，认罪认罚从宽制度无疑是研究热点话题。通过在中国知网上输入“认罪认罚从宽”关键词，可以搜索到上千篇国内文献，并且近几年的相关文献数量呈现递增的趋势。但是，粗略浏览诸多研究文献，发现学者们主要依据相关立法文件和司法实践，就控辩协商程序、检察机关的主导责任、量刑建议的效力、被追诉人的上诉权限制等问题进行规范分析和比较研究，少有在方法论上有所突破，采纳其他社会科学的研究方法，对我国认罪认罚从宽制度作出独到而深入的分析。怀此疑问翻开《庭审之外的辩诉交易》一书，不仅在知识层面上对美国最前沿的刑事法理论有所收获，更重要的是作者对社会科学方法的熟练运用对笔者颇具启发意义。

《庭审之外的辩诉交易》的核心部分是斯蒂芬诺斯·毕贝斯（Stephanos Bibas）教授在 2004 年发表于《哈佛法律评论》的一篇长文。[1] 而两位译者在该文发表 14 年之后，依旧选择将此文翻译并出版，主要是因为毕贝斯教授对辩诉交易制度的经验描绘与理论诠释富有学术生命力，对于我国深化以审判为中心的刑事诉讼制度改革、推进认罪认罚从宽制度改革具有重要的参考价值。《庭审之外的辩诉交易》通过将社会科学理论方法和美国实践经验事实相融合，从结构化—心理学视角切入，对传统的、过于简单化的“庭审阴影下”的辩诉交易模式进行修正补充，而非简单地否定和废除辩诉交易制度。毫无疑问，这部关于辩诉交易制度研究的著作，无论是在研究方法还是在思想深度上，都取得了令人瞩目的学术进展，这也得益于本书的作者毕贝斯教授丰富的知识背景和实践经验。毕贝斯教授先后求学于哥伦比亚大学、牛津大学和耶鲁大学，此前为宾夕法尼亚大学法学院刑法及犯罪学教授，担任过刚刚离任的肯尼迪大法官的书记员，也曾担任过检察官及诉讼律师，2017 年 6 月被特朗普提名为美国联邦第三巡回上诉法院法官。多重身份及经历，使他成为美国最著名的刑事诉讼法学专家之一，他对美国辩诉交易制度理论和实践有着深度的理解，亦是辩诉交易改良主义者。据统计，美国联邦法院、联邦上诉法院及州最高法院判决文书教授文章引证率中，毕贝斯排名第十五位。[2]

---

[1] See Stephanos Bibas, *Plea Bargaining outside of the Shadow of Trial*, Harvard Law Review, Vol. 117, No.8, p.2547 (2004).

[2] 参见 https://www.fjc.gov/history/judges/bibas-stephanos，2022 年 3 月 3 日访问。

而《庭审之外的辩诉交易》不仅可以为正在推进和完善的认罪认罚从宽制度提供“西学”之知识参考，更重要的是，本书可以被视为社会科学方法介入刑事诉讼法学研究的一个范本，供认罪认罚从宽乃至刑事诉讼法学之研究者借鉴和反思，这也是方法论层面更为深远的意义所在。[1]

二、内容：庭审阴影模型中的辩诉交易

《庭审之外的辩诉交易》一书前半部分是毕贝斯教授于2004年在《哈佛法律评论》上发表的一篇文章《庭审阴影之外的辩诉交易》，从传统的“庭审阴影模型”理论为出发点，详细论述了哪些因素会使得交易量刑偏离理想值，并专设一章提出解决的建议；后半部分则包括了美国联邦最高法院有关辩诉交易的五个经典判例，以及美国犹他州、联邦司法部的辩诉交易文书范本。本文主要介绍书中较为理论化的前半部分，以便更加深入了解美国的辩诉交易理论。

（一）庭审阴影模型

传统观点认为，在诉讼活动中，诉讼当事人会在庭审结果的预期影响下，通过谈判达成和解。和解的理想状况是理性的双方预测判决的结果，并根据可能发生的庭审结果进行谈判，这样可以为双方节约包括时间成本在内的各种成本，其理想的结果是辩诉双方共赢。这种假设的理想和解状态被称为“庭审阴影模型”，这种庭审阴影模型最早应用于民事诉讼中。之后，部分美国学者认为，可以将庭审阴影模型应用到刑事诉讼的辩诉交易中，并且认为辩诉交易在很大程度上反映了经过庭审后可能发生的实质结果，在此基础上再减去一个固定折扣。换言之，庭审的定罪可能性以及量刑预期，在很大程度上决定了辩诉交易的结果。当然，支持庭审阴影模型的学者并不否认，其他因素对辩诉交易也有所影响，如框架效应、风险偏好、代理成本等。但是，影响辩诉交易的决定性因素是庭审预期，其他因素只是对模型的进一步细化。

然而，在毕贝斯教授看来，庭审阴影模型还是过于简单化了，严重偏离了现

---

[1] 谢澍：《直面认罪协商制度的“复杂性”——〈庭审之外的辩诉交易〉之方法论启示》，载《政法论坛》2019年第6期，第171页。

实中复杂化的辩诉交易实践：一是在各类案件中存在许多扭曲交易的结构性因素，在庭审结果之外同样影响着辩诉交易的实践，如代理成本、律师的自利性、审前羁押等；二是庭审阴影模型假定，辩诉交易的每个参与者基本上是理性的，但事实上近年来行为法学和经济学方面的研究表明，过于自信、自利偏差、框架效应、锚定效应等心理因素都会削弱理性人假设的科学性。[1]由此，毕贝斯教授归纳出一个交易的“结构—心理学”视角，将之作为传统辩诉交易理论模型的补充，并相应地提出一系列规范性建议，尽可能使辩诉交易既能产生让辩诉双方满意的结果，又不至于过于偏离庭审结果，如采用梯度平缓的量刑指南、完善的证据开示规则等。

（二）结构性影响因素如何扭曲交易

辩诉交易并非简单地等于“预期庭审结果”乘以一定的折扣比率，事实上，诸多有利于或有害于特定类型被告人的结构性因素都会影响着辩诉交易。这些结构性因素可能对被告人过度惩罚，导致司法不公；也有可能因为财富或法律上的无关因素，导致放纵犯罪行为人。

一是在代理成本与道德风险上存在两个层面的问题，即检察官并非总是客观公正，而律师具有逐利性。申言之，检察官基于减少案件量、确保定罪和实现政治抱负等因素的考量，可能将疑难案件排除在陪审团审判的视野之外，使得陪审团审判变成“橡皮图章”和纯粹的走过场。相反，对于证据确凿、备受关注的简单案件，检察官可能并不会开出优惠的交易条件，而是希望通过庭审赢得公开的定罪，借机塑造公正形象，丰富宝贵的执业履历。而处于公众视野之外的有争议的辩诉交易案件中，检察官可以轻松利用自身优势对被告人施加影响，同时也缺乏有效监督。此外，对于拿着固定报酬或是按件收费的辩护律师而言，为避免庭审的失败损害其名誉和声望，通过辩诉交易快速结案更有激励效果，节省的时间和精力可以用于处理更多的案件。这种经济利益冲突使许多辩护律师倾向于辩诉交易，意味着当事人将获得不是很有利的谈判结果。倘若指派公设辩护人，被告人与其之间的不信任问题会损害辩护效果，并且其巨大的工作量以及与法官、检

---

[1] ［美］斯蒂芬诺斯·毕贝斯：《庭审之外的辩诉交易》，杨先德、廖钰译，中国法制出版社 2018 年版，第 1—4 页。

察官密切的合作关系等因素，会使得公设辩护人更倾向于迫使当事人认罪。同时，辩护律师的谈判技能和知识储备不同，工作经验是否丰富，能否预测量刑结果，都会造成被告人之间的实质不平等。❶

二是量刑机制的合理程度决定着辩诉交易结果的公正性。辩诉交易庭审阴影理论有个前提假设，即交易双方都能精准地校准交易条件，以反映事实、证据强度以及定罪可能性的细微差别。但是，美国许多州适用的量刑指南及法定最低刑制度造成了刑罚的断崖化，而不是平缓的量刑梯度，导致定罪可能性不同的被告人获得同样粗糙的固定折扣。这种块状结构也促使当事人寻求缓和量刑峰值和谷值之间断崖式落差的方法，加强了被告人进行辩诉交易的压力，也相应可能会扭曲分配正义。因为高层级的被告人可能会拥有更多信息，从而更有可能获得合作折扣，但这与罪责关联性甚小。❷

三是审前羁押更有可能影响辩诉交易。在美国，大多数刑事案件都是轻罪以及较轻的重罪案件，因此，审前羁押期限可能接近甚至超越法庭审判后判处的刑罚。因而法庭上的无罪判决对被告人而言并无实际意义，被告人更期望尽快获得自由而非牢狱之灾，导致其更迫切进行辩诉交易。但审前羁押限制了被告人进行抗辩的能力，被告人与律师会见并商量对策、寻找证人会变得更加困难。尤其是轻微案件，审前羁押的影响远大于庭审的影响。❸

四是信息不对称可能导致当事人的交易谈判陷入盲目。在庭审预期影响之下进行辩诉交易，当事人必须首先能预测庭审的可能结果。但是，相比于民事案件中完善的审前证据开示制度，刑事案件中当事人可能在证据开示之前已经开始或完成辩诉交易，控辩双方信息不对称容易导致被告人在非理性状态下作出错误决定。尤其是无辜的被告人，因为对有罪证据缺乏足够认识，容易受到控方的欺骗、威胁、恐吓、夸大其词的影响，而选择不利于自己的交易条件。❹

---

❶ ［美］斯蒂芬诺斯 · 毕贝斯:《庭审之外的辩诉交易》，杨先德、廖钰译，中国法制出版社 2018 年版，第 9—21 页。

❷ 同上书，第 22—25 页。

❸ 同上书，第 26 页。

❹ 同上书，第 26—30 页。

（三）辩诉交易中的心理陷阱

庭审阴影模型存在的一个本质问题是，假设所有行动者都是完全理性的，但相关研究表明，人类决策是非理性和不完美的。

第一，过于自信和自利偏差会使被告人错误解释信息，妨碍辩诉交易顺利开展。理性人假设认为，当事人都会冷静地评估摆在他们面前的选项及胜算概率，正确地权衡利弊。但是，当事人的自利偏差会导致人们按照符合自己的意见或者利益的方式去解读信息，扭曲对案件事实的认识。这种非对称性地解释信息会导致一方过度高估赢得庭审的概率，进而提出不合理的和解要约，并拒绝对方提出的合理要约，妨碍辩诉交易。当然，过于自信能产生多大影响，在很大程度上取决于量刑机制。量刑机制越规范，庭审后的量刑更有可预见性，则乐观主义的空间越小。同时，案件的疑难程度也会影响到乐观心态，简单常见的犯罪中被告人更容易认罪，因为缺乏乐观主义或可操控的空间。❶

第二，乐观主义心理扭曲人们对定罪可能性和量刑的预期，否认心理机制和心理障碍则影响了被告人对自己罪行的认识，从而影响预期。有罪感和羞耻感会导致被告人难以向他们的律师坦承罪行，而犯罪行为人潜在心态和认知扭曲也妨碍了对真相的认知。换言之，犯罪行为人会自我欺骗并扭曲记忆事实，错误相信自己是无辜的，高估自己经庭审后被无罪开释的可能性，拒绝检察官提出的合理要约，最终被陪审团定罪，接受更严厉的量刑结果。❷

第三，与智力、年龄、性别、收入以及精神状况相关的冲动会影响辩诉交易的选择。不同的被告人对未来成本的折现率的认知不同，即是否认为今天一天的自由价值比 10 年之后一天的自由价值要高得多。惯犯，尤其是暴力和涉毒犯罪行为人可能比普通人更容易冲动，对未来成本的折现率更高，因此，在辩诉交易时会要求更高的量刑减让，谈判也变得更加艰难。相反，偶犯或无辜者相较之下不会那么冲动，更渴望达成辩诉交易以便确保实现未来的量刑利益。相应地很多顽固的惯犯将比初犯获得更加有利的交易条件，因为其要价较高。❸

---

❶ ［美］斯蒂芬诺斯·毕贝斯：《庭审之外的辩诉交易》，杨先德、廖钰译，中国法制出版社 2018 年版，第 33—37 页。

❷ 同上书，第 37—38 页。

❸ 同上书，第 38—39 页。

第四，风险偏好和风险认知决定被告人选择辩诉交易或庭审。决定风险行为的两种要素分别是风险偏好和风险认知。风险偏好包含着一个人的冒险意愿，而在某一领域拥有的信息、获得的建议、乐观心理和过往经验，以及社会影响等因素都会影响人的风险认知，即是否准确评估风险等级，进而规避风险。对被告人而言，选择庭审的收益可能是无罪开释和彻底自由，但在通常情况下，更可能的后果是被定罪和被判处更长的刑期。相比较而言，辩诉交易使得无罪开释的概率降低，却让量刑变得更加确定。被告人是甘冒风险还是规避损失，决定其是否会选择庭审。❶

第五，框架效应会影响当事人对选项和底线的认知。对选项的描述不同会影响行为人的选择，积极框架既增强了人们对风险的认知，同时也减少了他们的风险行为，而消极框架的效果则相反。在司法实践中，被告人容易受损失框架影响，因为曾经自由的被告人现在面临牢狱之苦，为规避损失其可能过度强调消极信息，将无罪释放或缓刑作为自己坚守的底线，失去谈判交易的意愿。相反，受收益框架影响的检察官一定能从辩诉交易中获益，更愿意作出让步。但是，被审前羁押的被告人可能将自由视为一种收益，尤其是自由在短期内将变成可能时，更容易在辩诉交易中妥协。❷

第六，锚定效应会影响当事人和法官对量刑减让的可接受度。参考点的选择会影响锚定效应，即人们会围绕参考点做上下微调，不会过于偏离选定的参考值。例如，检察官对犯抢劫罪的被告人提出一个 20 年有期徒刑的要约，被告人当然会拒绝这个不合理的要求，但是当检察官修正要约，降低到 15 年或 12 年有期徒刑就相对合理和可接受，因为最初的要求已经成为一个较高的参考值。锚定效应也使得检察官拥有影响法官的权力，可以进一步解释控方为何要过度指控。但相比于初犯、偶犯而言，锚定效应对熟悉司法实践的累犯的影响力更小。❸

第七，律师在矫正当事人的心理偏差时发挥关键作用。虽然律师也会受到认知偏差、锚定效应、框架效应等心理因素的影响，但相比于当事人而言，由于经历过更多的案件，减少了不现实的乐观主义，并可以帮助当事人减少冒险行为、

---

❶ ［美］斯蒂芬诺斯 · 毕贝斯：《庭审之外的辩诉交易》，杨先德、廖钰译，中国法制出版社 2018 年版，第 40—42 页。

❷ 同上书，第 44—46 页。

❸ 同上书，第 47—49 页。

消除认知偏差。目前为止，最为成功的纠偏技术是要求当事人从反面思考问题，盲目乐观、自利倾向、否认心理、框架效应、锚定效应及损失规避，都可能促使被追诉人相信自己经过庭审会被判无罪而拒绝辩诉交易。相应地，律师可以引导当事人关注对己不利的证据和理由，从反面考虑问题，从而减少盲目乐观、有偏差的信息吸收、有偏差的预测以及执念。[1]

（四）辩诉交易改革的方向

从结构—心理学视角来看，辩诉交易制度的实际情况比庭审预期结果影响下的完全知情、理性的经典模型要复杂得多。虽然最有力的因素毫无疑问包括案件证据强度和庭审后可能的判决结果，这两个因素正是庭审阴影模型所认可的。但是，与这些无关的其他结构性和心理学因素的影响也非常显著。一是不确定性。由于证据开示的有限性滋生无知，从而导致不确定性。复杂化、断崖式的量刑指南也会为盲目乐观和冒险行为留下太多空间，从而加剧不确定性。同时，风险寻求和厌恶损失心理会导致当事人在面对不确定性时，选择铤而走险、拒绝辩诉交易。二是财富差异对于辩诉交易的质量影响巨大。富有的被告人可以聘请私家侦探和优秀的辩护律师，为当事人竭尽全力与检察官进行谈判，并会积极纠正当事人的认知偏差，确保量刑减让的结果是对被告人最有利的。三是自利因素对诉讼参与的各方产生不当影响。一方面，经费问题会使得自利的律师在个案上投入不足，进而将被告人推向辩诉交易；另一方面，利己主义偏差会使被告人坚决否认犯罪事实，拒绝检察官提出的合理要约。四是人口学特征也会有所影响。例如，男性、年轻人和智力不高的被告人会更加盲目自信，并持有更高的折现率。然而，即便存在上述的扭曲因素，毕贝斯教授依旧反对主张废除辩诉交易制度，因为其将辩诉交易作为一个既成事实及给定条件。这也与美国面对的犯罪形势变化与司法资源有限性之间的矛盾息息相关。因此，毕贝斯教授也相应地认为通过改进影响交易进程的程序，可以抵消一些强大的扭曲因素，使得辩诉交易的结果与预期庭审结果以及规范上可预期的结果之间更为接近。

首先，降低交易的不确定性，是促使被告人选择辩诉交易的一个重要理由。

---

[1] ［美］斯蒂芬诺斯·毕贝斯：《庭审之外的辩诉交易》，杨先德、廖钰译，中国法制出版社 2018 年版，第 50—58 页。

尤其是无辜被告人，对案件事实和相关信息知之甚少，而现有的证据开示规则是非常有限的，甚至部分检察官要求被告人放弃获得开示证据，作为辩诉交易协议的一部分。因此，有效的补救措施是放开证据开示，因为对信息的需求也是相互的，检察官也需要更多的辩方信息来评估如何进行辩诉交易。此外，量刑信息共享可以帮助没有经验的律师了解刑事司法实践，对庭审量刑结果有较为明确的预期，以便纠正当事人盲目乐观和厌恶损失心理等认知偏差。❶

其次，完善量刑指南制度，消除量刑法规的僵化和块状结构。使辩诉交易更加顺畅的一个路径是，在量刑指南中用更加精细的坡状量刑梯度，代替断崖式的法定最高刑和最低刑梯度。而在实践中，固定量刑减刑制度并不能杜绝就减让幅度进行谈判，甚至部分辩诉交易规避联邦量刑指南的指导。较高的固定量刑减让幅度的主要效果是让那些无罪开释希望渺茫的被告人，获得意外收益。❷

再次，不能让财富决定一切，应当优化配置司法资源。尽管法庭指定的公设辩护人备受质疑，但毫无疑问的是，经验丰富的公设辩护人对量刑指南的细微差别、合作的复杂性以及多种犯罪的司法实践了如指掌，如何高效利用经费激励其积极开展谈判、争取有利结果，仍是一个待解决的问题。此外，财富差异影响的另一个重要因素是审前羁押。审前羁押使得监禁成为一种常态，被告人与律师会面困难，进而影响其谈判能力，导致被告人在交易中更容易屈服。因此，可以考虑用其他方式取代金钱保释，将审前羁押的胁迫性降到最低。❸

从次，规制代理人的道德风险，发挥其有效帮助的作用。正如上述，律师费固定无法激励辩护律师尽心尽力从事代理和谈判活动，反而会促使他们积极选择有罪答辩。因此，增加相关经费可以消解律师的懈怠情绪，鼓励当事人相信其辩护律师。同时，进一步明确无效律师帮助标准，有助于更好地对辩护律师在辩诉交易中的代理活动进行规制。更为极端的方式是，让法官在审查辩诉交易中扮演更加积极的角色。❹

最后，排除与刑罚不相关的因素。心理学偏差会根据当事人的性别、年龄、

---

❶ ［美］斯蒂芬诺斯 · 毕贝斯：《庭审之外的辩诉交易》，杨先德、廖钰译，中国法制出版社 2018 年版，第 63—67 页。

❷ 同上书，第 68—70 页。

❸ 同上书，第 71—73 页。

❹ 同上书，第 73—75 页。

阶层、智力和性情的不同而存在很大的差异，辩护律师要根据当事人的具体情况，选择最有效果的纠偏措施，帮助当事人理性认识到案件事实和辩诉交易的利弊。当然，呼吁关注这些问题，进一步深入开展实证研究，有利于解决上述问题。[1]

三、启示：社科法学与法教义学之争

（一）方法论上的创新

通读完《庭审之外的辩诉交易》一书后，不仅在知识层面上开阔视野，了解美国辩诉交易制度的前沿理论，更为关键的是作者对社会科学研究方法的熟练使用，以及与司法实践的深度结合，并进一步修正和发展辩诉交易理论，这种研究方式更令人叹为观止。一方面，得益于毕贝斯教授长期研究辩诉交易理论和实践，具有扎实的理论基础和实务经验，因此毕贝斯教授对于当时的学界通说“庭审阴影模型”理论，基于庭审之外的非正式实践样态，认为该模型过于简单化而难以诠释司法实践，并进一步在实践的基础上理论化，实现理论和实践的充分互动，而非仅仅停留于“书本上的法律”；另一方面，毕贝斯教授在对原有理论提出质疑的同时，也给出了更具解释力的方法和路径，从“结构—心理学视角”出发，运用经济学、社会学、心理学等交叉学科的前沿理论，对“庭审之外”非制度性的运作样态进行阐释，直面辩诉交易制度的复杂性。毕贝斯教授将辩诉交易作为一个既成事实和给定条件来看待。尽管辩诉交易根深蒂固，很难被废除，但是立法者仍然可以对一些影响交易进程的程序进行改进。[2]而译者之所以选择将毕贝斯 10 余年前发表的论文翻译出版，延续其成果之学术生命力，关键在于方法论的创新值得借鉴。事实上，伴随 20 世纪 60 年代“法律与社会运动”在美国的兴起，受法律现实主义和实用主义哲学传统的影响，当时的学者认为研究法律要现实地看法律体系，而法律受到权力关系、政治、社会、文化、历史环境等各种因素影响。因此，法律和社会学、经济学以及政治学的融合研究范式，开始撼动传统的法条

---

[1] ［美］斯蒂芬诺斯·毕贝斯：《庭审之外的辩诉交易》，杨先德、廖钰译，中国法制出版社 2018 年版，第 77—78 页。

[2] 同上书，第 59 页。

主义。正是在此背景下，毕贝斯教授所受的法学教育是区别于以往的条文规范分析，而是运用社会科学知识和社会科学方法，积极回应司法实践中的具体问题，并进一步提炼概念和理论以实现普适性。然而，从20世纪80年代之后，由于经济学在美国居于强势地位，法律经济分析在法学院成为主导，文化、历史和建构主义等其他流派的生存空间被不断压缩。❶这就涉及社科法学的历史发展趋势，在此不再赘述。

其实，在我国，前些年也存在法教义学与社科法学之间的论战，但是刑事诉讼法学研究并未突破方法论上的局限。随着中国法学研究不同进路之间的分化理路逐渐清晰，苏力教授将中国比较显著的法学研究传统概况为三种：注重政治意识形态话语的政法法学，注重法律适用、解决具体法律纠纷的注释法学，以及借鉴社会科学的经验研究方法、试图发现制度或规则与社会生活诸多因素之间相互影响和制约的社科法学。并且，苏力断言，未来中国法学中起主导作用的更可能是诠释法学和社科法学。❷然而，也有学者将法学研究方法分为规范法学和社科法学。前者将研究对象定位为法律规范本身，尤其是那些成文化的“书本法律”；后者则更为关注“社会生活中的法”，也就是法律在社会中的实施效果和状况。❸从已有国内关于介绍社科法学的文献来看，普遍认为社科法学乃后起之秀，是通过对传统法学研究方法的不满和批判而出现的，未来社会科学研究将成为法学研究方法的主流。但是，一方面，现有社科法学在法学研究中不够成熟，缺乏对法治实践状况的深刻洞察，存在“批判有余、创建不足”的突出问题，使得学界对社会科学研究存在认知误解❹；另一方面，目前倡导这一研究范式的研究者，虽在法学知识方面足够专业，但缺乏相关社科专业知识，只是粗浅掌握社科研究方式，未能真正做到与规范法学平等对话，举行建设性学术活动，以统一社科法学方法论内核进而形成学科计划。

回到本书，《庭审之外的辩诉交易》一书直面美国的法治实践和经验素材，对

---

❶ 刘思达、侯猛、陈柏峰：《社科法学三人谈：国际视野与本土经验》，载《交大法学》2016年第1期，第12页。

❷ 苏力：《中国法学研究格局的流变》，载《法商研究》2014年第5期，第65—66页。

❸ 陈瑞华：《法学研究方法的若干反思》，载《中外法学》2015年第1期，第22—23页。

❹ 例如，韦伯所说的社会科学研究的“价值无涉”，只是说在选定研究对象以后展开研究的过程中，研究者应当保持中立，不能让价值偏好影响了对经验材料的解读，替代了对问题的判断；然而，选定研究对象本身需要特定的视角和理论，视角和理论背后则可能有价值偏好在起作用。

辩诉交易制度进行深刻洞察，将法律问题与其他社会现象勾连起来，以发现制度背后的逻辑，展现实践内部的道理，的确是值得借鉴和参考的。事实上，我国刑事法学研究相比于其他学科而言，在社科法学成果数量和质量上具有一定的优势，以定量研究为主的实证研究逐渐成为刑事诉讼法学研究的基本方法，但在一定程度上忽视了实证研究中的定性分析，由此决定了社科法学仍徘徊于我国刑事诉讼法学研究的“门外”。[1] 未来，相信更多的学者投身于社科研究，运用经济学、社会学、政治学、历史学、心理学等知识和方法，来解释刑事诉讼复杂的司法实践，社科法学最终会成为刑事诉讼法学研究中不可或缺的基石。

（二）尝试用经济学分析认罪认罚

在读完《庭审之外的辩诉交易》一书后，笔者又浏览了美国经济学者曼昆的《经济学原理》，心里不免有些跃跃欲试，想尝试用经济学知识来分析我国认罪认罚从宽制度，但是又因为自身水平不够，在此简述一二。

正如上述，由于社会司法资源的有限性和稀缺性，对社会司法资源配置的管理才显得尤为重要，这也与经济学的研究目的不谋而合。经济学本质上是基于效率和公平原则，研究社会如何管理稀缺资源，以解决资源有限性与社会需求的无限性之间的矛盾。[2] 依据经济学原理，不区分案件的疑难复杂程度，一律平均分配司法资源，显然有违资源配置效率原则。同时，在疑难复杂案件上投入与轻微案件相同的司法资源，过于追求绝对形式公平，无法体现个案差异，也必然造成司法资源分配上的实质不正义。[3] 因此，有的学者认为，刑事司法资源配置上应当采用“二八规则”，即八成的轻微刑事案件依照认罪认罚从宽程序快速处理，剩余二成的疑难案件则进入庭审实质化程序。[4] 通过推行认罪认罚从宽制度，构建多元化、多层次的诉讼体系和程序，明案速审，疑案细审，使得司法资源得以合理配

---

[1] 谢澍:《直面认罪协商制度的“复杂性”——〈庭审之外的辩诉交易〉之方法论启示》，载《政法论坛》2019 年第 6 期，第 176 页。

[2] ［美］曼昆:《经济学原理（微观经济学分册）》，梁小民、梁砾译，北京大学出版社 2015 年第 1 版，第 3 页。

[3] 参见吕泽华、杨迎泽:《认罪认罚从宽制度的根基、困惑与走向》，载《国家监察官学院学报》2019 年第 3 期，第 129 页。

[4] 陈卫东:《认罪认罚从宽制度的理论问题再探讨》，载《环球法律评论》2020 年第 2 期，第 30 页。

置，用少量司法资源尽可能解决大量存在的轻微刑事案件，集中资源办理少数疑难复杂案件。认罪认罚从宽制度的确立，是刑事司法制度对现代犯罪形势变革的积极回应，通过“合作式司法”重构现代犯罪治理制度和体系，在刑事领域中体现社会治理体系和治理能力现代化。❶

而对于认罪认罚从宽制度能否进行经济学分析的最大质疑在于，理性经济人假设是否成立。因为与民事程序相比，后者的当事人都是明确的，经济利益是清晰的，动机都是最大化自己的利益，没有人身自由的风险，也不存在庭审羁押，但是在刑事诉讼会被太多因素所模糊和扭曲。正如毕贝斯教授在本书中所言，过于自信、自利偏差、框架效应、否认心理机制、锚定效应等心理要素，都会削弱理性人假设的科学性。但是，经济学家早就此问题作出回应。一是即使这一假设并不是完全真实的，也仍然足够接近于真实来建立合理准确的行为模式。将一些复杂的心理偏差加入分析之中，可能会增加其现实性，但也可能把水搅浑，使我们难以得出上述洞见。行为模型并不意味着复制现实，只是要说明所涉及问题的本质，以有助于理解。二是经济学家经常作出理性假设的一个原因可能是经济学家本身不是理性的最大化者，他们也过分自信且不愿改变自己的观念，但理性人模型可能是社会科学家所选择的令其感到满意的理论。因此，目前在微观经济学领域，不对称信息、政治经济学和行为经济学成为前沿主题，不断修正和补充之前单一的理性人假设。❷

在法经济学的研究范式下，刑事诉讼的目标设定不再是简单地发现真相，而是在司法资源稀缺的前提下以尽可能低的诉讼成本实现最准确的定罪。所谓的诉讼成本，既包括程序运行的行政成本，也包括法律错误运行的成本。❸依据这一经济视角，我国推行认罪认罚从宽程序、速裁程序、简易程序等制度改革旨在提高诉讼效率、减少程序运行成本，而保障被追诉人及其辩护人的各项权利、复杂精密的证据规则等，则是为了避免造成冤假错案而消耗额外资源。而具体到控辩协商关系来分析，从司法机关来看，控辩协商的动力在于减少案件量压力和程序运行成本，将更多精力集中投入严重犯罪案件和不认罪案件，提高整体司法效

❶ 田宏杰：《现代社会治理与认罪认罚从宽制度完善》，载《检察日报》2020年5月13日，第3版。

❷ ［美］曼昆：《经济学原理（微观经济学分册）》，梁小民、梁砾译，北京大学出版社2015年版，第489—502页。

❸ 施鹏鹏：《刑事诉讼：经济分析空间有多大》，载《检察日报》2016年11月22日，第3版。

率；从辩护律师角度来看，因办理的案件得到快速处理，可以减少个案精力和财物上的付出，受理更多的律师业务，同时因为减少与控方进行对抗，可以改善与公检法之间的关系；更重要的是在被追诉人看来，通过真诚悔罪和程序简化，可以获得一定的实体量刑减让，并摆脱讼累。其中，涉及经济学的激励原理，即激励是引起一个人做出某种行为的东西，人们会对激励作出反应，许多政策会改变人们面临的成本和收益。在认罪认罚从宽程序中，实体量刑减让和程序从简速审都对被追诉人具有一定的激励效果，也会影响其支付意愿，进而影响资源配置是否达成均衡效果。此外，控辩协商也存在负外部性，即对被害人和无辜被追诉人的合法权益的忽视，可能导致认罪认罚从宽制度异化。而在目前缺乏量刑协商规范指导意见的前提下，检察官处于垄断地位，可以随意控制量刑减让幅度，甚至可以采取价格歧视，对同样认罪、同样罪行的被追诉人给予不同的量刑优惠，导致分配上的实质不正义。上述问题事实上都值得进一步深入研究，一味地否定用经济学分析认罪认罚从宽程序，相当于截断一条完善和发展认罪认罚从宽制度的大道！

认罪认罚从宽的制度逻辑与技术性推进
——《司法和国家权力的多种面孔——比较视野中的法律程序》读后

陈修勇 *

米尔伊安·R. 达玛什卡在《司法和国家权力的多种面孔——比较视野中的法律程序》中以权力组织形式为横坐标、以不同类型的司法程序为纵坐标，建构了“权力—司法”的坐标轴，将各国权力组织形式和司法程序进行类型化分析，为比较法研究和法律移植提供了方法论。达玛什卡的研究方法对我国当前的司法改革中的域外法律移植有重要的启发意义。随着轻罪时代的发展和人案矛盾的激增，党的十八届四中全会提出要推进“以审判为中心”的诉讼制度改革，“完善刑事诉讼中认罪认罚从宽制度”。随后，经过试点，认罪认罚从宽制度被写入2018年《刑事诉讼法》。这一制度具有“协商”的属性，从2016年开始试点时多以“控辩协商一致”等语言描述控辩双方的具结过程，但是随着试点的铺开一直到制度入法，“协商”一词便销声匿迹了。只有在2019年10月“两高三部”联合出台的《关于适用认罪认罚从宽制度的指导意见》(以下简称2019年《指导意见》)第33条中规定，人民检察院提出量刑建议前，应当充分听取犯罪嫌疑人、辩护人或者值班律师的意见，尽量协商一致。然而，仅一处“协商”的字眼难以体现立法者对认罪认罚从宽制度具有“协商”因素的认可。无论承认与否，认罪认罚从宽制度借鉴了美国辩诉交易的合理成分，而辩诉交易是纠纷解决型司法程序的产物，因此认罪认罚从宽制度也天然地带有协商属性。而我国当前偏职权主义的诉讼构造并不是这一带有“协商”因素制度的原生土壤，因此自认罪认罚从宽制度被写入《刑事诉讼法》以来产生了如法检分歧等实践摩擦。问题产生的根源是如何在

---

* 华东政法大学刑事法学院2021级硕士研究生。

本文为华东政法大学2023年硕士研究生学术研究及社会调研项目“涉案企业合规改革中执法司法程序衔接的实践考察与机制建构”(项目号：2023-3-038)、2022年度苏惠渔刑法学研究基金资助项目“刑事一体化视野下审前程序轻罪治理的路径反思与推进”的阶段性成果。

米尔伊安·R. 达玛什卡:《司法和国家权力的多种面孔——比较视野中的法律程序》，郑戈译，中国政法大学出版社 2004 年版

科层式权力结构下融入纠纷解决型法律程序的问题。为此，笔者试图通过达玛什卡在《司法和国家权力的多种面孔——比较视野中的法律程序》一书中提供的研究视角分析认罪认罚从宽制度运作问题的根源，在短期内难以动摇原有诉讼构造的基础上，尝试通过配套制度的技术性修补来达致制度的有效推行。

一、“权力—司法”的多种面孔

达玛什卡在《司法和国家权力的多种面孔——比较视野中的法律程序》中建构的综合分析政治体系和法律程序的模型，可以被概括为“权力—司法”模型。达玛什卡通过“权力—司法”坐标轴的构建，为研究者提供了类型化的分析视角，可以将各国不同的权力组织形式和法律程序放在坐标轴内进行比较分析，明晰了各国国家和司法权力的特征，也为改革提供了比较的视角。

（一）横坐标：科层式和协作式权力组织形式

达玛什卡教授反对学界将英美法系和大陆法系诉讼构造的区别归纳为“抗辩制”和“纠问制”的习惯做法，他认为这只是对两大法系表象的部分概括，而未能抓住其结构性区别。“英美法系各国和大陆法系各国的法律家们都倾向于在抗辩式诉讼制度和纠问式诉讼制度这一主题上添加许多本土的变量，这进一步增加了问题的复杂性。”因此，达玛什卡教授认为这种分类的局限性很大。达玛什卡教授将研究视角转为政治因素对司法权力的影响，当然也承认虽然“政治因素在塑造程序系统的总体轮廓方面扮演着重要角色。但是，这些因素并不是决定程序形式的唯一因素”[1]。但是该研究方法能够将司法与政治之间的关联放在一个较为纯净的模式下进行类型化分析，为比较法研究和法律移植提供一个全新的视角。因此，达玛什卡教授从公职人员的性质与他们之间的关系、作出决策的方式三个角度入手，总结出了科层式和协作式两种不同的政权组织形式。

这两种不同的政权组织形式作为“权力—司法”坐标轴的横坐标具有相异的特质。首先，官员的性质和定位不同。科层式权力结构下，官员呈现高度专业化的特征，其业务工作和思维模式也呈现统一化特征。在高度职业化的法官队伍中往往会存在排外倾向。“他会获得在必要时麻醉自己心灵的能力，并且在其官方职位上做出他作为个人可能永远也不会做出的决策。”[2]而在协作式权力结构下，“理想状态下，权力被赋予一些业余人士”[3]，法官并非专职人员，没有经过专门的训练。其次，权力的分配方式不同。科层式权力结构中存在严格的上下等级秩序，不同级别的官员之间并不平等，上命下从。而协作式权力结构中的权力是平行分配的，官员均处于同一层次，不存在上下级关系。最后，在决策方式上，科层式权力结构侧重于逻辑法条主义，这也是由其上下级领导关系所决定的。由上级官员接受下级官员提供的信息，统一作出决策，因此各级官员更倾向于采取逻辑法条主义。而在协作式权力结构中，由于官员并非高度职业化的，“技术性的决策方式在这里似乎是不可欲的”[4]，因此往往采用通俗易懂的常识与经验。反映在司法上便是允许陪审员的参与，在庭审过程中也会采取更为通俗易懂、生动形象的方式，例如贯彻言词原则和直接审理原则。

两种不同的权力组织结构产生了不同的政府类型，分别对应能动型政府和回

---

[1] 米尔伊安·R.达玛什卡：《司法和国家权力的多种面孔——比较视野中的法律程序》，郑戈译，中国政法大学出版社2004年版，第361页。

[2] 同上书，第25页。

[3] 同上书，第31页。

[4] 同上书，第36页。

应型政府。能动型政府的理论前提是认为社会是有缺陷的，需要加以改良。因此，在这种政府改造社会的强烈意识引导下，法律也被作为政府的政策导向，将法律用作实现政策的工具。回应型政府则具有消极态度，仅关心“维护秩序，并且为解决公民无法自行解决的纠纷提供一个平台”❶。因此，在发生纠纷时，回应型政府的作用便是提供一个纠纷处理的中立平台。

（二）纵坐标：政策实施型和纠纷解决型司法程序

科层式权力结构下催生的法律程序属于政策实施型，而协作式权力结构产生的法律程序则属于纠纷解决型。由于权力结构形式的不同，政策实施型和纠纷解决型法律程序也具有异质特点。首先，司法程序推进的控制者不同。政策实施型法律程序的主导者是官员，国家在诉讼中的呈现明显的主导地位，排斥双方当事人对诉讼程序的控制，因此律师很难实质性地影响诉讼结果。而在纠纷解决型程序设计中，当事人自治的因素更强。双方当事人主导推进诉讼程序，可以通过达成某种合意促进纠纷的解决。因为对以纠纷解决型为逻辑进行程序设计的国家而言，“国家对法律程序的规制不外乎提供了一条诉讼当事人随时可以离开的基准线”❷，因此律师作为当事人的协助者需要参与到诉讼中来促进纠纷的解决。其次，法官的定位不同。在政策实施型法律程序中，法官是以积极的姿态主动探明案件真相，具有明显的政策导向性，更加注重判决结果的真实性而非程序的正当性。而在纠纷解决型法律程序中，法官在诉讼程序开始之前是“无知”的，处于“理想的白板状态”❸，在审判中是以中立客观的定位出现的，不会主动帮助一方当事人，而是消极地居中裁判，由双方当事人主导诉讼的推进。

综上所述，达玛什卡教授以国家权力组织形式作为横坐标，以法律程序的类型作为纵坐标，构建出了国家和司法权力的四种面孔，分别是：科层式权力模式下的政策实施程序、科层式权力模式下的纠纷解决程序、协作式权力模式下的政策实施程序和协作式权力模式下的纠纷解决程序。

其中，科层式权力模式下的政策实施程序和协作式权力模式下的纠纷解决程

---

❶ 米尔伊安·R. 达玛什卡：《司法和国家权力的多种面孔——比较视野中的法律程序》，郑戈译，中国政法大学出版社 2004 年版，第 95 页。

❷ 同上书，第 128 页。

❸ 同上书，第 179 页。

序具有相似性，其权力组织形式和法律程序是同向促进关系。而科层式权力模式下的纠纷解决程序和协作式权力模式下的政策实施程序则存在权力组织与法律程序的矛盾关系。在科层式权力模式下的纠纷解决程序中，科层式权力组织要求上下级严格的等级制度以及决策者高度的专业化，反映在法律程序中便是削弱了当事人对诉讼程序的参与度，降低了当事双方激烈对抗的可能性，因此法律程序也多为形式上的纠纷解决模式。在协作式权力模式下的政策实施程序中，权力组织结构具有开放性，决策者多是非职业化的人士组成，尚未形成阶层式的官僚体系，反映在法律程序中便是缺少主导诉讼进行的决策者，无法有效发挥诉讼程序的政策实施功能。因此，对于后两种权力和司法的面孔组合，如何处理好二者的矛盾关系对于检验法律移植的效果具有重要价值。

二、我国认罪认罚从宽的制度逻辑与诉讼构造的冲突

长期以来，我国科层式的权力组织为能动型国家的政策实施型司法程序提供了有力保障，而我国当下进行了诸多的司法改革，逐步引入具有纠纷解决型法律程序的制度。例如，死刑复核程序的诉讼化改革，从单纯的行政化审批，到逐步允许辩护律师的介入，听取律师和检察机关对死刑复核的意见，再到指派法律援助律师保证死刑复核案件有律师的参与。死刑复核程序的诉讼化改革反映了立法者理念的转变，即刑事诉讼不单单是为了追求打击犯罪的政策实施，而是允许控辩双方进行平等对抗，推动诉讼程序。此外，认罪认罚从宽制度从试点到入法，其在具体的运作过程中出现了诸如控审关系的分歧，而这些分歧的产生原因与司法和国家权力的多种面孔密切相关。

（一）《刑事诉讼法》第201条引发的控审分歧之具体样态

《刑事诉讼法》第201条规定，在认罪认罚案件中，除了5种例外情形，法院“一般应当”采纳检察院的量刑建议。同时，该条第2款还规定，法院经审理认为量刑建议“明显不当”的，检察院可以调整量刑建议，如果拒绝调整或者经调整后仍然不当，法院可以依法判决。对于这一规定，法检两家从各自的立场进行解读，提出了明显有别的主张，进而引发了控审操作的分歧。

首先，法检对“一般应当”的认识分歧。从法教义学的角度理解，“一般应当

采纳”即为不存在例外情形便应当采纳。这一条款体现了立法者对制度运作理想状态的期盼，即期待法院最大限度地尊重公诉机关，从而维护从宽“承诺”的权威性。实践中，检察院往往将“一般应当”理解为刚性条款，除非存在例外情形，否则审判机关必须采纳量刑建议。在认罪认罚语境下，量刑建议不仅是检察院单方面的建议，而是承载了控辩双方的诉讼合意。❶因此，基于控辩合意而提出的量刑建议对控辩双方和法院都要产生相应的约束力。为了能够激励被告人自愿认罪认罚的主动性、积极性，从而顺利推进该制度，法院必须为检察院的行为“买单”，“兑现”基于合意达成的具结书。而法官面对量刑建议时，其内心往往会排斥法律要求的“一般应当采纳”。法官往往认为无论是认罪认罚案件还是非认罪认罚案件，量刑请求权都不能对量刑权产生约束，因此“一般应当”不应理解为“全盘接受”，否则就是机械司法。但是考虑到量刑建议承载了检察院的司法承诺，法院只需给予一定程度的尊重即可。此外，根据控审分离原则，检察院履行控诉职能，行使求刑权，而裁判权专属于法院，但是“一般应当”之规定使控方获得了部分审判的权力，有违法院独立行使审判权的基本原则。

其次，法检对告知调整程序的必要性之认识分歧。虽然《刑事诉讼法》没有明确规定法院在认为量刑建议明显不当时向检察院的“告知”义务，但是从法教义学的角度理解，法院应当告知检察院调整量刑建议，否则检察院无从得知其需要调整量刑建议。实际上，2019 年的《指导意见》已经将“告知调整”规定为必经程序。所以，法检两家对法院应当告知检察院调整量刑建议已基本达成共识，且均赞成“未告知调整”构成程序违法。但是这种程序违法是否达到了检察院提起抗诉的条件，是否满足了抗诉的必要性，是否符合《刑事诉讼法》第 238 条规定的“可能影响公正审判”，存在较大争议。实践中，对法院未经“告知调整”程序而直接裁判的，检察院往往认为构成重大程序违法，且“可能影响公正审判”，通常会提起抗诉，这一做法在学界被称为“报复性抗诉”❷。2021 年 12 月，最高人民检察院印发的《人民检察院办理认罪认罚案件开展量刑建议工作的指导意见》（以下简称《量刑建议指导意见》）第 37 条规定，法院未告知检察院调整量

❶ 参见陈国庆:《量刑建议的若干问题》，载《中国刑事法杂志》2019 年第 5 期，第 8 页。

❷ 参见孙长永、冯科臻:《认罪认罚案件抗诉问题实证研究——基于 102 份裁判文书的分析》，载《西南政法大学学报》2020 年第 4 期，第 95 页；连洋、马明亮、王佳:《认罪认罚从宽案件中抗诉的冲突与规制——以全国 104 件认罪认罚抗诉案件为分析对象》，载《法律适用》2020 年第 14 期，第 86 页。

刑建议而直接判决的，检察院一般应当以违反法定程序为由提出抗诉。该规定的进步之处在于明确了检察院对这一问题的立场，但是不足之处在于引入了另外一个更加模糊的术语，即“一般应当抗诉”。检察机关用抗诉手段来维护自身对调整量刑建议的“知情权”，更加激化了法检实践操作的分歧。而最高人民法院对此问题并没有表明态度，在最高法的刑诉法解释中也仅仅是重复了《刑事诉讼法》的表述。但实践中，法院与检察院的立场截然相反。法院一般认为虽然没有通知检察院而直接调整量刑建议的做法“有所不妥”[1]，但并不构成程序的重大违法，并且如果“法院量刑并无不当”，便不存在“可能影响公正审判”之情形，不应成为抗诉的理由。因此，法院往往认为只要判决结果正确、合理，即便未经告知程序而直接不采纳量刑建议，检察院也不应当提起抗诉。

（二）控审分歧的原因分析

《刑事诉讼法》第 201 条作出“一般应当”这一家长式的立法安排，其主要动因是为了推进认罪认罚从宽制度，实现案件繁简分流。但是为何作为法律监督机关的检察院所提量刑建议在一些案件中无法得到法院的认可呢？虽然检察院的法律监督包含对审判活动的监督，但是实践效果却往往力不从心。一方面，法院对案件的定罪量刑具有终局裁判的权力，即便检察院提起抗诉，法院仍然可以通过维持原判来否定检察院的法律监督；另一方面，法院对案件的无罪判决是对检察院的“负面”考核评价，实践中检察院需要维护好法检两家的关系。此外，从法官的裁判认知角度看，法官在审判前是处于“无知”的状态，其认知活动是去疑的过程，而作为公诉方的检察院并非“去疑”的认知逻辑，而是努力证成构成犯罪的逻辑，因此法院坚持自己的判断属于正当程序的要求。

目前，学界对于控审分歧的讨论要么认为“检察主导”过于强势，要么认为法院不尊重量刑建议的做法不合理，却没有从法院不采纳量刑建议的原因角度进行分析。笔者认为主要原因有二：一是从微观角度看，检察院的量刑建议目前尚未达到约束法院的程度，具有“软约束性”；二是从宏观角度看，原有刑事诉讼构造对新生制度解释力不足。

---

[1] 参见河南省焦作市中级人民法院刑事裁定书，（2019）豫 08 刑终 172 号，载中国裁判文书网，https://wenshu.court.gov.cn/website/wenshu/181107ANFZ0BXSK4/index.html?docId=9c25674826374b9ab5d4aa6b00986175，2022 年 9 月 28 日访问。

1．量刑建议基础不牢，具有“软约束性”

《刑事诉讼法》第201条“一般应当采纳”的规定将量刑建议的效力“权力化”，反映出立法者将“协商”的逻辑植入了我国的认罪认罚从宽制度中，将量刑建议的效力等同于辩诉交易中“量刑协议”的效力。但是实质上，现阶段认罪认罚语境下量刑建议的效力尚未达到约束法院的程度，呈现“软约束性”，因此与立法者用“协商”逻辑创制的“一般应当”之规定出现矛盾。

在认罪认罚案件中，量刑建议承载着控辩合意，这是法院对量刑建议予以“尊重”的前提。在辩诉交易制度中，法院对检察院量刑裁量权的尊重源于“司法权对行政权的尊重”❶。而认罪认罚虽不同于辩诉交易，但是也不再仅仅是检察机关依职权单方面给予被追诉人的“恩惠”，其进步之处体现在被追诉人的参与。但是这种参与仅是“听取意见式”的参与，并非充分的罪刑协商。在进行所谓的“量刑协商”时，检察机关具有天然的优势地位，因此具结过程会更侧重于检察机关根据案情和被追诉人供述的情况提出量刑建议，继而由被追诉方表示同意与否，被追诉方无权与控方开展讨价还价的充分协商。有学者甚至指出，“犯罪嫌疑人认罪认罚是检察机关听取当事人双方意见的前提，而非通过控辩协商反过来促使犯罪嫌疑人认罪认罚”❷。因此，在我国现阶段的认罪认罚语境下，量刑建议的达成并不是基于控辩双方在平等基础上展开的充分协商，从而导致法院认为可以不必对量刑建议给予高度的“尊重”，其效力也不能达到完全约束法院的地步。

在16—17世纪的英国刑事程序中，如果被告作出认罪表示，法官会直接依赖于其他官员，如警官、治安法官等所开展的调查结果而作出量刑决定。在这种情形下，法官高度信赖警官或治安法官的调查行为，愿意直接采纳其调查结果，双方自然也不会产生分歧。但是为何我国法院在一些情况下不愿意采纳检察院的量刑建议呢？其中一个重要原因便是检察机关提出的量刑建议或许并未真正建立在对被追诉人定罪量刑事实的充分调查基础之上。在认罪认罚案件中，虽然证明标准未被降低，但在被追诉人积极认罪的情形下，“口供遮掩下的疑点很容易被选择

❶ ［美］安吉娜·J．戴维斯：《专横的正义——美国检察官的权力》，李昌林、陈川陵译，中国法制出版社2012年版，第15—16页。

❷ 熊秋红：《比较法视野下的认罪认罚从宽制度——兼论刑事诉讼“第四范式”》，载《比较法研究》2019年第5期，第89页。

性忽略”[1]，从而导致司法工作人员放松对证据的审查，“不知不觉地”降低了证明标准。因此，检察机关或许并不掌握全面的量刑信息，导致其提出量刑建议的基础是不牢固的，甚至可能是不公正的。而案件进入庭审阶段后，基于法官的中立性，一些不被检察机关注意的证据可能会被纳入法官自由心证的范畴，从而出现法官查明的案件事实与检察机关据以提出量刑建议的事实不一致，进而出现对量刑的不同看法，引发控审分歧。

2．原有刑事诉讼构造对新生制度解释力不足

我国的权力组织形式是典型的科层模式，政府具有较强的能动性，在司法程序上体现为政策实施型法律程序。从历史发展来看，中国古代实行中央集权制度，官员之间等级秩序森严，司法与行政不分，完全是对皇帝命令的实施。到了新中国成立之初，我国将司法定位为“无产阶级专政的工具（刀把子）”“实现党和国家政策目标的手段”。[2]1983年8月，中共中央印发《关于严厉打击刑事犯罪活动的决定》，在全国范围内开展从重从快打击刑事犯罪的专项活动。在这一历史时期，司法机关开始“联合办案”的探索，以达至“从重从快、一网打尽”的政策效果，提高办案效率。即便到了现在，为了实现案件繁简分流，缓解“案多人少”的司法资源矛盾，国家将宽严相济刑事政策进一步发展为认罪认罚从宽制度，在被追诉人积极认罪认罚的案件中，实行从宽的处理政策。因此，从中国古代到现在，我国司法程序在科层式权力模式下呈现典型的政策实施特征。

而认罪认罚从宽制度对传统刑事诉讼的诉讼结构、控诉方式、辩护方式、审理模式等带来了多元化影响，[3]如控辩双方难以平等协商、自愿性难以保障以及控审分歧等。这些问题的根源在于立法者试图将一个具有“协商”色彩的认罪认罚从宽制度“塞进”具有职权主义色彩的“混合式诉讼构造”中，导致传统的刑事诉讼构造表现出解释力不足的问题，[4]即该制度入法在一定程度上打破了原有的控、辩、审三方诉讼关系及格局，原有的诉讼构造难以对这一新生制度进行周延的解释。在当事人主义诉讼构造中，案件真实是相对的。法院对控辩双方无争议的案

[1] 王戬：《认罪认罚从宽的程序性推进》，载《华东政法大学学报》2017年第4期，第29页。

[2] 肖君拥、黄宝印：《中国司法改革述评》，载《求是学刊》2003年第3期，第74页。

[3] 参见樊崇义：《刑事诉讼模式的转型——评〈关于适用认罪认罚从宽制度的指导意见〉》，载《中国法律评论》2019年第6期，第190页。

[4] 参见胡莲芳：《刑事诉讼构造的系统化研究——兼析传统“三方诉讼构造”对刑事诉讼实践的分析缺陷》，载《法学论坛》2021年第3期，第114页。

件事实可以直接确认，允许控辩双方基于协商达成一致，查明案件实际上是如何发生的，就显得不重要了。[1]截然相反的是，我国向来坚持“以事实为根据，以法律为准绳”以及“不能仅依被告人供述而定罪”的规则。被追诉人的认罪表示只被视为“犯罪嫌疑人、被告人的供述”，并不具有直接被认定为案件事实的效力。因此，我国刑事诉讼不允许仅凭被追诉方的供述定罪，更不允许以控辩双方通过合意形成的事实作为裁判依据。法官具有依职权主动查明案件事实的权力，甚至还有“庭外调查权”[2]。以审判为中心的诉讼制度改革逐步强化了庭审对审前活动的制约，要求法官发挥能动作用，案件事实的查明不受当事人意思的约束。[3]在我国的司法文化背景下，民众期待的法官形象是明察秋毫的法官。[4]因此，如果法官消极地居中裁判，不主动查明案件事实，往往会被认为是不称职的，从而引发上诉等救济程序。同时，法官还面临发回重审、改判等办案质量的负面评价，因此法官不可能将自己简单定位为消极裁判者，而会定位为案件事实的查明者。由法官查明案件事实在一定程度上会出现与控辩双方合意不一致的情形，这是控审之间产生分歧的又一大原因。

达玛什卡教授在《司法和国家权力的多种面孔——比较视野中的法律程序》中分析道，在科层式的权力组织下，高度专业化和等级化的官员处于能动状态，主导司法程序的进程，削弱了当事人对诉讼程序的控制。因此，在我国传统的刑事诉讼构造中，法官有依职权主动查明事实的责任，并不存在通过控辩合意形成裁判事实的空间。而认罪认罚从宽制度入法，特别是“一般应当”这一具有“协商”性质的规定，会造成一定的“水土不服”，从而导致了法官依职权查明案件事实与控辩合意效力的正面分歧。

---

[1] Maximo Langer, *From Legal Transplants to Legal Translations: The Globalization of Plea Bargaining and the Americanization Thesis in Criminal Procedure* [J], Harvard International Law Journal, Vol.45, No.1, p.10 (2004).

[2] 《刑事诉讼法》第 196 条规定：法庭审理过程中，合议庭对证据有疑问的，可以宣布休庭，对证据进行调查核实。人民法院调查核实证据，可以进行勘验、检查、查封、扣押、鉴定和查询、冻结。

[3] 参见张栋：《我国刑事诉讼中“以审判为中心”的基本理念》，载《法律科学（西北政法大学学报）》2016 年第 2 期，第 75 页。

[4] 参见魏晓娜：《冲突与融合：认罪认罚从宽制度的本土化》，载《中外法学》2020 年第 5 期，第 1221 页。

三、认罪认罚从宽制度的技术性推进

如前所述，具有“协商”因素的认罪认罚从宽制度入法导致原来具有偏职权主义色彩的刑事诉讼构造产生了“排异反应”，从而引发控审之间的正面分歧。从司法和国家权力多种面孔的角度来看，如何处理好纠纷解决型司法程序与科层式的权力结构的兼容问题不容忽视。当前来看，寄希望于彻底转变已有的偏职权主义的诉讼构造尚不可行，因此，必须探索技术性推进路径，即通过配套制度的完善推进纠纷解决型司法程序与科层式的权力结构的协调和相互兼容，减少科层式权力结构对纠纷解决型司法制度的阻力。

（一）理念层面：厘清“检察主导”与“审判中心”关系，统一法检认识

2014年10月，党的十八届四中全会通过的《中共中央关于全面推进依法治国若干重大问题的决定》提出了要推进“以审判为中心”的诉讼制度改革。“以审判为中心”的改革实质上是对侦、诉、审三方职能的反思与重构，是基于“侦查中心主义”架空后续司法程序的审查功能、防止产生冤错案件而提出的。因此，“以审判为中心”并不意味着对案件所有事项的处理都留在庭审中完成，而是有关争议事项越早解决越有利于发挥庭审的实质作用。决策者基于缓解“人案矛盾”、提高司法效率的立法初衷推行认罪认罚制度，其目的是减少大量案件全部涌入庭审，从而缓解庭审的压力。而检察机关在认罪认罚案件中发挥的主导作用正是在审前起到了程序分流的作用。检察官基于其客观公正义务和较为全面掌握案件事实的优势，与被追诉人开展充分的认罪认罚具结活动，提出精准的量刑建议，继而由法院审查认罪认罚的自愿性和合法性，从而确认量刑建议。此时，在被追诉人自愿认罪认罚的情况下，控辩双方并不存在实质的争议事项，此时若将案件“事无巨细”地交由法庭重新走一遍流程，则会极大地浪费有限的司法资源。因此，在认罪认罚案件中，检察机关利用其优势提出精准量刑建议，而审判的中心地位体现为在最为关键的一点起到把关和审查的作用，即保证认罪认罚具结活动的自愿性和合法性，从而将有限的司法资源留给适用普通程序的不认罪案件。这样一来，认罪认罚制度的设计既可以发挥审判的中心地位，又可以促进司法资源的节约。因此，认罪认罚的制度设计实际上与以审判为中心的诉讼制度改革是一脉相承的，是在“案多人少”司法矛盾的背景之下贯彻以审判为中心改革的体现。

基于以上分析，法检要统一对“检察主导”和“审判中心”关系的认识。具体而言，检察机关要克服实践中的“情绪化”或“赌气式”地“报复性抗诉”，法院也不能固守传统的强职权主义的理念，对量刑建议要有一定的包容度。

一方面，检察机关主导认罪认罚的同时也要保持谦抑。量刑建议，顾名思义是“建议”，因此其作用在于通过发挥检察机关掌握审前案件事实的优势来帮助法官更好地定罪量刑，而不是要取代法院的裁判权。根据2021年《量刑建议指导意见》第37条的规定，对法院未经告知而径行改变量刑的，检察院“一般应当”提起抗诉。这里的“一般应当提起抗诉”不同于《刑事诉讼法》第201条的“一般应当采纳”，因为2021年《量刑建议指导意见》在规定“一般应当”抗诉的同时并未规定“不应抗诉”的例外情形，而将“一般应当”的判断完全交给了检察机关，缺少立法上的限制。所以这里的“一般应当抗诉”更加难以界定，会进一步加剧法检之间的认识分歧，产生更多的实践问题。用抗诉手段来维护检察机关自身对调整量刑建议“知情权”的正当性有待商榷，所以笔者对2021年《量刑建议指导意见》第37条规定的“一般应当抗诉”持保留意见。根据诉讼法理，刑事抗诉应当符合“确有错误”“确有必要”的原则。检察机关作为法律监督机关，应当保持理性，切不可“情绪化”或“赌气式”地“报复性抗诉”。因此，笔者认为，检察院提起抗诉的原因应当是法院未能正确量刑，而非单纯因为未采纳其提出的量刑建议，否则有“报复性抗诉”之嫌。若一审法院虽然未经告知调整程序而直接裁判，但是裁判的结果符合被追诉人的心理预期，此时检察院却以未经告知程序而提起抗诉，则会使被追诉人被迫进入二审程序，且不受上诉不加刑原则的保护，面临不确定的裁判结果，不利于对被追诉人权利的保障。然而，提倡检察机关保持谦抑，并非否定检察机关在认罪认罚案件中的主导作用，也并不是否定精准量刑改革的成果，而是主张要适度抑制不断进击的检察权，防止对原有的诉讼构造产生较大的冲击和系统性的风险，促使检察权和审判权回归到“互相配合，互相制约”的平衡状态。

另一方面，在认罪认罚的特殊语境下，不能固守传统的强职权主义诉讼理念。我国科层式的刑事诉讼构造需要进一步丰富内涵，对具有纠纷解决型特征的新生制度有所包容，因此需要对控、审关系给予新的解读。在认罪认罚案件中，法官并非追求绝对的真实，因此审判机关不应完全将自己定位于案件事实的查明者，而要在控辩双方无异议的案件事实中发挥把关审查的作用，避免发生冤错案件。

法院要遵守《刑事诉讼法》的规定，对“一般不当”的量刑建议保持一定的容错度。如此，节省出的司法资源可以用于重大复杂案件和不认罪案件的审理，以更好地促进“检察主导”和“审判中心”的双线推进。如果法院直接忽视基于控辩合意的具结书，则会导致认罪认罚制度难以推行。同时，由法院对控辩双方没有异议的内容进行审理，不仅浪费了有限的司法资源，也不利于以审判为中心改革的推进。当然，实践中并非所有的法院都会对量刑建议“吹毛求疵”，也有一些法院对检察院的量刑建议“过度配合”。美国联邦量刑指南曾被最高法院认定为不具有强制效力，仅仅是“建议性”的。[1]因此，无论是讲求完整程序的普通案件还是讲求效率的认罪认罚案件，都要坚持以审判为中心，独立审判。但是基于认罪认罚制度的特殊性，法院需要对控辩双方达成一致的认罪认罚具结书予以“尊重”。这里的“尊重”并不等于法院完全受检察机关量刑建议的约束，并不是要求法院抛弃独立审判的权力而不加审查地一律“照单全收”。审判权仍然专属于法院，法院仍然需要对量刑是否适当进行审查，若“明显不当”，法院需要根据法定告知程序通知检察院调整并详细说理，若检察院拒绝调整或者调整后仍然明显不当，法院则应当独立判断作出最终判决。

（二）制度层面：加强控辩双方的平等协商，增强量刑建议基础的稳固性

如前所述，法院不采纳检察院提出的量刑建议在很大程度上是因为该量刑建议的提出并非基于控辩双方平等的协商，导致量刑建议基础不牢。为此，在制度层面，需要加强控辩双方的平等协商，增强量刑建议基础的稳固性。

首先，检察官应当履行客观中立和诉讼关照义务，在全面收集证据的基础之上提出客观、公正的量刑建议。其一，在认罪认罚案件中，控辩双方的对抗性减小，双方更多的是进行“信息交涉”[2]。因此，要求检察官在认罪认罚案件中更应该保持客观中立，而不能一味地以对抗的态度对待被追诉人。检察机关应当在审前开展充分的量刑证据调查活动，在全面收集证据的基础之上提出客观、公正的量刑建议，有效解决因为被追诉人的积极认罪而“隐性”降低证明标准的问题。如

---

[1] 参见［美］约书亚·德雷斯勒、［美］艾伦·C. 迈克尔斯：《美国刑事诉讼法精解：第2卷·刑事审判》，魏晓娜译，北京大学出版社2009年版，第336页。

[2] 参见李奋飞：《论控辩关系的三种样态》，载《中外法学》2018年第3期，第728页。

此，法院采纳量刑建议的可能性就会更高，并且量刑建议经法院审查背书后可以最大限度地保证公正和效率，同时又可以大大节约庭审时间，从而可以留出更多的司法资源投入普通程序的审理中，可以更好地推动“以审判为中心”改革。其二，检察官还应当负有一定的诉讼关照义务。❶这就要求检察官在认罪认罚案件中，不但要履行客观中立义务，平等地收集对控辩双方都有利的证据，而且要承担一定的释明义务。刑事被追诉人往往法律素养较低，且难以了解控方已掌握的案件材料，加上值班律师在实践中的“边缘化”，甚至沦为认罪认罚具结活动的“见证者”，所以很难与控方形成平等的武装，也难以开展实质的认罪认罚具结活动。此时，检察官需要对被追诉人进行释明，同时探索开展证据开示制度，保障被追诉人能够掌握充分的信息，从而自愿、明智地认罪认罚，保障量刑建议基础的稳固性，进而有利于法院采纳其量刑建议。其三，改变“一刀切”要求确定刑量刑建议的做法，采取“分类处理”方式推进精准量刑建议改革。在刑事诉讼中，案件事实会随着诉讼程序的推进而逐渐展现，在庭审上也会出现新证据或情节，从而影响法官的心证。如果苛求检察机关在审前就提出确定的量刑建议，则不符合诉讼认识的规律。❷所以 2021 年《量刑建议指导意见》采取“分类处理”的方式是恰当的，即对刑种的适用与否提出明确建议，而对量刑幅度允许有些许浮动，符合刑事审判的基本规律。

其次，被追诉方也要相应地拥有更多与追诉机关进行量刑协商的“筹码”，在平等基础上保障被追诉方表达意见的权利。在认罪认罚案件中，被追诉方不仅仅是案件事实的“提供者”，同时也要成为意见的“表达者”，因此要充分尊重被追诉人的意愿，避免认罪认罚具结活动的形式化。其一，要从立法层面赋予被追诉人独立的阅卷权，增强被追诉人本人的协商能力。根据《刑事诉讼法》第 39 条的规定，从审查起诉之日起，辩护律师有权向犯罪嫌疑人、被告人核实有关证据。这在一定程度上允许被追诉人知晓案卷情况，但是理论和实务界对于核实的主动性、核实的证据范围、核实的方式等问题尚存不同认识。笔者认为，被追诉人只能被动地由辩护律师来核实有关证据，而不能主动地掌握案件信息，这对被追诉人知情权的保障是不充分的，很难保证其认罪认罚的自愿性和明智性。因此，

---

❶ 参见李奋飞：《以审查起诉为重心：认罪认罚从宽案件的程序格局》，载《环球法律评论》2020 年第 4 期，第 34 页。

❷ 参见周新：《论认罪认罚案件量刑建议精准化》，载《政治与法律》2021 年第 1 期，第 26 页。

在未来的立法中，有必要赋予被追诉人享有独立的阅卷权。其二，要有效发挥值班律师的制度功能。当前值班律师制度在实践的运作中出现了“流于形式”的问题，值班律师难以开展实质性的法律帮助，且呈现“片段化”的特征。特别是在会见、阅卷等权利无法得到充分保障的情形下，难以为了被追诉人的利益而与检察机关开展充分的量刑协商。因此，笔者认为值班律师的“辩护人化”也是大势所趋。在被追诉人自愿的情况下，应当允许值班律师向辩护人转化，以此更好地发挥制度功能，辅助被追诉人与检察机关开展有效的量刑协商。

（三）操作层面：利用大数据制定统一量刑指引，加强文书说理和沟通

“控审沟通是互相配合、互相制约原则的必然要求。”❶ 因此，消除控审分歧需要建立法检之间认罪认罚案件办理的协调沟通机制。

首先，需要加强法院与检察院的协调沟通，制定统一的量刑规范。法院在量刑方面占据优势地位，因此可以通过召开联席会议、座谈会的形式制定统一的量刑细则，以供检察机关在提出量刑建议时予以参考。如此不但可以提高检察机关提出精准量刑建议的能力，而且可以在很大程度上消弭法检认识分歧。

其次，要充分利用大数据，由法院和检察院协同建立智能量刑辅助系统。将常见类型、已经达成公识的案件要素输入智能量刑辅助系统，可以高效地得出相应的精准刑量刑建议。法院对于一些不常见的、新型复杂的案件，也应当在审理后及时将有关量刑要素输入智能量刑辅助系统，以有效指导未来发生的类似案件，帮助检察机关更好地提出精准量刑建议。

最后，要加强法检在诉讼文书方面的说理。一方面，检察院在提出量刑建议时应当充分说理和论证，包括提出此种量刑建议的依据和理由、据以裁判的事实和证据、被追诉人及其律师的意见、被害人意见以及认罪认罚情况等，从而尽可能地展现合意和量刑建议的形成过程，而不是仅仅使用已经“格式化”的具结书。正如有的学者指出的，“一般应当”的立法语言容易制造法检之间的对立情绪，“不仅理论上说不通，实际效果还会适得其反”❷。因此，检察机关要通过说理来说

---

❶ 叶青:《程序正义视角下认罪认罚从宽制度中的检察机关沟通之维》，载《政治与法律》2021年第12期，第71页。

❷ 魏晓娜:《冲突与融合：认罪认罚从宽制度的本土化》，载《中外法学》2020年第5期，第1226页。

服法官采纳量刑建议而非通过立法者的立法规范强制法官采纳量刑建议。另一方面，法院也应当充分说明不采纳量刑建议的理由，并及时告知检察院调整量刑建议，给予控辩双方重新达成合意的机会。法院不应在发现量刑建议有不当的情形时，便“情绪化地”放弃与检察院的沟通，径直作出裁判。控审之间基于权力角逐相互“内耗”，与认罪认罚从宽制度的价值取向相矛盾。[1] 而正面的及时反馈，既是对控辩双方的尊重，同时又能够通过释法说理减少被追诉人上诉的可能，减缓控审双方的对立情绪，纠正司法实践对求刑权和量刑权对立面的认识偏差，构建和谐的法检关系。有效、充分的说理可以充当“润滑剂”，减少纠纷解决模式下的制度融入科层式诉讼结构可能遇到的阻力。

四、余论

达玛什卡教授以不同的权力组织形式作为横坐标、以不同的程序表现形式为纵坐标，建构出权力与司法的关系坐标轴，为我们认识和比较当今世界各国的司法程序制度提供了新的视角，同时也为我国法律制度进行域外的移植提供了启示。实际上，在现代法治国家，纠纷解决型程序和政策实施型程序的界限并不明确，而是在各国不同的政治类型改造下相互融合、交织在司法模型中。

我国当前司法改革逐渐向纠纷解决型司法程序转变，借鉴辩诉交易而发展出的认罪认罚从宽制度便是典型例证。具有“协商”因素的认罪认罚制度有独立运行的基础诉讼环境，这些内容尚未与当前科层式刑事诉讼大环境和诉讼结构实现整体的制度兼容，固守具有科层式色彩的传统诉讼构造难以对这一新生制度进行有效的描述和解释。因此，原有的科层式刑事诉讼构造对具有纠纷解决型因素的认罪认罚从宽制度产生了“排异反应”。而“排异反应”的消除路径需要走技术型路线，在当下刑事诉讼构造难以作实质改变的情况下，需要配套制度的修正减小纠纷解决型制度与科层式诉讼构造的摩擦。

左卫民教授在《认真对待达玛什卡》一文中指出：“无论达玛什卡关于欧美刑事诉讼的新类型划分还是他关于法律移植的重要见解，似乎都并未成为中国学人

[1] 参见王迎龙：《认罪认罚从宽制度中的控审构造》，载《中国刑事法杂志》2021 年第 6 期，第 72 页。

关照西方制度、考虑如何改革的重要依托。在我看来，这一现象无疑透露出悖谬与反讽的意味。悖谬在于，我们一方面不断强调要移植西方的法律制度（尤其是英美对抗制）；另一方面却又对达玛什卡这样对法律移植问题有着深刻洞见的西方学者熟视无睹。反讽则表现为，在西方学者普遍认真对待达玛什卡时，我们却似乎无动于衷。”[1] 为了对治这种悖谬与反讽，让我们一起来认真阅读他的这部巅峰之作。诚然，在我国当下司法制度改革的推进过程中，不仅是认罪认罚从宽制度，还有企业合规改革等都要首先解决域外移植的制度逻辑与我国诉讼构造的制度兼容问题，否则在制度推进过程中会产生各种各样的阻力。

---

[1] 左卫民：《认真对待达玛什卡》，载《读书》2011 年第 9 期，第 49 页。

变革时代的宏大叙事与具象陈词

——评《社会变革中的民事诉讼》第一章

张文浩 *

写在前面

关于书评写作，尤其是学术书评，不得不提蒋竹山先生颇有影响的指导性文章——《如何撰写一篇评论性学术书评》。蒋竹山先生在此文中指出，学术书评的写作须具备"导论 · 主体 · 结论"三部：导论部分乃对评价之书的基本介绍，旨在建立起读者对书籍的初步印象；主体部分乃兼具结构梳理与观点提炼之功，切忌将书评当成单纯的章节摘要、段落作注去写；结论部分重在对作者观点和写作方法的评价，用蒋先生的话讲，"最好的方式是将这本书的优点及缺点、成果与不足之处作平衡报导"。笔者于此文，亦想参考蒋竹山先生推荐之书评体例，但其三部构造乃针对中等部头之书作，于此次评述范围而言，篇幅实属有限且文章主题较为鲜明，为兼顾书评形式刻意分部，恐令书评内容支离破碎。因此，笔者遵循蒋竹山先生所强调学术书评之核心精神：优劣果缺"平衡报导"，而在具体形式上不再严格遵循三部构造。

一、文章综述：待时而动的诉讼程序

本文成作于 1994 年，于今日而言难免久远，因而本文中作者所谓之"改革"，更多受 20 世纪 80 年代以来全面改革开放的影响。这番背景，作者开篇引言即作了大致说明，对于文章的理解、总结与评述，亦须基于文章所处之时代背景与社会政策为之。在强调"变革"的宏观叙事下，不少研究者著书立说，这股

* 张文浩，武汉大学法学院 2021 级诉讼法学硕士研究生。

王亚新：《社会变革中的民事诉讼》，北京大学出版社2014年版

研究热潮涌至法学界，亦在法治改革与法治建设的不同研究领域内得以具象化地展开。要而言之，最具代表性成果可属苏力老师所著的《法治及其本土资源》，诉讼法学界则以王亚新所著《社会变革中的民事诉讼》和左卫民等著《变革时代的纠纷解决》为典型。

作为本书的开篇之作，"论民事、经济审判方式的改革"一文大有提纲挈领意味，实际上，本文亦是全书收录论文中最早发表的一篇，可以说，本文在整体编排上，拉开了"变革"这一宏大叙事主题的序幕，引用王亚新老师自己的话说，本文从"审判方式或诉讼模式"的角度，"阐述了与我国民事诉讼转型紧密相关的基本理论问题"。[1]

关于本章的总体架构与行文脉络，笔者以导图形式加以梳理。本章形式上划分六节，但其第二、三节之主题依归同一主题，即作者所谓之"举证责任的强调—公开审判的重视—调解与判决的再认识"这一审判方式改革中"具有内在联系和逻辑发展关系的主线"。[2]因此，在总体架构上，第二、三节实可合并为一，以诠释审判方式的改革主线全部意旨。在五部架构的论述内容与相互关系上：改革

---

[1] 王亚新：《社会变革中的民事诉讼》，北京大学出版社2014年版，"自序"第2页。
[2] 同上书，第9页。

背景一部重在铺垫展开审判方式改革的社会政策与法院运作现实；改革主线一部提出了本章所谓之审判方式改革最关键的三个变革基点，其中尤以举证责任为重，串联公开审判和调判关系两大面向；改革模式一部，一方面总结性地将中国传统诉讼程序架构概括为“调解型”诉讼模式；另一方面创造性地借鉴域外市场经济与法治发达国家经验，勾勒出“判决型”诉讼模式的基本程序结构；改革必要一部倾力于解读作者提出的三个基本问题；改革思路一部则对审判方式改革的未来予以展望，立意长远。

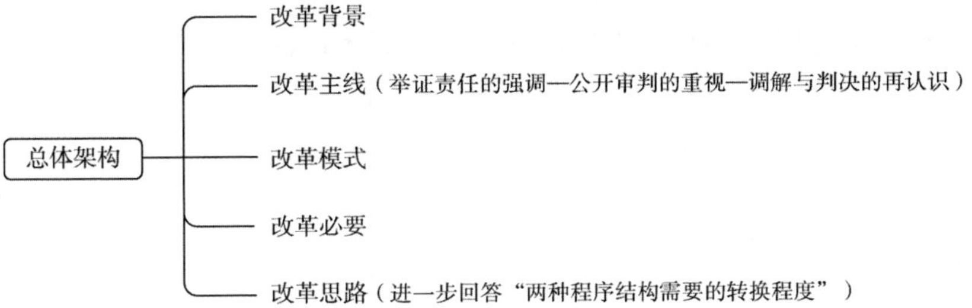

从结构化视角审读五部相互关系，仍不脱于论述文“是什么—为什么—怎么办”的传统论证逻辑。前三部解决了审判方式改革“是什么”的基本问题，在其中明确其改革主线所蕴含的三大基点和可供比较并选择的两种模式；第四部回答了“为什么”要改革审判方式的基本问题；最后一部，虽从宏观上提出了审判方式改革“怎么办”的方案，但作者在行文中，并不严格恪守三分论证逻辑，而是通过前文铺垫，尤其在第三部中对比两大模式、在第四部中从正反两面说明“判决型”的可行性与“调解型”的不适应性，已然将读者引导至“判决型”诉讼模式阵营中。质言之，作者对“怎么办”的回答，总结于第五部，但贯穿于全文论说中。

关于本章每一具体部分的内容，笔者亦以文字配合导图予以展述。改革背景一部，其主要内容可划分为如图所示的六个方面。作者在此部中，开门见山地指出当前审判方式改革的三大主要内容，并对其改革内容背后的直接变化、深层变化和变化原因进行总结剖析，并于本部最后，指出了审判方式改革进程中需要注意的一对关系——效率性与正当性的关系，对于这对关系的阐述，亦贯穿了全文始终，成为模式评价与模式建构的关键指标。一言以蔽之，改革背景一部，旨在介绍当前审判方式改革的主要内容，并对其背后时代背景作出提示，强调法院在新社会秩序中功能作用的凸显和社会体系地位的上移，由此需要重点关注司法运行中效率性与正当性的取舍、权衡与重塑。

在改革主线一部，作者重在阐释三个基点和两对关系：三个基点即为举证责任、公开审判与调解判决；两对关系即举证责任与公开审判的关系和举证责任与调解判决的关系。在对前一关系的分析中，作者承接前部对于效率性与正当性的关注，从效率性的角度指出了“举证在所在，败诉之所在”的举证责任改革乃提升诉讼效率必行之措，进而指出举证责任改革带来的证据收集与证据调查分离现象，引出旨在保障当事人当面质证的公开审判制度，并从正当性的角度论证公开审判实质化对于诉讼程序的正当性赋予功能。而在本章的第三节，作者析解举证责任与调解判决之间的关系，指出前者改革对后者内涵两种纠纷处断形式的不同影响，初步提出了“调解型”与“判决型”两种不同诉讼程序构造，并从判断形成与判断内容两个层面，明确两种诉讼模式的正当性形成路径。括而言之，在改革主线一部，作者一方面指出效率性（举证责任）改革引起正当性（公开审判）强化，进而引起程序结构根本性变化的改革演进逻辑；另一方面提出调判关系分析中两种不同的诉讼程序构造，为下文改革模式一部的展开在结构上起到了承上启下作用。

在改革模式一部，作者对两种诉讼模式作了具体比较，结合比较结果作出评价，并对我国现有诉讼模式的运行现状提出观察总结，指出了我国现有模式的内外部双重不协调问题。

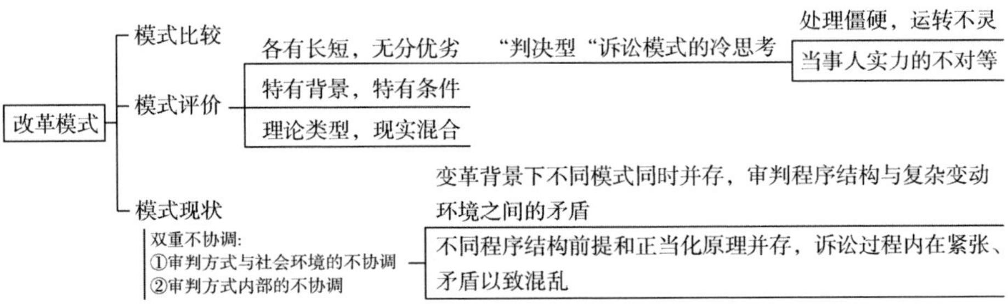

比较因素	“判决型”审判模式	“调解型”审判模式
正当化实现	“举证之所在，败诉之所在”的诉讼原理得以正当化	“举证之所在，败诉之所在”的诉讼原理无法正当化
正当化条件	①公开审判制度 ②直接言词原则 ③法官个人独立	①书面审理主义 ②审委会、院长审判与上级把控 ③法院独立而非法官独立

续表

比较因素	“判决型”审判模式	“调解型”审判模式
法官的作用	①中立性与被动性 ②形式公正	①阵营性与主动性 ②实质公正
程序形态	阶段划分清楚，顺序与形式固定	阶段划分模糊，顺序与形式随意
程序意义	程序展开有不可逆转的拘束性： ①逾时提出证据的失权效 ②生效判决的既判力的拘束效	程序展开可回流逆转的随意性： ①证据随时提出主义 ②生效判决可受到上级或当事人挑战
程序违法	程序违法严肃处理	程序违法宽容处理
实体法理解	①实体法规范作为指导程序展开的一般框架，二者互为目的与手段（程序独立性价值） ②实体法适用贯穿整个程序运行 ③适用主体包括法官和当事人	①实体法规范作为纠纷处理指导价值的一种，程序仅具有工具性价值 ②实体法适用限于三段论推理 ③适用主体仅限于法官

在改革必要一部，作者提出了探索审判方式改革需要解决的三个问题并作出解读。作者一方面指出“调解型”程序结构在变革背景下的不适应性，尤其是其所存在所需之社会条件乃适应改革开放前之中国环境，并进一步点明，变革时代中“调解型”程序结构根本症结在于无法应对“程序的展开和处理在审判人员的裁量下高度个别化，从而缺少某种外在的客观标志来判断其是否具有妥当性、正确性所引起的‘黑箱效应’”❶。另一方面，作者指出建构“判决型”程序结构有着社会条件转变带来的可能性，并在效率性和正当性两方面发挥着正面功能。最后，作者从法官裁量权视角，初步回答了最后一个问题，即两种程序结构转换的应有程度，作者认为“判决型”程序结构下限缩法官裁量权并不意味着对法官权力的弱化。

在改革思路一部，作者从总体层面申明：变革背景下，我国审判方式从“调解型”向“判决型”转换的应有思路，实际上是在进一步回答“转换程度”的问题，指出二者之间的转换须坚持“适度分离”与“重新结合”双重路径，取前者精华，去后者缺陷。

通过对全章结构的总体梳理和五大分部的具体分析，笔者认为，作者旨在向读者阐明：在大变革的宏大叙事中，民事诉讼作为其具象化一环，应如何“待时

❶ 王亚新：《社会变革中的民事诉讼》，北京大学出版社 2014 年版，第 23 页。

而动”。作者在文中给出的回答是：社会主义市场经济的展开需要法院秩序意义的回归，推动以效率性为导向的举证责任改革，乃司法运行趋势；举证之所在，败诉之所在的诉讼原理，动摇了传统“调解型”程序结构的正当性，新的正当性伴随以公开审判为表征的“判决型”程序结构而形成。以上内容，从整体上构成了审判方式的深刻转向，亦构成了全文的核心观点。

二、观点评述：十字路口的展望与踌躇

苏力老师指出，中国现代法治建设的目标，在于形成与社会主义市场经济相适应的法治。尽管目标已经明确，但中国法治却不能仅仅按照理论上论证的那种与社会主义市场经济相适应的法律制度，或者外国行之有效的法律制度来建立。❶本章中，作者站在计划经济与市场经济、“调解型”结构与“判决型”结构共同组成的十字路口，既饱含对革新审判方式的期待，又不停回望过去司法运行的痕迹，稍显踌躇。这种瞻前顾后的倾向，尤见于文章中对“判决型”程序结构的多次冷思考中，如作者指出，要从对“两种诉讼模式的一般评价”的角度来慎重审视“中国民事、经济审判方式的改革意味着从‘调解型’的程序结构向‘判决型’程序结构的全面转换”这一印象。❷王亚新老师进一步指出，“判决型”程序结构缺陷，一方面在于“处理僵硬、运转不灵”；另一方面形式正义外观下实质正义危机。在对两种程序结构进行一般性评价时，作者强调：二者之性质均为“纠纷处理正当化的策略”，并无优劣长短之分；二者之诞生均关系各自社会条件与文化背景，并无先进落后之别；二者之界分均为“单纯化而形成的理论工具”，现实程序往往对其兼而有之。❸笔者认为，作者对于两种程序结构的态度，既凸显了学术研究必要的阵营性，也保持了本土化导向的折中理性，在明晰应有发展面向的同时，作者的踌躇姿态，实则源自对本土司法运行的深刻认知。

回顾全文，变革时代与审判方式改革构成了内容铺陈的两个维度。

对于变革时代这一宏大题材，以社会主义市场经济为核心要义。在市场调配资源的底层逻辑下，市场无序性成为公益主体，主要是政府首先需要解决的问题。

❶ 苏力：《法治及其本土资源》，中国政法大学出版社2004年版，第11页。

❷ 参见王亚新：《社会变革中的民事诉讼》，北京大学出版社2014年版，第17页。

❸ 同上书，第18页。

聚焦于法学，学者对于市场无序性的回应可谓“热情高涨”，不止本文，同时期著述颇多。❶对于市场无序性的规制，多见于实体法层面。市场经济发展初期，作为传统实体法的民法成为规制市场行为的主要法治工具。随着社会主义市场经济发展、渗透，我国社会主义市场经济出现了利益分化并随之带来阶层区隔，强势主体对弱势主体利益，不再局限于社会主义市场经济发展初期的点对点侵害，而是呈现出发散性侵害特点，由此以经济法为代表的领域法学渐成气候，《反不正当竞争法》《消费者权益保护法》《反垄断法》《劳动合同法》等陆续颁行实施。在程序法层面，民事诉讼程序需要回应市场经济对纠纷处理在质和量提出的双重挑战，效率与公平的权衡之术关系程序正当性形成。

对于审判方式改革这一具象题材，其以社会主义市场经济为建构起点。正如本文作者所述，效率性问题在社会主义市场经济背景下需要得到足够重视，诉讼程序，尤其是审判方式的设计，成为解决此一问题的关键。对于审判方式的提速，在我国司法改革进程中从未停止，无论是文章作成时的举证责任改革，还是一以贯之的审限制度，抑或是新修法中小额诉讼程序扩容、二审有条件独任制等均反映出对这一目标的追求。但与举证责任改革不同，新近修法的审判方式改革对程序效率的追求近乎达到了“偏执”程度。❷基础理念上，社会主义市场经济条件下对诉讼效率的重视在于司法运行的成本控制与纠纷及时调处的秩序恢复。然而，显见的正义非徒具效率意义，仍呼吁正当意义，这种正当不止真实发现，亦包含适当程序规格和必要程序仪轨。❸因此，对程序本体的一再简化以及通过繁简分流程序将案件引入简易、小额程序中的新近修法做法显然与本文通过举证责任改革

---

❶ 同时期文章如肖扬:《法制建设与市场经济必须同步发展》，载《新华文摘》1994年第3期，第26—27页。

❷ 这个形容并不夸张，学界不少学者对此次民事诉讼法修改表达了“程序过于简单”“诉讼推进过快”“修法仓促、突然，并未吸收理论研究成果”的观点，参见肖建国、吴英姿、潘剑锋、刘荣军、汤维建、蔡虹、唐力、张海燕、任重、郝振江等学者在“民事诉讼法修改理论研讨会”（第一、二阶段）上的发言，载“中国民商法律网”公众号，https://mp.weixin.qq.com/s/JvteKLBZCqIYbR_7onGQzA，2022年5月10日访问。

❸ 正当性的形成不仅需要实质裁判的正当，也需要本文作者所谓的“形成过程的客观性”。根据欧文·戈夫曼的拟剧理论，人们往往借助前台之设备（如程序仪式）传递符号文化，以给参与者一种“标准化”的感受，而伯尔曼认为，程序运行所代表的仪式文化，正是法律价值得以发挥的基本因素之一。因此程序作为仪式文化来塑造权威性，进而形成形式正当。参见［美］欧文·戈夫曼:《日常生活中的自我呈现》，黄爱华、冯钢译，浙江人民出版社1989年版，第102—134页；［美］哈罗德·J.伯尔曼:《法律与宗教》，梁治平译，商务印书馆2012年版，第23—24页。

解决效率性问题并非一致，前者或许正在褪去程序的仪式性，过简程序所带来的效率收益无法弥补公众仪式认同丧失带来的正当性损失，从而容易造成整体性司法认同危机。而回归本文，举证责任改革恰当地处置了前述问题，效率性问题与正当性问题并不存在对立困境，至多是程序兼容性问题。“判决型”程序结构，则以程序形成客观为依归，其公众认同形成，是正义理念引导的问题，而非诉讼原理的问题。员额制改革与立案登记制改革带来的“案多人少”的次生影响，不应该由程序本体的简化来买单，过度简化的程序势必会对社会主义市场经济产生负外部性效果。程序权利的保障与强化必然带来诉讼成本的高企与司法资源的紧张，但借用林钰雄老师的一句话，这正是诉讼权利所宣示的——没有不付代价的法治国原则。❶

作者对于审判方式改革表现出的保守，可能受训于中国法律传统。“法律的知识是由社会决定的”❷，立足于中国社会展开的改革研究，必然会呈现出牵连国情的谨慎性。法制自古以来受中国传统文化影响，如在“刑不上大夫”“狐兔之感”观念影响下，古代中国在实体法层面有以官爵大小折抵罪刑的官当制度，在程序法层面有官不与民对质、官不必于法官面前亲自答辩的诉讼优待。❸时至今日，行政诉讼中行政机关负责人不必然出庭应诉或亦受此观念影响。因此，作者在文中对“调解型”程序结构的顾及，亦是对司法运行经验的尊重。改革不同于革命，也不是宗教哲学中的“皆无所住，无所挂碍”，相反，它必然是有所挂碍的。改革对于上层建筑修正追求机制内的自洽，保有法制运行的传统性，是司法改革不可避免的一面，也符合“改革”的本质属性。

三、现实检视：20年后的印证或偏离

作为一篇指引性文章，作者的阐释具有前瞻性，透露着对司法运行未来图景的预测。时至今日，文章作成已近20年，笔者认为有必要也有可能对作者所作预

❶ 林钰雄：《干预处分与刑事证据》，元照出版有限公司2008年版，第301页。

❷ ［美］唐·布莱克：《社会学视野中的司法》，郭星华等译，法律出版社2002年版，第109页。

❸ 瞿同祖指出这背后的原因：“狐兔之感（即阶级意识），问官对于涉讼的士大夫往往有衣冠同类及共同利害，休戚荣辱相关的感觉，而加以宽容，吕坤所主张的官莫轻打，生员莫轻打，也正是同一意识的表现。”参见瞿同祖：《中国法律与中国社会》，中华书局2003年版，第228—230、233—235页。

测加以检视：我国司法运行现实是否印证作者所言走向了“判决型”程序结构主导的诉讼新模式，抑或是在演进中出现偏离或异动。

作者指出，“判决型”程序结构产生的社会条件在于陌生人社会对一般规则普遍性、明确性的要求以及社会主体对规则可预测性的期待。❶这种对规则可预测性的追求，反映在法律类型上即对韦伯所提出的“形式理性”之法的追求。苏力认为，“现代市场经济要求的不只是更多的法律和制度，而且需要更多的具有‘形式理性的’法律制度以及社会文化”❷。可以说，本文所谓审判方式改革的本质，在于通过建构理性与演进理性的共同作用，为民事诉讼程序注入更多的“形式理性”，并最终形成完全意义上“形式理性”的民事审判方式。而在现实层面，民事诉讼的“形式理性”形成，似乎仍面临着多方面阻滞。作者似乎没有也无法预测到公众传媒，尤其是自媒体的快速发展带来的舆情负外部性。这种负外部性一方面体现在所谓的“热点案件”中舆情越发影响法官的独立判断，司法判决越发受到短期公众情绪左右而变得失去可预测性❸，另一方面还体现在无孔不入的自媒体观点输出，正在潜移默化地影响着包括司法工作者在内的价值判断。当然，此种舆论裹挟司法的问题，不仅在于公众舆情本身的爆炸式发展，苏力很早就指出，中国法律机构的运作以回应民情为重要任务❹，这也是上述现象产生的主观因素。因此，笔者认为，所谓理论中以及现实演进中或然存在的“陌生人社会”正在消解，取而代之的，是由血脉一般的信息通路串联而成的“关联人社会”，在“关联人社会”中，人们的共情力随着认知力的提高而强化，任何舆情事件都会引起民意的规模化反馈；但与认知力的提升有别，公众的判断力却有待提高，因此当经过倾向性修饰的观点输出以“客观信息”的外表呈现于受众面前时，民意成为任人塑造的客体，成为一种“矫正价值衍生品”。在“关联人社会”中，追求“形式理性”的“判决型”程序结构，其普遍、可预测规则的形成路径上出现了障碍；加之越发简略的诉讼程序带来了前文所述的仪式权威危机，以及费孝通提出中国社

---

❶ 参见王亚新：《社会变革中的民事诉讼》，北京大学出版社2014年版，第20页。

❷ 参见苏力：《法治及其本土资源》，中国政法大学出版社2004年版，第84页。

❸ 这一点可见于2020年前后的平台经济反垄断司法活动中，司法判断受到了公众对于平台企业不满情绪的影响，在高压政策、欧美反垄断热潮的加码下，很多属于侵犯消费者权益但未上升至垄断层面的企业行为，被视为垄断行为而予以重罚，给互联网企业带来了诸多触发影响。

❹ 参见苏力：《法律活动专门化的法律社会学思考》，载《中国社会科学》1994年第6期，第127页。

会的“差序格局”[1]牵连出的“关系文化”渗透到基层司法运行的环节中。“形式理性”似乎难以应对越发突出的公众认同之惑，“判决型”程序结构似乎也难以如作者当初设想般单纯化。

此外，在具体规则层面，“举证之所在，败诉之所在”的举证责任改革也似乎进入了误区。基于诉讼两造平等对抗的民诉法基本原理，“举证之所在，败诉之所在”，证明责任分配的本质，在于平等对抗的诉讼两造之间关于举证不能造成事实真伪不明情况下的败诉风险之分配。司法实务中对举证责任的通俗表达则是“谁主张，谁举证”，这一表述有着明显的认知偏差：如果说，仅把当事人在法庭上所说的话作为主张要求其承担举证责任，会产生一个尴尬的问题——当事人谁说得越多，谁所承担的举证责任越多。若诉讼推进意愿越强的当事人必然要负担更多证据法上的责任，显然打击了公众通过诉讼这种合法机制解决纠纷的积极性。解决这个问题的关键，是正确识别当事人主张：按照诉讼法理，基于诉讼请求，当事人提出对应的具体主张；基于具体主张，当事人需提交相应的证据予以证明。当事人为了获得有利裁判，须向法院主张对己有利的请求原因事实，否则将遭受于其有利的请求原因事实不被法院认定之不利益。[2]因此，《民事诉讼法》第 67、68 条规定的“主张”，应当分别指原告为使诉讼请求成立而提出的请求原因事实与被告为反驳原告所提诉讼请求成立而提出的抗辩事实，以此消除“谁主张，谁举证”表述引发的实践中对法官不当扩大请求原因事实之范围而导致原告举证责任加重问题[3]，回归举证责任“举证之所在，败诉之所在”的应有之义。

写在最后

坦然讲，笔者仍有很多思考意欲言说而指尖触及键盘时却发觉无法输出。这种支吾其词的感觉如鲠在喉，转念想，必是自己的无知所致，只得借此部分草草讲述，以求宽慰自己。

---

[1] 费孝通指出：“社会关系逐渐展开，由个体到个体，形成人脉的积累。每个人的人脉关系组成整个社会的人际网络，社会道德只有置于人际关系网络间才有意义。”参见费孝通：《乡土中国》，长江文艺出版社 2019 年版，第 26—30 页。

[2] 参见占善刚：《民事证据法研究》，武汉大学出版社 2009 年版，第 159—160 页。

[3] 参见占善刚：《民事诉讼运行的内在机理研究》，武汉大学出版社 2020 年版，第 75—76 页。

作者在文中颇有欣慰之意地指出，法院地位正随着市场经济的发展和政策改革的推进而上升。笔者认为，作者对于建构司法中心主义的纠纷解决制度体系是有所期待的，其对诉讼制度发挥调处纠纷功能寄予的厚望，淋漓尽致地表现在对“判决型”程序结构的阐述和对改革审判方式的热情中。然而随着市民社会和政治国家二分结构在社会主义市场经济条件下的中国逐步形成，作为法律人的我们，不得不承认社会性纠纷解决方式在解决民事纠纷中发挥着日益重要的作用，不得不承认以诉讼为代表的政治国家无法垄断纠纷解决，民事诉讼制度需实现自我和解，拥抱社会性纠纷解决方式，重塑中国特色纠纷解决制度体系势在必行。❶

作者在文中将社会主义市场经济作为审判方式改革所依据的重要社会条件。社会主义市场经济与法治的关系以及社会主义市场经济究竟需要怎样的法制与法治，是本文潜在回答的一个问题。苏力曾经几度撰文反思“市场经济就是法制经济”的口号❷，他认为这一口号会误导立法者、执法者、司法者一味地通过严密立法、严厉执法、严苛司法的方式以求对市场经济有所贡献，而偏离了社会主义市场经济下法治须符合市场经济运行规律并与社会主义市场经济内在机理相融合的应有形态。本文在提及“判决型”程序结构以及举证责任改革时，均以市场经济的运行原理作为论据，制度建构亦重视回应市场经济对秩序维护、规则同一和效率公平的需要。然时至今日，随着新修法对诉讼程序的一再简化，民事诉讼法制似乎越发呈现出相对于市场经济的建构独立性，这究竟是一种调整还是一种失序，似乎值得我们反思。任重老师曾经用彭真同志的话提醒他的学生：“现在不少案件法院没受理……实际问题必须认真解决。不要怕法院忙不过来，不能‘量入为出’，要按案件实际需要设机构，人不够，必须尽快加人，这是中央早就定了的。”❸员额制改革与立案登记制改革带来的“案多人少”的次生影响，不应该由简化程序来买单，过度简化的程序势必会对市场经济产生负外部性效果，前文已述，毋复赘言。

---

❶ 左卫民教授主张我国纠纷解决体系改革须坚持去司法中心化，追求构建一个国家主导，以司法为支撑，以社会为依托的合理、协调的纠纷解决体系。参见左卫民：《变革时代的纠纷解决：法学与社会学的初步考察》，北京大学出版社2007年版，第9页。

❷ 参见苏力：《市场经济对立法的启示》，载《中国法学》1996年第4期；《关于市场经济和法律文化的一点思考——兼评“市场经济就是法制经济”》，载《北京大学学报（哲学社会科学版）》1993年第4期。

❸ 《彭真传》编写组：《彭真传》（第四卷），中央文献出版社2012年版，第1565页。

以任重老师的话为本文作结，感觉合适："我国现行《民事诉讼法》之于其所面对的海量案件，实质上是用计划经济的法解决商品经济的纠纷。适应商品经济和体现当事人主义的新民事诉讼法还未到来，这也可以在本次民诉法修改中得到验证。"❶

费孝通曾言："任何对于中国问题的讨论总难免流于空泛和偏执。空泛，因为中国具有这样长的历史和这样广的幅员，一切归纳出来的结论都有例外，都需要加以限度；偏执，因为当前的中国正处在变迁的中程，部分的和片面的观察都不易得到应有的分寸。"❷笔者对于王亚新老师著述的所思、所想、所考想必也不免空泛和偏执之处，这篇文章于笔者而言：启发性大于单纯知识理论的输入。笔者看到了在变革这一宏大叙事题材下，作者如何谨慎、理性、专业地论述其所构思的审判方式，使审判方式改革这一具象陈词尽可能不再空泛；作者在"判决型"和"调解型"面前的权衡，更让本文少了几分偏执的意味。

---

❶ 任重：《认识民事诉讼法》，载微信公众号"实体法与程序法"，2022 年 2 月 23 日访问，https://mp.weixin.qq.com/s/xto6K2reCFWBp4dFQc FE0g。

❷ 费孝通：《乡土重建与乡镇发展》，牛津大学出版社香港分社 1994 年版，第 16 页。

法律证据认定中似真推理与概率推理实质之辩驳

吕子婧*

引言

读书报告选取原加拿大温尼伯（Winnipeg）大学哲学系教授，现为温莎（Windsor）大学推理、论证与修辞研究中心教授道格拉斯·沃尔顿的著作——《法律论证与证据》。该书由梁庆寅、熊明辉教授等翻译，于2010年7月出版，出版机构为中国政法大学出版社。

《法律论证与证据》一书的核心思想在于：提供一种新的方法——似真推理——分析法律推理结构，并总体性地对法律论证进行评价。该书提出以似真推理审视法律推理结构的主张，认为过去大部分法律逻辑以及证据法学著作都将视角集中于建构法律论证中的演绎逻辑和基于概率的归纳逻辑，这就导致在证据法领域演绎推理和基于概率的归纳推理被当作唯一或核心的推理模型，而“什么是证据”的问题并没有被很好地回答。沃尔顿主张，似真推理可以被视为独立于演绎推理和归纳推理的第三种独立推理形式，且似真推理促生了关于“什么是证据”的新思考方式。然而事实真如沃尔顿所主张的那样吗？本文主要论证似真推理能否独立地作为第三种证据推理类型存在，换言之，论证在证据推理中，似真推理和基于概率的归纳推理二者关系究竟如何，并在论证过程中对沃尔顿的主张进行批驳。但无论如何，《法律论证与证据》一书对于证据法学、诉讼法学的理论研究具有深刻的启发意义。

很长一段时间以来，法律逻辑学界和证据法学界认为演绎推理与归纳推理已经囊括了所有证据推理形式。按照这种演绎推理与归纳推理二分法，演绎推理是指前提均为真的情况下得到真推理结论的证据推理形式，而归纳推理是前提真与

* 中国政法大学司法文明协同创新中心博士研究生。本文先前发表于《河南师范大学学报（哲学社会科学版）》2023年第1期。

［加］道格拉斯·沃尔顿：《法律论证与证据》，梁庆寅、熊明辉等译，熊明辉校，中国政法大学出版社2010年版

结论真之间只存在或然联系的证据推理形式。

演绎推理的形式可以表述为：

对于所有x来说，如果x是F，则x是G。

a是F。

所以，a是G。

（其中a代表个体，x代表个体变元，F和G代表性质）

归纳推理的形式可以表述为：

对于一定比例的x来说，如果x是F，则x是G。

a是F。

所以，a是G。

（其中a代表个体，x代表个体变元，F和G代表性质）

归纳推理的本质是一种概然性推理。概然性推理指从真前提出发，不必然得出真结论的推理，例如，类比推理、回溯推理都是概然性推理。需要指出的是，概然性推理中有一种用概率来描述概然性的推理，称之为基于概率的归纳推理或概率推理。为了表述方便，下文统一使用概率推理一词。

似真推理是指若推理的前提为真或似真则结论似然为真的推理形式。❶ 似真推理成立的根据是法官基于日常经验或对前提来源存在一定信任程度时，认为其推理结论可信。似真推理的形式可以表述为：

在通常情况下，如果x是F，则x是G。

a是F。

所以，a是G。

（其中a代表个体，x代表个体变元，F和G代表性质）

似真推理与演绎推理存在明显区别已成为学界共识。问题关键在于，似真推理与概率推理是否有本质区别。由此，产生了当代法律逻辑学界和证据法学界关于除演绎推理与归纳推理以外，似真推理能否作为第三种证据推理类型的思考和争论。

对于这一论题的看法可以分为两类。第一类观点可以称为二元论。这种观点认为似真推理既与演绎推理不一样，也与概率推理不一样，是独立的一类证据推理方式。持这种观点的代表人物是加拿大法律逻辑学家道格拉斯·沃尔顿（Douglas Walton）。沃尔顿总结了似真推理的主要特征，阐释了似真证据理论，主张似真推理应当作为与演绎推理、归纳推理并列的第三种类型的证据推理类型，不再将似真推理看作一种粗糙的概率推理。❷ 第二类观点可以称为还原论。这种观点认为似真推理与概率推理的深层结构在一定程度上可以转化，似真推理并不是独立的第三种类型的推理。不过，对于这两种推理形式在本质上何者为本原，又可区分出两种还原论。其中一种还原论，也即似真性还原论，主张概率推理实则就是似真推理。例如，新证据学派的证据法学家罗纳德·J. 艾伦（Ronald J. Allen）

---

❶ 对于似真推理中推理的前提为真还是似真，沃尔顿提出了两种表述方式。其一是，“似真推论的特征是：如果前提真，则结论似然为真。”其二是，“一些命题本身是似真的，其他命题可以从这些似真性命题通过似真推理推导出来。”参见［加］道格拉斯·沃尔顿：《法律论证与证据》，梁庆寅、熊明辉等译，中国政法大学出版社2010年版，第111、203页。因此，根据沃尔顿对似真推理的这两种表述方式，可推断其认为似真推理中推理的前提为真或似真，而结论似然为真。

❷ ［加］道格拉斯·沃尔顿：《法律论证与证据》，梁庆寅、熊明辉等译，熊明辉校，中国政法大学出版社2010年版，第106—110、111—113页；Nicolas Rescher, *Plausible Reasoning: An Introduction to the Theory and Practice of Plausibilistic Inference,* Van Gorcum Assen & Amsterdam, 1976, p.15。

的似真推理观就试图为似真性还原论提供支持。[1]基于法律证据认定的司法实践经验和逻辑思维的推理，二元论和似真性还原论都不能准确科学地揭示似真推理的实质，唯有概率还原论才能正确解释似真推理的实质。实际上，法律证据认定中，似真推理实质是概率推理。

一、证据推理中的似真推理何以重要

作为证据推理的一种形式，似真推理的价值不仅体现在证据法领域，也体现在法律人工智能方面。证据法领域中，证据推理方式对当事人之间法律权利和法律义务分配产生着重要影响。因而，证据推理应当遵循一定的法律逻辑推理规律，特别对似真推理的适用也需要遵守法律逻辑规律，不可恣意而为。在法律人工智能领域，似真推理作为一些系统的核心推理模式，在帮助研究者分析案例和处理推理不一致等问题上发挥着重要作用。

（一）似真推理在证据法领域的应用价值

在证据法领域，似真推理是一种证据推理方式，越来越多的学者借鉴似真推理思想来研究证据的似真性，沃尔顿就是其中的代表。[2]以似真推理思想为基础建立的证据理论称为似真证据理论，这一理论认为，“如果某事物从一个可信的人的初始印象（从表面上看似乎是诚实的）通过似真推理推出，并且被用于理性地接受有疑问的事物，那么它就是证据。”[3]简单来说，如果一个理性的人按照其初始印象来看，某一命题表面上似然为真，则这一命题就是似真的。以似真的命题为前提，通过似真推理推导出的结论也是似真的命题。如果这些似真的命题被用于支持或者否定某一争议事实的存在，则这些命题就是所谓似真证据。根据沃尔顿

---

[1] ［美］罗纳德·J. 艾伦：《证据与推论——兼论概率与似真性》，张月波译，张保生校，载《证据科学》2011年第1期；［美］罗纳德·J. 艾伦：《司法证明的性质：作为似真推理工具的概率》，汪诸豪、戴月、柴鹏译，载《证据科学》2016年第3期；Ronald J. Allen & Michael S. Pardo, *Relative Plausibility and Its Critics*, International Journal of Evidence and Proof, Vol. 23, No. 1–2, pp.5–9 (2019)。

[2] 梅祥、何向东：《似真性证据理论的技术路径研究》，载《湖南科技大学学报（社会科学版）》2021年第6期，第63—68页。

[3] ［加］道格拉斯·沃尔顿：《法律论证与证据》，梁庆寅、熊明辉等译，中国政法大学出版社2010年版，第204页。

的理论，演绎推理和归纳推理这两种推理形式都没有呈现出法律领域证据推理的本质。似真推理的分析和评价是建立在语用维度上，关注符号和解释者的关系，即研究符号在它出现范围内的起源、用法和效果。这意味着似真证据理论不仅反映了哲学从语义学转向语用学的发展趋势，更契合了法律领域证据推理的语用本质。因此，在证据的语境中，似真证据理论具有重要的实践意义。❶

似真推理思想能够在证据法领域发挥价值，首要原因在于其与证据法理论体系中的认识论相吻合。❷事实认定环节离不开法官根据自身经验对案件待证事实进行概括推论。❸然而，法官无法实现对事实真相的百分之百还原。究其原因，首先，所有的证据并非都是真的，证据有真假。在审判中，双方当事人都试图提出"看似为真"的证据，需要法官评估。其次，经验的片面性以及概括的可错性导致法官运用经验推论认定事实，使得事实认定达不到绝对的确定性。因而，有学者指出，证据法的功能之一是对不确定性下的错误进行风险分配。❹似真推理思想也承认这一点：似真推理是一种容许错误、容许反驳的推理方式。❺它承认证据的似真性，将证据看作存在真假之分的命题，借助似真性理论，所有证据的真实性都可以被质疑。事实上，证据也并非都是真的。

证据法自身的价值追求也为似真推理思想的适用提供了正当性基础。❻准确、公正、效率以及和谐是证据法的四项基本价值❼，其中效率价值要求司法裁决的过程不能过分拖沓。似真思想作为理性主义的衍生物，体现了人类对追求真相的适当自足。多数时候，法官掌握的用于作出决断的证据信息有限，他只能根据有限信息得出一个暂时可靠的结论。当已有的证据信息足以支持该结论且足以反驳该结论的证据信息还未被掌握时❽，用似真思想代替对绝对事实真相的追求，在适当的时间停驻追求真相的步伐，可以照顾到效率价值。

---

❶ 唐世齐、焦俊峰：《法定证据概念的误区：基于似真性证据理论的批判》，载《求索》2012年第1期，第143—145页。

❷ 张保生等：《证据科学论纲》，经济科学出版社2019年版，第307页。

❸ 王星译：《刑事证明标准的规范功能与实践归宿》，载《环球法律评论》2021年第3期，第117—132页。

❹ Alex Stein, *Foundations of Evidence Law*, Oxford University Press, p.64 (2005).

❺ 周蔚：《证据推理研究》，中国人民大学出版社2016年版，第37—38页。

❻ 张保生等：《证据科学论纲》，经济科学出版社2019年版，第307—308页。

❼ 张保生主编：《证据法学》，中国政法大学出版社2018年版，第67—74页。

❽ 张保生：《事实、证据与事实认定》，载《中国社会科学》2017年第8期，第110—130页。

似真性作为一种思想理论在证据法领域大放异彩，但不能否认的是，似真推理在实践应用中也备受争议。似真性思想与自由心证或证据自由评价模式相遇，可能会引发法官滥用司法裁量权的问题。❶似真推理的结论是根据当前仅有信息所得到的，法官无法预知若日后获得更多信息后该结论是否会发生改变，只能暂时性地认定当前结论。这种做法似乎或多或少包含妥协的意味。也就是说，永远没有最全面的证据能够令法官还原案件事实，法官只能在有限甚至还可能是错的证据中认定事实。❷实际上，这种担心是不必要的。现代诉讼制度已经确立了一系列防止法官专权和恣意的机制，例如交叉询问、对质、合议制度、判决公开制度等制度。这些制度对法官的事实认定活动作出了规制，足以抑制似真推理的不当使用。❸另一方面，人们对于“客观性”的理解与似真性的解释在一定意义上是相通的。“客观性”通常有三种含义：分别是与外部实体相符的客观、科学意义上的客观以及交谈意义上的客观。❹其中，交谈意义上的客观性认为合乎情理的就是客观的，尽管给出的是不必然令人信服的解释，不是完全的确定，但只要具有说服力，法官也可以认为其客观。因此，从相关机制保障和对客观性的理解上看，似真推理具备交谈意义上的客观性，似真推理的结论虽然包含着些许不确定性，但只要当前结论在所有可能结论中最具有说服力，法官对其认可就具有正当性。❺

（二）似真推理在法律人工智能领域的应用价值

法律人工智能是近年来备受学界关注的热门领域。它聚焦人工智能与法律的交叉问题，关注人工智能技术在法律中的应用。法律人工智能研究的核心问题是法律推理逻辑的建模❻，似真推理的研究于此具有重要价值。这种价值既是因为似真推理具有非单调的特性，也因为似真推理有助于处理不一致信息推理。❼

在人工智能研究中，法律领域非单调逻辑的运用是一个主要研究方向。“非单

---

❶ 元轶：《庭审实质化压力下的制度异化及裁判者认知偏差》，载《政法论坛》2019 年第 4 期，第 93—105 页。

❷ 周蔚：《证据推理研究》，中国人民大学出版社 2016 年版，第 37 页。

❸ 张保生等：《证据科学论纲》，经济科学出版社 2019 年版，第 310 页。

❹ ［美］理查德 · A. 波斯纳：《法理学问题》，苏力译，中国政法大学出版社 2002 年版，第 9 页。

❺ 张保生：《事实、证据与事实认定》，载《中国社会科学》2017 年第 8 期，第 110—130 页。

❻ 熊明辉：《从法律计量学到法律信息学——法律人工智能 70 年（1949—2019）》，《自然辩证法通讯》2020 年第 6 期，第 1—9 页。

❼ 魏斌：《论似真推理的形式化谜题》，载《科学技术哲学研究》2021 年第 4 期，第 27—32 页。

调”是指，如果给某一推理加上新的前提，则其结论有可能改变。[1] 法律领域中的非单调逻辑之所以在人工智能研究居于重要地位，正是因为法律推理的似真推理具有非单调性。所以，不少研究人工智能的学者都开发了建立在非单调逻辑基础上的法律推理模型。[2] 沃尔顿等开发的卡尔尼德斯系统（CAS）就以似真推理为核心，这个系统分析了许多案例，展现出似真推理对法律人工智能的重要意义。[3]

似真推理也有助于解决法律人工智能处理不一致信息推理的难题。[4] 处理不一致信息推理的关键是消解冲突，而似真推理的理论恰恰构成了消解冲突的一般原则。这种原则所使用的策略被称为面临认知冲突时极小化最大潜在损失。[5] 在似真推理中，只需要对支持和反对某一命题理由的似真度进行排序，比较支持和反对论据的似真性高低即可。[6] 这避免了诸种概率运算，使得似真推理理论在消解问题上比概率推理更易操作。似真推理理论在法律逻辑建模中对不一致信息问题的处理极大地推动了法律人工智能的发展。

综上所述，似真推理思想在证据法以及法律人工智能领域发挥着重要作用。在证据法领域，似真推理思想引导证据推理模式改变，它指导裁判者秉持现实、实践的事实认定观：终极真理不会出现，只能根据当前所掌握的证据进行判断。在法律人工智能领域，似真推理作为一些系统的核心推理模式，在帮助研究者分析案例和处理推理不一致等问题上贡献着力量。[7]

鉴于似真推理思想在证据法和法律人工智能领域的重要应用价值，学界有必要对似真推理的本质和理据展开探讨。其中一个重要问题是似真推理与其他证据推理形式的关系问题。如前所述，似真推理与概率推理的关系问题理论上存在三种可能的解释。一是二元论。如果似真推理不能用关于概率的概念来解释，概率

---

[1] 周蔚：《证据推理研究》，中国人民大学出版社 2016 年版，第 38 页。

[2] 熊明辉：《法律论证及其评价》，中山大学逻辑与认知研究所逻辑与认知学术研讨会会议论文，2004 年 5 月 20—21 日，广州。

[3] Douglas Walton, Christopher W. Tindale and Thomas F. Gordon, *Applying Recent Argumentation Methods to Some Ancient Examples of Plausible Reasoning*, Argumentation , Vol. 28, No.1, pp.85–119 (2014).

[4] 魏斌：《论似真推理的形式化谜题》，载《科学技术哲学研究》2021 年第 4 期，第 27—32 页。

[5] Nicolas Rescher, *Plausible Reasoning: An Introduction to the Theory and Practice of Plausibilistic Inference*, Van Gorcum , Assen & Amsterdan, 1976, pp.35–40.

[6] Ibid., pp.23–25.

[7] 梅祥、何向东：《似真性证据理论的技术路径研究》，载《湖南科技大学学报（社会科学版）》2021 年第 6 期，第 63—68 页。

推理也不能用关于似真的概念来解释，我们就有理由认为似真推理与概率推理彼此独立。二是似真性还原论。如果概率推理能用关于似真的概念来解释，我们就有理由认为概率推理应该被视为似真推理的一种特殊形式。三是概率还原论。如果似真推理能用关于概率的概念解释，那就仍应维持传统的演绎推理与归纳推理二分法，将似真推理视为某种形式的概率推理。本文将分别探讨这三种立场。

二、二元论及其反思批判：沃尔顿的似真证据理论

二元论观点的领军人物是道格拉斯 · 沃尔顿。根据似真证据理论，似真推理是一种会出现例外、同时与演绎推理和概率推理都不同的推理方式。❶ 对于似真推理与概率推理的不同，沃尔顿给出了三点理由。

（一）似真推理不要求计算命题是否为真的概率

沃尔顿认为，似真推理不要求计算命题是否为真的概率，而概率推理则要求给出计算命题为真的概率的方法。❷ 概率推理的命题集以每个命题内部数据为基础在这个命题集合上分布一个确定值，而似真推理根据被考量命题的外部支持来指派值，并不是根据内部数据来指派值。❸ 似真推理不要求计算命题是否为真的概率，但要求法官选择接受或拒绝一个似真结论之前，最好权衡一下支持该命题的理由与不支持该命题理由的权重。即使法官所作的选择最终被证实是错误的，但在权衡的过程中法官已经根据掌握的信息评估了命题并作出了最佳决定。认为某命题似真大致上等同于认为该命题看起来是真的，但也无法排除它为假的可能性。似

❶ ［加］道格拉斯 · 沃尔顿：《论辩与证据理论》，王建芳、童海浩译，载《法律方法》2015 年第 1 期，第 13—28 页。

❷ 关于沃尔顿对似真性思想不要求某种计算这个命题是否为真的概率的方法的论述，参见［加］道格拉斯 · 沃尔顿：《法律论证与证据》，梁庆寅、熊明辉等译，熊明辉校，中国政法大学出版社 2010 年版，第 112—113 页；概率推理要求给出计算命题为真的概率的方法的观点，参见 Nicolas Rescher，*An Introduction to the Theory and Practice of Plausibilistic Inference*, Van Gorcum , Assen & Amsterdam, 1976, p.15；沃尔顿在《法律论证与证据》中重申了雷斯彻的观点：“一个命题及其否定命题都相当似真这是可能的。相反，在概率演算中，计算命题非 A 的概率值的方法是 1 减去 A 的概率值。”这实际上就是在主张概率推理需要精确的演算，同时也表明沃尔顿本人认可“似真推理不要求计算命题是否为真的概率，而概率推理则要求给出计算命题为真概率的方法”。

❸ Nicolas Rescher, *Plausible Reasoning: An Introduction to the Theory and Practice of Plausibilistic Inference*, Van Gorcum , Assen & Amsterdam, 1976, p.28.

真性建立在实践思想基础上，即有时候为了继续做某件事情，法官必须明确地接受或者拒绝特定命题。概而言之，似真推理不要求计算命题是否为真的概率，它是通过“确信值”这种比较粗糙的衡量方式对命题进行评估，确信值用来刻画是否足以行动[1]，而概率推理是通过精确的计算方式对命题进行判断。

（二）评定证据强度的方法不同

根据沃尔顿对似真性的解释，似真性与概然性在评价证据层面存在明显不同。沃尔顿认为，如果当事人提出一个命题概然为真，则会伴随证明责任产生：你断言了这个命题（概然）为真，如果你做出断言所指向的另一方当事人质疑、怀疑它，那么命题的提出者就有义务用某个恰当的证据或正当理由来支持自己的断言。[2]但是，根据沃尔顿的观点，如果当事人仅仅认为一个命题似然为真，则不会伴随额外的证明责任，因为似真推理的本质上是假定的。[3]沃尔顿认为似真推理的结论本质上是一种假定，这种假定是暂时的、可废止的。一旦出现具有适当力度的相反指征时，似真推理的结论则面临被推翻的可能。[4]因此，在评定证据强度层面上，主张命题似然为真将不承担证明责任，而宣称命题概然为真则需要举证支持自己的断言。

对似真推理无须承担证明责任的理解，可以借助这样一个例子阐明沃尔顿的观点：假定鸟中绝大部分鸟类会飞，极少鸟类不会飞，已知某种生物属于鸟类，如果当事人提议假定该种生物会飞，当事人不需要证明该种生物会飞。接受似真推理的结论是为了解决悬断。很多时候基于行动的理由，法官需要根据已掌握的信息对悬而未决的判断给出确定的结果。而似真推理据以推理的前提是作为人或主体所熟悉的各种情况，并且熟悉在一般情况下事情通常被认为应该这样进展。[5]

---

[1] John R. Josephson & Susan G. Josephson, *Abductive Inference: Computation, Philosophy, Technology*, Cambridge University Press, 1994, pp.265–272.

[2] Douglas Walton, *Plausible Argument in Everyday Conversation,* State University of New York Press, 1992, p. 327.

[3] ［加］道格拉斯·沃尔顿：《法律论证与证据》，梁庆寅、熊明辉等译，熊明辉校，中国政法大学出版社 2010 年版，第 111 —112 页。

[4] Douglas Walton, *Plausible Argument in Everyday Conversation*, State University of New York Press, 1992, p.10.

[5] ［加］道格拉斯·沃尔顿：《法律论证与证据》，梁庆寅、熊明辉等译，熊明辉校，中国政法大学出版社 2010 年版，第 104 页。

而在概率推理中，结论的主张者需要对自己提出的主张承担证明责任。上述例子变为：假定鸟中 60% 的鸟类会飞，40% 的鸟类不会飞，已知某种生物属于鸟类，如果当事人提议该种生物会飞，就需要对该种生物属于鸟类中会飞的 60%、不属于鸟类中不会飞的 40% 给出证明。

概而言之，根据沃尔顿的似真证据理论，似真推理的结论被接受，当事人无须提出证据证明它；但如果出现了力度足够的相反证据，则似真推理的结论面临被推翻的可能。

（三）似真推理在证据语境下的解释力更强

沃尔顿的似真证据理论主张似真推理是证据证明力概念的基石。证明力是指证据对待证要件事实证明作用的大小或程度[1]，传统的证据分析观点将证据概念建立在演绎推理和概率推理的基础上，认为科学证据是唯一值得认真考虑的证据[2]。似真证据理论以似真思想作为理论基础：一些命题作为大前提本身是似真的，通过似真推理得到的其他命题在某种意义上也被视为是真的，并且不存在有力的理由相信它们是假的。虽然对似真推理结论的接受并不是无条件的，但一个理性的人可以暂时接受它们为真。[3] 从似真推理思想中受到启发的似真证据理论认为，如果某事物从一个可信的人的初始印象（从表面上看似乎是诚实的）通过似真推理推出，并且被用于理性地接受有疑问的事物，则它就是证据。[4] 虽然似真推理的结论具有可废止性，但将似真推理的思想运用到证据领域开启了学界认识证据的全新视角。[5]

支持似真证据理论的学者们指出，似真证据理论具有传统证据理论不可比拟的其他许多优势。第一，由于诉讼活动有别于其他行为活动，会受到诸如时间、地点、目的等因素的制约，主张证据具有似真性将对诉讼活动的顺利开展产生积极作用，而追求绝对真相可能造成诉讼活动无尽拖沓。第二，似真证据理论坚持

[1] 张保生主编：《证据法学》，中国政法大学出版社 2018 年版，第 24 页。

[2] ［加］道格拉斯 · 沃尔顿：《法律论证与证据》，梁庆寅、熊明辉等译，熊明辉校，中国政法大学出版社 2010 年版，第 203 页。

[3] 同上。

[4] 同上书，第 204 页。

[5] 梅祥、何向东：《似真性证据理论的技术路径研究》，载《湖南科技大学学报（社会科学版）》2021 年第 6 期，第 63—68 页。

证据具有可反驳性。作为一种新型的证据观，似真证据理论把证据视为用于证明案件中待证要件事实的命题，命题存在真假之分，因而证据也有真假。这种新的证据观点颠覆了以往认知，打破了人们对科学证据的“迷信”。❶第三，似真证据理论为法官在事实认定中提供了一套如何对证据进行取舍的方法。证据不是案件事实本身，而是案件事实发生后留下的痕迹，是对案件事实进行描述的命题。❷实践中，常出现证据真假难辨的情况，也即面临各种各样的似真证据。对此，法官对证据采信不是一个非此即彼的过程，对证据的判断并非简单的真或假，而是需要比较，找到更似真和更有说服力的证据，除此之外更要衡量公平、正义、效率等法律价值。❸

综上所述，沃尔顿通过主张似真证据理论来论证似真推理是法律论证中最重要的一种推理方式，以此确证了似真推理有着独立的理论正当性。如果似真推理与概率推理都能够很好地解释证据证明力概念，则有关证据证明力的思考就无法给似真推理与概率推理的关系问题提供养料。但如果二者之中只有一种推理形式能够最好地对证据证明力的概念作出解释，则有关证据证明力的讨论就可以在某种程度上为我们的问题提供帮助。按照似真证据理论，既然似真推理在理解证据证明力概念方面是非常有效的，那么它应当是一种具有理论正当性的、独立的证据推理形式。❹

（四）对二元论的批判

虽然沃尔顿认为应当将似真推理视为第三种类型的推理方式，但他给出的区分理由并不够充分有力。实际上，二元论者也不可能提出充分有力的理由为自身提供辩护。

沃尔顿的似真证据理论受到传统证据观的质疑。以传统视角来看，演绎逻辑和归纳逻辑是建立证据概念的基础，且科学证据是唯一可以值得被认真考虑的证

❶ 杜文静:《法律证据推理的模型研究》，北京大学出版社 2021 年版，第 40 页。

❷ Lyman Ray Patterson, *The Types of Evidence: An Analysis*, Vanderbilt Law Review,Vol. 19, No. 1 , pp.1−23 (1965).

❸ 唐世齐、焦俊峰:《法定证据概念的误区：基于似真性证据理论的批判》，载《求索》2012 年第 1 期，第 143 —145 页。

❹ 反过来说，对似真推理与概率推理关系的思考，也有助于回答这样一种困惑：似真性与概然性二者谁能更好地解释证据证明力的概念。

据。[1] 似真证据理论是容错的，这种新理论认为证据是可怀疑、可撤销的，虽然法律证据通常情况下以科学证据作为基础，但作为法律证据还需要引入其他不同方式对其进行评价。似真证据理论还面临其在论证中易被反驳的批评。[2] 这种批评实则代表了传统证据观的看法，认为凡是称得上证据的东西都应当是确凿无疑的，作为理性的人不得不接受它们。但是，这种批评实则站不住脚。易被推翻或易受反驳正是似真证据理论相较以往证据理论独有的特点和优点。它把证据视为一种描述性的命题，改变了证据唯真的传统思想。因此，该“批评”的观点仅是不同证据观下的产物，不能构成对似真证据理论真正意义上的批评。

沃尔顿的似真证据理论面临的真正困境是无法回答证明责任的问题。似真证据理论认为似真推理的结论不伴随证明责任的产生，消除该结论的方式是对方当事人提出适当力度的否定证据。而概率推理的结论需要提出者进行证明才能成立。[3] 不过，这却不得不令人疑惑：当事人在法庭上应当如何言语、如何表述、使用怎样的语词才能给法官一个信号——我主张的命题是似然为真的，故而我没有证明的义务。另一个关键在于，如何区分似然为真和有较大概率为真。按照沃尔顿的逻辑，当事人若主张一个命题概然为真，则伴随证明责任，因为一旦断言命题概然为真，断言所指向的人或听众质疑该断言，那么当事人就产生了用恰当证据或理由支持断言的义务。而如果仅仅认为一个命题似然为真，则没有附加的证明责任，因为该命题仅是作为一个暂时假设提出的，如果对方不愿意接受，需要为不接受假定提供理由。但是，如果诉讼主体只提出其主张有较大概率为真因此应当被推定为真，这种概率推理的结论也同样不伴随证明责任，这就难以区分似真和有一定概率为真。因此，从证明责任的视角来看，似乎概然为真与似然为真并无区别，沃尔顿给出的区别方法站不住脚。[4] 而这样的质疑沃尔顿难以回答。

总的来说，虽然似真证据理论正确认识到似真推理在证据法方面的价值，但单凭此作为区分似真推理与概率推理的理由不够强有力，甚至在一定程度上难以成立。按照传统看法，似真推理通常被视为若前提为真则结论似然为真的推理，

---

[1] ［加］道格拉斯 · 沃尔顿：《法律论证与证据》，梁庆寅、熊明辉等译，熊明辉校，中国政法大学出版社 2010 年版，第 203 页。

[2] 同上书，第 228 页。

[3] Douglas Walton, *Plausible Argument in Everyday Conversation* State University of New York Press, 1992, p.327.

[4] 杜文静：《法律证据推理的模型研究》，北京大学出版社 2021 年版，第 38 页。

那么这种推理与概率推理有何本质不同是需要说明的。这使得二元论者有必要论证所谓似然为真与有一定概率为真之间有何本质不同。倘若二元论者把似然为真理解为通常为真，那么“通常”一词也可以表达为“较大可能”或“较大概率”，这就难以说明似真推理与概率推理的区别。

三、似真性还原论及其反思批判：艾伦的似真推理观

在探讨似真推理与传统证据推理方式的关系问题上，还原论认为，证据推理形式有且只有演绎推理和归纳推理两种，而似真推理和概率推理本质上是一类推理方式。[1]不过，对于似真推理和概率推理这两种证据推理形式究竟何者为本原，还原论阵营也分为两派。似真性还原论认为概率推理本质上就是似真推理。概率还原论与之恰好相反，主张似真推理就是概率推理。

（一）艾伦论概率和似真性在法律论证中的地位

为似真性还原论辩护的一种观点是新证据学派的罗纳德·J. 艾伦提出的似真推理观。在艾伦看来，概率推理本质上为似真推理服务。艾伦主要从法律的视角谈论似真推理与概率推理的关系，其列举出大量实例来识别似真推理与概率推理的关系。[2]艾伦有力地论证了概率在法律推理中不起作用，为似真性还原论张目。概率确实被用来解释了一些证明难题，但在司法证明中，概率面临解释困难，它在似真推理抉择中实际上不起作用。[3]

司法证明中使用的工具众多，概率只是其中之一。艾伦认为，司法证明的过程也离不开其他认知工具的帮助，如观察、临床知识汇编以及分类学工作等。这类认知工具通常不需要借助概率来表达。但在法律的语境下，潜在事实和证据无

---

[1] 较早提出似真推理和概率推理本质上是一类推理方式的是美国数学家乔治·波利亚（Gorge Polya），他在其著作《数学与似真推理》中阐述了似真推理在数学领域的重要地位，并认为概率推理仅是似真推理的一个特殊情况。实际上，波利亚所持的是一种广义的似真推理观，他认为推理只有演绎推理和似真推理两类，至于这种观点是否正确则不在本文讨论范围内。

[2] ［美］罗纳德·J. 艾伦：《司法证明的性质：作为似真推理工具的概率》，汪诸豪、戴月译，载《证据科学》2016 年第 3 期，第 336—385 页。

[3] Ronald J. Allen and Michael S. Pardo, *Relative Plausibility and Its Critics*, International Journal of Evidence and Proof, Vol.23, No. 1–2 , pp.5–59 (2019).

限变化，一味依靠概率、依靠计算的方法缺少应用价值。❶

概率论观念对于理解法律证据的性质无法提供太多帮助，对于法律论证提供的帮助更是微乎其微。❷首先，概率推理在司法适用中存在情境缺失的困难。在真实审判中，由于个案具有特殊性，因此我们无法获取关于某特定事项的长期概率数据。这将导致不存在量化的数据支持真实审判。虽然我们有时会对诉讼中一些现象进行数据统计，但这类研究仅是一些边缘化工作，无法作为核心数据运用到审判中。单纯在诉讼活动中使用统计数据是司法证明活动中不太起眼的部分。

其次，由于合取难题，概率在法律审判中的运用会加重问题的复杂化程度。艾伦主张，在真实审判中并不存在单一的或者绝对正确的参照数据，引入概率反而会造成问题走向复杂化。例如，假设争议的问题是一个证人是否在作证时说了假话，同时假设该名证人是男性、35岁、体重超重、正在出汗，同时该证人在对特定问题作出陈述时有一侧眼皮在跳。如果要判断该名证人是否诚实，那么一个需要探讨的问题是如何合理地设置参照组，也即如何确立一个日后可以供比照的判断类别。是男性？是和该证人年龄一致的男性？还是和该证人体重一样的男性？人们无法确定最佳的参照组是哪个。❸因此，将概率作为一项工具不仅无法给予法律论证以收效，甚至会复杂化法律论证的进程。

最后，艾伦提出概率推理在司法中面临着参照组确定的难题。学界研究概率的过程中产生了多种关于概率的解释方法，目前较为流行的解释是相对频率。❹相对频率研究一个集合中子集大小的问题，这就面临着确定合适参照组的问题。艾伦论证的关键在于当事人的主张是确定参照组的正确标准，而概率在确定合适参照组的过程中并没有起到作用。举例来说，一个证人目击事故现场一辆公交车与私家车相撞，但证人无法清晰记起是什么颜色的公交车与私家车相撞。而蓝色公交车占该镇的75%，红色公交车占余下的25%。因此，对于证人证言证明力的思

---

❶ ［美］罗纳德·J.艾伦:《司法证明的性质：作为似真推理工具的概率》，汪诸豪、戴月译，载《证据科学》2016年第3期，第336—385页。

❷ Ronald J. Allen, *Standards of Proof and the Limits of Legal Analysis*, Diritto and Questioni Pubbliche, Vol.19, No. 2, pp.7–25 (2019); Ronald J. Allen and Michael S. Pardo, *Relative Plausibility and Its Critics*, International Journal of Evidence and Proof, Vol. 23, No. 1–2, pp.5–59(2019).

❸ ［美］罗纳德·J.艾伦:《司法证明的性质：作为似真推理工具的概率》，汪诸豪、戴月译,《证据科学》2016年第3期，第336—385页。

❹ 张保生等:《证据科学论纲》，经济科学出版社2019年版，第115页。

考方式将取决于蓝色公交与红色公交的数量比例。然而，决定这个概率的是参照组。也即我们用来思考的概率数据 75% 和 25% 是将整个镇的公交车作为参照组得来的。我们不禁会思索为什么以该镇的公交车总数作为参照组而不是以该街道上一定时间内驶过的公交车总数作为参照组，我们亦会思考以公交车的数量作为参照组是正确的吗，也许确定正确参照组的依据是某些别的东西，例如车辆行驶的安全标准，而非蓝色与红色公交车的总数量。实际上，当每次给定一个参照组时，都确定了一个相对频率，但如何确定正确的参照组，概率无法给出答案。艾伦认为证明力无法概率化的原因在于概率必须存在于参照组中，要想概率化必须设置参照组，而在实际问题中不存在所谓正确的参照组，存在的只有无限多的参照组❶，在没有确定好参照组前概率数据没有太大意义。

概而言之，艾伦认为似真性能够解释证据推理的结构，而概率在解释证据推理方面面临困难。这意味着，艾伦的观点会导致证据推理的分类应当采取演绎推理与似真推理二分法，而证据推理中的概率推理会被艾伦解释为似真推理的特殊形式。对概率在证据领域面临的难题，艾伦给出的解决方案并非独立的似真推理，而是以概率为辅助认知工具的似真性推理。艾伦试图把概率论与似真性理论结合起来，提出要通过似真推理对证据的概然性属性加以理解。他通过对似真推理思想加以阐释，认为似真推理相比起概率推理，以一种更简洁的方式解释了证据证明力的概念，并且避免了合取难题、参照组确定难题以及情境缺失等难题。❷艾伦试图为似真性还原论提供支持。

（二）对似真性还原论的批判

尽管表面上艾伦的似真推理观为似真性还原论提供了支持，但实际上艾伦提出的论证并没有对概率还原论造成威胁。首先，概率在法律论证中运用得较少，不意味着概率不是法律论证中（至少是事实推理中）的基础。概率还原论只是主张依靠概率进行思考是很自然的事情，似真性是由概率来刻画的，似真推理是靠

---

❶ ［美］罗纳德·J. 艾伦:《证据与推论——兼论概率与似真性》，张月波译，张保生校，载《证据科学》2011 年第 1 期，第 113—126 页。

❷ ［美］罗纳德·J. 艾伦:《司法证明的性质：作为似真推理工具的概率》，汪诸豪、戴月译，载《证据科学》2016 年第 3 期，第 336—385 页。

概率作为认知工具进行的推理。[1] 概率还原论的核心立场是似真推理可以还原为概率推理，这只是意味着概率推理的本质要比似真推理的本质更为简单，而不是意味着概率推理的过程比似真推理的过程运算量更小。似真推理在本质上可以还原为概率推理，这就如同化学理论本质上可以还原为物理学理论。[2] 如果真将化学理论还原为物理学理论，这种还原后的理论就会很冗长烦琐，但这并不否认原则上每一种化学命题都可以用物理学的术语来表述，也不否认物理学在本质上比化学更为基础、更为基本。可以说，正是因为概率在本质上更为基本、更为直观，直接运用概率推理才会显得运算量大。

再者，艾伦的概率推理本质上就是似真推理观点实际上不是从似真性与概然性内在结构层面分析得出的结论。在司法证明中，概率是一种辅助理解似真推理的工具，当我们依据似真推理得出一个最佳的解释后，法官才会根据该最佳解释再去考察其背后的数据支持。[3] 依照艾伦的观点，先确定好概率数据的参照组再去考虑背后的概率数据才是有意义的，在没有确定好参照组前，这些数据是庞杂的，且会随着参照组的不同而发生变动，因此不具有考量价值。[4] 法官先根据似真性和最佳解释推论获得最佳理解后才能确定概率数据的作用范围。这是一种认识论上的、时间先后的决定关系，并不是似真性与概然性本质结构上的决定关系。理解艾伦所提出的“决定”一词可以借助数学中的函数。当 X 的值确定时，Y 值也随之确定，X 与 Y 之间是一一对应的关系：当最佳解释确定后，参照组的数据也随之确定。但是，就似真推理与概率推理在本质结构层面之异同而言，二者的时间发生先后关系并不起决定性作用。

综上所述，还原论者承认似真推理所具备的理论价值，但否认其可以成为一种独立的推理类型。还原论认为，一般推理形式有且只有演绎推理和归纳推理两种，似真推理与演绎推理存在区别，而似真推理和概率推理可以还原为一种推理，

---

[1] Ronald J. Allen, *Standards of Proof and the Limits of Legal Analysis*, Diritto and Questioni Pubbliche, Vol. 19, No. 2, pp.7–25 (2019); Ronald J. Allen and Michael S. Pardo, *Relative Plausibility and Its Critics*, International Journal of Evidence and Proof, Vol. 23, No. 1–2, pp. 5–59(2019).

[2] 经典物理、化学和生物学科学研究是基于简约化的还原论观点，致力于对少数自然现象或过程认识，探索自然界的同一性或普适性规律、机制及法则。

[3] ［美］罗纳德 · J. 艾伦：《证据与推论——兼论概率与似真性》，张月波译，张保生校，载《证据科学》2011 年第 1 期，第 113 —126 页。

[4] ［美］罗纳德 · J. 艾伦：《司法证明的性质：作为似真推理工具的概率》，汪诸豪、戴月译，载《证据科学》2016 年第 3 期，第 366 —385 页。

二者本质上是一类推理方式。❶ 艾伦的似真推理观是似真性还原论的一个代表。然而，虽然概率在证据推理中作为一种司法辅助工具出现，甚至在使用过程中遭遇不少问题，但是不能因为概率在司法过程中的辅助性，从而否认其根本性。艾伦提出的论证并没有对第二种还原论——概率还原论造成威胁。

四、概率还原论：似真推理与概率推理深层结构的本质揭示

在法律逻辑学史上，传统的观点是演绎推理和归纳推理的二分法，这种二分法认为法律证据认定的推理形式有且只有演绎推理和归纳推理两种。❷ 如前所述，归纳推理的本质是一种概然性推理，概然性推理中有一种用概率来描述概然性的推理，称为概率推理，似真推理与演绎推理存在明显区别已成为学界共享的真理。而似真推理与概率推理是否有本质区别则引起了除演绎推理与归纳推理以外，似真推理能否作为第三种证据推理类型的争论。传统的观点没有对似真推理的深层本质给出具体的解释，这也引起了对似真推理和概率推理本质关系问题的讨论。从法律逻辑分类的角度来看，对于似真推理与概率推理在本质上的关系问题，有且只有三种可能的进路：二元论、似真性还原论、概率还原论。❸ 以沃尔顿的似真证据理论为代表的二元论，实际上意味着法律证据认定的推理形式有演绎推理、归纳推理（概率推理是归纳推理的一种）、似真推理这三种，对传统的观点提出了挑战。以艾伦的似真推理观为代表的似真性还原论，则实际上意味着法律证据认定的推理形式有且只有演绎推理和似真推理两种，也对传统的观点提出了挑战。不过，如前所述，二元论以及似真性还原论在解释似真推理与概率推理在深层结

---

❶ ［美］波利亚：《数学与似真推理》，杨迅文、王学沂、汪成钦译，福建人民出版社 1985 年版，第 445—458 页。

❷ 如今在英语世界比较流行的几本逻辑学导论教科书都固守传统的推理形式演绎、归纳二分法。国内比较流行的逻辑学导论教科书也大多持相同观点。例如，［美］欧文 · M. 柯匹、［美］卡尔 · 科恩：《逻辑学导论》，张建军等译，中国人民大学出版社 2014 年版，第 31—35 页；［美］帕特里克 · J. 赫尔利：《逻辑学基础》，郑伟平等译，中国轻工业出版社 2017 年版，第 35—39 页；［美］罗纳德 · 芒森、［美］安德鲁 · 布莱克：《推理的要素》，孔红译，中国轻工业出版社 2018 年版，第 45 页；王洪主编：《逻辑导论》，中国政法大学出版社 2016 年版，第 235 页。

❸ 在深层结构上，似真推理与概率推理要么可以还原，要么不可还原，这意味着对于二者本质关系的解释有且只有二元论和还原论两种可能的解释方案。就还原论而言，要么应当将概率推理还原为似真推理，要么应当将似真推理还原为概率推理，这意味着还原论包括且只包括似真性还原论和概率还原论。

构上的本质属性时是失败的，这意味着我们只能选择最后一种作为可能的解释方案，也即概率还原论。

概率还原论主张似真推理就是一种特殊形式的概率推理。尽管概率还原论此前尚未受到学界的关注，鲜有文献对其进行探讨，但是二元论及似真性还原论的失败意味着概率还原论是对似真推理和概率推理本质关系问题的唯一可能成立的解释。根据概率还原论，似真推理的形式可以表述为：

对于通常情况下（亦即较大比例）的x来说，如果x是F，则x是G。

a是F。

所以，a是G。

（其中a代表个体，x代表个体变元，F和G代表性质）

根据这种观点，似真推理的结论似然为真，似然为真亦即有较大概率为真。这种观点不同于二元论，因为概率还原论坚持似真推理与概率推理还原论的基本立场，即认为在似真推理与概率推理的关系问题上，二者不是彼此独立的推理类型，两种证据推理方式在深层结构上可以还原。概率还原论也不同于似真性还原论，因为在对待似真推理与概率推理何者为基础的问题上，概率还原论认为概率推理是似真推理的基础，似真推理本质上就是一种模糊的概率推理。

哲学上所说的还原，就是用简单的概念说明复杂的概念，这样可以使复杂的概念还原为简单的概念。❶ 例如，所有的化学命题都可以被还原为物理学命题，单纯使用物理学的概念就可以描述所有化学现象。水分子可以还原为一个氧原子和两个氢原子，所有的分子（分子是一种化学概念）都可以用不同种类的原子（原子是一种物理学概念）来说明，这样就用一百多种原子的概念可以说明无数种分子的概念，用简单的物理学概念来描述复杂的化学现象。探究似真推理与概率推理的还原问题实则是在探究哪种证据推理形式可以更为简单地说明另一种证据推理形式。要探究似真推理和概率推理之间的关系，也就是问究竟是似真推理可以还原为概率推理还是概率推理可以还原为似真推理，关键在于哪种推理在深层结

---

❶ 还原论的著名代表人物为德国逻辑实证主义哲学家卡尔纳普。卡尔纳普的“统一科学”纲领正是基于这样的还原论，主张低层学科能够支配和控制高层学科，一种科学理论可以用更为基本的科学理论，如物理理论进行系统的解释。Hannes Leitgeb and André Carus, *Rudolf Carnap*, The Stanford Encyclopedia of Philosophy, ed. Edward N. Zalta and Uri Nodelman, (May 5, 2020), https://plato.stanford.edu/archives/fall2022/entries/carnap/.

构上更为简单。用较为简单的推理形式来说明较为复杂的推理形式，才能说明似真推理和 / 或概率推理在深层结构上的共同本质。

概率还原论正确指出了概率是似真推理与概率推理的相同本质结构。二元论的学者们误认为似真推理与概率推理是两种完全不同的证据推理类型。似真性还原论的学者虽然正确指出了似真推理与概率推理并非互相独立，但却错误地认为概率推理在某种程度上就是似真推理。似真推理与概率推理的最小单位分别是似真度与概率，而以概率作为基础认知工具更符合自然主义世界观。❶按照自然主义世界观，我们对世界的认识首先应当建立在最基本、直观的事物上。似真性是指对一个命题可接受程度的评价❷，与概率相比，它是一个较为主观和模糊的单位❸，使用起来不如以概率作为基础单位更直观。既然还原的目的是用简单的事物表述复杂的事物，对似真性还原论的致命批评就是似真推理比概率推理更加复杂。因而，我们应当使用概率推理这种较为简单的推理形式来说明似真推理的本质，进而说明所有的非演绎推理的共同本质。

概率还原论虽然否认了沃尔顿的二元论主张，但与似真证据理论的其他主要观点并不矛盾。似真证据理论本质上是对似真推理相对于概率推理独立性的一种支持，其理由在于，既然似真推理可以最好地解释证据以及证明的相关概念❹，它必然是一种具有正当理论性、独立性的证据推理方式。但实际上，似真证据理论只是吸收了似真性这种思维方式，该理论的成立与否并不建立在似真推理的内在结构为何物之上。

不但如此，对概率还原论的认可还可以解决似真证据理论无法回应的证明责任问题，从而进一步完善该理论。似真证据理论认为，主张一个命题概然为真伴随着证明责任的产生，但如果提出的主张仅仅是似然为真则无须附加证明责任。❺

---

❶ 殷杰、赵雷：《基于语境论的贝叶斯概率说明模型探析》，载《山西大学学报（哲学社会科学版）》2013 年第 4 期，第 1 —7 页。

❷ Nicolas Rescher, *Plausible Reasoning: An Introduction to the Theory and Practice of Plausibilistic Inference*, Van Gorcum Assen & Amsterdam, 1976, p.28.

❸ John R. Josephson and Susan G. Josephson, *Abductive Inference: Computation, Philosophy, Technology*, Cambridge University Press, 1994, pp.265−272.

❹ ［加］道格拉斯 · 沃尔顿：《法律论证与证据》，梁庆寅、熊明辉等译，熊明辉校，中国政法大学出版社 2010 年版，第 229 —230 页。

❺ Douglas Walton, *Plausible Argument in Everyday Conversation*, State University of New York Press, 1992, p.327.

似真证据理论面临如何区分当事人的主张是似然为真还是概然为真，从而确定是否产生证明责任的问题。❶ 但是如果认可似真性可以还原为概然性，也即认可命题的似然为真可以还原为概然为真的话，当事人就无须思索自己该如何言语才能给法官以自己主张的命题是似然为真的信号，因为无论当事人提出何种主张，都伴随相应的证明责任。

此外，还需澄清关于似真推理不可计算的问题。沃尔顿认为，似真推理不可计算，而概率推理可计算。这就需要解释不可计算的何以在本质上是可计算的问题。实际上，这种观点并不准确，因为似真推理本质上也是可计算的，只不过是一种模糊的、较为粗糙的计算。当我们主张某件事情似然为真，就等同于主张这件事情有一定可能性为真，即使我们说不清这种可能性的具体数值。综上所述，概率还原论具有正确性。持概率还原论观点的一方，既保留了还原论中的正确内核，即认为似真推理不是有别于演绎推理与概率推理的第三种类型的证据推理方式，又纠正了似真性还原论中的错误，指出概率才是似真推理与概率推理的相同深层结构。总之，概率还原论避免了二元论和似真性还原论的弊端，并且与传统的演绎推理和归纳推理二分法是相容的，同时又揭示了似真推理的深层本质。

结论

似真推理能否成为第三种类型的证据推理方式，本质上是在探究似真推理与概率推理的关系。二元论认为似真推理与概率推理是不同的，原因在于似真推理是法律论证中最重要的一种推理方式，由此可以确证似真推理有着独立的理论正当性。但似真推理与概率推理的内部深层结构是否存在实质差别，二者是否可以相互转化？二元论没有对这些问题进行深入探讨。还原论的基本观点是似真推理与概率推理并不是相互独立的，而在一定意义上可以还原。在此基础上，似真性还原论认为概率推理本质上就是似真推理，概率还原论则与其主张相反。似真性还原论进路虽然正确看到了似真推理与概率推理在某种程度上可以还原，但误认为似真性是二者的共同本质，概率推理可以还原为似真推理。

---

❶ 杜文静:《法律证据推理的模型研究》，北京大学出版社 2021 年版，第 37—38 页。

实际上，只有概率还原论正确揭示出了似真推理与概率推理的关系：似真推理本质上是概率推理。首先，以概率作为基础认知工具更符合自然主义世界观，以概率作为似真推理与概率推理的本质相同内核能更直观地构建对事物的认识。其次，概率还原论非但与似真证据理论的其他要点不矛盾，还可以有效解决该理论中无法回应的证明责任问题。似真推理，作为一种旨在给出可靠猜测的证据推理形式，可以使用概率的基本概念予以解释，这就使得似真推理仍应被视为概率推理。

《法理学：法律哲学与法律方法》读书报告

张家瑞*

一、选书理由

最早翻阅博登海默先生的《法理学：法律哲学与法律方法》（以下简称《法理学》），还是源自和一位师兄的闲聊。这位师兄毕业已久，并且从事法律工作多年，应当说具有相对丰富的法律经验。有次与他闲谈，他谈及想要再好好学习一下法理学，问我们现在用什么教材，有无推荐。我回想大学期间，法理学是必修课程。按照西政的传统，法理学是按照初阶、进阶、高阶这样的体例来安排学习的。作为本科生，初阶法理学一般皆为必修课程。我依稀还能回忆起来只是法的本体、法的演进、法的运行、法与社会这样的标题。我一方面讶异于这位师兄求知的热情（因为他这种主要从事民商事领域，还想要研究法理学的人较为少见）。另一方面，我想要唤醒自己关于法理学的记忆。于是我搜肠刮肚，多方检索，决定不囿于教材，寻找一本真正意义上的法理学，最终觅得此书，我初读以后，推荐于师兄。如今再读此书，发现当时粗浅地翻阅，并未能探得此书真意，借此机会，再将一些不成熟的读后体悟记于此读书报告中。值得说明的是，本读书报告仅就博登海默先生的《法理学》发表看法，不做其他引述，以免充数之嫌。

长久以来，我常常困惑于法的价值与规则的意义。鉴于我国的历史，我们其实很早就开始用法律治理国家，无论是周公制礼、出礼入刑，还是商鞅改法为律，礼、刑、律都有典型的规则特征。但遗憾的是，在漫长的封建王朝历史中，中国的法律一直停留在制度层面，其存在最大的价值也在于作为维护君主统治的工具，而不是维护庶民权利。法的随意性极强，宋朝时以敕代律、以例破律的现象就非常典型，“法者，布大信于天下也”最终也沦为一句口号。中国运用法律制度与西方相比不遑多让，但最终古代中国的法律制度却未能推动社会进步，扩大庶民权

* 中国人民大学法学院 2022 级法律硕士研究生。

［美］E. 博登海默：《法理学：法律哲学与法律方法》，邓正来译，中国政法大学出版社 2017 年版

利，直至今日国人仍对法律缺乏信仰、对规则缺乏敬畏，甚至执着于“潜规则”或关系。我想此时再读博登海默先生的《法理学》是非常必要的，有助于了解西方法律发展的基本脉络、流派及观点，以探寻法真正的价值与意义。

我们往往要克服某种傲慢与偏见，包括自己对他人的、他人对我们的，甚至自己对自己的偏见。如果在学习中，先设定某种立场，便很难综合、辩证地进行研究。我想读此书时，既不必囿于某种中西对比的焦虑，也不必不承认西方法律思想的一些有益之处，真理不因为国别的差异而掩盖其光芒。

二、著作概要

博登海默先生的《法理学》分三个部分展开。

第一部分篇名为“法律哲学的历史导读”，主要介绍了自古希腊和古罗马的法律理论至自然法的复兴和价值取向法理学的各个法学流派及主要观点，基本上对每一时期主要流派、代表学者及基本观点进行了相对细致的分析。博登海默先生还在第九章第三十九节提出结论性意见，这些意见如今读来依然令人振奋并深受启发。我们时常站在今人的角度去审视过去的理论，看到的往往是不足。一种看似无比正确的理论常常会在岁月的流逝中暴露其缺陷，然而这种理论是否就完全丧失意义，没有学习的必要呢？答案当然是否定的。人类历史上的法学家探寻法学世界的过程其实是“盲人摸象”的过程，某种程度上本身触摸的就是局部，所强调的难免亦仅是自己所触摸的部分。但人类法学家共同地、接续地、长时间地“盲触”才会使“法象大白”。

第二部分篇名为“法律的性质和作用”，分别从秩序、正义的角度分析法律的性质，将法律与其他社会控制力量从“概念上”加以区别，并在第十四章综合分析了法治的利与弊。

第三部分篇名为“法律的渊源和技术”。博登海默先生对本书作这样的体例安排自有其道理，其是在历史与哲学的基础上，分析了法律的性质与作用后，再探寻法律的渊源，以及如何运用法律的。

综合来看，本书的基本脉络就清晰可见了。第一部分既是西方法律的历史沿革，又是法律哲学的导读。按照西方法律思想的历史发展，分别介绍了不同时期法学家的观点。历史是相当重要的，如中国孔孟儒学及于程朱理学，并非一日之功，而系渐进之力。西方法律思想发展的历史同样说明，后一种理论往往意图弥补前一种理论的缺陷，而某种理论的复兴恰恰又证明当前理论的不足，最后形成的常常是某种整合式的法学理论。正如前文所述，人类历史上法学家的接续触摸才形成一个大致的“法象”轮廓。历史的介绍和哲学的导读很好地解释了法律从哪里来，到哪里去，又如何成为人类社会论理的不二法门的。在历史和哲学思辨的基础上去探讨法律的性质和作用就具有相当的合理性，因为这并不是一家之言，而是人类社会集体智慧的结晶。人类社会的实践与历史已赋予法律以合理性，法律作为一种最基本的社会控制力量的重要性亦不言而喻，此时探究法律的性质和作用就非常自然了。在了解了法律是什么后，最后一部分再逐步探讨法律渊源及运用法律的技术和方法。博登海默先生的这本《法理学》著作简要的脉络可以概括为：法何来；历史与哲学；法之性；法的性质；法何用；法的作用；何为法；法的渊源；法之用；法的方法。一言以蔽之，以历史与哲学切入，介绍法的历史源流与哲学基础，进而分析法的性质与作用，最后以如何运用法律作结。

三、法的历史与流派

博登海默先生的《法理学》以九章三十九节的内容相对细致地介绍了西方法律史上各个时期的法学流派，其中包括古希腊和古罗马的理论、欧洲中世纪的法律哲学、古典时代的自然法、德国的先验唯心主义、历史法学与进化论法学、功利主义、分析实证主义、社会法学和法律现实主义以及自然法的复兴和价值取向法理学。因为本书第一部分涉及的流派诸多，内容庞杂，以下在分析各时期的法学流派及观点时，部分详述，部分仅稍作分析，并非此理论不显要，而限于篇幅仅就笔者稍有感悟的内容作一报告。

（一）从古希腊、古罗马到中世纪

博登海默先生通过荷马的史诗和海希奥德的诗歌介绍古希腊的法律思想。认为其同中国奴隶制时期的法律制度一样，亦带有神权法特征。但在希腊的早期阶段，法律和宗教很大程度上是合一的，这一点和东方的情况明显不同。公元前5世纪，希腊的哲学和思想发生了一次深刻的变化，哲学和宗教分离，希腊古老的、传统的生活方式也受到了彻底的批判。而令人惊讶的是，推动这一变革的思想家们被称为“诡辩派”[1]。其中斯拉夫雪麦格那句“强权即公理”传播甚远，但这句话在流传中被曲解过甚，与其本意并不完全相符。斯拉夫雪麦格想表达的是“法律乃是握权在手的人们和群体为了增进他们自身的利益而制定的”，甚至断言“正义不外乎是对强者有利的东西”。[2]现在看来，握权在手的人不一定只是君主，也可能是某一个阶级。如果某一个阶级握权在手，其订立的规则当然为了维护其阶级利益而存在，其思想如今亦不过时，甚至尚在实践之中。

古希腊三哲对西方的影响犹如孔孟之于东亚，特别是柏拉图的《理想国》所推崇的哲学王统治及次优选择（即法律的统治），某种程度上塑造了整个西方社会的性格。在学习过程中，我常常感到，东西方的思想并没有想象中那样泾渭分明。在西周时期，统治者强调等级制度，并通过等级制度确立王朝的统治秩序。而柏拉图同样坚信，人生来就是不平等的，并且他认为这种不平等是在其共和国

---

[1] 参见［美］E. 博登海默：《法理学：法律哲学与法律方法》，邓正来译，中国政法大学出版社2017年版，第7页。

[2] 同上书，第7—8页。

确立等级制度的一个正当依据。在柏拉图的理想国中，“金质的人”应当是统治者，即所谓的哲学王。[1]但后来由于试图在西西里岛的锡拉古城建立柏拉图式的理想国的失败的影响，柏拉图在其生命最后的 10 年开始提出一种次优的选择，即法律的统治，并在其《法律篇》详细论述这样一种国家的蓝图。[2]我们应如何看待柏拉图从哲学王统治到法律统治的转变，并且其为何自始至终认为法律统治是一种次优解，而不是最佳选择？人们在论证或解释某一问题的时候，总是要回到熟悉的知识领域。柏拉图毕其一生所追求的哲学王统治，和东方明君贤臣的统治极为相似。

在整个中国历史的演进过程中，出现过几次盛世，这种盛极的情况超过同期任何一个国家，所谓的强汉盛唐便是如此。往往出现一个圣明、励精图治的君主，汇聚一帮德才兼备的文臣武将，便迅速地将一个褴褛甚至不久前还战火弥漫的国家拯救过来，并经几代的积累重新成为一个富足、繁荣、充满生机的国度。中国历史不断见证了这一点，破败后繁荣，繁荣后走向衰落，像一个旋涡最终归结到同一个圆点，这就是哲学王统治的魅力。中国历史上的明君帝王亦不完全符合柏拉图所说的“金质的人”，这样的“半哲学王”亦能短期、迅速、有效地带领国家走向复兴，这就不难理解柏拉图毕其一生的追求。但问题的关键在于所谓的哲学王的统治并不持久，中国历史上任何一位杰出帝王都未能终其一生保持贤明。汉武帝持续征伐耗尽国力，生巫蛊之祸，祸起萧墙。唐太宗晚年好大喜功，东征高句丽，宫闱混乱，废立太子，埋下王朝隐患。号称“千古一帝”的康熙在晚年时清朝也是国库空虚，贪腐横行，诸子争嫡。以上的这些帝王无疑功业了得，已载入煌煌史册，却都在统治末期不可避免地犯了某种错误。

充分了解人类的历史，就会明白锡拉古城的失败并不是个案。哲学王与其说是人还不如说是神，哲学王的统治试图克服人与生俱来的局限性，试图以一个如神一般的人统治国家，但是现实中要么根本不存在这样一个如神一般的人，要么就是一个被人所制造出来的虚假的神。前者只是虚妄的寄托，后者更容易让一个国家和民族走向邪路。了解这样的现实以后，包括看清人性的虚伪与卑鄙以后，才能让我们作一个妥协的选择，于是乎，法律的统治诞生了。法律的统治本身诞

---

[1] 参见［美］E. 博登海默：《法理学：法律哲学与法律方法》，邓正来译，中国政法大学出版社 2017 年版，第 9—10 页。

[2] 同上书，第 9—13 页。

生在一个不完美的假定上，又是在克服人性缺陷的基础上，所以对法律统治的期待应当是乐观的，同时也应当保持谨慎。

亚里士多德一方面深受自己老师柏拉图哲学的影响，但又在许多方面背离了他的老师。亚里士多德更注重社会的实际情况，更注重人和制度的缺陷。他宣称："人在达到完美境界时，是最优秀的动物，然而一旦脱离了法律与正义，他就是最恶劣的动物。"❶有意思的是，中国古代也有类似理论，如战国时期荀子所提出的"性恶论"。但迥然相异的是，前者以强调法律正义之必要，后者借此宣扬加强道德教化之必须。亚里士多德强调，以正当形式制定的法律应当具有终极性的最高权威❷，即如今我们常常提到的良法之治，制定法律的人应当具有相当的智慧，同时制定法律的程序必须是正当的。亚里士多德对于法律刚性、滞后于社会发展也给出了自己的看法，即"衡平"。当法律无法对特殊现象予以穷尽时，法官可以背离法律的字面含义，并像立法者已经预见此类问题那样来审理案件。❸这即属于现在我们所说的法官自由裁量权。我们不得不赞叹希腊先贤对生活的探微和人性的洞察，这些思想理论放至今日依然无比正确。亚里士多德还将正义界分为分配正义与矫正正义，这一著名二分观的重要性不言而喻，各类版本法理学教材基本都有详解，在此不再赘述。

斯多葛学派应当说对罗马帝国的政治和法律发展产生了不可估量的影响。其奠基人思想家芝诺，把"自然"置于他们哲学体系的核心位置，所谓的自然就是理性，他甚至认为宇宙是一种由理性的实质构成的，自然法就是理性法。❹古罗马伟大法学家西塞罗同样秉持斯多葛学派的观点，将自然与理性等而视之，并把理性视为宇宙的主宰力量。❺斯多葛学派自然法观念中另一个重要的因素为平等原则，斯多葛学派的哲学家认为人在本质上是平等的，因性别、阶级、种族或国籍进行歧视的做法是不正义的，这与自然法背道而驰。❻斯多葛学派关于自然法和平等观念这种人道主义思想的发展极大影响了罗马的政治生活、法律制度以及市民社会，

---

❶ 参见［美］E. 博登海默：《法理学：法律哲学与法律方法》，邓正来译，中国政法大学出版社2017年版，第14页。

❷ 同上书，第14—15页。

❸ 同上书，第15—16页。

❹ 同上书，第18页。

❺ 同上书，第19页。

❻ 同上书，第23页。

对当时奴隶制度的调整女性权利的扩大都产生了重大的影响。

中世纪的法律哲学与基督教义密切相关，甚至在某种程度上被教会与教义支配，但这并不代表中世纪的法律哲学没有受到古希腊、古罗马先哲们的影响，只不过基督教徒会按照教义教规对先哲的理念重新进行阐释和解读。❶中世纪经院哲学家圣·托马斯·阿奎那将基督教义与亚里士多德的学说进行了完美的结合，其把法律划分为4种基本类型，即永恒法、自然法、神法、人法。❷永恒法乃是上帝的统治计划。自然法指一般性地指引人的活动的规则。神法即上帝发布一些教导人应当如何生活的命令，记载于新旧约全书中。人法是指以公共利益为目的的合乎理性的法令，由负责治理社会的人制定和颁布。❸欧洲的中世纪常常被称为黑暗的中世纪，笼罩在宗教的阴影之下，但仅从法学的角度，我认为这是一个对西方法学发展至关重要的时期。我们很难理解西方人从内心深处对法律的敬畏，以及一定程度上对法律的信仰。中国人很可能怕鬼神、怕舆论，但唯独对法律缺乏来自内心的敬畏，法院执行难一度是两会最高人民法院报告的焦点，至今这个问题亦未得到有效化解，依然可以在新闻中看到执行法官与“老赖”战斗的身影，法院作出的判决相当部分不能得到有效履行，这在一些英美国家是难以想象的。值得说明的是，西方人法律信仰的建立可能和欧洲中世纪神学、经院哲学、世俗法学的完美融合有关。我们经常听到一种说法——对法律的信仰。法律作为一种人为制定的规则，怎么可能存在对它的信仰呢？信仰只和宗教和神祇有关，把法律作为一种信仰，说明法律此时已超越规则的范畴，具有了宗教的性质。所以，笔者认为西方人对法律的普遍信仰肇始于中世纪神学与法学的结合。如古代中国一样，我们同样实现了一种融合——道德与律法的融合，也即所谓的“礼法合一”。故时至今日，我们依然用法律强化道德或者以道德破坏法律，即便试图让两者共同发挥作用，却在实践中难以做到辩证统一。

（二）古典自然法学派

16世纪，欧洲很多国家对等级制度发起了猛烈的攻击，天主教的精神秩序和

---

❶ 参见［美］E. 博登海默:《法理学：法律哲学与法律方法》，邓正来译，中国政法大学出版社2017年版，第30页。

❷ 同上书，第33—34页。

❸ 同上书，第34—36页。

封建主义的世俗秩序受到极大挑战与质疑。17、18 世纪，古典自然法学派以各种各样的形式开始在欧洲盛行❶，并诞生许多天才法学家，有些直接奠定了某些近现代国家制度的思想基础。然而，古典自然法学派在斗争中产生，却并未和中世纪的法律理论彻底决裂，反而有千丝万缕的联系。正如笔者前文所述，欧洲中世纪的经院主义法哲学对西方世界建立起普遍的法律信仰至关重要。

古典自然法学派的发展可以大致分为三个阶段。第一阶段涅槃于宗教改革与文艺复兴过程中，其中以格劳秀斯、普芬道夫、霍布斯、斯宾诺莎等学者为主要代表。格劳秀斯为世俗和理性主义的现代自然法观奠定了基础，他把自然法定义为“一种正当理性的命令”。❷普芬道夫建立了一个比格劳秀斯更为详尽的自然法体系，并认为存在两种基本的自然法原则，第一种自然法原则告诉人们要竭力保护生命和肢体，保全自身及其财产。第二种原则要求人们不可扰乱人类社会，他对自然法作出如下阐释：“每个人都应当积极地维护自己以使人类社会不受纷扰。”❸第二阶段始于英国的清教改革，以政治、经济、哲学中的自由主义为标志，这一时期以洛克、孟德斯鸠等学者为主要代表，并以试图确立防止政府违反自然法的有效措施为标志。❹法律作为一种防止独裁和专制的有力武器被推至前线。洛克认为“人的自由是国家应予实现的最高目标”。❺孟德斯鸠提出的权力分立理论进一步完善了国家权力的制衡机制。洛克的自然法理论和孟德斯鸠的三权分立政治理论的融合，构成了美国政治制度的哲学基础。第三阶段是对人民主权和民主的坚决信奉，这时候法律已有了民主的意涵，并从此和民主紧密联系在一起。这一时期的杰出代表为让·雅克·卢梭，卢梭代表理论系公意论，即在市民社会，个人不服从任何其他人，而只服从公意。❻卢梭对公意的强调亦在表明对民主的坚决信奉，当然卢梭的理论也容易导致一种危险的倾向，即托克维尔所谓的“多数人的专制”。多数人对少数人的专制这样的悲剧在历史上并不少见，甚至有时候也难以确认公意是真正的公意还是盲目地从众。但卢梭的理论无疑深刻影响西方的

---

❶ 参见［美］E. 博登海默：《法理学：法律哲学与法律方法》，邓正来译，中国政法大学出版社 2017 年版，第 44—45 页。

❷ 同上书，第 49 页。

❸ 同上书，第 51 页。

❹ 同上书，第 61—62 页。

❺ 同上书，第 65 页。

❻ 同上书，第 73 页。

宪制制度和民意代表制度，以至于在英国通过民选代表表达的多数意志被认为具有无上权威。❶

不容置喙的是古典自然法学派具有承前启后的伟大意义，古典自然法学家通过对法律制度要素、细节和法律内在价值理念的描绘、探索与联结，最终搭建起一个相对成熟的法律制度与理想价值相融贯的体系，为现代文明的法律秩序奠定基础。虽然古典自然法学派的观点不一定尽善尽美，部分观点后来也在20世纪得到必要的更新与修正，但这并不妨碍古典自然法学派所取得的伟大成就，古典自然法哲学家的接续努力为现代西方文明的法律大厦打下坚实地基。古典自然法学派另一伟大意义，就是其带动影响产生的范围极广大的立法运动，1804年的《拿破仑法典》、1896年的《德国民法典》以及1907年的《瑞士民法典》，至今影响欧陆乃至全世界。❷

（三）从先验唯心主义到功利主义

德国的先验唯心主义以三大哲学家康德、费希特、黑格尔为代表，当然博登海默先生认为把康德划为先验唯心主义者尚有疑虑。❸先验唯心主义作为一种哲学态度，强调人之心智形成的观念和概念具有自主存在的性质，并且否认这些观念和概念只是人们对不断变化的经验世界的反映。❹在黑格尔的国家与法律哲学中，先验唯心主义实现从主观唯理论到客观唯理论的转换。体现在法哲学上的意义就是其对国家民族伦理性的强调，黑格尔甚至把国家定义为“伦理世界”和“伦理理想的现实”。同时，他认为精神高于物质并且信奉人的基本尊严，他所赞誉的国家乃是符合伦理的国家，而不是贬低个人、奴役个人、不顾个人正当要求的国家。❺

萨维尼在法理学中常常与历史法学派紧密联系在一起，但其贡献不仅在法哲学领域，他的理论实质影响了德国民法典的制定，其所强调的是“法律首先是由民族特性，亦即民族精神决定的”，以及“法律随着民族的成长而成长，随着民

---

❶ 参见［美］E. 博登海默：《法理学：法律哲学与法律方法》，邓正来译，中国政法大学出版社2017版，第76页。

❷ 同上书，第79页。

❸ 同上书，第82—84页。

❹ 同上书，第82页。

❺ 同上书，第91—93页。

族强大而强大，最后随着民族个性的消亡而消亡”。[1]有人提出，历史法学派似乎已经过时落伍，特别是在博采众长的今天，过分强调民族精神与特性是否还有必要。笔者认为萨维尼的观点至今仍很有价值，过度的嫁接与移植极易导致“南橘北枳”的结局。任何一部有生命力的法典绝不是“大杂烩”，而是能够反映民族性格和精神的，并进一步塑造民族性格和精神的法典。

斯宾塞的法律进化理论可以看作当时的与时俱进，即强调文明和法律乃是生物的和有机的进化的结果。[2]马克思主义的法律理论影响巨大，并实际指导了我国的立法与司法实践，在此不再赘述。

功利主义的三个代表人物为边沁、穆勒和耶林。这种理论现在听来亦很觉有趣，并没有像这一主义的称谓那样显得功利。边沁认为自然把人类置于两个主宰之下，即苦与乐，以此两个主宰决定我们应当做什么和不应当做什么。[3]边沁的功利主义为“躺平”提供相当合理的理论基础，当我们感到苦时应当及时行乐，“躺平”又未尝不可。当然穆勒驳斥这种把功利主义视为粗暴的享乐主义的看法，他还认为功利主义的幸福原则是利他的而非利己的，因为它的理想是“所有相关之人的幸福”。[4]这是多么美好的想象！

（四）分析实证主义与社会法学派

哲学上的实证主义最终影响了法哲学，并诞生了以实证主义为哲学基础的分析法学派，关于分析法学派的主要学者、观点，基本所有的法理学教材都有详解，笔者在此不做引述，仅就分析法学派对我国的意义发表一些不成熟的看法。一直以来，我们以为国家缺乏良法，所以引入各种先进的法律制度，频繁进行法律修订。而如今看来，现有的法律制度虽不能尽善尽美，但已然较为完备。当下我们最缺乏的恰恰是对规则基本的敬畏，问题往往出现在执法与司法。当国家立法机关出台一部法律后，网上总有各种质疑甚至奚落、嘲讽的声音，这时候强调分析法学派的规范意义就非常必要了。因为我国历史上道德与法律的混淆，常常给法

[1] 参见［美］E. 博登海默：《法理学：法律哲学与法律方法》，邓正来译，中国政法大学出版社 2017 版，第 98—99 页。

[2] 同上书，第 106 页。

[3] 同上书，第 116 页。

[4] 同上书，第 119 页。

律规则附加太多的意义，却忽略了规则本身的意义。当一部法律经法定程序议定成法，笔者认为首先所想所做的应是尊崇、践行而不是反对。

博登海默先生认为，法理学中的实证主义不仅呈现为一种分析的形式，而且也采取一种社会学的形式。[1] 笔者认为，最具有代表性的就是庞德的社会学法学，他强调"社会需求"和"社会利益"，他甚至建议："应该用更加广泛地承认人的需要、要求和社会利益这方面的发展来重写法律历史。"[2] 社会法学派的观点至今依然相当具有学习价值与借鉴意义，法律不是空中楼阁，应当是和社会需求与社会利益紧密联系在一起的。但是后来美国法理学中的现实主义运动，就把社会法学派推向另外一个极端了。

（五）正确看待法学流派的建议

19 世纪中期到末期，各种法学流派登台争鸣，自然法学派陷入低潮。有意思的是，到 20 世纪，又出现价值取向法理学与自然法的复兴。一些倡导自然法复兴的法学家认为，法律理想就是自然法的观念。自然法的低潮与复兴为我们如何看待法学流派提供了很好的借鉴。正如博登海默先生所言，我们不得不接受这样一个事实，即"真理是任何特定时间人们经验的总和"。[3] 与其苛求某一种法学理论的完美无缺，不如大胆地承认过去的"真理性知识"本身亦有片面之处。而我们认识与观察的方法是对过去所有"真理性知识"的抽象聚融，我们会发现这些当下看似片面的法学理论已然共同成为现代法律大厦的坚实地基，而历史上璀璨的法哲学家们亦为我们勾勒出一幅相对完美的法学图景。所以，平和、理性地看待各个时期的法学流派及理论都能发现有趣的东西，并给予当下极大的启示。

四、法的目的与价值

法的存在到底是为了什么？现在的法律制度、法治体系往往与民主、公平、正义紧密相连。我们提到法律，第一时间关联的词是什么？可能很多人都会关联

---

[1] 参见［美］E. 博登海默：《法理学：法律哲学与法律方法》，邓正来译，中国政法大学出版社 2017 版，第 152 页。

[2] 同上书，第 160—162 页。

[3] 同上书，第 221 页。

到正义或者公平。实际上，法律最开始的目的或者在很大程度上并不是为了正义而存在，法律最初始的目的是满足秩序的需求。我们假设，有两个自然环境、生活物质条件相同的村落，一个村居住着一伙强盗，他们制定了严苛的强盗法则，居住在该村的人必须遵守这样的规则；另一个村子则没有任何规则，不存在任何权威，人们随意地按照自己的方式生活，可以随意杀戮、抢劫、盗窃而不用受到任何惩罚。试想在这样的两个村落中，居住在哪里更有安全感？

最坏的规则也胜过没有规则。法律制度最初甚至现在最重要的意义与目的是构建一种稳定的、可预期的统治秩序。有时候难以想象的是，最糟糕的状态不是处于一个专制政府的统治之下而是处于没有权威的无政府状态。如果把法律的存在设定在这样一个基础上，即首要目的是维护秩序，我们也能理解审判往往是相对的公正，即使正义也建立在一定的条件和范围内。

法律首先是满足秩序的需求，并不意味着法律没有其他的目的。博登海默先生认为法律应当是秩序与正义的综合体。❶ 在一个相对健全、完善的法律制度中，秩序与正义这两种需求不会冲突，反而应是相辅相成、融洽一致的。这个道理不难理解，如果秩序长期不能满足人们对正义的向往和需求，长久来看，必然无法对政治实体提供稳定的保障。中国历史上王朝统治末期反复的农民起义一再说明了这一点。同时，法律构建起来的相对平和的、稳定的、没有不合理差别对待的秩序也有利于正义进一步地实现。所以，博登海默先生概括道："法律旨在创造一种正义的社会秩序。"❷

五、法的渊源与方法

法的渊源基本上有正式和非正式两种。一般立法机关的正式立法或委托其他机关的立法，都会被视为国家法律的正式渊源。当然，在英、美这样的判例法国家，先例也是一种极其重要的正式法律渊源。法律的非正式渊源一般包括公共政策、道德观念、民族习惯等，当法律没有明文规定的时候法官可以依照这些非正式法律渊源作出自由裁量。当然大多数的国家或地区把法理也视为一种重要的法

---

❶ 参见［美］E. 博登海默：《法理学：法律哲学与法律方法》，邓正来译，中国政法大学出版社2017年版，第332页。

❷ 同上书，第333页。

律渊源，比如我国台湾地区。但我国大陆并未将法理视为法源，法官可以按照法学理论进行裁判说理，但不得引为裁判依据。我想这种安排一方面考虑到我国司法的现实状况，法制统一、同案同判更为迫切；另一方面，有司法解释这样实际超越解释的“立法”，可以将一些成熟的法理订入司法解释，从而指导司法裁判。

法律人绝大多数的困惑来源于概念不清。博登海默先生这样看待法律概念，首先，概念是司法推理有价值的工具，没有概念，司法活动就不能得到准确的实施，但同时也要注意到建构这些概念的目的是服务于这些社会目的的。❶ 正如美国联邦最高法院前大法官卡多佐所言：“从很大程度上来讲，当概念导致压制或不正义时，我们就应当把它们视为重新阐释和加以限制的临时假定来对待。”❷ 当然，对于在学习法律的我们来说，尚无过分质疑法律概念之必要，能准确地识别与区分法律概念已属不易。这也可能是经常会伴随法律人的困惑。

掌握法律概念及法律规范以后如何正确地解决法律问题，就难免用到“分析推理”，常见的推理方法有：演绎推理、归纳推理、类比推理、辩证推理。演绎推理往往是大陆法系国家包括我国法官进行裁判的推理办法，归纳和类比一般多为基于先例的判例法国家所采用。辩证推理用于解决复杂、疑难甚至相互矛盾命题的法律问题。

博登海默先生还在本书第八十三节提到法律教育的问题，认为法律可以被视为人文社会科学中的自然科学，非经系统地训练难以把握。西方法学界有这样的说法，神学解决人的精神问题，医学治疗人的身体疾病，而法学治理社会的“疾病”。所以法律人是“社会医生”。❸ 法律人需要秉持相当的技术与专业，才能医治社会“疾病”。如果专业不够精良，就会给整个社会留下“伤口”，随着时间流逝，“伤口”就会溃烂，直至导致整个社会机体的病态甚至崩溃。正如王泽鉴先生所说，学习法律的人，常自称为“法律人”，带有几分自傲！几分期许！然则，法律人与所谓的外行人（非法律人），究竟有何不同？在一个法治社会，法律人常自负地认为，大者能经国济世，小者能保障人权，将正义带给平民。法律人为

❶ 参见［美］E. 博登海默：《法理学：法律哲学与法律方法》，邓正来译，中国政法大学出版社2017年版，第509页。

❷ 同上书，第508页。

❸ 同上书，第529—530页。

什么会有此理想，有此自信？[1] 我认为，这种理想和自信源于系统的法律教育，以法治理想浸润心智，用法学训练养成方法。在知识获得的过程中形成逻辑，在实务操练的过程中培育经验。依愚见，法律的逻辑与经验同样重要，而经验的积累往往建立在逻辑习得的基础上。

在司法裁判过程中，离不开一种基本的法律方法，即法律的解释。事实上，适用法律进行司法案件裁判的过程本身就是解释法律的过程。甚至一些对法律解释适用得当的伟大的司法判决可以塑造一个国家的性格。同时，一些对法律错误解释适用的糟糕的判决也极易导致社会风气的倒退、败坏，让人们长时间对某种行为心生忌惮。

结语

时隔良久再读博登海默先生的这本《法理学》，常常有一种莫名的感动。我们所向往的、所追求的，这些人类历史上伟大的法学家都曾经尽自己的努力描绘过。这些伟大法学家的接续努力最终构建出一条符合人类理性的、有着光明前景的法治道路。在这条法治道路探索的过程中，充满权利的斗争，充满呐喊和彷徨。我们现在所正常享有的权利可能是一代又一代的法学家鼓与呼，从突破到提倡再到权利实际享有，有些路走了几个世纪。那些古希腊哲学家距我们已千年之久，但他们的思想著作如今读之还是熠熠生辉。

我想学习法理学的意义，不仅是一种知识的习得，更是对整个法律发展历史的掌握，从而建立起一种发自心底的对法律的信仰与敬畏。这种敬畏与信仰基于人类历史上伟大法学家集体努力，从而明白法律从来不是个人的创造或偶然的产物，而是斗争和智慧的结晶。在法律诞生之初，法律并没有和这么多美好的词汇相关联，我们现在想到法律本能地想到正义，这是伟大的法学家们对法律添加了美好的注解。我们现在以为当然的观念可能实际上是历史上反复争鸣、斗争取得的结果。综观博登海默先生的《法理学》越发觉得知识之无穷，“法”海之浩瀚，唯有静默观己，力求参透些许真意。

---

[1] 王泽鉴:《民法思维：请求权基础理论体系》，北京大学出版社 2009 年版，第 1 页。

法学方法论的结构与价值

——对杨仁寿《法学方法论》的再展开

韦力子 *

一、从为什么阅读本书说起

记得刚读完杨仁寿先生的《法学方法论》的时刻，心情跌宕不能自已，久久不能平复。只因为能有如此一本在中国法学语境下以本土法学认识为根基，融合实务与理论，用精练的语言结合深邃的理论认识汇聚凝练而成的方法论之书而感到庆幸。故撰写此读书报告以向此书致敬。

阅读本书的原因说来简单，之前笔者想要研读卡尔·拉伦茨的《法学方法论》，然而阅读三章之后便停止了，因为在阅读每一段文字的时候，笔者都能深刻地感觉到文化的隔阂，以至于不能畅快地理解文本中的内容，此时笔者深感语境和文化的差异，便不由自主地想起杨仁寿先生的《法学方法论》一书。首先要说明的是杨仁寿先生的《法学方法论》久负盛名，经常能在许多场合和书单上看到对此书的推荐，一直没有拜读是因为笔者一直以来错误地以为只有大陆法系的经典著作才是法学方法论的正统，其余著作不过是建立在其上的亦步亦趋的模仿。直至读完此书，方才意识到自己的肤浅，可能稍显夸张地说，那一刻我才顿悟到，每一种文化都可以孕育出契合自身生命力的方法论。阅读他域前人的著作，不仅是要去模仿，而是要去创造。我们每个人都是站在巨人的肩膀上，但是目标都是要触及更高的境界，在这个层面上，此书是具有启迪意义的。作为本书作者的杨仁寿先生，从入职我国台湾地区地方法院到被任命为“最高法院院长”，司法生涯共计四十余载，在有深厚实务经验积累的同时仍能在著作中散发深邃的理论光辉，实属不易且令人敬仰。

初读杨仁寿先生在序言中写道“本书首尾贯连，民刑兼顾，理论实务并重，

* 西南财经大学法学院法律硕士研究生。

杨仁寿:《法学方法论》,中国政法大学出版社 2013 年版

内容新颖,台湾不曾一见”,颇感自卖自夸之嫌,然读毕再回看序言,方知不仅以上内容属实,并且明白在第二版序中所言“当初撰写本书,原系一时即兴之作,只求将研究心得留存而已”也绝对非虚,因为此等“本书首尾贯连,民刑兼顾,理论实务并重,内容新颖”的浑然天成之作,乃天时地利人和缺一不可,非兴致所致而不成。恰逢日前听取左卫民教授关于刑事诉讼法的结构与价值的讲座,对结构与价值两个概念有了更深的认识,故本篇读书报告苟借用左卫民教授所提及此二概念,重新对本书进行学习和复盘。

二、法学方法论的结构与价值

左卫民教授认为,结构与价值的概念是在分析刑事诉讼程序时的重要概念,其学术生涯的起点也自此起始。[1]2022 年 9 月 27 日,左卫民教授在成都高新区法院召开的“刑事诉讼的理念”主题讲座中,又重新强调了价值与结构两条基本线索在刑事诉讼中的主线地位,依左卫民教授的理念,结构是指刑事诉讼的客观方

[1] 参见左卫民:《价值与结构:刑事程序的双重分析》,四川大学出版社 1994 年版。

面，具体主要体现在控辩审三方的应然和实然关系。❶ 而价值则是刑事诉讼中要达到的程序目的，在前述讲座中左卫民教授强调在刑事诉讼中蕴含自由与安全两大价值。

结构与价值的分析路径给了笔者很大的启发，与其说此二词是刑事诉讼中的两个维度，不如说其本身就是一种认识方法，当笔者怀着结构与价值的方法论再去学习杨仁寿先生的《法学方法论》时，这一学术著作又在笔者眼中焕发了另一番生命力。

要谈法学方法论的结构与价值问题，首先需要谈谈究竟什么是法学方法论。没有疑问的是，“法学方法论”概念源自德国，其翻译在不同的时期有不同的称谓，发展至今已基本统一为“法学方法”一词。依据学界通说，法学方法论主要是研究法律适用规律的学问，通过总结和归纳法律解释、价值判断、法律论证等法律运用中的一般规律，并在裁判中加以运用，从而保证法官依法作出公正裁判。❷ 换言之，其是法律适用的方法，而非立法的方法。而对于法律适用的过程，存在一个古老的司法三段论，其具体构成要素分别是（1）大前提：法律规范；（2）小前提：事实；（3）涵摄。关于这一过程有一个因王泽鉴教授引用而出名的经典描述，即“心怀正义，目光不断往返于事实和规范之间”，这一描述准确地揭示了法律适用的具体步骤。这些要素虽然看起来全然是依照客观的结构建构起来的，但是没有人会认为法律适用过程中不存在任何价值判断，恰恰相反的是，这三个要素均是客观构造与主观价值共生的成果。

“结构”是客观上的，决定一个事物之存在形式的基本层面，在法学方法论中可以称之为基本构成，有学者将法学方法论的基本构成总结为：司法三段论、法律解释学、价值判断、法律论证，欲言此四个部分组成了法学方法论的完整体系。❸ 但是在笔者看来此划分实难有信服力，其原因在于，首先，法律解释学是司法三段论的内部应含之义。司法三段论的大前提从法律文本出发，必然包含对文本的解释，没有一个适用司法三段论的人可以跳过对文本的解释和理解而直接进行涵摄的适用。其次，没有必要将法律论证作为法学方法论体系之一单独讨论，

---

❶ 左卫民：《刑事诉讼的基本结构论纲》，载《上海社会科学院学术季刊》1993 年第 1 期，第 138 — 145 页。

❷ 王利明：《法学方法论》，中国人民大学出版社 2011 年版，第 4 — 5 页。

❸ 同上书，第 53 — 57 页。

法律论证主要是指法律的裁判者为其结论进行说理的过程。其一，此方法的适用者一般限于法律的裁判者，而不具有法学方法论使用者所应当具有的一般性；其二，法律论证的内容具体表现为对司法三段论的表达技术，目的在于将内心进行司法三段论推导的过程根据具体情形表达而出，换言之，司法三段论的本身就构成了法律论证的基本内容，实不存在将法律论证作为法学方法论的基本组成部分加以讨论的必要。综上而言，笔者认为以上对法学方法论结构的认识难言逻辑上的周延。

可见，司法三段论本身即构成了法学方法论中坚实的部分，从规范到事实到涵摄的过程，组成了法律方法的基本要素，已经形成了法学方法论在客观层面上的基本结构。从这个角度出发，我们将司法三段论拆开，并辅之以方法论的视角，法律适用的三个要素可以具体地展开为三个部分：（1）对事实的认识；（2）对规范的认识；（3）对涵摄过程的断定。在结构内容之外，法学是社会科学，法学方法论也注定要服务于一定的社会价值，前述左卫民教授将刑事诉讼程序的价值总结为自由与安全，但是法学方法论身负统领不同领域的使命，不能轻言其具体的价值，但是不难理解其仍然要依据一定的社会目的行事，这些社会目的可能包含诚实信用、执政政策等纷繁复杂的复合的具体目标，也可能是公平正义等抽象目的。

综上所述，法学方法论同样需要以客观结构和主观价值的二元角度来审视其具体脉络，其结构主要以司法三段论的具体步骤展开，其价值主要体现为一定的社会目的。在后文，笔者将结合《法学方法论》一书展开笔者的结构和价值二元视角。

三、本书的展开

本书共分为六编，分别为引论、法学认识论、法学发展论、法学实践论、法学构成论以及附录，附录中收录的是我国台湾地区《法令月刊》的数篇文章，作者在此欲通过实际案例对前述理论进行总结。

引论的内容可以看作杨仁寿先生的四篇随笔，分别阐释了作者对于法律学科的四个方面的思考。本编以诽韩案作为引子，揭示了法律解释具有不同的方法，会导致截然不同的裁判结果，至于如何取舍解释方法以达到法律应然追求的社会效果，此为法官应当负担起的职责，然而若不经训练，任何一个法律人都无法当然地负担得起此职责，所以需要法律裁判者们不断地进行法学方法论的训练，始得以相当之能力以维护正义的使命为己任，“惟其本身之学养，苟尚停滞于传统的概念法学阶段，此项使命即无从达到”。[1] 后进一步从法的安定性与价值性讨论了法解释的价值取向决定了法律的适用结果，从法学与科学的关系讨论了法学者应当借用科学的验证方法辅助法学方法论的认识与评价。

第二编杨仁寿先生取名为“法学认识论”，分为“法学之任务”“事物认识之客观性”“法学认识之客观性”“从逻辑分析方面认识法学之客观性”“从经验事实方面认识法学之客观性”五章。提出了“法学者所为之法律解释，有无客观性可言”的疑问，又给出了追求法律客观性的一系列解答。提出了需要用两种方法方能使法学的理论认识结果具有“合理讨论之可能性”及“批判可能性”，其一是逻辑分析的方法，其二是经验事实的验证方法，并将法学的客观性作为法学的题中应有之义。

第三编“法学发展论”讲述了欧美各国对“法学”认识之变化，其从法、德等国的法学思潮演变出发，最终归至概念法学与自由法论的对立。在其讲述的内容之上可以简单地归总一下“法学”的演化路径。首先，法国法学发展之初深受孟德斯鸠、贝卡利亚等思想家影响，直至法国大革命之际，开始盛行“法典万能主义”。又言，德国法学滥觞于罗马法，其强调罗马法学的重要性，认为“罗马法的概念很精密，任何问题皆可依概念而计算”[2]，强调概念和逻辑推演的概念法学由此生根。后来，以耶林的“目的法学”学说壮大为标志，开始出现打破既往概念法学的壁垒，重新以法之目的作为法学之基本指导原理的思潮，且此思潮影响到法国法学界，法国法学家展开独自的法学理论，被称为科学学派或自由法论。最终，形成了两种法学理念的差异，杨仁寿先生转引碧海纯一的学术观点，将此间差异总结为五点，强调了自由法运动下的法学应当有科学的品格，即要兼具实践的性格，且裁判具有其应然的准立法机能。结合上述讨论，杨仁寿先生得出了法学或法解释学兼具理论认识与实践性格的结论。[3]

第四编“法学实践论”，是本书重点着墨的一编。本编不仅讨论了法律解释

---

[1] 杨仁寿：《法学方法论》，中国政法大学出版社 2013 年版，第 7 页。

[2] 同上书，第 78 页。

[3] 同上书，第 115 页。

的具体方法，还对价值判断的特点作了简单的介绍。杨仁寿先生认为广义的法律解释包括三类：（1）狭义的法律解释；（2）价值补充；（3）漏洞补充。[1]他将狭义的法律解释具体分为六种，即文义解释、体系解释、法意解释、比较解释、目的解释、合宪解释，在特定篇章里面特别强调了不是所有的解释方法在任何情况下都能使用，比如体系解释中的反对解释，即言明“只有法律要件被充分地列举时，始能称为一个有效的逻辑法则，而得为反对解释。白马是马，不能反对解释为非白马不是马”。[2]此部分要指出的是，在体系解释项下，列出扩张解释、限缩解释、反对解释以及当然解释四项，但是在后文又严格区分了扩张解释与目的性扩张、限缩解释与目的性限缩两对概念。目的性扩张与目的性限缩被作者归为对法律解释的漏洞补充之内，指出此二者是由于立法者的疏忽，未将某一或某几类事实排除在法律表述范围外，但为贯彻规范意旨，可将不符规范目的之部分排除在外，使仅剩的法律意义更为精纯，篇首的诽韩案便是这二者的区分的经典案例。而对于“价值补充”项下，作者仅列举了不确定法律概念和概括条款两个例子来举示法律的价值内容，此部分后文再详做探讨。

第五编“法学构成论”，也可以称之为法源论。杨仁寿先生将此编依序分为成文法、习惯法、法理、判例、学说五部分，此分类排序之滥觞在于我国台湾地区“民法”第1条对法源的规定：“民事，法律所未规定者，依习惯。无习惯者，依法理。”但是又鉴于判例具有实际的法源地位，便因判例具有事实上拘束力的缘由将之按序列于学说之前。

四、两个层面上的法学方法论

前文已述，笔者认为司法三段论的三个过程就已经组成了法学方法论的完整结构，分别是：（1）对事实的认识；（2）对规范的认识；（3）对涵摄过程的断定。法学方法论的历史和发展过程的知识固然有助于学习和理解法学方法论这一概念，但是其本身不构成法学方法论的固有成分。以上笔者称之为客观结构层面上的法学方法论。另外，与客观结构分不开的，还有主观价值。

---

[1] 杨仁寿：《法学方法论》，中国政法大学出版社2013年版，第135页。

[2] 同上书，第156页。

前文亦提及，杨仁寿先生在“广义的法律解释”项下列出狭义的法律解释、价值补充、漏洞补充三项，将“价值补充”作为与“狭义的法律解释”并列的概念而相提并论，但是笔者私以为其对价值自身的定义和功能的界定太过狭窄。作者在本书中将“不确定法律概念”和“概括条款（诚信原则）”作为“价值补充”一章下的两项内容进行讨论❶，将价值描述成一种只有在具体规则不能直接适用的时候才会补充发动的角色，但是忽略了其对于具体规则的方方面面的影响。书中所列的不确定法律概念的解释方法与概括条款本身都清晰地指向了一种现存的法律形式——法律原则。首先，不确定法律概念的适用必须依据可以探知和认识的相关秩序、规范及公平正义之原则，不能动用个人主观的法律感情❷，这就注定了在对不确定法律概念的适用和解释时，必须首先依据明确规定的法律原则。其次，书中所列“概括条款”的具体内容就在对作为法律原则的“诚信原则”条款进行讨论。有学者将法律原则理解为社会重大价值的积淀❸，笔者认为其陈述相当准确。但是集中体现价值的法律原则并不只发挥其补充功能，它不仅为具体的规则说明理由，而且在证立规则上也会发挥“些许作用”。❹法律原则条款不仅对法律规则起到补充作用，更指导了狭义法律解释的解释方向与价值取舍，换言之，价值在此所体现出的不是后置于狭义法律解释的补充作用，而是在与客观的法律解释相结合的基础上统领法律解释的作用。

综上所言，价值不只是具有“价值补充”作用，而是在适用证立规则、认识事实、进行法律解释、适用具体事实的过程中起到了统领作用。此处所言的价值可以视为存于社会上可以探知认识之客观伦理秩序、价值、规范及公平之原则。❺法学方法的主观价值与客观结构共同构成了法学方法论，法学方法论是两个层面的结合，而非四个部分的拼凑。

（一）对事实的认识

对事实的认识这一部分作为司法三段论的必经步骤，常常为法学方法论学者

---

❶ 杨仁寿：《法学方法论》，中国政法大学出版社 2013 年版，第 185—190 页。

❷ 同上书，第 186 页。

❸ 张文显主编：《法理学》，高等教育出版社 2011 年版，第 75 页。

❹ 同上书，第 74 页。

❺ 杨仁寿：《法学方法论》，中国政法大学出版社 2013 年版，第 185—186 页。

忽略，但是从结构的层面上重新审视就会发现其实为不可或缺的结构之一，只不过对事物认识本质的理论常常由哲学家们来回答了。虽然理论法学者们也常常会思考这个问题，但是只有证据法学者对这个问题进行法学上的具体性的思考，比如对证据特性的客观性或真实性的讨论一直尚有余音，另外对事实与虚构二者概念的关系问题亦是经过一番研究方有定论。❶

法学作为一门社会性学科，对于事实的认识论证无法像哲学家们一样漫无边际，作为必须具有应用性的社会学科，法学须符合一定的社会目的，即客观性，如果我们所认识之事物不能达到客观之标准，法律的应用性也就无从谈起。杨仁寿先生在本书中对本部分亦有所涉及，并给出了使一般事物之认识具有客观性的可行方法，即逻辑分析的方法与经验事实的方法。❷这一方法指出法学的客观性因为学科特性的存在，无法达到如自然科学的纯粹形式的逻辑演绎，亦无法获得其一般的客观性，所以需要我们由闭塞的逻辑发展至开放的逻辑，同时要透过经验事实的验证方法，验证其真理性。笔者对此深以为然。

（二）对规范的认识和涵摄

对规范的认识，从某种意义上也可以理解为对规范的解释，因为法律总是以文本为出发点，故法学发展之初便仅指法解释学，对规范的认识部分总是被认为是法学方法论中最重要的部分，并且相关著述立论浩如烟海，各种解释方法的学说基本达成了通说。本书第四编的“法学实践论”也主要是对这部分问题的讨论，可以说这一部分是法律适用者对自身进行法律训练的核心部分。

但是笔者从结构的视角来认识法学方法时，发现还以须从这一视角来区分“对规范的认识”和“涵摄”两者。对“对规范的认识”不再赘言。然进一步后我们很难发现剥离法解释学专门讨论涵摄过程的理论学说，这是因为涵摄这一过程具有高度的主观价值性。当法律适用者完成认识事实与解释法律两步后（或者是许多个两步），需要“目光在规范与事实间来回穿梭”时，便遇到了涵摄的核心问题——选择问题。究竟什么样的事实适用什么样具体的规范？一项事实缺了某一项构成要素还能不能适用？这些都是值得研究的涵摄问题，但是这也是研究很难

❶ 易延友：《刑事诉讼法：规则、原理、应用》，法律出版社 2019 年版，第 217—225 页。

❷ 杨仁寿：《法学方法论》，中国政法大学出版社 2013 年版，第 46 页。

穷尽言明的步骤，因为其核心在于个人的取舍，并且其中不能避免杂糅大量的价值判断，比如杨仁寿先生在本书中对“当然解释”与“扩张解释”的边界进行阐释时，虽然清晰地认为其具有直接推论与间接推论的区别和边界，但是最后仍不得不承认其界限之间的“射程”仍系以“立法旨趣”之预测可能性衡量。❶

（三）结构与价值的关系

综合上述讨论，法学方法论的整体形式乃是由一定的社会或法学价值统领法学方法的客观结构同时在全方位结合而成。其两个层面不存在位阶关系，而是共生关系，具体表现为，法律或社会价值总归会以一定的法律适用过程体现，法律适用的过程总是会以一定的法律或社会价值为取向和指导，并且这种取向贯穿于对事实的认识、对规范的认识和对涵摄的判断。在具体的结构中，“对事实的认识”部分，因为法律应用性的限制，必须以事实的客观性为前提，以能使社会一般公众中达成共识为基础目标，进而对事实的认识往往可以按照固定的方法获得客观的认识，法律适用者进行价值判断的空间有限。到了“对规范的认识”步骤，便不难发现法律文本的不同解释方法以及不同的方法中所体现的不同价值判断，此部分书中法律实践论的内容已经展现得非常清晰了。而“涵摄”环节，则更是法律适用者进行价值判断的广袤天地，即使在现实生活中仍然要受到相当程度的制约。

五、关于法律科学性争论的一点讨论

杨仁寿先生在本书的“引论”中放置了一篇文章，名为《科学与非科学》，以倡导善用具有科学的方法与法学方法互补不足，并转引了日本学者碧海纯一的三种方法以增进对法律的科学性的理解❷；在“法学认识论”一编，又使用两章的篇幅，详细地探讨了逻辑分析的方法和经验事实的验证方法对法学之客观性的验证路径。❸

❶ 杨仁寿：《法学方法论》，中国政法大学出版社2013年版，第160页。
❷ 同上书，第20—24页。
❸ 同上书，第52—64页。

什么是科学，科学有什么性质，这些问题长久以来都被人们不断探讨着。卡尔·波普尔曾对科学定义了一个广为接受的性质，即凡科学都具有“可证伪性”，而非科学没有，所以顺理成章的，波普尔便引入了猜想和反驳的方法，即提出一个猜想，并开始寻找证明猜想错误的事例。[1]清华大学科学史系的吴国盛教授曾经就科学的外延作了三个分类：第一种是希腊意义上的数理科学类的理性科学；第二种是数理实验科学，它既是数学的，也是实验的；第三种是当今背景下的博物学或者叫自然志。[2]从这两个层面上看，法学都难以构成科学一词。首先，法学并无法符合波普尔的定义，因为“实定法中任何确定的内容都不外乎是一种彻头彻尾的专断”[3]，另外奥斯丁在法理学的开山之作《法理学的范围》中还提出法学是主权者的命令，但这些意义上，法律内容本身并没有科学意义上的“可证伪性”，以法律文本出发的法学方法论更是无法脱离适用者的主观价值，缺乏一种真正的严谨意义上的“科学性”标准。其次，对于科学的外延，吴国盛教授界定为数理、实验科学，这些类别都以自然事实为研究对象，完全可以以经验验证事实，故这些理论的规则都有着必然的真与伪的区别，而法学的研究对象并不如此。基尔希曼将法学的研究对象总结为在一个民族中生存着并且由每个人在各自的范围内实现着的法律[4]，笔者将这个研究对象的定义肤浅地总结为法律与社会，如基尔希曼所言，这个研究对象既不依赖于其他事物，也不论是否存在一门关于它的学科以及这门学科是否真正认识了它，故法学的研究对象并不同于科学的研究对象，也难以将法学认为是科学。“法律和其他学科研究对象之间的一个区别或许会引起疑问，这个区别在于认识的因素：这一因素已经包含于作为法学研究对象的法律之中。”[5]

依上言，笔者难以将法学与科学相提并论，法学难以具有科学才能具有的标准和品质，但是为什么那么多的法学学者都在试图以科学来讨论法学的存在？关于这个疑问笔者也在阅读了杨仁寿先生的《法学方法论》后有了初步的思考，那

---

[1] ［美］纳西姆·尼古拉斯·塔勒布：《黑天鹅：如何应对不可预知的未来》，万丹、刘宁译，中信出版社 2019 年版，第 62 页。

[2] 吴国盛：《什么是科学》，广东人民出版社 2016 年版。

[3] ［德］尤里乌斯·冯·基尔希曼：《作为科学的法学的无价值性》，赵阳译，商务印书馆 2016 年版，第 28—41 页。

[4] 同上书，第 9 页。

[5] 同上书，第 11 页。

便是人们混淆了科学性与客观性的关系。法学是一门以应用为目标的社会学科，其首要目标是社会对事实和文本的共识，所以法学的研究以客观为基础，客观性才是法律和法学所需要追求的，如果要另加一个目标，可以是合理性或科学性，但绝非科学。

故在讨论法学时，让我们将科学还给科学。

第二部分
优秀作品

培养哲理化的诉讼法学研究思维

——读《刑事诉讼法哲理思维》有感

刘昱彤 *

一、刑事诉讼法学哲理化研究初探：产生、发展与现状

部门法哲学作为研究部门法学的思维方法，为各领域部门法学的理论研究与实践运用提供了方法论，它将理论法学与应用法学衔接起来，从深层次的哲学思维层面对各类具体化的表象问题进行归纳总结，概括出具有普适性的法律价值与基本原理，解决部门法的应然性问题，并对解读法律原理、制定法律制度、推进司法实践起到基础性作用。

作为刑事诉讼法学研究的方向与方法之一，刑事诉讼法哲理是将刑事诉讼法所涵盖的法理提升到哲学层面进行研究的一种思维，其科学体系可以分为方法论、程序本体论、认识论、程序价值论等部分。[1]究其根本，对刑事诉讼法学进行哲理研究基于从注释法学走向规范法学的需要，有助于认识思维从自在思维转向自觉思维，从根本上解决认识论和价值论问题并促进司法公平正义的实现。在研究刑事诉讼化哲理化的基础上形成科学的哲理体系，有利于培养刑事诉讼的哲理思维，进而更加深刻地理解刑事诉讼立法背后的目的与考量，对法律规定本身形成科学性、体系化的认识。刑事诉讼法作为一大部门法，其哲理化研究对刑事诉讼所蕴含的客观规律、诉讼原理与价值理念等理论层面的深入思考具有重要意义，在为理论基础提供正当性诠释的同时也以科学、合理的方法指导刑事诉讼活动的开展，构建逻辑严密的刑事诉讼学科体系，实现学理与实践的双重价值。

《刑事诉讼法哲理思维》一书初始就强调了刑事诉讼法学哲理化研究的必要性与重要性，并对刑事诉讼法哲理化这一课题的产生与发展作出了详细描述。自 20

---

* 中国政法大学刑事司法学院 2022 级诉讼法学硕士研究生。

[1] 锁正杰：《刑事程序的法哲学原理》，中国人民公安大学出版社 2002 年版，第 22 页。

世纪80年代末起，樊崇义教授就主张对刑事诉讼法学进行哲理化研究，改变研究针对具体制度为立法和司法服务的现象，对当时以注释为主要特征的传统刑事诉讼法学进行反思与批判。在其主编的《刑事诉讼法学研究综述与评价》一书中，樊崇义教授提出了诉讼法哲学的概念，将其视为诉讼法学研究的具体内容之一，并主张深化对该命题的研究。该书指出："刑事诉讼的立法、司法活动，都是以辩证唯物主义认识论为指导的，辩证唯物主义认识论及事物普遍联系和发展的观点、矛盾统一观点、实事求是的观点是刑事诉讼法学的基石……目前我国诉讼法学界对这一问题的研究还不够深入，对马克思主义认识论和刑事诉讼法学的关系、马克思主义哲学在刑事诉讼中的体现和具体运用以及如何以马克思主义的科学世界观和方法论来指导刑事诉讼等重大问题很少涉及。"❶ 随着我国刑事司法改革与法治化进程的发展，诉讼法哲理化研究得以进一步深化。在樊崇义教授主编的《诉讼原理》一书中，在对三大诉讼共同范畴进行一般性理论研究的目标指导下，学理研究与立法解释得以区分，诉讼法学研究逐步从反思式的革命性法学走向创新构建式的建设性法学，从注释法学走向规范法学，从而能够适应法律主体、法律体系、法律价值观、国家治理以及形态等多方位的发展变化。❷

《刑事诉讼法哲理思维》开篇首章即通过多位学者对法理学与法哲学的关系、理论法学与应用法学的关系、部门法哲学、部门法理学等具体问题的探讨与论述，明确了部门法学哲理化的定义；针对部门法学如何走向哲理化一问，提出了学科结合、针对问题等方法和思路。在随后十几年的课题研究中，对刑事诉讼领域的问题经历了从法律规范、规则研究向哲理研究的转变，其哲理思维主要体现于以下几个方面：

第一，正确区分刑事诉讼法学的概念、范畴和原理，建构刑事诉讼法哲学体系，在区分概念、范畴、原理三者概念并理解三者之间关系的基础上，认识到以"概念—范畴—原理"的逻辑思维确立研究思路的重要性。学术研究要重视概括归纳刑事诉讼法学范畴，走向体系化的理性思维，产生基本诉讼原理，在构建刑事诉讼法学范畴体系的基础上构建刑事诉讼法哲学科学体系，分别对其中包含的本体论、运行论、主体论、客体论、行为论、价值论六大范畴展开具体的研究。❸

---

❶ 樊崇义：《刑事诉讼法学研究综述与评价》，中国政法大学出版社1991年版，第6页。
❷ 樊崇义：《刑事诉讼法哲理思维》，中国人民公安大学出版社2020年版，第19页。
❸ 同上书，第25页。

第二，刑事诉讼本质的研究从一元化到多元化。随着社会主义民主与法治的发展，对无罪的人不受刑事法律追究、相关诉讼参与人参与刑事诉讼的保障等理念逐渐普及并在立法中予以体现；在依法治国的方略指导以及人权保障理念的确立下，从刑事诉讼概念本身、参与诉讼的主体构成、刑事诉讼法本质属性、市场主体资格制度的确立以及有关国际公约的签署与参与等方面均体现出我国法律观逐步转向多元化，由国家本位转变为国家、社会、个人本位。因此，把握刑事诉讼问题的本质对于社会转型也具有现实意义。

第三，诉讼认识论的形成和运用。“诉讼认识是指通过法定程序和证据而展开的回溯历史的认识。”[1] 由于对于案件事实的证明是基于实体法和程序法规定的“法律化”证明过程，因此在运用马克思主义辩证唯物主义认识论指导下的诉讼认识论时，必须注意将“认识本体论”和“认识主体论”辩证统一起来，坚持唯物主义立场，依据案件客观事实形成对诉讼过程的全面认识，规范办案行为、严格依法办案。

第四，强化诉讼人本主义研究，使诉讼程序更加人性化。刑事诉讼全过程是国家公权力与公民个人私权之间的冲突，一切活动围绕“人”、为了“人”，如何保障人权、体现人文精神，在某种程度上也体现了国家民主、法治与文明的水平。通过将人权保障作为刑事诉讼的基本原理指导刑事诉讼活动的开展、保障当事人诉讼权利、指导刑事诉讼的程序设计与法律修改完善、设计刑事和解、简易程序、认罪认罚从宽制度等程序体现人权保障原则，是刑事诉讼法哲理研究的重要内容，并在实践中已经卓有成效。

第五，用实证研究的方法推动刑事诉讼法学发展。刑事诉讼法学具有应用法学的基本性质，因此对诉讼原理、制度与程序的设计应当落实到司法实践层面，接受实践的检验，在实践中得到验证与完善。实证研究方法作为将刑事诉讼法学研究推向更深层次的方法，其规范性实践活动改变了刑事诉讼法学思辨型的研究定式，以经验事实为核心的特点与刑事诉讼法学的时间性特点相一致，是建构刑事诉讼法学独立品格不可或缺的工具。在此基础上，不仅社会科学的研究方法逐步被纳入刑事诉讼法学研究，自然科学的研究方法也开始在刑事诉讼法学研究中得到运用，这也有利于多元化刑事诉讼法学研究方法体系的形成。

---

[1] 樊崇义：《刑事诉讼法哲理思维》，中国人民公安大学出版社 2020 年版，第 26 页。

二、刑事诉讼法学哲理化研究的基础理论刍议

（一）诉讼认识论：客观真实与法律真实的标准取舍

诉讼认识论下客观真实与法律真实的探讨是培养刑事诉讼法学哲理思维需要重点关注的主要内容之一。辩证唯物主义认识论指导着刑事诉讼活动的进行，并对“实事求是”诉讼证据制度的命名、“客观真实”诉讼标准的定义、刑事诉讼立法以及“重实体轻程序、重证据轻口供”性质的诉讼过程产生了重大影响。然而，过于注重追求“实质真实”，难以满足诉讼程序公正的要求，要把科学理论的原则性与灵活性结合起来。在对“两重两轻”观念的反思之中，诉讼认识论应运而生。在诉讼认识论的发展与影响下，我国刑事诉讼朝着“实体正义与程序正义”并重的方向发展，在追求发现“实质真实”的条件下，注重运用科学、合理、合法的方法查明案件事实，实现二者的统一。

在诉讼认识论的理论之下，诉讼认识本质上是一种特殊的历史认识，裁判者对案件事实的认识必须借助一定的证据并通过推论得出关于案件事实的认识，具有时限性、范围特定性、程序正义性等要求。诉讼认识以“如何评价证据”为核心，在实践中表现为法定证据制度与自由心证证据制度两种模式。自由心证实质上是对证据进行自由评估，重在评价而强调法律不得预先规定证据的证明力。该制度以证据裁判主义为基础，在裁判者形成心证的过程中需要遵循特定的要求，是各国在各历史时期评价证据的基本方式，而法定证据评价模式仅作为特例而辅助存在。[1]我国目前尚未明确规定自由心证制度，但如果对证据评价的方式进行归纳，那么我国也属于自由评价模式的一种。在证据的自由评价模式中，裁判者必须坚持中立平等的原则并直接接触证据而进行评价；评价对象是客观存在并具有证据能力的证据，在经过法庭调查后由裁判者决定其取舍以及证明力大小；评价内容包括证明能力判断、证据证明力判断以及事实认定三部分。自由评价模式下的推理方式属于经验推理，往往表现为从已知事实跳跃到未知事实的过程，具有演绎推理的形式，但本质上属于归纳推理，结论的得出很大程度依赖于作为大前提的经验知识的普遍程度，在此基础上得出的推理结论只能具有或然性，而“不

---

[1] 陈朴生：《刑事证据法》，三民书局1979年版，第554页。

能得出必然真的结论”。[1]在评价证据的过程中，经验知识因具有专业化的知识属性和更强的公共性也被称为经验规则。“经验规则是根据已知事实推导未知事实时可以作为前提的一般知识、经验、常识和法则”，是从个别经验的积累中抽象总结出来的具有一般性和客观性的知识，且仅作为盖然性命题而存在。虽然裁判者可以自行决定适用何种经验规则，但是法律制度也对该自由的限度作出了具体明确的限制。[2]

诉讼认识的结果和评判标准则是诉讼认识论所研究的重点。在过去，我国主张通过司法人员收集和审查判断证据就可以完全查明案件客观真实的观点，然而在司法实践中的难以执行性令人们对该观念产生了质疑，查明客观真实仅能作为刑事诉讼追求的理想化目标，而现实中只能追求“最大限度地无限接近于客观真实”，由此引发了关于客观真实和法律真实的探讨，这一概念的区分对我国刑事诉讼证明活动的推进具有重大理论意义，也关乎裁判制度存在的正当性。笔者在本书中对该部分的论述学习研究得最为深入透彻，其同时也引发了笔者对于诉讼认识论更深层面的哲理思考，对于证明理论、证明标准以及裁判标准等多方面的刑事诉讼制度原理、实践运用都产生了新的感悟。因此，将在下文对该部分从基础性概念展开，概括书中内容的同时表达自己的观点和感悟，为刑事诉讼法学理论层面的学习奠定基础。

从客观真实的角度展开，认识论中的客观真实是认识主体符合客观事实的认识，即主客观相统一的具有客观性的认识，在诉讼中是指“司法人员通过证明活动对案件事实的认识与案件客观事实相一致的内容”。[3]在我国“以事实为依据，以法律为准绳”原则的指导下，我国刑事诉讼司法实践强调查明案件的客观事实，且裁判者的认识必须达到客观真实的程度，在此基础上作出裁判才符合公平正义的要求。然而，与辩证唯物主义认识论关于认识的无限性这一看法相同，诉讼认识的结果和裁判者的认识不可能达到客观真实的程度，具体认识只能是对客观对象的一定程度的认识，无限地接近于客观真实。[4]究其原因，首先，刑事证据本质

---

[1] 杜汝辑：《归纳推理的疑难》，载北京市逻辑学会编：《归纳逻辑》，中国人民大学出版社 1986 年版，第 6 页。

[2] 王亚新：《刑事诉讼中发现案件真相与抑制主观随意性的问题》，载《比较法研究》1993 年第 2 期，第 116 页。

[3] 陈光中：《刑事诉讼法》，北京大学出版社 2021 年版，第 182 页。

[4] 樊崇义：《刑事诉讼法哲理思维》，中国人民公安大学出版社 2020 年版，第 78—85 页。

上作为客观事实，具有客观物质性的属性，在对证据进行收集、审查判断的过程不能仅靠证据的客观存在，必须运用司法人员的主观能动性，在主客观统一作用的过程中查明案件事实；其次，运用辩证唯物主义科学的世界观和方法论，查明案件事实的过程受客观事实的复杂性、办案人员认识的有限性等多方面因素的影响，要求做到主观与客观的统一，而单方面强调客观层面不符合证明活动的“回溯性”特征，办案人员收集到的证据也只是事后证据，是在直接感知的基础上对于客观事物存在的实际情况的一种描述，即经验性事实，因此客观真实性不仅受到客观外在条件的制约，也受到各种主观因素的影响；再次，绝对真理和相对真理的辩证关系也说明了人们对具体案件事实客观存在的反映的有限性，事实上达到客观真实的要求是不可能实现的，只能作为证明与认识活动发展的理想目标，而不能成为个案的证明标准，否则没有任何刑事案件能够真正得以解决；最后，鉴于并非所有案件都能查明案件事实真相、诉讼认识不要求查明案件事实的所有方面、认识结果与认识对象的“符合”只需满足实践需要即法律意义上的符合等条件，司法实践已经检验了客观真实的不可达到性。因此，将客观真实作为理想化的诉讼证明活动目标而非实际要达到的标准具有正当性与必要性，将法律真实作为刑事诉讼认识的结果与诉讼证明活动的任务与要求才能契合实践需要。樊崇义教授强调，法律真实概念的提出并不意味着放弃对客观真实的追求，二者在本质上是一致的，客观真实具有引导功能，引领诉讼活动走向更高的标准而非降低标准，同时，客观真实还有批判和评价性功能。受我国当前刑事司法实践现状限制，如司法人员专业水平与素质、开展诉讼活动技术条件等因素，刑事诉讼活动不能脱离现实而片面追求客观真实。

与客观真实相对应，法律真实是指司法人员运用证据认定案件事实要求达到法律所规定的真实程度，即公安司法机关在刑事诉讼证明过程中运用证据对案件真实的认定应当符合刑事实体法和程序法的规定，从法律角度达到规定的真实程度，可能与客观真实相一致，也可能与客观真实相背离。[1]法律真实作为一个学术性、哲理性的命题，同时也具有较强的实践意义、珍惜性与合理性，这不仅体现在法律真实所针对的证据标准、取证合法性以及程序正义等司法实践命题中，还体现在法律真实所强调的证据裁判原则价值及其“回到相对而并非绝对真实”的

---

[1] 陈光中:《刑事诉讼法》，北京大学出版社2021年版，第184页。

现实意义之中。❶法律真实的标准具有其存在的正当性与合理性：首先，追求法律真实与我国刑事诉讼法规定的宗旨与任务相一致，能够保证刑法的正确实施，准确及时地惩罚犯罪，同时保障人权；其次，法律真实的标准与要求具体明确，具有较强的操作性，有利于实践中诉讼活动的运用与开展；最后，法律真实为证据的收集、审查判断指明了方向，通过法律真实本身的规定能够明确证据的可采性标准，确保诉讼活动的顺利进行。❷因此，法律真实概念的透出不仅有利于促进刑事诉讼观念的更新、提升程序公正，还有利于推动真实发现的过程。

将案件客观真实转化为法律真实需要具备以下四要件：证据材料自身的客观性、关联性和合法性，证据材料的内容必须与案件事实相符，依据证据材料进行的推理必须符合逻辑规则，全案证据事实必须在证据自身、证据与证据之间的印证关系、证据与案件事实的关系上达成统一，排除矛盾。在法律真实的标准下，诉讼证明活动只需围绕与定罪量刑有关的事实是否存在进行，如犯罪事实是否发生、犯罪行为是否是犯罪嫌疑人被告人所为、实施犯罪行为的具体情况以及犯罪嫌疑人的个人情况等。为实现法律真实，我国《刑事诉讼法》规定刑事案件侦查终结、提起公诉和一审判决的标准为"案件事实清楚，证据确实、充分"。❸为保障无辜的人不受刑事法律追诉和惩罚，刑事案件中有罪判决的证明标准一般应当确定在诉讼中可能达到的最高程度之上，因此许多国家将"排除合理怀疑"作为该国刑事诉讼证明标准。所谓"排除合理怀疑"指的是以事实为根据排除一切合理的、"实在诚实的、为良心所驱使的"怀疑，这不仅是对办案人员内在素质的要求，也是对全案证据质与量的规定。❹樊崇义教授主张吸收该标准的合理内核，将我国刑事诉讼证明标准概括为"排他性"，即从证据的调查与运用上排除一切矛盾，从运用证据对案件事实得出的结论上排除其他一切可能，且该结论是本案的唯一结论，在事实和证据两方面都要经得起历史的检验。❺

客观真实和法律真实都是从学术角度对刑事诉讼有罪判决证明标准的概括而非具体明确的标准，对于证明规则、证明标准的具体化起理论指导作用。对二者

---

❶ 龙宗智：《刑事诉讼法学哲理化笔谈》，载《国家检察官学院学报》2020年第5期，第108页。

❷ 樊崇义：《刑事诉讼法哲理思维》，中国人民公安大学出版社2020年版，第95—103页。

❸ 《刑事诉讼法解释》起草小组编：《新刑事诉讼法及公检法等配套规定》，人民法院出版社2021年版，第10页。

❹ 李学灯：《证据法比较研究》，五南图书出版公司1992年版，第872页。

❺ 樊崇义：《刑事诉讼法哲理思维》，中国人民公安大学出版社2020年版，第89—90页。

的本质与关系进行研究关系到如何规范诉讼认识活动、确定证明责任与证明标准等基本问题。究其本质，二者在理念上存在许多共通之处：首先，在“以事实为根据”的裁判原则下，只有在司法裁判过程中追求法律真实与客观真实基本一致，才能使裁判所依赖的法律真实在制度和意识形态上具有正当性基础；其次，二者都以反映论和可知论为认识论基础，强调在真实事实的基础上确立法律真实的概念，通过一定方式获取对案件事实的正确认识；最后，认定案件事实必须依据证据的要求体现了二者均遵循证据裁判主义的基本精神，作为证明标准只能根据在诉讼程序中获取的有限证据资料推断过去发生的案件事实真相。❶

法律真实标准的提出，相比客观真实更符合现代法治的发展和诉讼认识活动的特性。由于诉讼认识主体、时间、手段的有限性，诉讼认识对象的主观性色彩，以及诉讼程序的正当性等因素，需要承认法律真实更符合诉讼认识的相对性和有限性的特点，一方面相信认识的绝对性；另一方面受实践制约需要在个案中限期探求案件事实，对具体个案的证明标准只能达到近似于客观真实的程度。法律真实标准的坚持有利于建设法治社会：首先，有利于确立一系列符合国际人权标准的刑事诉讼证据规则，在国家权力运行过程中保障人权；其次，增强了裁判的可接受性，在保障案件事实最低限度的正确性前提下，兼顾认定案件事实过程的正当性与合理性；再次，裁判的终局性和稳定性得到保障，有利于维护裁判权威；最后，坚持法律真实的标准也符合“以审判为中心”的刑事司法改革理念，对优化司法资源的合理配置有积极作用，更有效地实现惩罚犯罪和保障人权的任务。法律真实理论标准的提出也有利于构建现实合理的证明标准，这不仅体现在构建具体证明标准的规范性和可操作性上，也体现在现实性和包容性上。在“证据确实、充分”规定缺乏具体可操作的标准的现实情况下，樊崇义教授主张降低刑事诉讼侦查和起诉期阶段的证明标准，规定法院在作出有罪判决时必须达到“排除合理怀疑”的标准，以此体现诉讼认识规律和不同诉讼阶段的证明要求，避免审判前的有罪推定使庭审流于形式化，也防止超期羁押、非法取证等现象的发生。❷

作为合法性评价和真实性评价标准的统一，法律真实理论的提出承认了我国诉讼认识理念与客观真实的标准之间的背离，通过该理论将二者之间的矛盾合理

---

❶ 樊崇义：《刑事诉讼法哲理思维》，中国人民公安大学出版社 2020 年版，第 93—94 页。
❷ 同上书，第 99—101 页。

吸收在认识的正当程序化过程之中。例如，法律真实标准对“疑罪从无”类型案件裁判问题的解决起到了关键作用。由于“疑罪从无”原则的规定表明了该类型的案件确实无法达到客观真实的证明标准，在实践中如何对该类型的案件作出公正裁判成为法官的争议焦点。受“无罪推定”原则影响，裁判者应当依据合法证据推断案件事实，如果控诉方对案件事实的证明未达到法定证明标准，就应当作出无罪判决。而当案件事实真假难辨，无法确定司法人员认定的案件事实是否与客观真实相一致时，此时坚持客观真实的标准对裁判的作出毫无意义，只有确立法律真实的标准，才能通过证明责任来解决裁判问题，作出公正合理的判决。由于认识来源于实践，也在实践中接受检验而发展的客观规律，法律真实标准的确立使法定证明标准也能在实践中得到检验。通过检验证据资料的合法性、可靠性和关联性，程序进行的合法性，认识主体推理的正当合理性和“排除合理怀疑”标准来检验认定的案件事实是否符合客观真实，将客观真实标准转化为符合案件证据情况和法定程序的法律真实标准，从而使抽象笼统的客观真实标准转化为具有可操作性的具体行动指南。

在坚持法律真实与客观真实相统一原则的指导下，我国刑事证明标准也实现了从客观真实程度向相对实体真实的转变，追求实质真实与形式真实的统一。同时，从发展方向角度而言，通过正当程序发现真实应当是适应法律真实命题的刑事司法路径。在诉讼认识论的后半部分，樊崇义教授也对我国“证据确实充分”证明标准的法定条件作出了详细的解读，同时，通过对“排除合理怀疑”标准的解读，对实体真实的相对性问题作出了更进一步的论证。2012 年《刑事诉讼法》修改后，我国证明标准理念已经从过去的积极实体真实转向相对实体真实，通过明确刑事诉讼法立法目的、消除积极的实体真实即必罚主义的影响，用程序保障案件质量，更加便于司法人员掌握运用“综合全案证据，对所认定的事实已排除合理怀疑”的规定。

（二）诉讼价值论：刑事诉讼法律观的转变

在诉讼认识论之外，本书对于诉讼价值论部分的理论研究与实践应用也充分体现了价值理念的发展与变化对刑事诉讼法学发展的重要意义，诉讼价值理念好的发展变化不仅是刑事诉讼法哲理化进程的核心，为法哲学与诉讼法原理的研究搭建了桥梁，也促进了诉讼法实施的实践。按照对法哲学、价值论与诉讼法原理—中国刑事诉讼价值变迁—域外刑事诉讼价值论—中国刑事诉讼价值发展—刑事诉讼价值观的内部研究逻辑，刑事诉讼法的价值论原理已经逐渐丰富完善，具有坚实的理论基础与实践经验。

首先，在对法哲学、价值论与诉讼法原理的研究上，法哲学与价值论的关系问题是诉讼价值论的前提。这不仅要求将法哲学体系与政治哲学观紧密联系起来，也要求从内部价值、外部价值、目的价值、过程价值等多个方面的价值构成来研究价值论的内容与权衡。其中，我国哲学观先后经历了从斗争哲学观向和谐哲学观的转变，过去的“重实体轻程序、重打击轻保护”理念逐渐扭转，诉讼构造上的控审不分模式得到改善，诉讼行政化倾向趋于缓解；刑事诉讼法与宪法、刑法等其他法律部门之间的关系在宏观上得以理顺，权利与权力之间的关系也得到恰当处理，以和谐观念为指导，在承认、尊重各种主体正当需要的前提下，保护各类主体的合法权益，最大限度地增加和谐因素促进社会稳定发展。在不同哲学观的影响下，我国刑事诉讼价值变迁先后经历了由“统治阶级利益、家族利益”向社会主义建设时期的转型，并随着当今社会主义民主和法制建设不断推进，在程序正义、人权保障等多方面取得长足进步，并将在未来逐步解决职权主义模式下价值权衡主导性思维的不足之处。通过对域外刑事诉讼价值论的学习，研究西方法治国家的正当法律程序革命，总结出刑事诉讼价值权衡的基本原则，如非极端化原则、静态位阶原则、动态衡平原则、正当程序原则等，对我国理论界目前讨论激烈的公正与效率关系问题、程序公正与实体公正关系争议焦点提供借鉴，在强调利益逻辑位阶、价值目标选择、利益内部统一、利益综合平衡等类型化的价值权衡方案中寻找解决问题的路径。

此外，通过对目的价值观的反思，对过程价值观、程序本位价值观和形式合理价值观的阐释，强调解放思想转变观念，推动我国刑事诉讼价值取向的转变，从单方面强调社会利益、公共安全转向社会与个人并重的价值立场，在立法层面科学协调打击犯罪与保障人权的矛盾，在执法层面严格执法观念并贯彻实践，倡导在公共安全和个人权利之间的一种兼容并蓄的动态平衡。

在司法实践中，价值观在刑事诉讼法律观的转变、人本主义司法等多方面中的应用均起到重要的指导作用。在樊崇义教授的论述中，笔者对量刑程序改革方面的应用最感兴趣，并也从其论述中获得了更深的感悟，引发了关于量刑程序完善规制的思考。具体而言，量刑程序的价值包括量刑公正、量刑公开和量刑效率。首先，司法公正又作为体现并维护社会正义的窗口，是司法机关的灵魂与生命线。[1]量刑程序的公正既包括实体法意义上的公正，也包括程序法意义上的公正。量刑程序的制度设计本身不仅要合法，在不违反法定程序的前提下确保结果的公正，其制度设计也要具有合理性，以此限制法官的自由裁量权，促使法官作出理性裁判，此外控辩双方诉讼地位平等与诉讼主体参与的深度、广度和透明度也是制度设计所必须予以考虑的。其次，量刑公开要求形式公开、内容公开、判决公开三者缺一不可，以保证司法公正，实现刑事诉讼活动的价值。最后，量刑效率价值的提出能够有效缓解法院普遍存在的案多人少矛盾，使有限的司法资源最大化被利用，在公正、公开和效率的价值观念指引下，通过制定及时迅速、简便易行、优化配置的量刑程序，以规范化的程序实现量刑程序改革的目标。

（三）诉讼人本论：我国尊重与保障人权事业的发展

在诉讼人本论的论述部分，从多方面强调“以人为本”法律理念的重要性，要注重避免在刑事诉讼中可能会存在一定的思想误区，导致个人权利与尊严无法得到保障。例如，权力本位思想影响下的追诉机关执法不适当用权、刑讯逼供等行为，在惩罚犯罪职能被过分强调的情况下，保障人权的理念就无法得到落实；义务本位思想则更多体现在犯罪嫌疑人、被告人以及证人的权利方面，过多强调“如实告知义务”或“如实作证义务”等义务观的思想，不如遵循“以人为本”的人文精神精髓，向权利本位思想转变，给予相关主体更多的权利保护与参与诉讼的制度保障，在贯彻人文精神的诉讼活动过程中实现惩罚犯罪与保障人权的平衡。

刑事诉讼法对人文精神的需求是双重性的，一方面要关注诉讼参与人，包括司法人员、当事人和其他诉讼参与人多类主体；另一方面则需要刑事诉讼主导方给予有关人员更多的人文关怀，即国家机关工作人员给予其他诉讼主体更多的关注与保障。然而，司法实践中两个层面的精神需求均未得到很好满足，对犯罪嫌疑人、被告人的正当需求与人文关怀缺乏有效保障。值得肯定的是，我国目前在刑事诉讼侦查阶段的人身权利保障立法已经取得成效，如非法证据排除规则、有权获得的辩护的时间提前等法律规定，都体现了对犯罪嫌疑人、被告人人身权利以及相关诉讼权利的重视。然而，对于财产权的保障，如涉案财物的扣押与处理

[1] 陈瑞华:《刑事诉讼法》，北京大学出版社 2021 年版，第 12—13 页。

程序问题却没有得到关注，日后需要进行相关立法弥补对财产权保障的遗憾。究其根本，首先是立法方面存在“部门立法”的现象导致犯罪嫌疑人、被告人等诉讼参与人容易在立法中被客体化、工具化，立法机关过多关注执法人员的利益而忽视了诉讼参与人的需求；其次，司法工作人员在实践中不能避免会出现以己方利益为中心开展活动执行法律的现象，往往以个人利益服从国家或社会利益为由，没有矫正人文精神缺失的根本动力；再次，法学研究方面的薄弱也是人文精神缺失的一大原因，从价值与比较角度论证犯罪嫌疑人、被告人权利保障的必要性难以在我国刑事诉讼的大环境背景之下解决现实层面的问题，研究对象的抽象化对于立法建议和改革方案中人文精神的体现十分受限。因此，应当从观念、制度以及司法实践三方面将人文精神真正体现于刑事诉讼中。从观念角度出发，将犯罪控制观念转向权利保障与秩序整合观念，将国家本位观念转向个人本位与国家本位并重；在制度方面，应当根据我国实际情况分析预测诉讼主体在诉讼活动中可能产生的实际需求，并对相关需求进行平衡与立法规制；在微观层面，应当要求司法机关工作人员以尊重、理解的心态处理诉讼参与人的合理需求，在不违背法律规定的前提下尽可能满足需求。

在人文精神的论述下，本书通过介绍人权的基本含义与内容，重点论述了刑事诉讼法加强人权保障的重要性。刑事诉讼作为解决犯罪行为人刑事责任的一系列诉讼活动，其性质和诉讼结果决定了被追诉者人权易受到侵犯的可能性，对抗性的特征也可能侵害被追诉人的平等权与人格尊严。自20世纪末起，我国人权保障事业在司法领域已经逐步确立并取得进展。随着司法体制改革的推进，需要从以下几个方面进一步加强刑事诉讼的人权保障：第一，重新合理定位刑事诉讼法的立法目的，兼顾人权保障与犯罪控制；第二，确立并贯彻一种正当法律程序理念，对刑事诉讼中的各种利益需求进行合理权衡；第三，在微观层面，设置对侦查权进行必要制约、合理设置庭前审查程序、完善量刑程序确保法律平等适用等制度，在理论与实践中做到人权的双重保障。

本书指出，对于诉讼认识论、诉讼价值论与诉讼人本论的详细论述体现了刑事诉讼哲理化所需要重点关注的理论，并需要在实践中培养践行相关哲理思维。在本书详细阐释之下，笔者对前三部分确实也产生了更深层次的认识，从原有的仅仅停留在对立法表述与实践现象的表层关注上，开始进行更深层次的思考，力求理解立法背后的目的、立法的背景以及法规范表述的缺陷，对实践中的现象进行更深入的挖掘，探求现象背后的成因，不仅对相关认识论、价值论与人本论的理论内容进行了全面学习，并通过樊崇义教授的阐述理解了理论内容的确立与发展本身，对为什么如此规定的问题理解得更为透彻，避免了形式化运用相关理论解决问题，对培养刑诉法哲理思维、全面深入地学习刑事诉讼理论具有重要启蒙意义。

（四）论刑事诉讼法再修改之思考

在本书的最后一部分，樊崇义教授对我国《刑事诉讼法》的再修改提出了自己的解读与建议，主要从坚持理性并体现理性的角度出发，在立法修改中体现为包括从一元化价值观转向多元化价值观，从有罪推定转向无罪推定，从客观真实转向法律真实，从重实体轻程序转向两者并重最终转向程序本位，从高压从重转向宽严相济以及从国内优位转向国际优位等 10 个方面。[1] 可以看出，在现实立法修改活动中，我国《刑事诉讼法》已经在某些方面的制度上作出了明确具体的规定，在实践中也将逐步通过运用形成完备的经验体系，例如，人权保障、法律真实标准的确立、非法证据排除规则、未经人民法院依法判决任何人不得确定有罪等立法已经作出规定的事项。虽然仅在立法与制度层面作出新的改变仍然是不够的，然而通过立法制度层面的指导以及在实践中的运用，相信司法人员自身观念的扭转、司法实践对制度的运用以及产生的效应将会更进一步有助于加速上述转变的推进，我国刑事诉讼领域也将取得新的成就，刑事诉讼法学的哲理化不仅能够指导实践，也会在实践中得到检验而不断丰富完善，形成体系化的哲理思维。

三、培养刑事诉讼法哲理思维：做真实、哲理化的法律人

除了上述对本书的内容理解与感悟之外，为了更深入、更全面地学习樊崇义教授在本书中重点论述的相关理论，笔者也在阅读本书之余参考并延伸阅读了樊崇义教授的《刑事诉讼法学方法论》一书，对其中“刑事诉讼哲理思维”“刑事诉讼认识论”“刑事诉讼与社会主义核心价值观”“刑事诉讼与人权司法保障制度”等章节与《刑事诉讼法哲理思维》一书的内容进行了对照阅读与学习，对相关理

---

[1] 樊崇义：《刑事诉讼法哲理思维》，中国人民公安大学出版社 2020 年版，第 372—409 页。

论的学习与理解。为了能够体系化、全面具体地表达笔者对相关内容的理解与感悟，笔者将对《刑事诉讼法学方法论》一书延伸阅读所引发的思考与《刑事诉讼法哲理思维》一书汇总、融合在本篇读书报告第二部分的理解感悟之中，因此在此不再赘述。此外，为进一步对诉讼法哲学这一命题进行深入学习，在阅读本书之余，笔者还精读了谢佑平教授的《刑事程序法哲学》一书，以刑事诉讼的缘起与本质为起始点，按照程序优先理论、诉讼构造、诉讼模式、基本原则强制措施、证据规则、辩护制度、侦控审关系、审判制度、裁判公正的逻辑主线，秉承将马克思主义哲学观念实际应用在刑事诉讼法学研究的理念，对刑事程序法各部分内容进行了更为深入的学习与了解。[1]

笔者能够在研究生刚开始深入学习刑事诉讼法相关知识与理论的时候就阅读樊崇义教授的这本书确实感觉十分有幸，不仅是因为该书内容翔实，能够扩充对刑事诉讼法的知识与理解，更主要的原因在于能够从内心深处引起笔者对刑事诉讼法学这门学科的敬畏之心，以哲学化、思维化的角度看待刑事诉讼法相关的问题，而不仅仅是停留在立法与司法的表层文字与现象。在众多参考书籍之中，本书并不是笔者最先开始阅读的，按照推荐顺序笔者最先开始阅读的书籍是陈光中教授的《中国司法制度的基础理论问题研究》以及卞建林教授的《中国司法制度基础理论研究》二书，通过两本书的阅读笔者的确对刑事诉讼法领域的制度、相关理论、基础问题做了初步了解。然而，樊崇义教授对相关理论的内在本质进行的剖析，以一种抽象、概括但论证充分的方式，让笔者对最初阅读的《中国司法制度的基础理论问题研究》一书中相关制度与问题的研究有了更加透彻的理解，颇有“恍然大悟”之感。在之前的本科法学学习过程中更多的是接受各位老师所传授的基础性法律知识与法律条文、制度规范本身，而对于法律条文与制度为什么如此规定、如此规定的本质目的、背后所体现的理论基础与价值原理却从未思考过，以一种“形式化”“表层化”的方式在学习刑事诉讼法，这也正是笔者感觉无法通过自己学习与阅读发现法律规范与现行制度本身存在的问题，并提出创新式的建设与改善建议的本质原因。而在笔者研究生学习伊始，就能通过对本书的阅读有了新的学习方法与感悟，在以后的研究中也可以以诉讼认识论、诉讼价值论、诉讼人本论等理论与思维为切入点发现法律本身与实践的问题，并从这

[1] 谢佑平：《刑事程序法哲学》，中国检察出版社2010年版，第3页。

些深层次的角度提出相关的解决思路，在以往“以主体分类”“以立法与司法分类”“以诉讼阶段分类”等角度的基础上更进一步，学会以不同的哲理思维进行分类，这也是笔者在阅读本书过程中，除了对相关哲学理论与思维的理解感悟之外，对笔者日后学习研究刑事诉讼法产生最大影响的地方，因此笔者选择以本书的阅读感悟作为研究生学习与研究的开端，为日后的学习研究进行启蒙与警示，以提升自身刑事诉讼法学研究的学术水平，进而塑造刑事诉讼法学研究的理论品格。

我们需要什么样的裁判者？

——从德沃金的《法律帝国》出发

郭泽宇 *

法律究竟是什么？这一疑问也许是法理学界最终极的问题之一。在这本继《法律的概念》之后的划时代巨著中，德沃金以“内在视角”构建了以法官为主体的法律理论，当然，德翁的理论可比同样以法官为主角的法律现实主义高明多了。德沃金的法律理论固然有其不足之处，但对我们思考裁判者应该是怎样的面貌，裁判者如何进行法律解释这类问题极具启发意义。本文第一部分从哈特与德沃金的论战出发，通过观察两者之理论差异中，揭示德沃金之理论的定位和逻辑起点；第二部分聚焦建构性解释，旨在解决解释上的认识论和方法论上的问题；第三部分关注德沃金之整全性的概念，它是较为重要地解释法律的独立价值；第四部分通过窥探德翁的理论，来尝试得到我们需要什么样的裁判者这一问题的答案。

一、哈特与德沃金：不同的法律观

哈特和德沃金是20世纪英美法学界最为声名显赫的法理学家。毫不夸张地说，他们两人的论战，直接推动了整个英美法学理论的跨越式发展。哈特的《法律的概念》告诉我们，法律是社会实践规则，法律体系是由人们普遍接受的终极的承认规则以及由该承认规则所衍生出来的规则组成。在哈特的法律体系中，最为关键的元命题是终极的承认规则的接受，这是一个事实或描述问题，而非价值判断或者规范问题，终极的承认规则之所以能够成为法律体系的元规则，是因为人们普遍以内在视角来接受终极的承认规则，即将该规则当作自己行为的标准，并以该标准来批评他人作出违背该标准行为的理由。哈特的法律概念是一种惯习式的法律概念，法律体系的存在，不管是西方以自由主义为基础的法律体系，还

---

* 中国政法大学刑事司法学院硕士研究生。

［美］罗纳德·德沃金：《法律帝国》，许杨勇译，上海三联书店 2016 年版

是以强制与非人道为底色的法律体系，都源于该领域内的人们以内在视角普遍接受终极的承认规则这一惯习。

虽然哈特也承认，法律体系事实上或多或少具备自然法的某些属性，但哈特终究是一个法律实证主义者，他所意欲构成的法律理论，就是要以客观化、事实性的惯习式法律观念，来给法律和道德划清界限，以元规则的非道德化来为法律与道德的分离命题摇旗呐喊。哈特的理论给整个法理世界带来了理解法律概念的新样态，以终极的承认规则为元规则的法律体系，确实能给世界上各式各样的法律体系作一个较易接受的证成。但是，哈特的理论在宏大叙事上的成功，真的就证明它就是法理世界的真理吗？德沃金给出了否定答案。为了更好地阐明哈特与德沃金理论的差别，我们先离开美妙的理论世界，进入尘世之中。

余金平案：2019 年 6 月 5 日，被告人余金平酒后驾车撞上被害人宋某并导致其死亡，在审查起诉阶段，余金平认罪认罚，且北京市门头沟区检察院提出了判三缓四的量刑建议，但北京市门头沟区法院经过审理，未采纳量刑建议，判处余金平交通肇事罪有期徒刑 2 年。门头沟区检察院认为量刑过重，随即为了被告人的利益提起了抗诉。被告人余金平也提起上诉。经过审理，二审法院认为一审法院审理的部分事实未予以合理评价，应当对其加重处罚。

二审法院能否对被告人余金平加重处罚？

如若二审法院的法官是哈特之理论的信徒，是一位惯习主义者，他会首先考虑《刑事诉讼法》（该法系由终极的承认规则衍生出来的法律，具有法律效力）的规定，《刑事诉讼法》第 237 条规定了上诉不加刑原则及其例外。但余金平案与以往其他的案子不同，以往的检察机关的抗诉，绝大多数都是以被告人之不利益为理由进行的，这可以看成检察机关的惯习。由于认罪认罚制度是 2018 年《刑事诉讼法》新修订时才增添的制度，《刑事诉讼法》对上诉制度进行制定时，《刑事诉讼法》第 237 条之上诉不加刑的例外情形应当理解为只考虑到了为被告人之不利益的抗诉。

现在，摆在这个信奉哈特之惯习理论的法官面前的是，检察机关为了被告人的利益提起了抗诉，他到底能不能加重刑罚？他查阅过去的政治决定（法律），并没有显明的事实告诉他应该怎么做，且该案属于新增制度所衍生出来的新型疑难案件，法院也并无形成如何处理该类案件的惯习。那么，按照哈特的理论，语言天生具有开放性结构，法律作为由语言构成的规则，也不可避免地带有开放性结构。法律的开放性结构意味着，存在某些行为领域，这些领域如何规范必须由法院或官员去发展，也就是说，让法院或官员根据具体情况，在相互竞逐的利益（其重要性随着不同的个案而有所不同）间取得均衡。❶ 疑难法律案件是语言中核心语义之外的阴暗地带，规则在这个阴暗地带失去了魔力，取而代之的是法官的自由裁量，换句话说，哈特的法律理论，并不承认这些疑难案件处于法律规则的统摄范围之下，他不能将这些疑难案件的规制看作人类使用语言这一工具所必须付出的代价，只能诉诸法官个人的良知、信念、道德进行自由裁量。

德沃金作为哈特的一生之敌，对哈特的法律理论进行了猛烈的抨击。德翁认为，所谓的语言的阴暗地带，是掩盖法理学的重要问题的“语义之刺”。法学的首要任务就是解决法律问题，为法律问题提供答案。❷ 真正能够揭示法律的概念，探究法律理论的深度和广度的，正是这些疑难案件，而哈特的理论却不能辐射这些

---

❶ ［英］哈特：《法律的概念》，许家馨、李冠宜译，法律出版社 2018 年版，第 200 页。

❷ 舒国滢：《法学的知识谱系》，商务印书馆 2020 年版，第 1613 页。

疑难案件，把案件的裁决权完全交给了自由裁量，刻意回避了能够寻求法律理论真理的绝佳材料。正是法律的模糊地带，才是法学理论的富矿之地。

二、法律之本质：建构性解释

德沃金认为，法律是建构性解释性概念。虽然在如今的法学教育下，对法解释学、法教义学等概念我们已经不再陌生，但是在德沃金那个时代，在法律实证主义引领的法律客观化的时代，这一概念的提出可谓是提倡法律概念客观化的理论的强劲对手。让我们套用哈特所属的牛津学派所提倡的语言分析理论的惯用问法来进行论述：解释这一词是什么意思？它到底意味着什么？解释一词的出现，至少意味着存在一个待为解释的客体，一个意欲解释客体的主体，解释正是主体对客体进行观察并阐明客体的概念、性质的主体的能动过程。在德沃金的这本书中，解释的主体并不是普罗大众，而是法官。在这里，他实质上借助了哈特的内在视角的理论，哈特将内在视角引入社会实践层面，即认为法律之所以能够发挥指引功能，是因为存在这样的事实，社会里大多数人将法律作为自己行为的标准，并以该标准来评判他人之行为。德沃金更近了一步，德沃金将内在视角理论聚焦在了法官身上，集中到了以内在视角的形式处理疑难案件的过程中。这是德翁之理论的优势之处，但同时也是其“阿喀琉斯之踵”。不管怎样，德沃金将主观性因素纳入法律的理论体系，以一种新的方式对风头正盛的法律实证主义造成了冲击。

在德翁看来，揭示出法律的解释性性质还不够，因为还存在这样的一个理论，即主观解释理论，这一理论认为对法律的解释应当探究立法者制定法律时的意图，立法者的意图就是法律解释的金科玉律，如在佘金平案中，解释者应当探究 1979 年《刑事诉讼法》的制定者们的本意，虽然那时候的制定者们也许没有考虑到检察机关会为被告人的利益而上诉，但是解释者们通过查阅历史资料如制定该法律的会议纪要等进行假设和想象，若是制定者们意识到了这个问题，他们会作出什么样的立法。德翁坚决反对这种意图式的解释方法，为了反驳这种完全仰仗立法者意图的解释观，他将解释分为了三种，即对话性解释、科学性解释和创造性解释，其中法律的解释应当属于创造性解释。对话性解释就是指，人与人在日常交往、在平日的交谈和对话中，当听到对方的语言时，我们确实在试图理解对方表达的是什么意思，如在日常生活中，当我们听到对方问："你刚吃饭了吗？"我们应当探究对方的原意，他是想问我刚才是否吃了主食，还是想问我今天是否摄入了以稻米为原料的碳水化合物。立法者意图的解释论正是以这种对话式的解释理念为基础的。科学性解释指的是科学家们通过观察客观事物的发展而作出了解释，如牛顿观察了苹果的自由下落，发现了万有引力定律。建构性（constructive）解释是指解释不仅是还原解释文本的过程，文本被创造出来之后，就有了自身的价值，随着时间的流逝和历史的推动，文本自身的意义和实践肯定会有增添或者删减。例如，"向年老者脱帽"是一个人们表达尊敬的礼仪，并且这个礼仪得到了某一时期的人们的一致接受并予以实践，时过境迁，也许对老者致敬的方式会发生变化，人们也许不再只是向老者脱帽表示尊敬，也许还会向老者挥手、鞠躬等，人们也许还会将这个脱帽动作用在这样的场景，即为国奋战的老兵们载誉而归的时候，人们夹道向他们脱帽致敬。面对上述情景，我们当然可以用"向年老者脱帽是表示敬意"的规则来解释后续向老人挥手、鞠躬或者向胜利而归的老兵们脱帽的行为同样是表达尊敬，而这种解释，是由表达敬意地向年老者脱帽这一规则解释出来的，它构成了"向年老者鞠躬、挥手或者向老兵们脱帽"这些行为的意义并同时为这些行为证成。德沃金认为，法律的解释乃至社会实践的解释，不同于对话性解释和科学性解释，法律的解释是建构性解释。"两者致力于解释的事物，都是人们创造出来的有别于自身的实体，而不是人们说了什么或非由人创造的事件（科学性解释）。"❶ 德沃金承认自己是伽达默尔的忠实粉丝，他的建构性解释理论，实质上是借鉴了伽达默尔的"效果历史"的哲学理念。伽达默尔指出，文本一旦被作者制订出来便独立存在，有了自己的生命。根据"效果历史"的观点，文本的真正意义既不是作者的原意也不是读者最初的理解，文本的真正意义应该是和解释者一起处于不断生成、流动的运动过程中的。❷ 伽达默尔的哲学观点折射到法理学理论的结果便是，将法律这一过去的政治决定与当代解释者的视域联系起来，解释者的解释，是法律这一客体和解释者的自身视域相互交融、相互联结的结果，解释既不是客观的，也不是完全主观的，是主观和客观融合的产物。所以，法律解释的目的，不能仅仅将法律的历史制定者的意图奉为圭臬，还应当

---

❶ ［美］罗纳德 · 德沃金：《法律帝国》，许杨勇译，上海三联书店 2016 年版，第 40 页。

❷ 赵敦华：《现代西方哲学新编》，北京大学出版社 2001 年版，第 116 页。

把解释的重心放在解释者个人的信念上。

在伽达默尔哲学观点的加持下，德翁塑造了一套较为完整的建构性解释理论。德翁指出，解释分为前解释阶段、解释阶段、后解释阶段三个阶段。第一个阶段，前解释阶段是指我们应当对实践之初步的解释内容如规则、准则等有必要的认识和共识。例如在余金平案中，对《刑事诉讼法》第237条上诉不加刑原则与例外及其相关的《刑事诉讼法》基本知识和理念是我们对该案件进行后续解释的基底。第二个阶段，解释阶段即解释者为前解释阶段所确认之实践的主要组成部分，选定某个总体的证成（some general justification）。它由这种普遍形态的实践为何值得追求的论证构成。这个证成无须符合长期存在的实践的每个方面或特征，但其符合程度必须足以使解释者能够将自己看成是在解释那个实践，而不是在创造一个新的实践。❶换句话说，在这一个解释阶段，我们要思考的便是，为什么前解释所确立的实践，值得我们去追求，到底有什么实质性的理由用来支持这个强制性的法律？例如余金平案中，除了上诉不加刑是法律的形式理由之外，我们还应当思考，为什么上诉不加刑是合理的？上诉不加刑规则的背后体现的是哪些实质性的价值呢？在最后一个阶段，后解释阶段或者称为改造阶段，解释者调整自己对实践"真正"要求什么的感悟，以便更好地服务于他在解释阶段接受的证成。❷也就是在这个阶段，解释者需要考虑的是，根据解释阶段所得到的信念和价值，如何对实践进行解释，才能以最佳的视角来解释和证成实践。例如在余金平案中，法官经过了解释阶段之后，需要面对的问题是，到底是加重刑罚还是恪守上诉不加刑原则符合解释阶段揭示的价值，并真正地使被解释的对象或实践成为尽可能最佳的事物。也就是说，建构性解释追求的是一种最好的解释。

讨论到这里，追求最好的解释这一观点会遭遇到怀疑论这一敌人。德翁将怀疑论分为两种，一种是内在怀疑论，它怀疑整个法律规则的存在，认为根本不存在好的或者坏的解释，这是典型的法律现实主义的观点。这个观点并非本文讨论的重点。另一种是外在怀疑论，这种怀疑是一种形而上的立场，它借鉴了自然科学的研究方式，否认美学、道德等价值论在客观层面存在最佳样态，认为一个观点是否绝对正确，必须要有令人接受的事实和逻辑存在。这种解释论实际上混淆

❶ ［美］罗纳德·德沃金：《法律帝国》，许杨勇译，上海三联书店2016年版，第54页。

❷ 赵敦华：《现代西方哲学新编》，北京大学出版社2001年版，第116页。

了事实和信念之间的差别。自然科学的证明确实需要证据和逻辑的相互配合，但是德沃金的法律解释理论，并非自然科学式的理论，而是一种信念和责任理论，例如关于奴隶制的讨论，“奴隶制是错误的存在”和“奴隶制在客观上错误的存在”这两种说法不管是在相信奴隶制是原罪的群体中还是在提出若干理由支持奴隶制存在的群体中，实质上并无多大程度的区别。“客观上或者确实”这种词语的修饰，只是起着修饰、加强语气或者形容存在较大部分人支持该观点的作用。追究最佳解释并非因为有一个完全正确的答案存在于客观世界之上，每个法官根据建构性解释的理论也许会得出不同于他人但能使自己完全信服的裁判。归根结底，德沃金寻求的不是那种自然科学式的论证（这种方法也许更受法律实证主义青睐），而是一种信念和责任的论证。德沃金通过对外在怀疑论的驳斥，为“存在着最佳解释”这一命题廓清了认识论上的迷雾。

三、独立价值：整全性

按照德沃金的理论，既然法律是一种解释性事业，且解释并非法律制定者之附庸而是融入了解释者目的的产物，那么法律的解释势必不会是价值无涉的，相反，它必须以实质性价值理念为基础。正如德翁所言：“如果法律命题出现在，为社群法律实践提供最佳建构性诠释的正义、公平、与程序性正当程序等诸原则之中，或从中推导出来，那么这些法律命题为真。”❶ 正义、公平、正当程序等实质价值，早已充斥在自然法学者和程序法学者的著作当中，天赋过人的德沃金当然不会止步于此。

德沃金提出了法律的解释还应当具备“整全性”（law as integrity）的实质价值。德沃金早期在与哈特的论战中，在《认真对待权利》一书中批判了哈特的观点，认为法律制度不只是由单一的规则组成，还应当包括原则和政策。现在，他将这一观点融入了法律解释理论的建构中。德沃金将一个社群的政治实践分为三种模式：事实性偶遇模式、规则手册模式、原则模式。❷ 事实性偶遇模式描述的是一个社群之内，人与人的分工和合作完全是随机的、无规则束缚的，就如同两个

---

❶ ［美］罗纳德·德沃金：《法律帝国》，许杨勇译，上海三联书店 2016 年版，第 234 页。

❷ 同上书，第 166 页。

毫不相干的人由于机缘巧合一起来到了一座孤岛之上，他们会因为生存或者其他方面的原因偶尔进行合作，比如合作打猎等。这一模式显然不适合社会关系日渐复杂的现代社会。第二个较有吸引力的是规则手册模式，按照该模式，所有的社会规则都如同写在了人人都可拥有的手册一样，人们遇到任何问题，只需翻阅手册即可解决，也就是说，他们认为规则的内容已经穷尽了他们的义务，任何该手册未明示的内容，都不能成为指引人们行为的标准。这一模式与前述论述的惯习主义法律观念有着亲缘关系，因此也有着与惯习主义法律观念一样的弱点。第三个也就是德沃金推崇的原则模式，认为过去的政治决定（如法律、判例）等并未穷尽他们的权利和义务，规则手册记述的内容并未周延。这个社群的人们认为，统治自己的不仅是政治妥协中反复推敲确立的规则，而且包括共同的原则。原则不同于规则，规则具有相对明确的特征，而原则可以理解为规则背后的实质价值和信念，按照原则进行行动是超越了形式平等的整全性追求，它要求国家行使强制力的活动如同一个正常成年人的行动一样，保持协调和连续性。

德沃金还借用了连环小说的写作情况来为整全性理论站台。想象这样一种场景，有几位作者一起在接力创作一部连环小说，每个作者都应当仔细理解和研究他前面作者所创作的内容，在协调性和统一性的支持下，根据自己的理解，作出最符合前述材料的后续创造，以达到让外界认为该小说为一人独创的效果，就如同高鹗在续写曹雪芹的《红楼梦》时，会充分研读并理解曹雪芹创造部分各个人物的特点，并以此为基础来进行后续创作。在曹雪芹创作的内容里，林黛玉是一位饱读诗书、体弱多病、多愁善感的少女形象，高鹗若想完成一个流芳百世的续本，他就不太可能在续写版本中让林黛玉成为脾气暴躁或者性格刚烈的女子（高鹗确实也没有这样做），相反，高鹗在续写本中让林黛玉在生日当天听闻贾宝玉、薛宝钗大婚之事，泪尽而亡。此种情节创作，不仅符合和呼应了曹雪芹创作的前八十回林黛玉的性格与形象，还借林黛玉之死的悲剧，更加凸显了林黛玉的性格特点和艺术价值。这正是一种卓越的再创造，具有德沃金所提倡的整全性的特点。

连续小说的提出，不仅是解释整全性作为一项独立的实质性价值的论据，让人眼前一亮，而且是将整全性这一价值与前述建构性解释理论相联结的最佳契机。如何进行建构性解释，除需要考量明确的法律规则或者判例以及正义、公平、正当程序等原则之外，还要将整全法纳入独立的考量范围之内。若是缺乏了对整全性融贯原则的考量，法官仅仅依赖自身的正义、公平等实质价值裁判疑难问题，那么就落入了法官自由裁量权过大的窠臼。只有接受了解释性的整全法的法官才能在融贯原则的支持下，找到对其社群之政治结构与法律教义的最佳建构性解释。同时，整全性也是区分惯习式的法律观念与法律现实主义的重要分野，它让法律陈述成为既非惯例主义回顾式的事实性报告，亦非法律实用主义前瞻式的工具性规划。[1]整全性是一个联结过去和现在的桥梁，法官的目光应当在过去的决定，如法律和判例，与现在之间流连忘返，既不能作出死守早已失去合理性传统的决定，又要以过去作为续造法律的基础，作出既符合过去实践之原则又能体现当代追求之实质性价值的决定。整全法要求法官尽可能将法律设想成其是根据一组有关正义、公平与正当程序的融贯原则创制出来的；它要求他们在自己面对的新型案件中实施这些原则，从而使每个人的境况根据同一标准判断是公平而正义的。当然，整全性仅仅是法官裁判疑难案件时必须考虑的一个价值，并非高于其他价值，如公平、正义。

四、法官的理想样态：赫拉克勒斯

德沃金在《法律帝国》中将他理想的法官称为赫拉克勒斯。赫拉克勒斯取自古希腊神话，是古希腊神话中最伟大的、力大无穷的英雄。虽然德沃金的理论是以英美法系为基础而发展出来的，但对我们思考需要什么样的司法裁判者具有极大的积极意义。其实，在我们前面如此多的铺垫之下，答案可能已经昭然若揭了。

一个赫拉克勒斯式的法官，首先应当具备较为扎实的专业知识，对显明性的历史事实，即我国的基本法律体系、基础法律规范有着较为全面和深入的认识，这是法律解释的前解释之必须。一个学验俱丰之法官，拥有丰富的学验，“前解释”越多，其“选择”适用各个事实关系之法律规范及淘汰不能适用的法律规范，就越为快速。[2]其次，法官不能是适用法条的工具，他不能仅仅关注形式上的法律规定，法官的内心必须充斥着对实质价值如正义、公平、正当程序的追求，应善

---

[1] ［美］罗纳德·德沃金：《法律帝国》，许杨勇译，上海三联书店2016年版，第178页。

[2] 杨仁寿：《法学方法论》，中国政法大学出版社2013年版，第37页。

于对法律作出最佳的解释。德沃金的法学理论，强调法律仅仅具有形式上的合法性还不够，必须要有其他的实质价值来证成国家使用强制力。近年来，我国的基础法律规范不断得到完善，但各式各样的奇葩案件仍然层出不穷，如天津老太太气枪案、王力军收购玉米案、福建枪型钥匙扣案等。这些令人咋舌的荒谬案件的背后，折射的是某些公安司法工作人员仅仅把法律看作一种制度性事实工具，机械适用法律的乱象。这些案件形式上当然可以依照法律法规进行定罪量刑，但是法学的任务，实不应仅研究成文法为已足，而应研究、探寻居于指导地位之活生生的法律，据以论断成文法之善恶良窳。[1]对于一些明显并非犯罪，且完全违背实质性价值及生活常识、常理的行为，法官完全可以利用自己的司法权，利用实质性价值作出符合并证成实践的最佳解释。最后，法官还应当具有整全性这一独立的价值理念。整全性的概念在某种程度上与一位德国先贤的名言不谋而合，即当法官适用某一个法律条文时，其实运用的是整个法律体系。整全性比这一名言更进一步，适用的法律不仅要在横切面上具有原则的一致性，如某一涉嫌行政类犯罪的嫌疑人在行政法规范上违法的阙如，可以直接利用体系解释而为其在刑事上脱罪，而且还应当在纵切面上保持行动的原则一致性，法官的目光不仅应当放在法律规范层面上，更应当关注规范背后、证成规范的隐藏法律，即原则、政策等。德沃金主张，每一个法律规范或者判例背后，都有证成其存在意义的价值与原则。每一个疑难案件的出现，都需要法官仔细地考察法律规范背后的原则及实践，以此作出最符合过去实践并证成现在之实践的判决，使国家运用强制力如同一个整体一样协调和连续，这就是整全性的意义。

最后，再让我们回到余金平案，让我们当一回赫拉克勒斯式的法官。在余金平案中，我们有两个选择，第一个是完全按照《刑事诉讼法》字面上的规定，《刑事诉讼法》第237条规定了人民检察院提起抗诉是上诉不加刑的例外，没有规定为了被告人的利益而上诉不能加重刑罚，而检察院提起了一个抗诉（不论检察机关是为了被告人的利益与否），法院都有权依据该条规定对被告人加重刑罚；第二个看法摈弃了完全按照法条的字面意思进行理解的做法，而主张去考察该制度背后的价值和原则。赫拉克勒斯式的法官会选择第二种处理方式。余金平案是发生在刑事诉讼认罪认罚制度蒸蒸日上、新的司法理念——合作正逐步融入司法制

---

[1] 杨仁寿：《法学方法论》，中国政法大学出版社2013年版，第132页。

度的大背景下，该案也恰恰为认罪认罚案件。上诉不加刑设置的初衷是为了保证二审程序能够顺利起到对一审法院的监督作用，体现了对实质正义的追求。过去的司法实践表明，在被告人为了自己的利益上诉而检察院没有对其作出不利抗诉的情形下，二审法院不会作出加重量刑的判决，这也同时说明了上诉不加刑原则及其背后的正义价值受到整个司法界的普遍接受。现如今，被告人提起上诉，检察机关基于合作的理念作出对被告人有利的抗诉，可以理解为被告人为了自己利益上诉的强化版本（仅仅比之前多了检察机关的支持）法院基于对上诉不加刑原则与背后之实质正义以及对过去实践的遵守，加之认罪认罚制度背后的合作理念，已经成为未来刑事司法不可阻挡的潮流，检察机关作出对被告人有利的抗诉，是合作理念下的必然衍生品，这种类型的抗诉对过去纯粹存在被告人的上诉并无本质的区别，所以法院作出不能加重刑罚决定才是最佳答案。而且该案还涉及了一个重要的理念，即诉讼上的不告不理原则，该原则背后体现的是法官消极中立的公正价值，法官若是在检察机关未提起不利抗诉的情况下，加重对被告人的刑罚，有违背不告不理的原则之嫌。也许该案还涉及检法两机关的权力冲突，但是这并不构成一个合理的理由，因为检法两家公权力机关的权力冲突，并不是行使国家强制力、剥夺公民权利的正当理由。两相比较，高下立判，第二种处理方式既考虑了法律规范背后的原则和价值，还关注了政治实践之贯通性和整全性，这种解释更能符合过去的实践、证成规范背后的原则和价值以及证成现在及未来的实践。

结语

德翁有云，法院是法律帝国的帝都，法官是法律帝国的王侯。[1]这样的表述形容他“肌理”丰富的法律帝国显然还不够。对德翁的法律帝国可以这样进行描述：一座座直耸云天的高楼大厦是显明的法律规则；城市的电力系统则是法律规则背后的原则，支撑着每座高楼大厦灯火通明、金碧辉煌；四通八达的现代式马路则是整全性理念，以横向与纵向的形式将整个城市紧密关联起来，形成一个有机的整体。德沃金的理论是根植于美国之崇尚司法者文化中的产品，是一种司法者的

[1] ［美］罗纳德 · 德沃金：《法律帝国》，许杨勇译，上海三联书店 2016 年版，第 320 页。

自身信念和责任的法律解释理论，该理论站在自然法学派和法律实证主义下的法教义学的肩膀上，创造性地吸取两种理论的合理内核，提出了建构性解释的整全法观念。当然，无论作者的名头有多么响亮，他的理论终究只能深刻地说明某一方面的问题，德翁之理论的确是一种较为完善和精致的司法理论，但在宏大叙事、放眼整个法律的基本框架上，也许哈特的理论更有魅力。但不管怎样，吾辈学人能有机会看到两位巨擘之间富有哲思性的论战，何其幸哉。

比较视野下的司法程序模式选择

——《司法和国家权力的多种面孔》读后

郑凯思 *

作为比较司法制度的巅峰之作，本书既扎根于本土法律文化，同时也将视野投向全球政治秩序，通过细节性阐述给予读者以智识上的温暖启迪。郑戈教授曾说过，要认清楚中国司法制度究竟是什么，及其在世界司法地图上的坐标位置，这足以说明比较视角在法律程序研究中的重要性。从比较的视野看问题，可以避免走向文化断裂，也可更恰如其分地把握法律移植的限度。达玛什卡教授则实现了比较视野在法律程序中的完美应用，字里行间表达了对于制度设计与模型的选择迷茫，也展现了法条主义与后果主义的统一进路。❶它将现实的制度设计融入理想化的权力模型，既提及法社会学，又兼顾法的安定性，从现实主义角度解构法条主义，赋予司法以政治与比较语境，阐明了科层制下灵活性缺失与协作制下标准模糊的双重困境。从回应型国家到能动型程序，从政策实施型程序到纠纷解决型程序，从苏维埃行政管理程序吞噬纠纷解决形式到普鲁士的极权主义，本书所论维度之广、法域之多、体系之大，文风雅致、思维缜密、收放自如，确立了司法制度类型学的原创性与证明力，启发了读者思考法律程序的方式。

一、双重的剖析视角：比较社会学与司法制度类型学的深度融合

（一）以比较社会学为基本视角

本书的分析遍布比较视角，展现了动态的司法制度比较史，其中的“比较法桥梁”无处不在。在本书中，达玛什卡教授用这样的理念贯穿全文——程序安排

---

* 山东大学法学院诉讼法学博士研究生。

❶ 黄丽颖：《达玛什卡的司法程序模式与中国刑事诉讼模式——读〈司法和国家权力的多种面孔〉》，载《湘江法律评论》2020 年第 16 期，第 245 页。

[美]米尔伊安·R.达玛什卡:《司法和国家权力的多种面孔——比较视野中的法律程序》，郑戈译，中国政法大学出版社2015年版

本身可能存在类别差异，但前提是在同一个衡量的坐标体系中。当坐标体系的变量发生变化时，不同程序是否能发挥同一功能则有待考证。他将写作的时间线拉长到封建主义与资本主义时期，通过阐明不同体制下的法律程序模型与内在差异，说明这种随时代变化和变量增多而不断消减的差异性。司法程序形式上的差异并不因社会经济组织与生产力构成基础的变化而发生必然改变，所谓的“表面变化”仍保留着“司法同构型”。❶当社会生产力方式发生转变时，司法程序并不会必然发生翻天覆地的变化，通过剖析历史上与现存的政府职能关系变化凸显中国、苏联等管理型国家与古典西方体制的权力设置差异，并体现了纠问式与抗辩式模式的现实矛盾性与融合性，展现了法律制度成分中法律移植的复杂性与难以理解性，调和主义的色彩便在比较社会学视角下应运而生。达玛什卡教授用详细透彻的解释表明：冲突解决型的特征并不是英美诉讼制度的专利，而政策实施型也并非欧陆诉讼制度所独有。这样的法律程序模式是以司法欲实现的目的加以区分的，但并不必然体现截然不同的成分，那些与权力结构相关的特定因素可能同时渗透入两类法律程序模型之中，从而引出法律移植的必要性与高难度。本书将论述的坐

❶ 苏丹:《比较视野下的政治类型与法律程序——〈司法和国家权力的多种面孔〉读后》，载《法律史评论》2017年第10期，第180页。

标体系定位在一个急剧变迁的社会现实中，把“正在发生的事情”比作一种现代性的危机与后果，对各地司法制度与政府管理模式作了高度原创性的分析，并进行几类可辨识模式的归纳总结，呈现出不同司法权力组织类型中的复杂立体组合样态。

（二）以司法制度类型学为主线

达玛什卡教授通过对现存程序的统一范式进行研究，将法律程序的制动因子概括为政策实施型程序、纠纷解决型程序、科层式理想型权力组织、协作式理想型权力组织、回应型国家、能动型国家，体现多样性法律传统。在本书开头，作者先对对抗制与纠问制进行了深入区分，指出非抗辩式诉讼程序的结构基本上类似于一项官方调查，而抗辩式则更多体现一种对自由主义的司法模式优良品质的赞美。他进一步阐明了纠问式模式的特性：司法官员的职业化、规则的硬性偏向、官方文案的高依赖性，而在抗辩式诉讼制度中，陪审员开始成为决策者，规则偏向于自由裁量，证据偏好转向口头。他提出，此种百宝箱式的特征组合纷繁复杂，也正在不断挑战这样的二元独立分类模型，从司法制度类型学的视角与原始司法模型理论出发，指出其中的混淆与困境，从而否定前述原始司法类型，提出新的司法类型概念与标准。从公职人员性质、决策方式、上下级关系等影响因素出发，提出独特的两类结构模型——科层式理想型与协作式理想型。他将古典职业化政府管理体制比作权力的金字塔结构，从而对比得出“非科层式”职业化政府的平行模式，即书中提到的“循序渐进的线性工作程序”。科层理想型以官员的职业化、严格的等级秩序、技术性的决策标准为基本特性，而协作理想型则以官员的非专业性、权利的平行分配、实质正义为基本判断标准，并赋予其历史语境。而在区分两类模式的基础之上，他并不否认专业化司法机制与当代科层化机制体系的复杂互动与历史同源性。唯有从各类司法组织结构的历史脉络出发，才能理解混合物存在的合理性。作者用一个集合的术语——实质正义来表现这样的大杂烩，采用开放的实质正义标准，并非以硬性的文本规则固定下来，实现决策相对稳定性与灵活性的统一，通过高度同质性的共同主体赋予其较为明确的含义，在协作式的制度结构下实现逻辑法条主义向实用法条主义的过渡。[1] 此外，通过对法律程序对

[1] 王晓月：《由〈司法和国家权力的多种面孔〉一书谈中国社会转型期下的程序法移植路径》，载《潍坊学院学报》2016年第16期，第51页。

照的政府倾向进行不同类型国家的分野。当前，政府引导与个人塑造的两极分化立场日益凸显，而此时，寻求两者的界限问题便是两种类型国家划分的初衷。回应型国家强调社会自我管理和自发力量，其功能是维护秩序与提供后置性解决纠纷的平台，其与解纷型法律程序模型的产生存在较强的对应性。而能动型国家则呈现乐观主义的精神风貌，政府的智识能力足以涵盖确立计划、传达政策、分配利益中，国家的功能触角被较大延长，但有时候无法转化为公民个人的真正诉求，存在一定的偏颇性。而此类能动主义如若转化为极端能动主义，则会出现权利与义务的混同，一项法令中的权利的义务性将被深入挖掘与放大。因此，把握好能动主义的限度则成为一个值得探索的话题。而本书最大的贡献并不在于阐明了新型的司法理论模型与区分标准，而是向读者传达了一种司法制度类型学有效但非恒定的思维理念。正如本书在导论中所写的经典名言——“四海为家其实相当于无家可归”，在判断选择适合本土的司法制度类型与法律移植之时，从外部视角来观察事物的代价，而非局限于权力组织方式内部，从大范围的比较研究出发，放宽视野，完成法律程序制度的纯粹风格类型的转型。

二、独特的坐标定位：权力结构与司法目的的统一研究范式

（一）横坐标：国家权力结构

本书的核心是由国家权力结构和政府职能坐标轴构成的坐标系。这样的分析模型贯穿本书的始末，形成统一化范式研究。作者在本书中呈现了四种可能的组合方式，并通过实际司法制度去阐释混合体的要素。作者提出的系统考察与分析框架将与司法程序密切相关的程序性职业化管理方式纳入其中，建构了“科层式理想型”与“协作式理想型”的权力结构。[1] 在此基础上，他梳理了欧陆与英美法司法传统的分析框架，体现了分析模型的可用性，也从中性层面阐明两类权力结构的互动融合。书中“二对二”的表格以相对纯粹与理想的方式为分析不同政治意识形态所支撑的法律形态提供框架，以较为抽象的方式展现与权力组织相关的

---

[1] 刘海光：《拒绝接受普世的整容术——郑戈教授答〈司法和国家权力的多种面孔〉》，载《检察风云》2015 年第 22 期，第 92 页。

各种特征同司法目的的关系，并用实际例子明确类型学下的实际司法程序。作者通过排除在二者之外存在第三种理想模型的猜测，实现两个变量的双重归因，为后面的阐述提供更为明朗的模型基础。但他也指出，两套模型的结合与冲突在现实中极为常见，协作型结构与政策实施型程序并不存在一一对等性。无法兼容的现象经常出现，科层制组织与政策实施型司法的结合在较多方面也是存在的。科层制的命令与官僚制的效率为司法目的实现提供强大的制度保障，高层权威政策的执行较易落实，政策执行死角易得到妥善处理，如此的冲突与结合是同步运行与不断出现的，两者之间存在此消彼长的张力。在书中，作者对混合物理论在审判中的应用进行了较为生动的阐述，将审判比作一场竞赛，其中有检控方与辩护方的参与，包括了开庭陈述与总结陈述阶段。其中，审前阶段的案卷作用范围缩小，初审判决以法庭直接检验过的证据作为完全裁判依据，判决结果有利于被告，不再与案件重审存在必然联系。

（二）纵坐标：司法目的观

该书的方法论具有对照性、功用性特性。通过极端模型的坐标轴实现历史跨度与法域跨度的统一。此外，也从相对客观的立场出发，创设一个特色分析框架，从书中较难看出作者对某一种模式的倾向与偏爱。达玛什卡教授将政府职能归纳为能动型与回应型。在第四章和第五章，他根据两种不同的司法目的观描绘出“纠纷解决型程序”与“政策实施型程序”，通过将原先抗辩式与纠问式传统概念进行组合，形成逻辑严密的程序模型，并指出任何现实存在的制度不可能完全复制两种纯粹化模型的特征。其在设立纵坐标变量时，排除考察与权力组织类型有关的变量，试图排除横坐标的变量干扰。在提出两类理想类型概念之后，作者巧妙避开了对政策实施型程序的正面描述，转而对其负面观点进行阐述，为我们打开了各类结合的混合视角。在不同的理论与实践中，结合存在和谐，也存在无法调和的矛盾，而本书也提到，若要进一步说清权力结构与司法程序的关系，本书是远远不够的。书中提到了历史上的英美司法形式，其中包括信息自足的陪审团、由治安法官开展的调查和审判工作、大陪审团、巡回法庭的刑事程序，并对当代美国的能动型司法进行阐述，指出美国政府相当有限的能动主义倾向，指出其中的能动型与回应型混合要素，表明政府干预与市场机制博弈的愿望驱动，肯定其中规制性政策与政府管理计划的作用。美国公共利益诉讼的不断兴盛则是温和的能动主义的混合产物，对政府部门僵持状态不寄予希望的能动主义团体以诉诸一位“协作型”法官为唯一期盼。[1]此时，法官在这样的程序模型下具有多重角色，兼具实际立法者、行政官员与司法审判者的角色。美国司法体制对司法结果不稳定性、不确定性的包容与认可度是超出科层制预想范围的，这也正从另一个侧面反映了不同社会对于理想秩序和统一程度的不同偏向，反映了法律移植的真谛。严格按照几何学模型得出的结论不能被照搬，不同的制度土壤需要自发自生的司法程序与权力要素的支撑。与社会经济背景完全脱离的司法模式就如没有王子的“哈姆雷特”，丧失了想象与建构的素材与本源。

三、交错的关系阐明：政治与司法、权力与程序的多方变量

（一）阐明政治与司法的关系

本书试图阐明政治与法律的关系，通过将法律比作大型政治机器的零部件，体现两者的鱼水关系。法律无法脱离政治而独立存在，如同鱼无法离开水。法律应在特定的政治体制内运行，国家目的决定了法律的运行方式。从政治因素的角度研究司法制度，会发现大量的博弈与悖论。法律程序设计的变化在某种程度上可归因于权力的集中化程度、外行人参与司法过程的程度等因素。权力关系的多样化影响着法律制度之间的重要差异。达玛什卡教授提出，来自政治领域的因素应考虑在讨论范围内，应建构更符合现代政治体制运行的法律制度模型。相反，司法制度对政府的组织机构产生相互影响，各类涉及程序性权力的设计作用于技术化治理与政治制度中。审判结构的差异化、取证技术偏好的差异、自由裁量偏好、争议的大众视角等[2]，都会反作用于程序性权力的组织方式，进而倒逼政治制度的不断转型。此外，政府职能的不同定位催生不同的法律运行模式。政府管理主导论与维持社会平衡论存在较大差异，从中便可折射出两种法律程序的原型：政策实施型和纠纷解决型。政策实施型倾向于官方调查，纠纷解决模式倾向于竞

---

[1] ［美］罗纳德·J. 艾伦，乔治亚·N. 阿雷克萨科斯：《米尔健·达马斯卡学术观点的功用性和真确性》，胡之芳译，郑飞校，载《证据科学》2013 年第 21 期，第 688 页。

[2] 殷燕芳：《政治学视角下的司法程序魔方——读〈司法和国家权力的多种面孔〉》，载《经济视角（中旬）》2012 年第 4 期，第 140 页。

争式方式。本书将诉讼程序与政治意识形态之间的关系作为阐述的大背景，并将传统的职权主义与当事人主义理论放于更大的坐标体系，提出能动型国家的当事人主义成分。不同的诉讼阶段的实现需求与目的不一，同样会存在纠纷解决功能与国家政策实施功能的混合。能动主义与科层制模式大体契合，但也存在偶然情况下的冲突。司法活动的民主性与司法组织的专业化存在此消彼长的张力。所以本书提出了囊括二元又高于二元的理论建构。本书提出的新参照系为东西方法律运行模式的融合与互补找到了新的理论视域，也为以外行人主导的传统英国司法模式、美国司法系统的“法律中心主义”、俄罗斯革命早期的司法不当干预等模式找到了政治土壤。

（二）展现权力与程序的张力

在本书中，司法程序被定位成从社会生活的政治层面汲取信息的过程。国家权力在塑造司法程序的总体轮廓中举足轻重。然而，立法者根据当前国家权力运行现状制定的司法制度也会随着当前道德和文化背景、价值体系变化而不断变化，所以国家权力结构并非影响司法程序的唯一因素。作者提出，即使当下的国家权力体系是最适合当前司法程序运行的情况，但来自公权力与政府管理职能的因素终究只能是非唯一变量，作用于有限数量的司法程序。如果国家以被动回应社会矛盾、试图维持原社会秩序和解决纠纷为目标，那司法同样会存在被动性、回应性与自我节制性。法官不再主动主导整个司法程序，不对当事人程序诉求进行主动干预，不会主动要求追加诉讼参与人或补交证据，只会根据诉讼中了解的信息进行案件裁决。对应的纠纷解决型程序将决策主导权赋予当事人，使决策者处于“心智的处女地”，以“理想的白板状态”等待举证和论辩的双向过程开放。而当国家的目的是借司法程序实施国家政策时，当事人的“诉讼主宰者”地位则会被否认，公民无法自主决定是否放弃或主张起诉，政府官员须介入其中发挥积极主动的作用，其中公民的自我利益也不再是真正意义上的自我利益，需根据国家价值来判定。能动型司法不仅处理回应型司法囊括的剩余困难案件，也包括处理常规案件和容易案件。政策实施型的程序以主动寻求案件真相与准确信息为目标，官员被当作国家最终目标的促进者[1]，当事人双方的对抗性得到弱化，抗辩式程序

---

[1] 左卫民:《认真对待达玛斯卡》，载《读书》2011年第9期，第50页。

关系变得极不稳定，当证据问题的调查与争论时间被无限延长之时，原先所谓的真相主义便会与司法效率产生冲突。竞赛目的只是能动型政府的面具与偶尔采用的手段，但最终这样的成分将被稀释和去除，所有的竞赛表态最终不过是某种意义上的合作或和平调查，有组织的律师团体将会被禁止，律师自治组织将被改造成为司法系统服务的半官方机构，从而疏离律师与当事人之间的利益链条。这种绝对的能动型政府不能容许与其官方哲学相反的批评声音的存在。这便足以证明纯粹能动型模式在司法程序中的有限作用。更为温和的能动主义程序则应运而生，为官员之间的取证竞赛留足机会。在能动主义的环境下，国家常被作为良性力量，法官存在有限制的独立，但有时为了实体正义也不得不受到一定程度的司法外权力组织的干预。

四、混合的模式选择：我国科层式司法面孔的内在反思

读完本书，心中便会产生这样的疑问：我国总体司法程序模型定位是什么？中国的司法制度起源于中央集权的政治体制，科层型排外特性较为鲜明。国家赋予司法较多的政策实施功能，司法的工具性倾向较为明显。其司法目的局限于特定目的，亟待实现由政策实施型向解决纠纷型的转型。当前，随着社会主义法治国家与法治现代化建设的加快推进，引入更多协作式模式的特性以实现调和主义，便成为大势所趋。当前，较多司法现象中仍存在或多或少的行政化色彩，如四级法院职能的同一化、审执分离的模糊化、进入执行异议的行政化听证程序、人身保护令制度实施中的行政部门联动执行机制等。

（一）我国的科层式司法困境

根据《宪法》及《人民法院组织法》，人民法院系统上下级之间是监督关系，而非如同上下级检察院一般是领导关系。我国宪法肯定了上下级法院之间的监督与被监督关系，但未排除上级法院的司法行政权、司法监督权、财务权与人事权等。而此类行政管理权也缺乏法律明确界定，行政级别的高低在一定程度上会影响下级法院依法独立行使审判权。《人民法院组织法》和三大《诉讼法》初步确定了四级法院审理的案件类型和管辖范围，但对上级法院的司法行政权未加以规范，导致执行统管权、人事协管权、保障管理权等处于各自为政的状态，各地各级政

策不一，标准多散见于最高人民法院相关文件，未将司法行政管理权写入更高位阶的法律中，规制效果欠佳，宪法性法律文件未在其中发挥作用，难以实现法律统一适用。

法院组织内部系统纵向上包含层级较多，且内部涉及的部门与职权较为繁杂，既包括作为审判组织的独任法官、合议庭和审判委员会，也包括常设的各业务庭、审管办和审监庭等。从领导层级上看，领导职位可分为院长、副院长、庭长等，而在领导层级之下，则存在法院、司法行政人员、司法辅助人员等职位。各主体之间职能不同，其价值目标与利益基点也不尽相同，个人目标与组织目标可能存在偏离。法院对外以整体名义行使审判权，但在内部，审判活动主体的多元化与层级化频现。[1]合议庭、审委会与独任法官之间审判职能各异，参与时间不同。审委会作为疑难案件的审判机构，地位高于另外两者。在审判运行过程中，法院领导层既可通过担任法官参与审判活动影响案件结果，也可通过审判管理权或组织内部工作制度介入。虽然从当前民事诉讼法的相关规定上看，合议庭评议中各成员的表决权是平等的，表决实行少数服从多数，但从法院内部组织运行机制上看，合议庭成员权力较难独立行使，易受行政化管理制度的干扰和上级领导意愿的影响。审委会虽在原则上实行民主集中制，但也难以破除行政化因素的障碍。

但在实践中，科层制现象异常明显，行政权力的约束依然渗透到审判权中，上级对下级的审判工作的指导现象无处不在，行政管理权超出了上诉和再审范围，产生程序之外的影响力。上下级法院之间的请示答复制度将行政因素扩大化，也使审判监督权行政化。上级法院仍具有垂直管理的需要，下级人民法院也主动选择请示汇报，这在一定程度上剥夺了当事人的上诉权。请示批复制度属于非程序性的监督，其可以超越上诉与再审程序对司法裁量权进行压制。此类行政性的制度逻辑虽不是司法运行规律本身的产物，但损害了司法权威，将非正式规则效力扩大化，打破了一审庭审的原初法律效力。诉讼当事人无法参与质证辩论，难以实现审判结果合理化，当上下级法院之间已就处理结果实现预设与内部统一，上诉纠错的功能便形同虚设。

---

[1] 康雅倩：《新时代数字治理的主体性困境及其科层制破解》，载《理论导刊》2023年第3期，第20页。

（二）困境产生的内在因素

1．司法行政管理权受制约

上级法院在日常人事等行政管理权上有较大影响力。在司法政务方面，下级法院要在司法警察、司法统计、案卷管理等方面配合上级法院的工作。在司法人事管理方面，上级法院在法院领导以及法官的任命和晋升上的权限日益增大。虽然在人、财、物省级统管改革中，基层法院受党政机关影响降低，党政机关干预审判活动的情况有所减少。但法官遴选委员会和法官惩戒委员会的办公室设置在省一级高院。其以会议形式讨论日常事务，在无形中渗入了省一级高院对全省（自治区、直辖市）法官在任命、晋升和惩治方面的影响力。尽管在形式上二者半独立于高院，但在实际审判权运行中无不在施加影响力，此外，省一级高院在财政预算额度上对下级法院有一定的影响力，有损审判独立性。

2．上级对下级法院考核制度异化

上级法院对下级考核制度的异化催生出带有科层制色彩的审判监督制度。在审判制度改革前期，由于上级法院的改判和发回重审都会对下级法院的审判质效、考核结果造成不利影响，甚至成为启动法官违法责任追究以及认定裁判结果错误的参照，考核标准上的压力导致下级法院难以实现完全意义上的独立审判。此外，行政管理权的控制力无不渗入下级法院审判权运行中[1]，信访问题、人才队伍、绩效考核、硬件装备、宣传效果等各方面指标都被列入考核指标中[2]，随着司法改革的深入，高院考核排名、有罪判决率、结案率、上诉率、改判率、发回重审率等指标不断被取消，审判权运行中的行政化不断被破除，但此类政绩考核仍屡见不鲜，影响下级法院法官司法审判。

3．司法巡查范围的模糊化

司法巡查的主体是上级法院，巡查范围包括组织建设、业务成效以及司法队伍等情况。最高人民法院出台的《人民法院司法巡查工作规定》明确了司法巡查制度，加深了上级对下级的监管强度，无论是在审判业务方面，还是在人事财务

[1] 赵宇：《司法程序的政治维度——读〈司法和国家权力的多种面孔〉》，载《贵州警官职业学院学报》2009年第5期，第81页。

[2] 宋协娜：《再制度化与格局建构：信访治理的创新路径——基于〈信访工作条例〉的考察》，载《中共中央党校（国家行政学院）学报》2023年第1期，第110页。

以及行政事务方面，司法巡查都会涉及。通过司法巡查，上级法院强调下级法院应实现合法合理办案，并在审判实务中不断实现机制创新，实现司法资源利用率最大化。最高院、高院以及中院通过这一制度，强化对下级法院各项工作的监管。这种监督从主体、行为方式和后果的角度看，都带有较强行政性的因素。

（三）我国司法程序模式的转型进路

重新回到达玛什卡教授的文字中，比较的过程是一项制度自我定义和重新定位的过程。而这项比较不仅涉及中外，也涵盖我国各个法院层级。顶层设计改革需求与基层法院存在个性化差别。各个法院之间的组织架构、运行模式、人才队伍、工作程序、审判职能、现实情况都存在较大差异。进一步减少科层化模式带来的负面影响、注入协作制的平等特性，设计一套符合本地区实情的内部制度体系显得至关重要。各级法院应发挥自身主观能动性[1]，不断去进行大胆探索与试点。在不违背法律原则性规定的前提下，各级司法机关应可自行确定对司法机关派出机构的设置、内部机构的调整和职权划分以及办案组织的设立和权限等内部体制范围内的事项进行改革。实现审判权与诉权的协调配合，实现维护当事人合法权益与制约审判权滥用的统一。此类基层司法体制改革从内在动因上打破了司法程序模式的“旧范式”——倾向实施国家政策的政策实施型程序，更倾向于解决个案纠纷，不断推进转向纠纷解决型程序的范式革命。唯有从自身制度土壤出发，才能实现“身处四海而宾至如归”的效果，这不是简单的复制与照搬，而是政策司法体制的不停试探与摸索。

实现金字塔式的审判模式向扁平化管理模式的转型。合理界定法院不同角色的职权范围，精简办案组织，选拔业务能手担任审判团队的领导者，进一步凸显独立裁判的地位，从而实现“让裁判者负责”，进一步提升审判团队的专业性与职业化，将裁判权集中于主审法官和合议庭手中，逐步弱化行政审批色彩，努力回归司法规律，实现审判统一、权责一致，落实办案责任，限制提交审委会的重大、疑难、复杂案件的程度与范围。建立科学可行的考核体系，落实办案责任机制，对审判主体的责任体系、追责程序、追责形式等方面进行一系列改革探索。

---

[1] 丰旭泽：《论通过司法程序制定公共政策——兼论最高人民法院司法解释模式的转型》，载《政治与法律》2015 年第 1 期，第 138 —143 页。

设立多维度的考评指标，包括结案率、瑕疵案件数量、发改率、撤诉率等，实现各类指标量化记录，构建责任发现、责任界定、责任追究的衔接体系，实现案件质量评查与纪检监察部门的有效对接。此外，应建立审判权、行政权的权力清单，明确各项权力和责任，避免因权力错配产生的权力真空与权力滥用。

在本书的分析框架中，我国的司法环境程序特性与科层式模式更为契合，能动型政府在其中发挥制动作用。这与英美程序环境下的协作型模式存在较大区别，对应的回应型政府注重平等的权力结构，需要具有强大生命力的法律职业共同体助推。不同的政治传统催生不同的司法程序，切忌生搬硬套，而应充分结合制度背景、先决条件、共同体要素、民众司法感受度、各国对于程序正义与实质正义的不同理解、移植后的困境与生存空间等要素审慎移植，否则容易产生实施扭曲与水土不服。程序选择不仅应彰显当事人的程序参与性，而且应强化程序的独立价值。多元化纠纷解决机制是程序选择和纠纷解决的天然调和物，在科层化的基底上引入协作制因素，才能更好地保障程序选择权与审判权的同时实现。

论科学证据实质性审查的基本理论及发展现状

——读《证据法：文本、问题和案例》

刘朝源 *

引言

随着现代科技的不断发展，科学证据逐渐进入法庭，成为证明案件待证事实、促成公正审判结果产生的重要依据。我国法律未就科学证据或科技证据的概念进行明确界定，学界对于科学证据的内涵和外延的界定存在争议。如何家弘认为科学证据是物证以及相关的司法鉴定结论❶；邱爱民认为科学证据是指存在于法律事务过程中的，具有科学技术含量、能够证明案件事实或者证据事实的各种信息❷；再如杜志淳、廖根为认为科学证据是在发现、收集、固定或者鉴定过程中需要借助一定的科学原理和技术方法的证据❸。笔者认为，前述后两者对科学证据进行界定的方式较为合理，而将定义中的属概念“信息”“证据”替换为“意见证据”更为准确。随着科学技术的发展，科学证据无法被局限地划分进现有法定证据种类，需要从其自身所具备的特殊属性，即其所具备的科学性、主观性出发对其进行界定。也正是因为其所具备的特性，在对其进行审查判断时，会出现和审查普通证据不同的问题。如由科学性带来的结果不确定性、由主观性带来的裁判随意性等局限性因素，最终都会影响审判结果的公正与否。

科学证据这一概念与鉴定意见、专家证言存在一定的区别。从广义上来讲，大陆法系国家的鉴定意见与科学证据同义，二者均以科学知识为基础。但是具体

---

* 中国政法大学 2020 级证据法学硕士研究生。

❶ 参见何家弘：《法苑杂谈》，中国检察出版社 2000 年版，第 150—155 页。

❷ 参见邱爱民：《科学证据的内涵和外延的比较法分析》，载《比较法研究》2010 年第 5 期，第 95—103 页。

❸ 参见杜志淳，廖根为：《数字证据、电子证据、科学证据、电子记录概念比较分析》，载《中国司法鉴定》2011 年第 4 期，第 64—68 页。

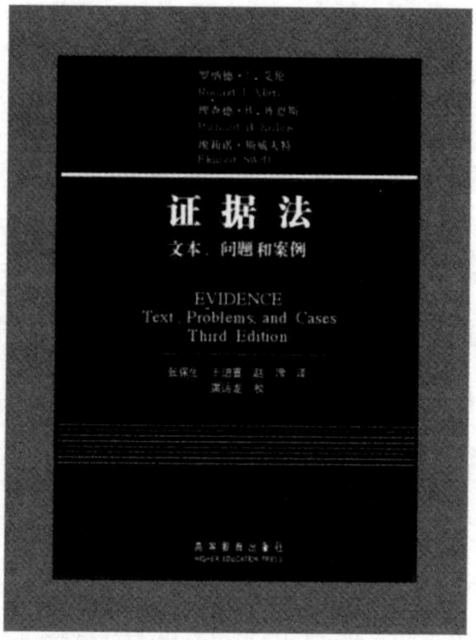

［美］罗纳德 · J. 艾伦等：《证据法：文本、问题和案例（第 3 版）》，高等教育出版社 2006 年版

到不同的国家，因为鉴定形式的不同存在差异。如在德国，负责鉴定的专家仅提供专业性的知识，不使用专业知识进行事实认定，更不通过事实认定推导结论。在这种情况下，鉴定用于解答法官疑惑而非证明案件事实，形成的“鉴定意见”范围要大于前述的科学证据；而在日本，鉴定作为一种证明方法，所形成的鉴定意见可以直接用于证明案件待证要件事实，除这部分鉴定意见可以称之为科学证据外，拍照、采集体液等科学侦查手段取得的结果也可以纳入科学证据的范畴，因此鉴定意见的范围要小于科学证据。❶ 在我国，鉴于鉴定同样作为一种证明方法，而侦查取得的结果则被划入侦查实验等笔录中，鉴定意见的范畴基本与科学证据相同。也有学者认为，在我国，鉴定意见就是科学证据的表现形式。❷ 就英美法系国家的专家证言而言，其包括的范围要大于科学证据。因为英美法中的“专家”范围十分广泛，除了掌握某种科学知识的“科学型专家”，还包括了掌握某种行业知识的“非科学型专家”。❸ 不同类型的专家所提供的证言存在差异，“科学型专

❶ 参见张斌：《论科学证据、专家证言、鉴定意见三者的关系》，载《证据科学》2012 年第 1 期，第 38—39 页。

❷ 参见张南宁：《科学证据论》，载《证据科学》2019 年第 3 期，第 266 页。

❸ 参见苏青：《鉴定意见概念之比较与界定》，载《法律科学（西北政法大学学报）》2016 年第 1 期，第 155 页。

家”提供的证言毫无疑问可以作为科学证据，而“非科学型专家”提供的证言是否能作为科学证据则存在争议。因此，严格来看，专家证言的外延要广于科学证据。在后文的论证中，笔者对于鉴定意见、专家证言的讨论将被限定于和科学证据同义的范围之内。

近年来，随着庭审实质化改革的深入推进，我国司法实务中对科学证据的审查方式也逐渐从只进行形式性审查过渡到开始进行实质性的审查。但是，法官在进行实质性审查过程中仍存在一些问题。法官应当如何对于呈递的科学证据进行实质性审查，以及实质性审查这一审查方式是否适合于当下我国的司法环境，仍然有待进一步观察、思考和完善。笔者撰写本文的目的，就是拟结合现有文献及国内法律法规厘清科学证据的实质性审查的概念、地位、意义及我国的发展现状，为后续找出问题所在，提供对科学证据实质性审查的要求、内容、方法配套措施及发展前景的初步构想奠定基础，以期为法官准确、合理地对科学证据进行实质性审查、促进公正审判结果的产生提供一定的思路。

一、科学证据的实质性审查的基本理论

（一）科学证据实质性审查的概念

所谓科学证据的实质性审查，是指法官作为审查主体必须切实地理解科学证据，鉴定人、专家辅助人要以法官可以理解的方式向其提供科学证据形成所依赖的科学知识、原理、方法，法官对科学证据本身的产生和形成进行理解，深刻认识其与案件待证要件事实之间的关联。其所对应的审查判断模式被称为教育模式。与之相对的科学证据的形式性审查，则是指法官只审查鉴定人是否具有相应的资格、鉴定人提出鉴定意见、生成科学证据的过程是否符合法律规定的程序以及检材、样本的提取是否符合规范等，对于科学证据本身不做深入的审查和判断，对于其形成的背后原理不予了解和评价，也即法官将科学的部分全部交给鉴定人，而自己只对法律的部分负责。这种审查判断的模式也被称为遵从模式。[1]

---

[1] 参见［美］罗纳德 · J. 艾伦等：《证据法：文本、问题和案例（第 3 版）》，高等教育出版社 2006 年版，第 756 —757 页。

从上述概念不难看出，对科学证据进行实质性审查是一种以法官较高程度理解科学证据为目标的审查方式，实际上包含法官对科学证据的可靠性和相关性进行审查。审查过程主要是判断科学证据能在多大程度上证明案件事实的过程，也即判断科学证据的证明力的过程。❶论及笔者把“对可靠性和相关性的审查”称作“实质性审查”的原因，笔者认为对此处“实质性审查”的解释不能脱离法官仅掌握法学知识，事前对科学知识一无所知的前提。其审查难度仍然小于掌握科学知识的专家对于科学证据“实质性”的掌握与运用，即法官无须像专家一样具有生产科学证据、解决科学问题的水平；而是在涉及科学证据证明的部分成为争议焦点或专家提供的科学证据存在冲突时，法官能够在一定程度上理解各方专家提供的专业意见，从而形成自己对相关事实认定问题的心证。❷而对可靠性和相关性的审查正是法官理解科学证据的两大抓手，其本质上仍是从法院审判的角度出发去理解科学证据在证明待证要件事实中发挥的作用，最终目的仍是为法官准确认定案件事实进行服务。

1．对科学证据可靠性的审查

对科学证据可靠性的审查基于其所具备的科学性、主观性。所谓科学性，也可以称之为科技性，是指科学证据需要借助一定的科学技术手段发现、收集、保全、形成，这就决定了最终呈现出的科学证据蕴含一定的科学原理。❸科学性是科学证据的本质属性，也是其区别于其他证据的特殊属性。鉴于人类有限理性的存在，不是所有现象都可以在当下被解释❹，认识活动的长期性与司法实践活动的短期性存在矛盾，故而科学证据需要被限定在人类理性能够认知的范围内，从而为法官进行事实认定服务，否则会陷入审判结果的不确定之中。同时，科学证

❶ 在采用陪审团审判的英美法系国家，对科学证据可靠性和相关性的审查主要是为解决可采性的问题。参见张保生主编：《证据法学》，中国政法大学出版社 2018 年版，第 261 页。而在我国，对科学证据可靠性和相关性的审查主要是为了解决证明力的问题，即科学证据能否最终被作为定案根据的问题。对合法性的审查主要是为解决证据的证据能力问题，即科学证据是否具有法庭准入资格的问题。参见陈瑞华：《刑事证据法》，北京大学出版社 2021 年版，第 132—147 页。

❷ 参见金自宁：《作为科学证据的环境损害鉴定评估——基于环境司法案例的考察》，载《法学评论》2021 年第 5 期，第 157—160 页。

❸ 参见陈学权：《科技证据论：以刑事诉讼为视角》，中国政法大学出版社 2007 年版，第 52—53 页。

❹ 参见［德］汉斯·波塞尔：《科学：什么是科学》，李文潮译，上海三联书店 2002 年版，第 153 页。

据还是集客观性和主观性于一身的证据，这也是由其意见证据的属性决定的。客观性是指其在一定程度上能客观反映事实的真实情况，主观性则是指在科学证据的生成过程中或者法官等事实认定者对其进行评价的过程中，难免会因为人对事物认知的差异、偏见及人自身的诚实性品质等因素的影响[1]，可能导致裁判的随意。因此，事实认定者需要对科学证据的可靠性进行审查，也即审查科学证据形成所依赖的技术方法和科学原理是否可靠以及运用相应方法、原理形成的推论是否可靠。这既能够避免科学的漫无边际影响事实认定，同时也能使人的因素在证明活动中的影响减弱。在对科学证据进行采纳和采信的过程中[2]，该证据的可靠性都将面临审查，而在采信阶段，该种审查主要表现为对科学证据真实性的进一步审查[3]。

2．对科学证据相关性的审查

而相关性，或者说关联性，则是指证据与待证要件事实之间具有证明关系，有助于法官审查判断事实发生之可能性的属性。[4]相关性作为证据的根本属性，是科学证据同其他证据的共有属性，其包含法律上的相关性和经验上的相关性两个要素。[5]其中法律上的相关性是指能从要件事实推导出案件诉讼主张所需的要件，这种要件是由法律预先规定的；而经验上的相关性则是指证据及其包含的证据事实的成立能使接下来的推断性事实及最终的待证要件事实更可能或更不可能发生。对相关性的审查贯穿于采纳和采信的两个阶段。如果科学证据对于证明案件待证要件事实具有作用，使该事实更可能发生或更不可能发生，则满足了上述两个要素，该科学证据具有相关性，而该事实更可能或更不可能发生的程度则体现出证据证明力的强弱，影响法官最终采信该科学证据。[6]也有学者将对科学证据相关性的审查看作对诉讼性的审查，其主要是从科学证据具有诉讼争议性、服务于诉讼、

[1] 参见张南宁：《科学证据论》，载《证据科学》2019年第3期，第274页。

[2] 在没有陪审团的法官审判中，对证据采纳和采信的区分没有那么明显，但仍有某些差别。参见张保生主编：《证据法学》（第三版），中国政法大学出版社2018年版，第21页。

[3] 参见杨建国：《论科学证据可靠性的审查认定——基于判决书中鉴定结论审查认定的实证研究与似真推理分析》，载《中国刑事法杂志》2012年第1期，第105页。笔者认为这里的“真实性”与“可靠性”同义，只不过在采信阶段，法官对于可靠性审查的力度更大。参见陈瑞华：《刑事证据法》（第四版），北京大学出版社2021年版，第134页。

[4] 参见张保生主编：《证据法学》（第三版），中国政法大学出版社2018年版，第14页。

[5] 参见陈瑞华：《刑事证据法》（第四版），北京大学出版社2021年版，第138页。

[6] 参见张保生主编：《证据法学》（第三版），中国政法大学出版社2018年版，第24页。

受制于诉讼规则的角度出发所进行的界定。[1]

综上所述，对科学证据进行实质性审查实际主要是对科学证据证明力的审查，也就是对可靠性和相关性的审查；对可靠性和相关性的审查决定着科学证据本身能否被作为定案根据，同时也影响着科学证据在证明案件待证事实过程中发挥的作用大小。厘清这一点，有利于明晰对科学证据进行实质性审查的范围，为后文相关问题的研究奠定理论基础。

（二）科学证据实质性审查的地位

在对科学证据进行审查判断的全过程中，对于科学证据的实质性审查处于何种位置，其与形式性审查的关系如何，法官应当在何种情况下启动对科学证据的实质性审查？

回到前文所述的两种审查模式。在遵从模式下，法官将对科学证据实质性审查的难题交给了专家，完全听从鉴定人和专家辅助人的意见，仅就科学证据进行形式性审查，这种形式性审查也可以被称作合法性审查，或者说对证据能力的审查。在法律对于科学证据的生成过程及鉴定人、专家辅助人出庭作证应当遵循的程序已经进行了规定的前提下，法官仅需参照法律规定这一大前提，遵循演绎推理的逻辑进行审查，相应的审查难度较小，也较少会出现问题。当然，这一假设的成立建立在相关法律规定已经非常成熟，鉴定人、专家辅助人也完全遵循法律规定的前提下。与之对应，在教育模式下，法官虽然总体上恪守被动性原则[2]，但是具有一定的主观能动性，其不完全相信来自某一方专家的意见，而是从事实认定的争议焦点出发主动理解科学证据对于证明案件待证要件事实的作用。此时法官希望得出的结论为待证要件事实成立，或者说支持某一方当事人的事实主张。[3]而从现有的科学证据出发，需要借助推论链条推导出结论。在运用证据推导出推断性事实进而推导出待证要件事实的过程中，需要运用以经验为基础的概括。这里的经验包括了一般经验、科学知识及原理。推导过程中镶嵌了一个或数个概括

---

[1] 参见苏青：《鉴定意见概念之比较与界定》，载《法律科学（西北政法大学学报）》2016年第1期，第158—159页。

[2] 参见龙宗智：《庭审实质化的路径和方法》，载《法学研究》2015年第5期，第148页。

[3] 参见张中：《法官眼里无事实：证据裁判原则下的事实、证据与事实认定》，载《浙江工商大学学报》2017年第5期，第25页。

作为大前提，科学证据或前一推断性事实作为小前提，后一推断性事实或要件事实作为结论的演绎推理。❶（见图 1）法官要确保各个大前提和小前提无误，依据推论链条推导出结论，就必须接受来自专家的教育。❷但是这种教育不能是“填鸭式”的，而应当是具有问题意识的，最终的教育成果应当是法官准确认定了待证要件事实。可以看出，实质性审查事实上是经验性的审查，这也遵循了对证明力审查的一般规律。❸只不过这种经验不再仅包括普通人具有的一般经验理性或者法官应当遵守的职业道德伦理，而是涉及了科学原理、技术方法及相应的推理过程。鉴于法官事先并不知晓相应的科学知识，实质性审查的难度更大，也较容易出现问题。问题可能出现于从专家对法官进行教育到法官形成心证的全过程中。

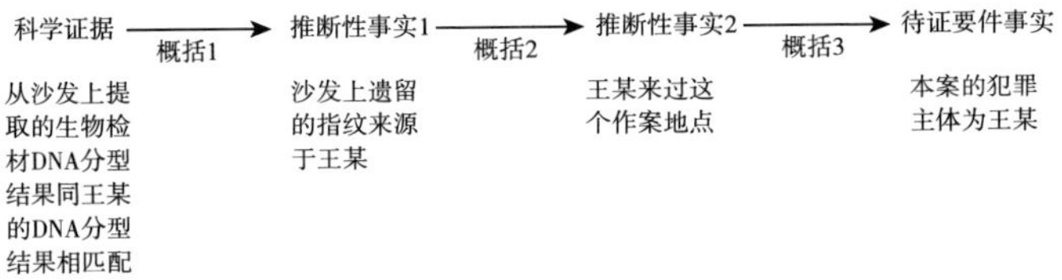

概括1:人类个体的DNA遗传信息具有唯一性、稳定性的特点: 每个人DNA具有差异性，不同生物物种的DNA具有自己独特的碱基组成；没有组织器官特异性；碱基序列不随年龄、营养状态或者环境变化而改变。（科学知识、原理）
概括2: 罪犯会在作案地点留下指纹。（一般经验）
概括3: 在某个时段内，除了被害人陈某与王某之外，没有其他人来过这个作案地点。（行业知识，由保安所掌握，为广义的科学知识所包含，不在本文讨论范围之内）
注：本例仅运用于展示科学证据证明待证要件事实的推论过程，因此可能存在不精确之处。

图 1　推论链条

综上所述，可以看出在对科学证据的审查判断中，实质性审查作为一种需要运用法律之外专业知识展开的审查方式，对法官来说处于难度较高的层级。故而法官一般会先易后难，选择先就科学证据进行形式性审查❹，或者干脆只进行形式性审查。从“成本—收益”的角度来看，实质性审查需要法官付出较高的学习成本，其所获得的收益——更为准确认定案件事实带来的职业荣誉感及错判可能性的

❶ 参见张保生主编:《证据法学》(第三版)，中国政法大学出版社 2018 年版，第 25 页。

❷ 科学证据作为一种意见证据，有时候本身即包含推断，如有鉴定意见直接显示“沙发上遗留的指纹来源于王某”，此时在实质性审查过程中，法官仍需遵循演绎推理的逻辑，去审查鉴定意见暗含的推断是否正确。

❸ 参见陈瑞华:《刑事证据法》(第四版)，北京大学出版社 2021 年版，第 124 页。

❹ 此处的形式性审查与前文所述的形式性审查有不同的含义。前文所述形式性审查是指在遵从模式下，法官仅就科学证据的证据能力问题进行审查；此处形式性审查脱离了审查的唯一性，后续如果开展实质性审查，可能还会就科学证据的证明力作进一步审查。即此时形式性审查和实质性审查不是非此即彼的关系，而是层层递进的关系。

降低不一定高于只进行形式性审查带来的结案效率。在这个意义上，我们可以说实质性审查实际上处于较为劣后的位置，它是法官出于公正结果考虑所进行的一种审查。仅当进行形式性审查无法满足准确认定事实的需要时，实质性审查的启动才成为必要。事实上，对于民事诉讼中，针对虽然需要使用科学证据，但当事人对于科学证据所证明的待证案件事实无异议或者虽然有异议但是无法提出相应理由的情形，出于诉讼经济的考量，法官无须就科学证据进行实质性审查。❶此时，一方当事人进行的自认使对科学证据进行实质性审查失去意义。而在刑事诉讼中，对于不适用简易程序、速裁程序进行审理的相关案件，准确认定案件事实、公正合理裁判成为更具有优先级的价值取向。此时，实质性审查就具有了和形式性审查同等的地位，两种审查方式均为对科学证据进行审查判断的必要方式。但是在具体案件中如何把握对实质性审查的力度，相应的诉讼效率牺牲至何种程度，仍是在审查过程中需要进行考虑的问题。

（三）科学证据实质性审查的意义

从上述概念及地位的阐释中，不难看出对科学证据进行实质性审查具有重要的实践意义。审查的最终目的是使法官能够利用好科学证据准确认定案件事实，为正确适用法律、得出公正审判结果奠定基础。而从审查面临的外部环境出发，也可以总结出对科学证据进行实质性审查的宏观意义，即对科学证据进行实质性审查是庭审实质化改革的重要环节，同时对于改革的进一步推进有着促进作用；对科学证据进行实质性审查还可以适应法庭事实认定科学化的需要。

1．有利于法官准确认定案件待证事实

证据是与待证事实相关的信息❷，其本身并不等于客观事实，自身仍有待确证。❸而事实又是由真实可靠的证据证明为真的命题。❹从这个角度来看，证据要想发挥证明案件待证事实的作用，就必须保证其自身的真实可靠性和其与待证事实之间的相关性。证据可靠性和相关性的保证是案件待证事实得以证明的必要条件，

---

❶ 参见金自宁：《作为科学证据的环境损害鉴定评估——基于环境司法案例的考察》，载《法学评论》2021年第5期，第157—158页。

❷ 参见张保生主编：《证据法学》（第三版），中国政法大学出版社2018年版，第11页。

❸ 参见刘静坤：《证据审查规则与分析方法：原理·规范·实例》，法律出版社2018年版，第12页。

❹ 同上书，第8页。

但不是充要条件。

具体到科学证据领域，在科学证据满足“具有合法性”这一形式要件之后，将获得准入法庭的资格；对于已进入法庭审判而不具有合法性的科学证据，将不会被作为定案根据。❶在法庭审判过程中，对科学证据可靠性和相关性的审查使得真实可靠、与案件待证事实相关的科学证据满足“证据确实”的条件，成为定案的依据。换言之，对影响科学证据确实与否的种种相关因素进行审查能有效避免大部分具有错误可能的科学证据被作为定案依据。❷如果法官综合全案证据，证据的充分性达到了相对合理的状态，法官将进一步进行证据区分度的判断，法官采用优势证据标准或排除合理怀疑标准合理分配可能存在的剩余误判风险，此时“证据确实充分”，科学证据根据其具备的证明力就发挥了促进整个案件事实得以认定的作用。❸在这个意义上，如果不对科学证据进行实质性审查，“证据确实”的裁量权就落到了科学证据的生产者——鉴定人手中，在其生产的科学证据只满足形式要件而不能满足实质要件——具有可靠性和相关性时，科学证据无法“确实”，更难说“充分”。待证事实得不到“确实充分”证据的证明，事实将处于真伪不明的状态，极有可能最终导致错误的审判结果，酿成冤假错案。

因此，对科学证据的实质性审查是对科学证据证明案件待证事实这一过程中每一个要素的审查，包括对科学证据本身的审查、对其与案件待证事实之间关系的审查，审查的结果将决定其是否能被用于证明案件待证事实。法官对科学证据实质性审查的要求、内容、方法把握越精准，其对于案件事实的认定也会越准确。

2．有利于庭审实质化改革的深入推进

庭审实质化改革作为“以审判为中心”诉讼制度改革的重要内容，其基本目标是“保证庭审在查明事实、认定证据、保护诉权、公正裁判中发挥决定性作用”❹，消除庭审虚化的现象❺。其中，加强法庭调查，改善举证、质证和认证是实

---

❶ 参见陈瑞华：《刑事证据法》（第四版），北京大学出版社2021年版，第142页。

❷ 参见樊崇义、锁正杰等：《刑事证据法原理与适用》，中国人民公安大学出版社2003年版，第171页。

❸ 参见李昌盛：《证据确实充分等于排除合理怀疑吗？》，载《国家检察官学院学报》2020年第2期，第115—117页。

❹ 参见《中共中央关于全面推进依法治国若干重大问题的决定》，转引自龙宗智：《庭审实质化的路径和方法》，载《法学研究》2015年第5期，第139页。

❺ 参见汪海燕：《论刑事庭审实质化》，载《中国社会科学》2015年第2期，第104页。

现庭审实质化的重要举措之一。❶

在涉及对科学证据进行调查的案件中，法官对科学证据的实质性审查实际上是进行实质性认证的过程，其和实质性的举证、质证共同服务于庭审实质化的目标。对科学证据的实质性举证要求一证一举；对于出于诉讼效率考量必须进行批量举证的案件，也应要求重点举证，这将使得所有对案件有利的科学证据都进入法庭视野。而对科学证据进行实质性质证则意味着一证一质；在涉案科学证据较为复杂的情况下，要求充分发挥庭前会议的作用，使得各方当事人做好质证准备；在庭审中对科学证据特别是对其证明力的质证主要放在法庭调查环节，坚持直接言词原则，有效、充分的质证使得科学证据的自身属性更加明晰，更有利于法官判断其证明资格及证明力，决定最终是否将其作为定案的依据。而实质性认证则要求法官在尽力理解科学证据的情况下，对于当庭宣判的案件，法官进行当庭认证；对于不当庭宣判的案件，法官也应当在庭审中对科学证据进行适当评价；同时，最终在裁判文书中显示的认证结论应当是经合议庭认证的结果。❷

综上所述，法官对科学证据进行实质性审查的基础是法庭对科学证据进行了实质性的举证、质证。这种审查主要通过庭审过程完成，也即法官在与其他诉讼参与人的互动中进行的审查，而非是在例外情况下对案卷笔录进行的审查。❸作为庭审实质化改革的重要组成部分，科学证据实质性审查的有效进行将有利于改革的进一步推进。

3．有利于适应事实认定科学化的需要

达马斯卡曾指出正在演进的事实认定科学化问题是证据法领域在当下这个时代所需要探讨、解决的问题。所谓事实认定科学化，是指在越来越多的案件中，法官查明案件事实需要运用科技手段，科技这一人类感官之外的辅助工具发挥的作用越来越大。❹

而科学证据的审查问题正是事实认定科学化问题的具体体现之一。在法官无

---

❶ 参见龙宗智：《庭审实质化的路径和方法》，载《法学研究》2015年第5期，第145页。

❷ 同上书，第145—148页。

❸ 参见褚福民：《案卷笔录与庭审实质化改革》，载《法学论坛》2020年第4期，第91页。

❹ 参见［美］米尔建·R.达马斯卡：《漂移的证据法》，李学军、刘晓丹等译，中国政法大学出版社2003年版，第200页。

法仅依赖常识和传统的证据审查方法应对大量具有科学性、经验性的信息时[1]，对科学证据的误解与盲从就成了司法审判活动中的常见现象。[2]在选择对科学盲目崇拜的那一刻，事实认定的准确与否就成了无法判断的问题。此时，寻求新的、特殊的证据审查方式就成为解决科学证据审查问题的应有之义。在这个意义上讲，对科学证据的实质性审查是适应事实认定科学化需要的审查。这种审查方式不仅要求法官掌握社会一般人所具有的常识，即经验法则，而且要求法官能在一定程度上理解涉案证据及其作用于事实推断过程中所包含的科学知识、原理。这似乎并不符合人类现代社会分工高度精细化的安排，也不符合法官仅解决法律问题的传统认知观念。也有人可能会提出，现有制度安排中的专家辅助人足以使得科学证据得到充分有效的理解与运用。笔者认为，上述观点有一定的道理，但是秉持上述观点是否足以应对当前我国复杂的司法实践情况则有待商榷。从司法资源及现有制度设计的角度来看，在无法实际保障鉴定人等专家的意见万无一失的情况下，法官对科学问题进行理解耗费的成本是为获取“事实真相的还原”这一收益服务的。纵然法庭审判依然讲究明确的角色分工，但是各角色依然需要理解其他各方所做的事情，形成良性互动。在我国采用的控辩式庭审模式下，法官对于事实真相的发现所起的主要作用，就在于理解整个举证、质证的过程，最终能够进行准确认证。因此，法官需要去理解科学证据本身。在专家辅助人辅助理解过程的前提下，法官自身对证据审查的把控也将有助于事实的准确认定。[3]至于是否要选择司法的专门化——直接设置专案法官，使其具备专门性的知识，又是另一个值得讨论的问题。笔者认为，同样要视我国司法资源、法治环境而定。至少在当下，在高昂的培训成本、与日俱增的案件量等因素的影响下，科学法庭、专案法官的设立条件并不具备。

---

[1] 参见［美］米尔建·R.达马斯卡：《漂移的证据法》，李学军、刘晓丹等译，中国政法大学出版社2003年版，第201页。

[2] 参见张中，石美森：《论科学证据的证明力》，载《证据科学》2012年第1期，第14页。

[3] 有学者曾指出，支持律师、检察官通过法律理性对专家意见的质证过程进行控制，是其避免法庭审判陷入科学专业论战的职责所在。参见张保生、董帅：《中国刑事专家辅助人向专家证人的角色转变》，载《法学研究》2020年第3期，第175页。笔者同意这种观点，同时认为发挥法官在对科学证据进行实质性审查过程中的作用，同样也有上述功效。

二、我国科学证据实质性审查的发展现状

（一）立法现状

在立法层面，我国关于科学证据的实质性审查的规定虽然较之前有所完善，但是仍存在规定较少、相关规定不够具体、缺乏可操作性等问题。在刑事诉讼领域，2021 年 3 月 1 日起施行的《最高人民法院关于适用〈中华人民共和国刑事诉讼法〉的解释》第五节就作为科学证据表现形式之一的鉴定意见的审查与认定进行了规定，其中第 97 条除了主要就“鉴定机构和鉴定人是否具有法定资质”等形式性审查规则进行了规定外，还将“鉴定的过程和方法是否符合相关专业的规范要求”“鉴定意见与案件事实有无关联”纳入着重审查内容的范畴，体现出立法开始对科学证据的实质性审查予以重视；第 98 条规定不得作为定案根据的情形中，也列入了“鉴定过程和方法不符合相关专业的规范要求的”“鉴定意见与案件事实没有关联的”等情形，有利于实质性审查活动的开展。而在此之前施行的《关于办理死刑案件审查判断证据若干问题的规定》第 23 条、第 24 条也体现出对科学证据进行实质性审查的要求。在民事诉讼领域，2019 年修订后的《最高人民法院关于民事诉讼证据的若干规定》第 36 条也将“鉴定所依据的原理、方法”列入了鉴定意见的审查内容，并未就鉴定意见未说明依据原理和方法、说明不全或产生错误而产生的法律后果进行规定，只是在第 40 条规定“鉴定意见明显依据不足的”，“当事人申请重新鉴定，人民法院应当准许”。在行政诉讼领域，2002 年施行的《最高人民法院关于行政诉讼证据若干问题的规定》第 30 条规定，“鉴定意见明显依据不足的”，“当事人对人民法院委托的鉴定部门作出的鉴定结论有异议申请重新鉴定，人民法院应予准许”。第 32 条将“鉴定时提交的相关材料”“鉴定的依据和使用的科学技术手段”“鉴定的过程”等列入了审查内容，并在该条第 2 款列明“前款内容欠缺或者鉴定结论不明确的，人民法院可以要求鉴定部门予以说明、补充鉴定或者重新鉴定”，体现出一定的实质性审查倾向。

（二）司法现状

在司法层面，鉴于我国司法实践一向轻视对于科学证据的实质性审查，科学证据无法实际发挥证明案件待证要件事实的作用，甚至出现误导审判的情形。在

刑事诉讼领域，陈永生曾经过对全国 20 起刑事冤案样本进行分析，发现其中有 15 起案件在鉴定方面存在问题，概率高达 75%。[1] 如在念斌案中，在对俞丙的尿液、心血和俞乙的尿液、心血和呕吐物检材的检验过程中，鉴定机构未按照专业规范要求进行“空白”对照检验，难以从根本上排除该检材被污染的可能。而在法官进行审查时因对相关原理的不了解，忽视了对科学证据可靠性的审查，从而影响了公正审判。[2] 又如呼格吉勒图案中，刑事科学技术鉴定证实，呼格吉勒图左手拇指指甲缝内附着物被检出是 O 型人血，与被害人的血型相同，呼格本人则是 A 型血。由此办案人员认定呼格指甲缝里的人血就是被害人的血迹，把该技术鉴定作为认定呼格杀人的重要科学证据。这就是把种类认定当作同一认定。种类认定不具有排他性和唯一性，也就是说 O 型血的人成千上万，仅凭血型是不能证明呼格对被害人实施了杀人行为的。[3] 正是由于办案人员错误地利用了鉴定意见，导致了冤案的产生。再如杜培武案中，法官依据气味鉴别、泥土化学成分分析、拉曼测试、测谎试验等产生的科学证据认定了杜培武故意杀人罪的罪行，但是最终发现上述科学证据存在检材来源不清、测试结果与案情没有直接关联性等方面的问题。科学证据运用上的错误再次成为冤案产生的原因之一。[4] 由此，可以看出如果没有相关实质性审查规则的指引，法官不掌握一定的审查方法，就很难利用好手中的科学证据，无法使其发挥准确认定案件事实的作用。在民事诉讼领域，科学证据的实质性审查同样存在重视程度不够的问题，但是已经存在法官学习案涉科学知识，将其对科学证据的理解写入裁判理由的现象。[5] 在行政诉讼领域，也存在着法官忽视对科学证据的实质性审查，甚至刻意回避的问题。[6]

---

[1] 参见陈永生：《我国刑事误判问题透视——以 20 起震惊全国的刑事冤案为样本的分析》，载《中国法学》2007 年第 3 期，第 53 页。转引自李庚强：《论科学证据的证明力——以念斌案为视角的研判与运用》，载《铁道警察学院学报》2016 年第 4 期，第 104 页。

[2] 参见李庚强：《论科学证据的证明力——以念斌案为视角的研判与运用》，载《铁道警察学院学报》2016 年第 4 期，第 104 页。

[3] 参见卢建平：《呼格吉勒图案的历史反思》，载《中国法律评论》2015 年第 1 期，第 27 页。

[4] 参见房保国：《科学证据的失真与防范》，载《兰州大学学报（社会科学版）》2012 年第 5 期，第 107 页。

[5] 参见金自宁：《作为科学证据的环境损害鉴定评估——基于环境司法案例的考察》，载《法学评论》2021 年第 5 期，第 159 页。

[6] 参见张广、戴蕾：《行政诉讼中鉴定意见审查的检视与建构——以 100 例涉鉴定意见审查的行政诉讼案件为样本》，载贺荣主编：《深化司法改革与行政审判实践研究（下）——全国法院第 28 届学术讨论会获奖论文集》，人民法院出版社 2017 年版，第 1420 页。

（三）理论研究现状

我国学术界在讨论科学证据的实质性审查时，多数学者并未对实质性审查与形式性审查进行明确的区分，且多为倡导性地建议增加实质性审查规则。而就具体如何进行科学证据的实质性审查，即进行实质性审查的要求、内容与方法，探讨较少，且在这一问题的讨论上多有争议。如王继福认为实质性审查建立在对科学证据的客观性、关联性、合法性和科学性进行考察的基础上❶；秦长胜、赵培显认为要对科学证据进行实质性审查，其内部性规则包括审查科学证据与案件待证事实是否存在关联、指向问题是否超越法官认知能力、专家依据的原理或方法是否可靠等❷；张南宁认为对科学证据进行审查的内部标准由科学有效性、可靠性、科学证据的相关性组成，其中科学有效性需要通过科学原理和科学方法进行认识，而科学证据的可靠性本身是一个程度问题，这种程度取决于科学的不确定性、可再生性、因果关系和错误率，相关性则是指证据的出现是否会影响案件事实存在的概率❸；樊金英、杜志淳认为审查科学证据的科学性可以从原理、方法、操作三个方面审查，其中原理是指科学证据所依据的专业技术水平、知识和手段；方法是指科学证据采用的专业设备和手段；操作则是指科学证据按照的专业技术程序和技术标准规范❹；陈邦达认为法官应当审查科学证据所依据的原理是否可靠，具体包括审查科学原理是否得到同行复核、审查科学实验的适用标准是否符合统一的技术标准规范、分析鉴定方法的错误率等❺；田亦尧、张迪、张北认为应建立以可靠性审查为原则、有限采纳为补充的审查模式，同时建立以同行审核、学术发表和技术应用为标准的普遍接受性规则❻。综上所述，可以看出学者们总结的审查

---

❶ 参见王继福：《美国科学证据可采性标准的变迁及对我国的启示》，载《山东社会科学》2010 年第 2 期，第 176 页。

❷ 参见秦长胜、赵培显：《科学证据审查的困境与出路》，载《中国检察官》2018 年第 2 期，第 67—68 页。

❸ 参见张南宁：《科学证据可采性标准的认识论反思与重构》，载《法学研究》2010 年第 1 期，第 27—32 页。

❹ 参见樊金英、杜志淳：《跨学科视野下对科学证据的审查认定》，载《证据科学》2019 年第 3 期，第 311—313 页。

❺ 参见陈邦达：《美国科学证据采信规则的嬗变及启示》，载《比较法研究》2014 年第 3 期，第 25—27 页。

❻ 参见田亦尧、张迪、张北：《论环境损害鉴定意见的审查规则》，载《中国矿业大学学报（社会科学版）》2020 年第 3 期，第 80—81 页。

规则虽有争议，但是多数学者将对于科学证据相关性和可靠性的审查纳入了考量范围，但是如何针对这些特性展开审查、如何在这一过程中解决法官面临的知识不足等问题，还有待进一步研究确定。

结论

科学证据的实质性审查是指一种要求法官必须切实地理解科学证据的审查方式。它要求鉴定人、专家辅助人要以法官可以理解的方式向其提供科学证据形成所依赖的科学知识、原理、方法，法官对科学证据本身的产生和形成进行理解，深刻认识其与案件待证要件事实之间的关联。其所对应的审查判断模式被称为教育模式。这种审查方式包含法官对科学证据的可靠性和相关性进行审查。对可靠性的审查基于科学证据的科学性和主观性；对相关性的审查包括对法律上和经验上相关性的审查。审查过程主要是判断科学证据的证明力的过程，审查结果决定着科学证据能否被作为定案根据。在地位上，实质性审查实际上处于较为劣后的位置，它是法官出于公正结果考虑所进行的审查。仅当进行形式性审查无法满足准确认定事实的需要时，实质性审查的启动才成为必要。实质性审查有利于法官准确认定案件待证事实、庭审实质化改革的深入推进、适应事实认定科学化的需要。在我国，科学证据的实质性审查有一定的发展，但是仍存在问题。具体表现于立法中规定较少、相关规定不够具体、缺乏可操作性；司法实践中重视程度不够；理论界并未对实质性与形式性审查进行明确的区分，且多为倡导性地建议增加实质性审查规则，未进行深入研究等问题。相信随着司法实践和相关理论的不断完善发展，对科学证据实质性审查的要求、内容与方法的规范能够更加健全，在司法实践中科学证据能更好地发挥辅助法官查清案件事实、维护司法公正的作用。

认真对待轻罪制度

——《无罪之罚》读后

蓝文想 *

亚历山德拉·纳塔波夫教授撰写的《无罪之罚——美国司法的不公正》一书，颠覆了长期以来我们对美国司法以正当程序方式运作的印象。本书既提供了认识美国基层司法样态的素材，同时提供了一个反思轻罪制度乃至基层治理模式的理论框架。本书的核心概念即如书名——无罪之罚。作者的核心观点可以概括为：轻罪制度已经发生了异化，正式判决之外的惩罚性对待给“无辜的人”带来了“无罪之罚”，作为刑罚金字塔底部的轻罪制度更应像顶部的重罪制度那样运作。轻罪制度所呈现出的问题，若仅置于刑事司法制度之下讨论，已然有些狭隘，因为轻罪制度实际上已经演化为一种社会治理或者说社会控制的手段，深刻影响了民主制度、税收制度、社会福利制度的运作，因此要想揭示轻罪制度存在的问题，就必须从整体视角出发，观察其与其他社会制度的互动关系。“轻罪制度对法律原则的违背，对不平等社会控制的蔓延，对民主理念的威胁，都有着各自深层次的问题。然而，当他们交织在一起时，就会酿成一种特别不公正的现象：无处不在的错误定罪风险不成比例地针对社会上最弱势的群体。轻罪的错案来源于制度的结构性侵蚀。”[1]

本书共有九章，这九章可以分为三个部分，第一部分是第一、二两章，主要是抛出观点：轻罪不轻。两章分别从轻罪可能触发的一系列惩罚性对待和统计数据下轻罪的实际规模对轻罪制度运行情况作描述。第二部分是第三、四、五、六章，该部分主要论述了轻罪制度的运作机理。第三部分是第七、八、九章，该部分主要是对轻罪制度异化原因的反思及未来走向的思考，很有启发的是作者不仅从历史角度进行了制度内源性的考察，也结合了新技术的发展提示了轻罪制度改革可

---

* 中国政法大学证据科学研究院博士研究生。

[1] ［美］亚历山德拉·纳塔波夫：《无罪之罚——美国司法的不公正》，郭航译，上海人民出版社 2020 年版，第 204 页。

［美］亚历山德拉·纳塔波夫：《无罪之罚——美国司法的不公正》，郭航译，上海人民出版社2020年版

能出现的新问题及应对原则。纳塔波夫教授为我们研究轻罪制度提供了成熟的分析框架，本报告首要的任务便是尝试提炼出这种轻罪分析范式，这是作者思考问题、回答问题的脉络结构，继而在此基础上思考中国轻罪治理的改善路径。当然本书的分析路径是由作者的研究经历与所收集的实证资料共同决定的，在其他法域类似问题的分析中并不一定完全契合，笔者也无意将思路局限于这种框架之中，否则便成了苏力老师所言的“知识的终结，创新的否定”。

一、揭开轻罪制度的面纱

初读此书之时，笔者的第一个困惑便是什么是轻罪制度，但是笔者并不十分关心作者是如何定义“轻罪”的，而是关心其为什么将“轻罪”称为一种制度？当然，原文用的是system一词，并非institution，也可以把轻罪理解为“系统”“机器”“生态系统”。在笔者的印象里，轻罪一般指的是法定刑较为轻微的犯罪行为，如果要将其上升为一种制度，可能应包括从轻罪设立到轻罪执行全过程的运作规则，这种规则显然并不局限于成文规则或正式规则，还应包括实际运行中的“潜规则”。这里的制度可能还有另一种理解，即处理不同轻罪所遵循的相对稳定的逻辑。“制度逻辑是指某一领域稳定存在的制度安排和相应的行动机制。”❶本书并没有开门见山地进行概念界定，解答笔者以上的疑惑，而是从两个无辜的轻罪案件入手，审视轻罪制度带来的主要的惩罚性措施，主要包括监禁、缓刑、罚金及收费、逮捕令、犯罪前科记录、公共福利损失、移民影响、未来的遭遇以及与这些惩罚有关的恐惧和耻辱。这种叙述方式的好处，在于引导读者自己对轻罪制度进行简单建构。对于轻罪制度的刑罚影响大多数人应该有所了解，但大致止步于犯罪前科记录，且严重低估了犯罪前科的影响，对于公共福利损失、移民以及未来的遭遇最多只有极抽象的模糊认知。其实公共福利损失、移民影响这些轻罪制度所带来的惩罚性对待已经超出了刑事司法乃至司法的范畴，读者在不经意间已经意识到轻罪制度的多种影响，开始产生了轻罪制度与其他社会制度，如税收制度、社会福利制度之间到底存在何种关系的疑问。

上述描述已经在读者心里种下了“轻罪不轻”的种子，作者趁热打铁，通过一系列的统计数据揭示轻罪制度已对美国的民主制度和经济制度造成了严重的侵蚀，这犹如一颗颗重磅炸弹投放到读者的认知世界。作者先解释了本书所用的轻罪概念，即泛指所有形式的低级别刑事犯罪，但这个类别其实也包含该种犯罪的各种变体，具体而言，指的是被判处一年监禁以下的犯罪行为。当然，轻罪本身的定义并不重要，从某种程度而言，其与重罪之间界限并不清晰。虽然其是开展相关实证研究的基础，但我们要意识到：“轻罪制度的规模不能单单用数字衡量。这项调查的最终目的是勾勒出民主制度重要一环的规模和性质。制造和管理低等级犯罪的国家机构有多广泛，它最依赖哪些轻罪，它们惩罚什么样的行为。”❷此外，定罪与否并不是衡量轻罪案件规模及影响的完美标准，我们很难衡量被卷入轻罪案件的“无辜者”受到了制度多大的影响。作者一方面从常见的轻罪罪名入手，通过一系列数据呈现轻罪案件的规模；另一方面，作者很注重对“犯罪嫌疑人”及“被告人”的背景考察。这可能是基于一个预设，即在美国，刑事司法，尤其是轻罪制度常被用于对穷人的管控。但是数据显示，“贫困并不是犯下轻罪的

❶ 江必新、王红霞：《国家治理现代化与制度构建》，中国法制出版社 2016 年版，第 10 页。

❷ ［美］亚历山德拉·纳塔波夫：《无罪之罚——美国司法的不公正》，郭航译，上海人民出版社 2020 年版，第 39 页。

全部因素，因为轻罪制度的覆盖范围远远超出了真正的弱势群体”[1]。这也说明了轻罪治理这种社会控制方式在一定程度上的失控。

这里笔者想专门表达对纳塔波夫教授研究态度的致敬。既有研究亦有关于轻罪制度的反思，但是其多着眼于对辩诉交易的批判，直接将轻罪制度作为研究对象进行批判反思的并不多见。透过本书可以感受到，要想将轻罪制度作为研究对象至少有两方面的困难。首要困难就是数据收集，研究者从一开始甚至都很难确定数据的收集范围，即使能够确定范围，接下来繁重的收集、整理工作足以让相当一部分的研究者望而却步。本书收集了 2009 年以来美国所有法院（基于作者能收集到的所有渠道）的轻罪、违规和违警罪的州档案总数、案件处置（审判、定罪、无罪释放、认罪、解雇、无效起诉、撤案及审前转化程序的处置）、按犯罪类型划分的档案总数、施加的刑罚以及特殊案件类型如吊销驾照案、持有大麻案、行为不检案、游荡案、非法闯入案和拘捕案等数据资料。鉴于美国各州立法、司法、执法情况迥异，这项数据收集工作可谓是劳心劳力。因此，本书的一大价值也在于其丰富翔实的实证资料。另一个困难在于，轻罪这一概念过于含混，作者并未给出确定的边界，这可能导致作者与读者难以在同一范畴内的轻罪问题进行对话，继而导致即使收集到了相对全面的资料，作者一旦提出与读者经验认识相违背的观点，读者的第一反应往往是质疑数据来源的可靠性、样本选择的代表性。域内外可能同样面临着全样本数据收集的难题，在纷繁复杂的公开和未主动公开的信息中，作者如何精准地筛选该研究所需要的数据资料同样值得我们借鉴。

二、越轨的轻罪制度

理论上或法条中的轻罪诉讼程序与重罪诉讼程序相差无几，但其在实践中截然不同。由于重罪通常关乎更为危险或更受谴责的犯罪行为，所有的诉讼参与者几乎都会投入更多的精力，他们更倾向于对着正当程序的“模板”行事。然而在轻罪案件中，似乎所有的环节都可以便宜运行，甚至被追诉人本身也可能在混沌中认了罪。更糟糕的是，轻罪制度的运作实质上是专断性权力扩张的过程，在该

---

[1] ［美］亚历山德拉 · 纳塔波夫：《无罪之罚——美国司法的不公正》，郭航译，上海人民出版社 2020 年版，第 49 页。

过程中，程序参与者的偏见、歧视也逐渐渗入制度，使轻罪制度异化带来的危害超越了司法领域，威胁到了民主制度与经济制度。虽然造成这种异化的两个重要因素，过高的保释金与“有色即有罪”有很强的美国特色，但我国的轻罪制度亦有与民主制度、经济制度相联结的因素，这部分的研究能够为我们如何发现并分析这些因素提供很好的参考。

（一）环环失扣，形成套路

如果用一个词来概括作者笔下的美国轻罪制度，笔者愿意用“套路司法”一词。一个产出大量有罪判决的“轻罪机器”实际上以相对固定的方式运作。从警察部门的拦截与逮捕、检察机关的审查起诉、法官审查的保释及审判以及贯穿始终的辩护律师，每一环节都可能以或明或暗的方式侵蚀被追诉人的权利。我们先跟着作者观察一个公民在卷入轻罪案件后可能经历的一系列环节。

1．警察执法制造“罪犯”

宪法赋予了警察可根据其掌握的案件线索来界定扣押范围的权力。如果警察对犯罪产生了“合理怀疑”，则可以施以短暂的“调查拘留”，这种合理怀疑并不需要太多的证据来支持。这里存在的问题是，这种措施常异化为对外籍，尤其是非洲裔和拉美裔的管控性措施。虽然美国联邦最高法院确定了仅凭“偷偷摸摸的行为”“四处逡巡游荡”不足以构成合理怀疑，但是如果在犯罪率高的社区街道上突然逃离警察，警察仍会采取拦截措施，如果被拦截者表现出不同意见，则还有可能被依据“藐视警察罪”逮捕。逮捕则比拦截更具侵略性，从标准上看，其与重罪程序并无二致，但是从实践运作来看，轻罪的逮捕可能比重罪更容易启动，因为证明“扰乱秩序”的难度显然小于证明某项疑难重罪。此外，我们还需要关注刑事政策及考核对于逮捕权刑事的影响。从法律上看，逮捕是为了识别犯罪嫌疑人，但实践中，警察行使逮捕权并不是以这种抽象的动机，如收集情报、制止斗殴、维持社区秩序、在高犯罪率社区里“杀鸡儆猴”等，很多时候，基层的治安工作既是为了抓住嫌犯，也是为了加强警察权威，维护警察的影响力。更严重的问题是，逮捕极可能导致追诉，而这些被追诉的犯罪事实相当一部分是在执法过程中被制造出来的，即使没有被追诉，冗长的轻罪程序本身就是一种惩罚。

2．形式化的审查起诉

在我们的印象中，美国检察官是其刑事司法中最有权势的人，在是否提出指控和提出何种指控方面，检察官拥有完全的、不受审查的自由裁量权。但是在轻罪制度中，警察权却发挥了“准检察权”的作用。由于轻罪案件数量庞大，且实务界存在对轻罪处理难度的低估倾向，导致相当一部分的轻罪主要由缺乏经验的检察官处理，诱发了高效审查轻罪案件的制度性障碍。在一些地区，如新泽西州的市政法院，逮捕警官同时充任了检察官和证人的角色。审查程序的独立性具有结构性意义，它从制度上将警察和检察分开，防止警察越权。但是在轻罪案件中，这种角色差异变得模糊，这种情况在那些检察院无暇顾及审查案件的法院和由警察负责直接和非正式地提起公诉的法院尤为明显。“准检察权”的泛滥将导致前端警察执法不规范的问题无限放大，这也意味着对被追诉人权利的无限侵害。

3．快速又拖延的轻罪法院

轻罪法庭的工作并不秉持深思熟虑、庄严隆重的风格。《事倍功半：佛罗里达州轻罪法庭的三分钟正义》指出，大多数庭审过程持续不到 3 分钟，约 70% 的被告人会选择认罪答辩，其中 66% 的被告人没有聘请律师。但是有意思的是，轻罪法院既有快速审判的一面，还有长期拖延的一面，即对于即刻认罪的被告人，案件的审理速度非常之快，但对于需要公设辩护律师或寻求自行辩护的被告人，法官则会一拖了之。随着社会的发展，美国的犯罪圈也在不断扩大，刑事司法的压力也在不断增大。“过度刑事化孵化出了臃肿不堪的刑事司法制度，使审判变得耗时耗力。”❶ 有地区进行了“纠纷解决法庭”或“社区法庭”的尝试，其旨在管理和服务有特殊需要的人群，特殊法庭不仅承担了刑事审判的基本职能，还向被告人提供社会服务、医疗保健、工作培训和疾病治疗等额外帮助。这种尝试受到了人们的欢迎，但也引发了一些争议。支持者主张这是对涉罪涉诉群体长期福利和健康需求的一种惩罚性较低的应急品。反对者则担心其放松了对诉讼程序的规范，并将其转化为社会干预，可能导致人们最终受到的监禁期比传统审判时间更久。这种制度设计对我们思考轻罪案件的分流很有启发，具体于后文展开。

4．辩护人沦为见证机器

美国联邦最高法院曾指出：“当轻罪案件的被告人认罪时，他需要律师的帮助，才能精确地知悉自己行为的性质、充分地预知即将面临的监禁后果、获得控

---

❶ ［美］亚历山德拉 · 纳塔波夫：《无罪之罚——美国司法的不公正》，郭航译，上海人民出版社 2020 年版，第 79 页。

方的公正对待。”但实际上，轻罪案件中的被告人大多请不起辩护律师，转而寻求公设律师，然而很多公设律师很少也无暇顾及自己的委托人，只会在法院或看守所与委托人进行短暂会面，解释控方提供的认罪条件，催促当事人接受辩诉交易。可以说，强有力的律师辩护在轻罪案件中是大量缺席甚至完全消失的。即使辩护律师在场，案件的大量积压、资源的重度稀缺以及可控审的双重压力也意味着辩护律师无法胜任自己的角色。律师帮助权这一宪法性权力遭到了习惯性漠视。这很大程度上解释了轻罪案件中的混乱现象，也意味着很多轻罪案件的被告人不得不直面法庭审判。

5．各种合力汇成套路司法

在确定了轻罪程序存在草率、有制度压力的弊病，我们就很容易明白错案是如何被制造出来的。虽然逮捕不需要太多证据，但大多数逮捕却会引发正式的公诉。一旦进入公诉，轻罪程序就会向被告人施加沉重的压力迫使其认罪。如果被追诉人确有犯罪事实，对其处以相应的措施无可厚非，问题在于很多被追诉人实际上并未犯下被指控的罪行，这种无中生有的错案不断涌现，对整个刑事司法制度造成了规模巨大的影响。这种影响实际上被低估了，以至于轻罪案件的参与者们不再如此注重追诉的准确性，即使案件出现瑕疵甚至谬误，诉讼参与者也不会有强烈的负罪感。

轻罪案件也并非绝对的无中生有，而更多是建立在不可靠的证据基础上。本书较为详细地介绍了不可靠的法医测试（包括酒精检测、现场毒品检验等测试）、不准确的数据库、治安警察凭空捏造的证据是如何生成并影响轻罪案件的。总体而言，套路司法的运作程式是，首先通过大规模地针对扰乱秩序行为的逮捕为轻罪制度打开大门，使大量不可靠的轻罪案件进入程序。其次，检察官对大量案件只进行形式审查，辩护律师只进行形式帮助。最后，被告人迫于强大的压力，对莫须有的罪行作出认罪答辩。我们很少去审视轻罪案件中出错的这些环节，也不十分关注真相究竟是怎样的，当没有人知道定罪本身是错误的，就没有人可以抱怨了。但是这种危险不会消失，他们逐渐累积，于整个司法制度之下涌动。

（二）惩罚贫穷，制造贫穷

如果我们观察轻罪扩张的过程，我们会发现，许多低等级犯罪其实都是在惩罚贫穷，实际上，轻罪制度成为一种变相的征税方法，通过裹挟触犯轻罪者，向他们开出罚单和诉讼费，然后将这些收入再度注入轻罪制度的运作过程之中。这种现象也被称为“贫困资本主义”，即将基本政府服务的成本转移到穷人身上。对于“美国的刑事司法就是从整体上惩罚穷人的制度”的说法，我们并不陌生，控制贫困俨然成为一项刑事司法政策。统计数据对这种现象呈现得更加直观：“绝大多数被告人出身贫寒，超过一半的囚犯在入狱前生活贫困，超过三分之一的被告人处于失业状态。”❶正如社会学家瓦昆特曾言，对社会底层人口和种族秩序的边缘化采取了入罪化和无差别的惩罚性遏制政策，使（半）福利国家逐渐被警察国家和刑罚国家所取代。此外，轻罪制度还有更为隐蔽的惩罚贫困的方式，那就是很大一部分轻罪只可能由穷人触犯，如无家可归、游荡罪等。即使在立法之初，这些行为的犯罪化并不针对某些特定阶层，但是在实际运作过程中，警察则容易在这些犯罪上投入过多的精力，当行为直接演变为“罪行”，穷人插翅难逃。

轻罪制度不仅惩罚贫穷，还能够制造贫穷。制造贫穷最直接的方式便是拿走他们的钱，一旦被卷入轻罪，罚金、手续费、附加费、赔偿和利息就接踵而来。更长远的影响是，轻罪之罚可能截断被告人未来的收入。一般来说，卷入刑事犯罪的人都很难逃脱其附随效果带来的负面影响，这种影响在认罪答辩之时被大大低估了。一旦被定罪，即使只是轻微犯罪，其就业能力与信用等级都会受损，一些轻罪，尤其是毒品犯罪，则会取消公共福利，如住房和经济补贴，即使没有受到轻罪处罚，也会使穷人所处的不利环境更加恶劣。很讽刺的是，付不起轻罪案件罚金可能会剥夺被告人为了摆脱贫困所需的生活工具和公共福利。“它（轻罪制度）暗地里破坏了旨在减轻部分群体经济劣势党的其他公共政策。”❷这就使轻罪制度和社会福利制度莫名出现了混同。就传统而言，轻罪制度并不能被理解为公益性制度，但因为这个制度是由联邦、州和地方政府共同决定的管理穷人的办法，其规模之大，覆盖人群之多，其结构性的贫困化趋势本身就应该被视为一种国家福利政策。轻罪制度通过提供工作培训、药物和心理健康治疗以及其他福利接管了一些福利结构的工作职能。这种接管是一把“双刃剑”。一方面，必须认识到，有这么多陷入轻罪诉讼的人有着迫切的福利需求。另一方面，它模糊了这些福利的分配——如果福利计划被埋葬在刑事程序中，我们怎么知道它们是否有效呢？穷

❶ ［美］亚历山德拉·纳塔波夫：《无罪之罚——美国司法的不公正》，郭航译，上海人民出版社2020年版，第117页。

❷ 同上书，第124页。

人不应该为了让国家认真对待他们的需求而被逮捕。归根结底，所有这些都不是积极与透明的治理方式。所以，尽管从应然层面，轻罪制度不应和社会福利制度混同，但其实然确实具有公益性制度的一面。

此外，轻罪诉讼程序的商业化与私人执法体系的扩张使情况更加糟糕。缓刑公司与商业保释行业从轻罪诉讼案件及许多低等法院所依赖的标准化保释时间表中收获了丰厚的利润，越来越多的私营实体在进入轻罪“市场”，典型的包括监狱公司，在反公害法（即没有明确受害者或者受害者是很大群体的违法行为）领域，私人执法也在不断兴起。“公共执法体系与私人执法体系的不同之处主要表现在三个方面：第一，两种体系中执法者所受的激励不同，导致执法腐败的概率及防治成本不同；第二，两种体系中执法者所受的激励不同，导致执法的力度不同；第三，两种体系中执法者所受的预算约束不同，导致执法的力度不同。”[1]存在诱人的罚金与诉讼费的激励，资本打造了一整套从发现“违法”到惩治“违法”的吸金制度。总之，某种程度上，轻罪制度已成为一种间接征税与再分配的制度。

（三）既是偏见，更是歧视

轻罪制度是美国种族平等面临的最大威胁之一。轻罪制度编织了一张巨网，将千百万非裔美国人和其他有色人种一齐捕捉到犯罪之中。仅仅凭借司空见惯的无害行为，它就不成比例地给有色人种打上了罪犯的烙印。它让有色人种背负着逮捕、罚金、监禁和其他惩罚，使他们在经济上更加贫穷。更糟糕的是，这种偏见具有延续性，过去的错误定罪使得刻板印象已经形成，这种印象侵蚀着当下的实践，未来轻罪制度大概率也会笼罩在这种偏见下运行。轻罪制度是种族偏见甚至种族歧视的作用场域，警方在针对黑人和黑人社区的轻罪犯罪中过度执法，导致了人为的高逮捕率。“任何对控制机器逐渐‘蔓延’的压力，都被‘外源性的’和‘治疗性的’过程所扩大和增强。一个外源性过程，就是一个对越轨行为进行新的分类的发展过程，就是一个将控制措施委任给社会个体以及社会个体的联合体的过程。科恩用治疗性过程这个概念来指代控制制度运用不同层次的控制措施的过程。在这个制度中，如果使用一个水平的控制措施失败了，就简单地使用另

[1] 李波：《公共执法与私人执法的比较经济研究》，北京大学出版社2008年版，第5页。

外一个控制措施，特别是更为强烈的控制措施。”[1]轻罪逮捕率似乎很容易受到潜在犯罪率的影响，因此也容易受到种族偏见的影响，这是一个可怕的恶性循环。这种循环是根据警察、检察官、辩护律师和法官的数百万项决定而建立的，这些决定通常具有高度的自由裁量权，这些诉讼参与者有很大的空间作出他们认为合适的决定，这些决定回避了宪法第四修正案和第十四修正案相关的保护条款。行为科学的相关研究揭示，无意识的联想、刻板印象和假设可能会以有影响力的方式扭曲刑事司法决策。现代犯罪预防与刑事司法更加依赖于科技，如Compass系统，技术的中立性使我们有机会减小执法者在执法过程的偏见渗透，但如何“喂饲”机器又是一个新的难题，我们已经意识到了“bias in，bias out”的问题，但如何清洗数据、消除偏见依然有待研究。

纳塔波夫教授之所以有专章论述种族歧视的问题，更重要的原因是，轻罪制度的异化只是有色人种被控制的起点，接下去的一系列惩罚性对待会继续侵蚀他们的政治资本，其影响绝不限于刑事制度，也扭曲了整个公共领域。我们需要注意到，居于不利地位的社区会同时忍受执法过度和执法不足的双重痛苦——出生在这些社区的居民要遭受太多侵犯性的轻罪治安压力，但又极少享有针对严重犯罪的警力保障。有时候过度执法也会导致执法不足的局面加剧，即过度执法使社区居民不愿意配合警方调查，从而使严重犯罪的侦破困难加大。过度执法和执法不足既非完全对立，也不会互相治愈：过度的警戒并不能通过警力不足的方式来解决，相反，他们相伴相生。“政治与种族的劣势，民主的剥夺，都是在国家疏于充分致力于恰当的治安平衡出现的。”[2]对于有色人种更易实施犯罪、更加危险的偏见导致了实践中的歧视性对待，这样说来，种族歧视似乎是阶级对立的问题，受害的只有弱势一方。但是，这种轻罪制度的不断异化将削弱整个程序运作的规范性，可以说，对非裔美国人的持续不公正对待削弱了轻罪制度对公平和合法的总体承诺，这种削弱影响势必蔓延开来，轻罪制度作为种族控制工具的承载力有限，当监狱充斥着付不起罚金和诉讼费的“罪犯”，白人同样可能被无辜定罪。“当种族政治侵蚀到个人权利和法律程序时，脆弱的白人与有色人种就会一起

---

[1] ［英］马丁·因尼斯：《解读社会控制》，陈天本译，中国人民公安大学出版社2009年版，第178页。

[2] ［美］亚历山德拉·纳塔波夫：《无罪之罚——美国司法的不公正》，郭航译，上海人民出版社2020年版，第163页。

受苦。”[1]

三、轻罪制度会好吗

在直面了复杂多样的轻罪制度后，我们需要反思：什么是一个民主国家运行轻罪制度的正确路径？面对轻罪制度的巨大缺陷，如何才能使其尽量变现得更加公正、友善？显然，越轨的轻罪制度早已脱离了理想的公正标准。我们需要回到原点，考察异化背后的理论原因，再结合其他公共机构与执法实践，对轻罪的制度进行持续性与原则性的分析。

（一）历史积累的沉疴宿疾

弗里德曼曾说过：“从某种意义而言，每一代人都有自己的刑事司法体系，但总体而言，社会产物往往遵循旧的设计。”当下的轻罪制度蕴含着深刻悠久的历史背景，发掘它能够帮助我们理解当下的轻罪制度。从历史上看，有三个独特的历史现象是值得我们关注的。第一个是南北战争后，南方各州建立起的轻罪制度，从而通过其有效地复兴了奴隶制；第二种现象是违宪的流浪法制度；第三个现象是当前关于破窗治安和扰乱秩序罪的争议。这三种现象虽然较为极端，但很有启发性，它们使轻罪制度的社会意义和政治象征远远超出了其作为犯罪控制手段的常规作用。

1865 年，美国宪法第十三修正案废除了奴隶制，但南方各州抓住了“除了作为对犯罪的惩罚”这一条款的漏洞，利用轻罪制度将奴隶制经济又延续了几十年。当地警察和法官抓住黑人赌博、持有酒精、淫秽和流浪等轻微过错就逮捕他们，并处以高额罚金。无力支付罚金的被告人就会被卖到农场、工厂、矿山和其他企业作为惩罚。在“新奴隶时期”，轻罪制度成为控制劳工的方式。今天，很多人已经认识到大规模的监禁和刑事制度的种族偏见在很大程度上来源于第十三修正案中允许非自愿奴役继续“作为犯罪惩罚”的漏洞。无论是过去还是现在，轻罪制度都位于这种剥削性制度的核心。

---

[1] ［美］亚历山德拉·纳塔波夫：《无罪之罚——美国司法的不公正》，郭航译，上海人民出版社 2020 年版，第 166 页。

流浪罪的设置与破窗理论虽是先后出现，但有其内在联系。流浪罪指的是“没有经济能力或者没有就业证明”的犯罪。流浪罪肇始于英格兰，其在美国的设置主要是为了征募和控制黑人，但现在难以废除的原因在于以流浪罪维持治安的模式已经形成，其扩张了警察执法的裁量权，欲收缩存在巨大的阻力。即使流浪罪被宣布违宪，控制及逮捕“不受欢迎群体”的压力不会消失。破窗理论为新的执法理由与执法工具的创设提供了理论基础。破窗理论的核心是：外观上的无序会滋生犯罪，攻击性的维持治安行为能够有效减少严重犯罪的发生。然而，各种研究和实践都未能证明破窗式治安执法与减少犯罪之间存在因果关系。社会学家桑普森质疑道：“目前政策制定者们对通过执法技术来清理社会混乱的迷恋似乎过于简单化了，而且至少在直接打击犯罪方面是基本上错位的。”[1] 此外，我们需要反思的是，破窗理论中提及的“混乱”是不是就是轻罪制度自身建构出来的概念，警察给某些社区贴上了“无序”的标签，继而采取本无必要的措施进行监管。

这三种现象引出了一个重要问题：轻罪制度是如何反复利用其刑罚权力来实现非刑罚目的的。“新奴隶时期”各州技术性地将普遍行为当作“犯罪”，以达到其商业目的和种族歧视目的，利用轻罪制度变相保留了奴隶劳动，而这一做法本身是非法的。这提醒我们，轻罪制度可以为声名狼藉的社会经济政策打掩护，而这些政策按照自身的条件本该在审查中就被否决。流浪罪的机构利用刑罚来对处于不利地位的人群实施经济、政治和社会控制，但实际上不是他们存在犯罪行为，而是因为他们不受欢迎，这同样也是当下大量轻罪执法行为背后的动机。此外，人们对于治安权行使的不信任很大程度源于它与减少犯罪之间的微妙联系。换言之，轻罪制度在控制犯罪这一目标上做了很多无用功。当然，即便轻罪制度存在着各种隐患与不公，推倒重建显然不是好的建议，它需要的是一个强有力的原则框架，分辨哪些做法是合法的，哪些因素对于民主社会是必要的，哪些方面是容易被曲解和异化的。

---

[1] ［美］亚历山德拉 · 纳塔波夫：《无罪之罚——美国司法的不公正》，郭航译，上海人民出版社 2020 年版，第 184 页。

（二）理念与运作方式的双重转变

1．轻罪在刑事司法制度核心地位的确立

制度转变的前提是理念的转变。轻罪并非无足轻重，其应当在庞大的刑事司法活动中回归本位，居于核心。虽然严重犯罪代表着人类最恶劣行为和最严厉处罚的特殊含义，但这种以重罪为核心的理念错误地将严重罪行视为评估整个刑事诉讼程序是否有效及公正的典型标志。实际上，恰恰只有轻罪案件才涉及最多的人口，产生最多的定罪，它以非常特殊的方式消化了刑事审判的大部分工作。理念的转变并非简单喊出“认罪对待轻罪”的口号，更重要的意义在于，使轻罪获得其应有的地位，重新定位有关犯罪和刑罚的许多重大的结构性问题。首先，我们要反思轻罪制度运行的前提，即为什么我们从一开始就会使那么多人陷入轻罪制度？为什么我们会将不良行为与犯罪等同？为什么我们不用其他成本更低的方式管理他们？我们不仅需要思考如何适用刑罚，还要质疑为何要适用刑罚。其次，我们需要意识到轻罪与重罪截然不同。“有罪”“犯罪”“罪犯”的概念都是在重罪语境下形成的，尽管人们遵守或违背轻罪禁令与重罪禁令是出自不同的原因，但当他们被判犯有轻罪之后，却会与重罪罪犯一样被贴上“罪犯”的标签。无论是轻罪还是重罪，其中蕴含的道德谴责和威胁的分量是相似的，这种理念本身就是不合理的。最后，要从刑事诉讼全过程看待轻罪制度中的被追诉人受到的溢出的惩罚性对待，从而给予被追诉人更多的包容。轻罪制度并不授权国家粗暴地对待民众，无辜的人不应因其未做过的事遭受惩罚。

其实，既往针对轻罪制度的改革并不鲜见，但是无论如何修改立法，所有相关机构似乎都能够迅速适应，并产生与之前相似的效果。这其中的原因在于，轻罪制度庞大而灵活，每一环节的决策者都有很多选择，新的立法规则大多是权宜之计，缺乏对整个制度的系统考量。“有时本意使诉讼程序变得更宽松或简便的改革却可能产生使轻罪制度更加膨胀的意外效果。”[1] 这种现象很有意思，也给其他地区的轻罪改革敲响警钟。这种现象可以被称为“法网扩张”，当旨在缓和罪犯影响的改革措施却更容易煽动犯罪的时候，就会发生这种现象。例如缓刑、戒毒治疗、社区矫正等，这些措施对人的惩罚没有监禁那么严厉，却使人们更容易从

[1] ［美］亚历山德拉·纳塔波夫：《无罪之罚——美国司法的不公正》，郭航译，上海人民出版社 2020 年版，第 221 页。

一开始就被扫荡干净。每一项改革措施都为轻罪制度制造了更大的空间，让更多人卷入其中。虽然诉讼程序变得成本更低，处理更方便，被告人也可以用审前分流程序或社区矫正来避免被送进昂贵的监狱，但这也会导致人们更有可能认罪受罚，而非诉诸法庭审判。总而言之，要警惕轻罪制度通过替代性执行方式的实施，使得其吞噬了替代性措施所涉及的社会制度，从而实质性地扩大了惩罚。

另外，我们要注意到，轻罪制度的不利影响正在伴随国家基础性权力的扩张而同步扩张。监控、数据采集和金融方面的现代化使社会控制更好地落到实处，新技术允许刑事制度使用监控、治疗和经济约束来代替身体约束与监禁，大规模监禁看起来不再如此必要，因为国家通过基础性权力跟踪和监视它认为可能存在社会危险性的人们，我们并不是反对新技术的适用，而是需要清醒地认识到它的不利之处。“新的数字化利维坦在某些方面可能比过去模拟出的利维坦更加糟糕。”❶

2．“少即是多”的运作方式

前文已经阐释了轻罪的运作方式与所呈现的问题，也对轻罪制度改革框架提出了一点思考。增强轻罪制度公正性、准确性和有效性的关键在于缩小轻罪制度。上文已分析到，如果仅从立法论或者权宜之计的角度进行改革，可能导致各种措施的失灵，我们需要的是更加系统的设计。从缩小轻罪的入口，到减弱轻罪对个人的惩罚性影响，再到将其与征税、社会福利等制度分离等方面同时用力，通过“少即是多”的运作方式，使越轨的轻罪制度回到其应然的状态。

（1）缩小轻罪的入口

从轻罪的越轨历程来看，每一诉讼参与者都作出了“贡献”，但是其中最关键的三个“把关者”当属立法机构、警察及检察官。立法机构决定了犯罪的数量，警察决定了逮捕的人数，检察官决定了案件的数量，其中每一步都有很大的改革空间。首先，立法机构可以通过合法化来减少轻罪罪名，相当一部分的罪名不需要由刑事司法管辖，用民事侵权已然足够。伦奎斯特大法官曾指出：“合法化和非犯罪化大体上是对一个过度刑事化的国家的明智回应。”美国的轻罪制度将行政违法行为纳入其中，行政违法行为的扩张显然比刑事犯罪要快得多，立法机构有

---

❶ ［美］亚历山德拉·纳塔波夫：《无罪之罚——美国司法的不公正》，郭航译，上海人民出版社 2020 年版，第 225 页。

足够的理由和大量的手段来重新调整轻罪制度。其次，警方可以通过减少逮捕量来缩小轻罪案件数量。逮捕数量巨大的原因与警察部门的考核有关，这其实也是一种管理困境。如果不可能一步到位地取消所有逮捕考核指标，至少应先叫停各种非必要和无根据的轻罪逮捕，更不应允许出于创收等与改善公共安全没有直接关系的原因启动针对公民的侦查行为。最后是通过检察官对审查和撤销案件更加严格把握，降低逮捕率。显然，轻罪案件没有受到重罪案件同等的强力审查，并非因为其证据已经足够充分，仅仅是因为审查人员时间有限或经验不足，因此要求的改变不是让检察官做确认式的工作，而是把更多资源投入撤案审查之中。“将更多的办案资源投入到撤案审查中，将对正视轻罪的重要性及其影响十分富有成效。”[1]

（2）减弱轻罪的惩罚性影响

轻罪制度对轻微过错，常见行为和无害行为的惩罚过重，在很多方面存在改善的空间。非犯罪化通过消除监禁刑直接做到了这一点，而审前转化程序则通过推迟定罪和给被告人免除犯罪记录的机会间接做到了这一点。与此同时，罚金也可以降低，要么与被告人的个人收入相匹配，要么直接以社区服务取代之。简而言之，尽可能用罚金刑取代监禁刑，继而在罚金刑的执行中采用比例原则。审前转化程序类似我们熟悉的“附条件不起诉”制度，当然其适应范围要广得多。值得注意的是，虽然大多数审前分流程序承诺不会留下永久记录，但是由于商业数据收集的存在和不准确的数据库信息，有时这种记录仍会存在，所以我们一方面要着力于保障记录的消除，甚至是不建立相关的记录；另一方面要逐渐淡化这种记录带来的负面影响。长期以来，法院和立法者在没有意识到定罪对个人的总体影响或者这种做法的系统性意义的时候，对轻罪附加了新的后果，科以被告人额外负担。

（3）切割轻罪“利维坦”

轻罪制度是一个有影响力的公民身份监管机制，决定了谁被贴上罪犯的标签，继而被限制充分参与社会经济、经济和政治生活。在制度混同的当下，轻罪制度呈现出反民主的三个面向。首先，轻罪制度以官方行为造成了大范围的社会不平等，并维持着这种局面。其次，它代表着一种不民主的征税形式和财富再分配的

---

[1] ［美］亚历山德拉·纳塔波夫：《无罪之罚——美国司法的不公正》，郭航译，上海人民出版社 2020 年版，第 231 页。

倒退现象。最后，它塑造和容忍了非正义的地方威权主义。轻罪制度所造成的影响早已远远超出其所能承载的范畴，某种程度而言，从刑事司法的角度能做的工作是有限的。我们至少能做的，是将轻罪“利维坦”切割，让轻罪制度不再成为一些不当的社会制度、公共政策施行的工具。我们可能很难为这种切割提出切实的建议，或者轻罪本身就有多种面向，本身就是各种制度博弈下的妥协产物，无法进行切割。但是我们仍有可以作为的地方，至少我们可以让这一制度更加透明地运行，减少被追诉群体的无意识服从，各地应尝试公开轻罪制度的实行情况，公开相应的数据，如立案数、撤案数、认罪率、审判率、刑罚种类、律师帮助情况、被告人的性别、种族等信息，要让制度的承受者们一起确定制度未来的走向。当轻罪制度的运行更加透明，轻罪制度的运行成为公民基础知识的一部分，那么所有的诉讼参与者，都可以通过提升自身的参与度，更认真地对待每一个轻罪“罪犯”，从而助推轻罪制度的变革，这种变革可能旷日持久，但利在千秋。当轻罪以其应然的方式运行时，其能够逐渐摆脱依附于它欲实现各种控制目的的其他制度。

四、中国的轻罪治理路在何方

（一）如何认识中国的轻罪制度

《无罪之罚》一书对于我们研究的首要启示便是如何描述轻罪制度，这具有方法论上的重要价值。收集如此详尽的与轻罪制度相关的数据并非易事。相较于联邦制，在我国中央集权的体制下，以上指标的收集难度会略小一些，但是我国的指标设置与考核息息相关，往往是出于司法责任的考量，无法完全涵盖描述轻罪制度所需要的指标。《无罪之罚》选取的指标多元而切合，这对我们认识轻罪制度有两方面参考意义。其一，轻罪之判断不能仅从宣告刑出发，行为性质的判断同样重要。我国现有大多数对轻罪规模的描述都是从宣告刑出发，统计宣告刑 3 年以下的案件数量，这其实有不严谨之处。首先这可能会添加过多重罪轻罚的样本，某些严重暴力犯罪处于未遂状态或尚未造成严重后果，但其很难同一般轻罪进行处置；其次，会遗漏诸多降格为行政违法处罚的案件。我国实行的是行刑二元处罚机制，部分“轻罪”即使无须刑事处罚，仍可能招致行政处罚，这部分的犯罪嫌疑人往往也经受了程序运作对个人权益造成的减损，而在这种统计之下这部分人却被遗漏了。这与我国实体法上没有进行轻重罪的划分有关，此处暂不细表，总之，对于轻罪的描述不能仅从宣告刑出发，要甄别与反思数据中的“轻”于“罪”是否符合我们欲管理的轻罪，否则囫囵吞枣的统计会让我们对轻罪的形势造成误判。

其二，认识轻罪制度要观察其全流程的处置过程及其影响。轻罪处置过程对于犯罪嫌疑人的影响无法通过数据统计被完整揭示出来。实际上这种影响被大大低估了，这也是为何轻罪制度没有得到应有关注的重要原因。在描述轻罪制度时，除了可视的刑罚，程序及附随后果的影响应该被关注到。当然应该要承认，要将这些影响描述出来并非易事。除了公检法内部的数据统计外，我们可能还要关注短期监禁产生的负面效应、社会对于犯罪人及其亲友的歧视性待遇、罚金刑对犯罪人经济的影响等情况。这些影响的观察显然已经超出了法律的范畴，需要其他部门的协作。轻罪制度本就是社会治理乃至社会控制的一种手段，客观而全面地描述轻罪运作态势及其问题是发挥其价值的重要前提。

（二）中国轻罪治理的症结所在

阅读此书过程之中，总有在亲切与疏离之间徘徊之感。虽然本书描绘的是美国的轻罪制度，但笔者阅读之时总会不自觉地对照中国，中美在轻罪治理中既面临相似的问题，也面临各自的困境。例如在种族、宗教等问题上，我们可能无法完全对美国出现的问题产生共鸣，但是在轻罪致贫、犯罪标签的溢出效应等问题上，我们可能也会深有感触。共性的问题或许我们借他山之石以攻玉，个性问题则需要摸着石头过河，一步步踩出带有自身特色的轻罪治理路径。

那么我国轻罪治理症结究竟何在？从实体层面而言，一方面，轻罪治理的症结在于轻罪门槛较低，而出罪机制不足。例如醉驾入刑，在立法之初由于诸多恶性事件的发生，醉驾入刑之后民众一片叫好，然而其处罚的是“危险”，经过实践沉淀之后，学界逐渐反思这一犯罪是否启动门槛过低。立法的提速和大量含有罪量要素的新罪出现，常常导致新法出台后，司法解释无法对相关犯罪中罪量要素作出及时回应的现象。这种情况就易导致司法机关的裁量权过大，而检察机关长期以来秉持的是“构罪即诉”的办案思路，法院一般也不会作出无罪判决，因此轻罪的打击范围就有扩张的倾向。另一方面，我国刑法的出罪机制尚不完善。

现行的出罪机制有三种：一是刑法、司法解释直接规定将相关行为不作为犯罪处理，例如附条件不起诉、酌定不起诉的规定；二是刑事司法政策规定根据不起诉因素酌定，例如宽严相济的刑事政策；三是部分检察机关出台起诉裁量指导意见，例如地方对酒驾案件不起诉所作的特殊规定。第一种刚性最强，为实践中主要运用的出罪方式，但其出罪范围较窄；第二种在政策实行期间有较强的指导意义，但其持续性不足；第三种往往是地方经验的总结，对司法实践有很强的指导意义，但这种规定数量不多，且规定本身基于经验，其正当性并不充分，其合理性也有待检验。总体而言，出罪规定范围过窄，不同的出罪机制缺乏整合，导致轻罪入口大，出口小，长此以往，可能出现溢出风险。

从程序层面而言，轻罪治理的症结在于根深蒂固的羁押意识并未扭转，轻罪程序过剩放大了这一弊端。在认罪认罚从宽制度实施之前，我国的轻罪程序存在一定的过剩现象，在彼时，公、检、法缺乏轻罪快办的理念，仍遵循重打击、重维稳的绩效考核思路，没有形成快速处置轻罪案件的协同机制。以检察机关为例，不捕直诉案件比例偏低，文书制作与审批程序烦琐，案件未能审结时利用退回补充侦查借时办案现象普遍，羁押必要性审查流于形式，程序很多时间浪费在无用的部门协调或相互推诿上。在认罪认罚从宽制度实施以后，这种现象有所好转，但需要注意的是，在看不见的地方，许多程序负担并没有被卸除。例如，适用速裁程序的案件，虽然法律规定的审理期限更短，程序要求更简便，但法院在受案后应履行的职责，如阅卷、制作阅卷笔录、拟定庭审提纲、做好开庭准备等工作并未减少，这说明在轻罪治理上，程序改革与资源分配还有优化的空间。此外，认罪认罚从宽制度强调的“合作式司法”并未完全实现，要投入于犯罪嫌疑人自愿性保障的资源还远远不足，如果无法完全发挥认罪认罚从宽制度的价值，犯罪嫌疑人及被告人仍被困于繁复的程序，那么其正当权益被损害的可能性就大大提升了。中国轻罪治理重要症结之一就是对犯罪人自由的过度限制。关于轻罪治理，当下正在进行的一项重要改革是“少补慎诉慎押”。长期以来，即使在轻罪案件中，羁押率仍居高不下，这背后有办案便利的考量，亦有对犯罪嫌疑人脱逃的担忧，但鉴于犯罪结构轻缓化与轻罪社会危险性和人身危害性的降低的形势，减少羁押措施的运用是大势所趋。当然所有改革想达到预期之效果都得如庖丁解牛一般疏通其背后之郁结，而非以强制之力施行之。

（三）呼吁认真对待轻罪制度的观念革命

随着社会治理能力的不断提升，我国犯罪结构的轻罪化可能是一种必然趋势。一方面，随着社会风险管控意识不断提升，刑事立法对新出现的越轨行为主动、及时地进行规制，通过诸多方法，扩大刑法的干预范围，但是这种基于风险管控的新增立法往往以轻罪为主，这使得轻罪在犯罪总量中的比重逐渐上升；另一方面，近年来我国整体治安管理水平不断提升，社会治安形势不断好转，严重暴力犯罪的绝对数量与占犯罪总数的比重都在不断下降，此消彼长，犯罪结构逐渐呈现轻罪化态势。从某种角度而言，犯罪结构是一种社会现实，其转变有更强的客观性，而治理观念是一种社会意识，其转变有更强的主观性。犯罪结构的转变与犯罪治理观念的变迁并不完全同步，总体而言，后者的转变要滞后于前者。如若两者长期不协调，则可能导致治理策略重心偏离，治理资源分配不均，徒增治理成本的同时却无法达致预期的治理效果。为了使治理观念的转变适应犯罪结构的变化，我们需要进行主动干预。实际上，在当下，观念转变最重要的意义就在于转变本身，这种转变本身意味着对轻罪的重新认识。当然，重新认识轻罪只是观念转变的开始，立足于对轻罪的最新认知，从而实现应对观念的转变才是长期的追求。

观念转变的第一重：重新认识轻罪制度。首先，立法者要新设轻罪时仍需保持谦抑。近年来，刑事立法秉持一种“积极刑法观”的态度，将若干社会越轨行为规定为犯罪。这些行为之所以为刑法所接纳，要么是已经存在的违法行为，受到某些社会恶性事件的影响，有升格规定的必要，要么是新兴的违法行为难以包含于现有的条文之中，需要新设。我国没有设置独立的轻罪法，在行政违法到刑事犯罪之间缺乏一定的过渡，使得新设之犯罪没有被足够检验的场域，部分罪名设立之初的宣示意义大于实际意义。这促使我们反思，刑法在积极参与社会治理的同时仍需保持原有的谦抑品质，否则就会不当扩张轻罪规模，也为因为轻罪制度产生的寻租行为提供了条件。其次，司法者与执法者要认识到不少轻罪的社会危险性已经降低，且危险主要来源于行为或者行为的风险，而非来自行为人。长期以来，我国对于犯罪嫌疑人社会危险性的认识是建立在重罪体系之下的，因此对行为人的包容度较低，一旦涉及刑事犯罪，一般对其施加限制人身自由之强制措施，但犯罪结构的轻罪化要求我们重新认识犯罪嫌疑人的社会危险性，从而采取符合比例原则的应对措施。这种观念在一些犯罪类型中已经出现，如危险驾驶罪让人们对犯罪人的包容度发生了根本的转变，犯罪人可能不再是可憎可恨，轻罪制度体系则是将更多的轻罪汇聚到一个集体，总结它们的个性，发挥治理的最大功效，逐步推进更多的理念更新，进而汇聚成新时代强大的观念革命。最后，无论是立法、司法，还是执法环节，均要意识到轻罪给被告人带来的最重要的影响并非刑罚本身，而是由犯罪带来的一系列标签效应和附随性后果。这种附随性效果最典型的就是前科与禁止令制度。“前科制度的价值在于，给予犯罪人施加必要的持续耻辱，并将部分有前科之人挑选出来区别对待，实现预防犯罪、保护公共利益。”[1]然而面对轻罪，对犯罪嫌疑人施以上述的持续性羞辱并无太大必要，且可能不利于犯罪嫌疑人回归社会。这种附随性后果通常是隐而不彰的，且其对犯罪嫌疑人的实际影响也没有得到足够的重视，在轻罪化的形势下，无论是立法者还是执法者，都需意识到附随性后果带来的溢出性影响，从而更谨慎地作出决策。

观念转变的第二重：应对轻罪时需要改变既往应对重罪的办案理念。首先需要说明的，其实办案人员在办理刑事案件的过程中，并没有形成以刑罚轻重为界分的不同办案理念，但是既有的刑法体系是基于重刑而建构的，因此可以说，办案人员是基于重刑案件的办案理念办理轻罪案件。这两者的主要区别在于，从实体上而言，面对无法完全投射于现有规范的违法行为，基于重刑的办理理念更强调的是“入罪”，因既往类似行为的社会危害性较强，运用刑法进行评价并无不适。然而面对轻罪或者类似行为时，不可一味地强调“入罪”思维，司法机关对相关规范进行解释时应保持克制，司法者在法律适用时也不可恣意扩张打击范围，总而言之，对轻罪的阀门的开启需谨慎小心。从程序上而言，近年来，认罪认罚从宽程序改革如火如荼地开展，这是应对犯罪结构转变的有力回应。然而在这一程序改革之初，仍有不少办案人员因司法责任制及程序简化程度有限的考量，不愿意适用这一制度，深层次原因还是没有完成办案理念的转变。“轻罪时代的犯罪治理，理念上应该突出轻、快、宽。轻既包括刑罚整体趋轻，在犯罪总量走低的背景下，调低刑罚投入的总量，降低社会成本，还包括在案件平均犯罪危害性下降的背景下，调低案件的平均刑罚量；快指在轻重分离的前提下，对于轻微犯

---

[1] 邵玉婷:《前科就业限制的比例原则规制》，载《东方法学》2017年第3期。

罪适用简易快捷方便的程序，实现快慢分道，缩短案件办理的周期，提高司法效率；宽指的是司法宽宥社会宽容。”[1]同样的问题也考验着“少补慎诉慎押”改革，因为有了认罪认罚从宽改革的经验，这一改革的推进会更加顺畅。需要提醒的是，我国的诸多改革建立在刑事政策的基础上，政策实行当下能够看到一定的成效，但若没有实现自发的观念转变，很可能有在政策及考核要求松绑后出现反弹的风险。

此外，我们还要注意到基于重刑理念下的办案资源配置难以应对当下轻罪化的需要。由于重罪案件危害性强，往往会引起较大的社会关注，从侦查起始的各个诉讼环节都会对其投入更多的资源。在轻罪化趋势下，需动态调整资源分配，提高轻罪的办案质量。在笔者与部分检察官的访谈中，有同志曾表示，在认罪认罚从宽制度的实施下，轻罪案件数量庞大，但相关办案员额检察官数量不变，这导致人均办案压力增大，部分检察官办案过程中对事实关注不足，只关心办案过程中的程序性事项不出问题，能够应对复查即可。这种情况的出现会苛求检察官自我加压，长远之计是做好科学的案件管理，合理分配办案资源。

读罢本书，不禁再次感叹轻罪治理确实是系统工程，现行制度有着极强的稳定性，但也蕴含着结构性的风险。目前，我国也正致力于更科学有效地进行轻罪治理，“少捕慎诉慎押”的实践如火如荼地进行。本书的相关研究成果对我国的轻罪治理也很有借鉴意义，轻罪制度的优化需要多方用力，每一个诉讼参与者都能发挥作用。当然，我国的轻罪制度有其特殊的历史经验与当代实践，他山之石只可作一参考。“中国古代治安管理最富有特色与最成熟的经验，是将预防、惩办、管理、教育相结合全面治理犯罪。这种融精神统治力量与物质统治力量为一体的治理犯罪方式，有效地防范与减少了社会犯罪。”[2]我国的轻罪制度是如何与其他社会制度互动的，其是否也存在相关的歧视和偏见问题，如何批判性地继承轻罪治理的历史经验，这一系列问题都值得进一步思考和研究。

---

[1] 参见卢建平：《为什么说我国已经进入轻罪时代》，载《中国应用法学》2022年第3期。

[2] 郭成伟主编：《社会控制：以礼为主导的综合治理》，中国政法大学出版社2008年版，第393页。

人工智能在控方证据推理中的规制性应用

——《证据法的理念》读书报告

黄秋雨 *

引言

随着我国司法文明建设速度逐渐加快、程度不断加深，证据法的理念也随之更新，并指引着未来制度和政策的变革方向。张保生教授的《证据法的理念》将证据法学学科同中国司法文明进程结合在一起，为读者形象且精准地描绘出了中国证据法学的现实模样和未来图景。本书由上下两篇构成，上篇首先描述和论证了证据法逻辑理念在证据法学 40 多年的发展历程中发生的变化，强调了目前仍存在的逻辑误区，对于证据法学的基础理论知识作了正本清源；在理清逻辑理念的基础上，下篇选取了刑事审判、证据合法性调查、证据立法、证据制度等五个具有关键且具有代表性的角度进行论述，体现了证据法学对无罪推定、证据裁判、控辩平等、权利本位等价值理念的重视。全书虽然是张保生教授于 2008 —2021 年间发表的代表性论文的合集，但在各章节之间都有着紧密的联系。

2001 年，张保生教授以《人工智能法律系统的法理学思考》一文最先对法律推理与人工智能之间的关系进行了探讨。在《证据法的理念》中，张保生教授也通过“人工智能法律系统的证据推理模拟”一章，以历史赓续的眼光介绍了人工智能法律系统的研究历史、研究现状、核心内容、现实难题和模拟方法，以一如既往的前瞻性视角启发读者思考人工智能在证据推理中的诸多可能性。受本部分启发，笔者从检察机关应用人工智能进行证据推理的实践现状出发，对人工智能应用于检方证据推理可能会产生的潜在风险与解决路径作了初步探索。

---

* 中国政法大学证据科学研究院 2021 级硕士研究生。

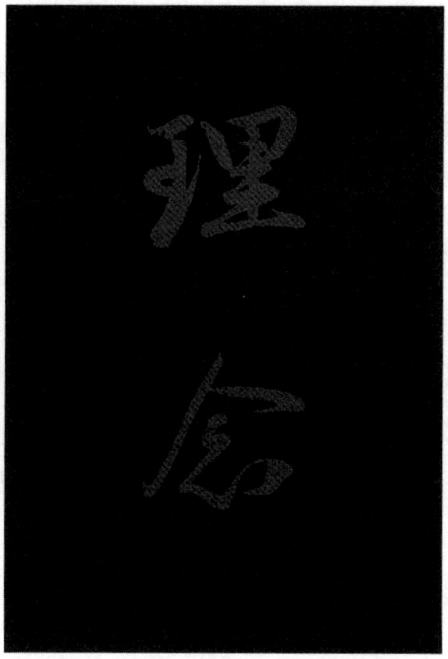

张保生:《证据法的理念》,法律出版社 2021 年版

一、问题的提出

20 世纪末,数字科技就已经开始被应用于刑事司法领域,我国学界也从此开始正式对法律专家系统展开研究[1],1986 年,华东政法学院和上海社科院法学研究所的专家初步研制出全国第一个盗窃罪电脑辅助量刑专家系统。随后,湖南大学、武汉大学也分别研制出了贪污罪量刑模型和实用刑法专家系统,均可对刑事个案进行推理判断。[2] 到了 21 世纪,大数据、人工智能等新兴科技在刑事司法中的应用则更为深入。相较于严格监管的欧盟模式、渐进规制的美国模式[3],我国在开发研究并应用人工智能技术的态度更为积极,技术落地更为迅速。最高人民法院、最高人民检察院在 21 世纪之初就开始引入人工智能,并逐步拓展人工智能司法的应用场景和加深人工智能的应用深度。最高人民法院在《最高人民法院关于规范和

---

❶ 参见钱学森:《论法治系统工程的任务与方法》,载《科技管理研究》1981 年第 4 期,第 35 页。

❷ 参见苏惠渔、张国全、史建三:《未来的“电脑法官”——电脑辅助量刑专家系统论》,载《中国法学》1988 年第 4 期,第 92—93 页;赵廷光:《论“电脑量刑”的基本原理》,载《湖北警官学院学报》2007 年第 2 期,第 8 页。

❸ 参见李训虎:《刑事司法人工智能的包容性规制》,载《中国社会科学》2021 年第 2 期,第 50 页。

加强人工智能司法应用的意见》中明确提出要加强人工智能全流程辅助办案，并强调了利用人工智能支持证据指引与审查的作用。最高人民检察院早在2000年就提出要实施“科技强检”战略，并首次提出要把高新技术运用于证据审查的工作中。[1]“弱人工智能”的应用已经提升了控方工作的效率，而根据案件大数据对进行证据智能校验、证据推理和分析案件信息的“强人工智能”将为检察官的工作模式带来新的革命。

相较于“人工智能法官”被认为会受到强大的技术阻力和社会认同压力[2]，“人工智能检察官”尚未受到国内外实务界与理论界的重点关注，控方在证据推理中对人工智能的应用缺乏规制的问题也尚未被充分发掘。[3]证据推理可分为“证据性事实→推断性事实→要件事实→要件”这四个阶段，控方应用人工智能进行证据推理时需注意人工智能根据案卷输入证据信息、处理证据信息、形成证据推理路径的多个阶段。在缺乏规制的情况下，在控方证据推理中应用人工智能可能会衍生出一系列结构性问题和细节性不良影响。因此，有必要分析控方证据推理过程中人工智能应用未受到有效规制的问题，并揭示在缺乏有效规制的情况下人工智能辅助控方进行证据推理的潜在风险，有针对性地提出相应的解决方式，使人工智能更为公平、有效地辅助检务工作，实现科技司法时代下的数字正义。

二、控方证据推理中缺乏规制的人工智能应用

2000年至今，我国检察系统基本实现了办公自动化、机关网络化和业务信息化。2018年最高人民检察院发布《全国检察机关智慧检务行动指南（2018—2020年）》以来，应用大数据、区块链、人工智能等信息技术手段的检察工作范围逐步扩大，应用程度也有所加深。检察机关对人工智能的应用可以分为识别技术型

---

[1] 参见《最高人民检察院关于在大中城市加快科技强检步伐的决定》（2000年1月10日施行）。

[2] 参见雷磊：《司法人工智能能否实现司法公正？》，载《政法论丛》2022年第4期，第72—82页；季卫东：《人工智能时代的司法权之变》，载《东方法学》2018年第1期，第131—133页。

[3] 以“中国知网”为检索工具，设置“人工智能”“检察官”“检察机关”等检索关键词，检得结果46条，但其中大部分的文章并未重点聚焦于人工智能对检察机关工作的影响，而是在描述人工智能在刑事司法领域的应用时简单地一笔带过；分别设置“智慧检务”“智慧公诉”“数字检察”等作为检索关键词，虽然检索结果数量有所增加，但是通过仔细研读检索结果，可以发现大部分文章仍是实务机关的办案经验总结，缺乏学术界的理论研究。2023年5月10日检索。

人工智能应用（例如语音识别、文字识别等）、数据支持型人工智能应用（例如大数据智能检索、业务指标查询等）以及认知技术型人工智能应用（例如案件智能研判、证据智能校验等）三种类型。其中认知技术型人工智能应用是现阶段以及未来检务工作人工智能化的重点，基于证据在诉讼中的核心地位，人工智能应用于控方证据推理的过程是各地检察机关研发、应用人工智能的重点环节。但是，目前对在控方证据推理环节应用人工智能缺乏有效规制，该应用并没有配套的应用规则，证据推理人工智能化的顶层设计也缺乏系统化的规划，在实践中控方还可以利用人工智能的预警功能不适当地对证据缺陷进行补救。

（一）规制性应用规则的缺失

纵观人工智能技术应用于控方证据推理的改革进程，可以发现人工智能的应用缺乏具体的规制性规则，而泛于强调推广人工智能使用的政策性文件。在政策性文件方面，诸多文件均较为理想化、政策化地提出要推进人工智能在刑事司法领域的应用。2016 年，国务院在《“十三五”国家信息化规划》中再次强调“科技强检”的同时，提出了要“积极打造智慧检务”。❶2017 年国务院印发的《新一代人工智能发展规划》则以智慧法庭建设为例，提出要促进人工智能在证据收集、案例分析、法律文件阅读与分析中的应用。❷2018 年，最高人民检察院通过《全国检察机关智慧检务行动指南（2018—2020 年）》对“智慧检务”的定义作出了明确规定，强调了要依托大数据、云计算、移动互联网、人工智能等信息技术手段，提高检察机关办公、办案、服务、决策的智能化水平，并推进大数据、人工智能等前沿技术在检察工作中的应用。❸ 对人工智能在控方证据推理中的应用，一是缺乏审查性规则。目前的人工智能系统在证据推理方面的应用呈现出先行先试的特征，由各地检察机关自行探索适用人工智能进行证据推理的案件类型和使用人工智能工具的程度与频率，而这些应用均不需要受到过多的规制。在具备技术应用的基础的情况下，不需受到合法性审查和道德审查即可在证据推理过程中直接应

---

❶ 参见：《国务院关于印发“十三五”国家信息化规划的通知》，载《中华人民共和国国务院公报》2017 年第 2 期。

❷ 参见：《国务院关于印发新一代人工智能发展规划的通知》，载《中华人民共和国国务院公报》2017 年第 22 期。

❸ 参见最高检印发《全国检察机关智慧检务行动指南（2018—2020 年）》，载最高人民检察院网，https://www.spp.gov.cn/spp/xwfbh/wsfbt/201807/t20180720_385543.shtml，2023 年 4 月 12 日访问。

用人工智能。二是缺乏权利保障性规则。在利用人工智能辅助进行证据推理时，案件的当事人信息不可避免地会进入人工智能系统中进行下一步的分析处理，而所有的系统均有信息泄露的风险，案件涉及的个人信息可能会被泄露，人工智能在证据推理时可直接应用案件当事人的相关信息并进行自主处理，对信息的采集范围、保护措施等关键内容缺乏前置性规定，对信息泄露情况也缺乏必要的后置性补救规范。

（二）证据缺陷的不合理补救

事实认定者根据控辩方案件理论决定哪一方主张更为真实，从而对案件事实作出判断，这一司法判断的基础是两方各有利益倾向的案件理论。[1] 通过人工智能的预警、提示功能，检察机关总是可以在庭前完善控方的证明链条，使其更为准确地达到“犯罪事实清楚，证据确实、充分”的证明标准，控方的案件理论（prosecution’s theory）也因此往往会比辩方的案件理论更为可信。以上海 206 智能辅助办案系统（以下简称“上海 206 系统”）为例，上海 206 系统围绕“证据”这一核心，结合公检法专家经验和人工智能技术，通过训练神经网络模型对海量数据进行挖掘，利用“7 环 13 段”证据模型为司法人员办案提供证据标准指引、证据校验、证据链审查等多种辅助功能。在应用该系统时，其可以根据设定算法和大数据自动进行证据审查，并对案情进行分析，进行三段论推演。[2] 在应用这一系统时，控方可以先行通过人工智能的“偏离预警”对证据瑕疵、证据缺陷进行补救，尽可能避免案件中证明的断裂。这一补救行为使得控方的案件理论难有可突破点，辩护律师难以进行针对性的对抗。对审判来说，其实质是哪一方案件理论更为真实的竞赛[3]，在应用人工智能先行补救证据缺陷的情况下，辩护律师难以逾越人工智能技术为控方筑起的“证据高墙”。而对系统设计者与主要应用者公检法机关来说，人工智能的“偏离预警”功能能保证追诉工作顺利地“一诉到底”，提升办案质效，避免出现由于证据不合法而产生冤假错案的改判、追责情形，其

---

[1] 案件理论（the theory of case）是指案件中各请求方当事人所讲述的案情版本，通常是一个具体的事件版本，包含实体法所要求的要件。由于持方和立场的不同，在刑事案件中可分为控方理论和辩方理论。See Andrew Palmer, *Proof and the Preparation of Trials*, Law Book Co., 2003, p.122.

[2] 参见熊秋红：《人工智能在刑事证明中的应用》，载《当代法学》2020 年第 3 期。

[3] See Thomas A. Mauet, *Trial Techniques*, Aspen Publishers, 2010, p.101.

缺乏对这一功能进行规制的原始动力。

（三）证据推理的非系统实现

人工智能似乎更可能实现功能模拟，不能实现结构模拟。[1]人工智能的功能模拟是指人工智能模仿人在某一项工作中的能力，如模仿高速公路收费站收费员收费的行为。结构模拟是一种更为系统化的模拟，旨在使人工智能从系统上实现人脑的功能。不过，自大数据技术趋向成熟以来，人工智能的设计和运作思维已经不限于让机器模仿法律专家解决问题，而是利用海量数据直接进行动态处理和计算。由于官方并未对在控方证据推理中应用人工智能的方式进行系统化的规范，缺乏整体规划和统一设计，目前各地司法机关对人工智能实现证据推理功能的设计并不相同，呈现出非系统化的研究与应用特点。如上海 206 系统专注于形成统一证据标准，贵州智能办案辅助系统、苏州智慧审判模式等人工智能系统并不重视通过人工智能实现证据推理，而是将其作为一种系统中附带性的功能。在实现证据推理的过程中，具有预警功能的人工智能可能仅会以非强制性的方式进行提示，也有可能在证据未到达数量或形式标准时强制性地阻止案件的进一步办理。[2]此外，部分地区检察机关为了提升自主研发的创新度，会刻意避免使用已经成熟的办案系统和技术，自行进行智慧办案系统的研发[3]，并根据自身办案需求，对证据推理功能作出自主设计，从而造成智能应用系统重复建设、系统兼容性差的问题，导致各地区之间证据推理人工智能化的进度、水平和方式都存在较大差异，难以在系统、协调的情况下实现证据推理人工智能化。

三、控方证据推理中过度应用人工智能的隐忧

司法实务中对人工智能的“热应用”并没有影响理论界对其应用现状与未来趋势进行“冷思考”，但针对控方证据推理过程中过度应用人工智能可能会导致的潜在影响尚未引起理论界的重视。在控方证据推理中缺乏规制地应用人工智能

---

[1] 参见张保生：《人工智能法律系统的法理学思考》，载《法学评论》2001 年第 5 期，第 14 页。

[2] 参见董坤：《证据标准：内涵重释与路径展望》，载《当代法学》2020 年第 1 期，第 111 页。

[3] 参见张永进：《人工智能辅助检察办案的应用与展望》，载《河南财经政法大学学报》2022 年第 3 期，第 39 页。

有可能导致会违规办案行为的“假性消失”、控辩关系持续失衡以及技术赋能的初衷被技术依赖所替代等隐患。

（一）违规办案的“假性消失”

随着依法治国的进程不断推进，公检法系统内部的规范化改革使得一系列重大冤假错案得到纠正，其背后的司法工作人员不规范办案行为也得到了矫正。科学技术的应用在防范和纠正冤假错案中具有重要作用。既往科学技术常被应用于冤假错案的纠正环节，而人工智能应用于控方证据推理的主要目的是防范冤假错案的产生。如江苏检察机关研发的“案管机器人”在系统运行以来，通过对法律文书对比等方式，已经发出权利保障提醒预警17383件34662次，该系统也能及时纠正评查案件时发现的司法办案不规范等瑕疵性问题。[1]上海206系统对于收集到的证据会从程序、形式与内容这三个方面进行对比校验，生成审查结论，作出瑕疵证据补正或者说明的指引。[2]虽然目前上海206系统只能实现对于单一证据进行校验，还没有完全实现对于证据链和全案证据的审查判断，但其所具有的提示功能可以提醒承办检察官具体个案中追诉工作的不规范之处。由此，检察机关在将案件移送至法院前可以通过人工智能的辅助及时发现侦查工作的不足之处，并对瑕疵进行补正或对存在非法取证情况的证据予以排除，然后重新收集有罪证据，填补证据缺口，从而达致顺利起诉、成功定罪的目标。从结果上看，案件的证据链完美无瑕，所有据以定案的证据均是通过合法方式取得的，但是这一诉前补救的行为使得本来可能不会被定罪的案件被定罪，看似正常办理的案件实际上是得到了多重修补后才形成的，从而导致了违规办案行为的“假性消失”，无形之间也侵害了被追诉人的合法权益。

（二）控辩关系的持续失衡

在检察官的工作充分迎合人工智能时代的发展潮流，开始不断在检察工作中应用新技术时，被追诉人的辩护权仍停滞在原来并不平等的起跑线上，控辩双方

---

[1] 参见赵志刚：《一叶窥秋：“检察+人工智能”的发展现状与思考》，载《检察风云》2019年第1期，第16页。

[2] 参见卓翔、崔世群：《论人工智能在证据推理中的辅助性定位》，载《治理研究》2023年第1期，第154页。

难以实现平等“武装”，被追诉方合法权利被压缩，控方依托人工智能获得的权力进一步增强，进而导致控辩力量进一步失衡。基于法官与检察官的利益立场，在应然状态下，法官与检察官均负有同等注意义务于被告有利及不利的事项，而在实然层面，这一同等注意义务往往无法得到履行，法官同检察官更关注对被告不利的事项。[1]中国刑事司法的实践情况也反映出抗衡国家机关的辩护力量往往处于缺位或弱势状态，辩护律师往往在证据推理中难以发挥其应有的作用。新兴科技带来的司法变革催生出数字正义的理念，算法将成为一种新且重要的分配正义机制，[2]在检方可以利用强大的人工智能技术辅助进行证据推理的同等情况下，被追诉人方却缺乏相应的抗衡能力，其不具备实现数字正义的数据基础与必要技术加持，犯罪嫌疑人、被告人及其辩护律师的正当需求似乎被不恰当地忽略了。例如，在阅卷时，承办检察官通过人工智能的辅助，可以对存在问题的证据形成问题清单，并可以实现由人工智能对案件中的证人供述进行文字识别与提取、比对，展示关系图例，从而提升证据分析与事实构建的效率与精准度。而在没有人工智能辅助的情况下，辩护律师对于证据的提取往往需要耗费大量的人力与精力，且精准度较差。

（三）从技术赋能到技术依赖

人工智能在控方证据推理中的应用初衷在于技术赋能，但随着人工智能应用程度的加深，有人工智能辅助的控方证据推理环节陷入了“科林格里奇困境”，人工智能作为工具的辅助性被强化为依赖性。将人工智能应用于控方的证据推理过程，可以提升追诉效率，并对侦查工作中的证据缺陷等问题予以及时提示，其技术初衷在于通过人工智能赋能，将检察官从机械化、基础性的工作中“拯救”出来，从而使其集中精力于办案的核心环节。算法大肆入侵检察机关的工作环节后，控方证据推理中过度应用人工智能也使追诉工作趋向“工厂流水线”发展，承办检察官的审查也浮于形式化。

对人工智能的技术依赖不仅使得检察权被“主动入侵”，侵犯了其相对独立

---

[1] 德国许内曼教授将法官比作检察官的执行机构。Vgl. Bernd Schünemann, Wohin treibt der deutsche Strafprozess?,Zeitschrift für die gesamte Strafrechtswissenschaft, 2002, 114 (1).

[2] ［英］杰米·萨斯坎德:《算法的力量：人类如何共同生存》，李大白译，北京日报出版社 2022 年版，第 220、231—247 页。

性，还伴有人工智能证据推理过程不透明、难以审查的问题。对于人工智能法官，算法难以保证法官中立的问题常见诸有关人工智能法官的讨论中，有学者认为人工智能中的算法偏见存在误导司法决策的可能性[1]，会侵犯事实认定者的法定权力。[2]作为无利害关系第三方，司法被赋予了“无偏倚性”的认同假设[3]，而人工智能法官的“算法黑箱”问题与这一认同假设背道而驰。虽然学界对人工智能检察官的讨论相对较少，但从人工智能检察官、人工智能法官所依托的基础技术上看，其二者均依托人工智能技术。因此，人工智能法官的“算法黑箱”问题也同样存在于人工智能检察官的应用中。如何避免算法设计者本身的偏见渗透入证据推理中，如何防止既有追诉工作中的偏差值被深度学习后反而被固定等诸多问题，都存在于利用人工智能进行控方证据推理的过程中。

四、控方证据推理中人工智能的规制性应用路径

在缺乏规制的情况下应用人工智能辅助进行控方证据推理已导致诸多问题的产生，未来在控方证据推理的过程中应用人工智能应遵循规制性应用路径，将人工智能定位为控方证据推理的辅助工具，并尝试在辩护律师的证据推理中引入人工智能技术，对应用于控方证据推理过程中的人工智能形成外部性规制，同步提升个案的算法可解释性，实现人工智能进行证据推理路径可解释、可审查目标。

（一）人工智能辅助地位的理念定位

“理念是重要的，人的行为不仅受到利益的支配，也受理念的支配。”[4]张保生教授认为人工智能法律系统研究旨在代替法官，而实际上人工智能法律系统的应用情况反映了其不能代替法官，形成了“旨在代替 / 不能代替”的悖论。[5]实际

---

[1] 参见谢澍：《人工智能如何“无偏见”地助力刑事司法——由“证据指引”转向“证明辅助”》，载《法律科学》2020 年第 5 期，第 110 页。

[2] 参见李训虎：《刑事司法人工智能的包容性规制》，载《中国社会科学》2021 年第 2 期，第 48—54 页。

[3] 参见陈洪杰：《司法认同的期望象征：反思“无偏倚性”程序策略》，载《中外法学》2022 年第 3 期，第 747 页。

[4] 张维迎：《理念的力量》，西北大学出版社 2014 年版，“内容简介”。

[5] 参见张保生：《证据法的理念》，法律出版社 2021 年版，第 121—125 页。

上，人工智能研究并不意在代替法官，也不会否定法官的主体地位，进一步来说，人工智能也并不意图代替人类的主体地位，其初衷仍在于依靠技术解放人类劳动，代替人类进行简单重复性的工作。人工智能介入证据推理的环节并不意味着检察官将被取代，其主要是在简单案件中尽可能地减轻检察官的办案压力。❶1998年英国皇家检察署对于在起诉工作中运用证据判断辅助系统时也提出，辅助系统是“仆人而非主人”。❷学者在更为细致地讨论人工智能在证据推理中的定位时也强调，人工智能在证据推理中只能处于辅助地位，而无法代替人类推理。❸在证据推理环节，人工智能辅助地位主要体现在证据信息辅助提取以及证据信息辅助分析两方面。在提取证据信息时，人工智能通过文字识别、图像识别等方式获取证据信息，承办检察官可以通过人工智能的识别结果初步形成对案件是否构罪、构成罪名为何的事实判断。随后，通过承办检察官对证据进行人为筛除后，人工智能可以初步整合证据推理路径，形象化呈现“证据性事实→推断性事实→要件事实→要件”的证据推理路径。在形成初步的控方证据推理路径后，承办检察官可以利用人工智能的类案智能检索功能，了解类案的证据推理路径，修正当前的控方证据推理路径，并对可能会受到辩方攻击的证据推理之处进行提示，进一步完善控方的案件理论。

（二）对辩方证据推理的对应性辅助

数字辩护是实现刑事司法数字正义中的重要部分，应尽可能使“权力—权利”二者力量不过分失衡，并实现刑事诉讼主体的良性互动。❹在人工智能辅助进行控方证据推理的程度趋深，越来越能够提升刑事追诉效果的情况下，可以考虑在刑事辩护律师的证据推理中应用人工智能进行对应性的辅助，从而在辩护方也能形

---

❶ 大部分的学者对于人工智能在刑事诉讼中的运用基本持“人工智能仅可作为辅助工具”的观点，参见卫晨曙：《刑事审判人工智能的权力逻辑》，载《西安交通大学学报（社会科学版）》2021年第3期。该作者认为刑事审判方面人工智能可以在证据审查、精准量刑、类案推送等方面起到辅助作用。又见熊秋红：《人工智能在刑事证明中的应用》，载《当代法学》2020年第3期，作者以国内外人工智能应用情况说明实务中人工智能的辅助性质。

❷ See Jo Greenfield, *Decision Support within the Criminal Justice System*, one of papers of 13th BILETA Conference:“The Changing Jurisdiction”, March 27—28th, 1998, Trinity College, Dublin.

❸ 参见卓翔、崔世群：《论人工智能在证据推理中的辅助性定位》，载《治理研究》2023年第1期，第154页。

❹ 参见裴炜：《数字正当程序：网络时代的刑事诉讼》，中国法制出版社2021年版，第71页。

成“人机互动型”证据辩护，有针对性地对控方通过推理证明模式与印证证明模式构建起来的证据体系进行外部性的检验。传统的刑事辩护与智能化的刑事追诉并非“人对人”的对抗，而是辩护律师与有强大人工智能辅助的控方进行对抗。从形式上看，“人对人机”的控辩关系尚未形成平衡。刑事案件律师辩护全覆盖以及有效辩护的追求呈现出刑事司法“既要又要”的特点——既要数量，又要质量，而人工智能辩护律师的参与能够很大程度缓解当前辩护律师数量和质量无法满足刑事诉讼需求的问题。在辩护质量上，依托大数据对比等技术，人工智能可以根据需要迅速在案卷信息找到证言矛盾点、材料瑕疵等，减少了人力、精力的投入，这一探索可以增加辩方的对抗力量。就像律师认为，在复杂案件中，大数据可以加强辩护说理的论证，通过参考类案可以提供出罪证据、轻罪证据的案件理论思路。❶

不过，要实现辩方证据推理的对应性辅助还需要解决证据信息输入、处理与输出的问题。一是证据信息的输入。人工智能辅助辩护律师进行证据推理的第一步是利用自然语言处理技术（NLP）这一技术理解和筛选刑事案卷的文本信息，提取与犯罪嫌疑人、被告人交流的口语信息。❷不过，在技术和伦理上都很难实现人工智能直接替代人类律师对犯罪嫌疑人、被告人进行会见。因此，阅卷应是其最主要的证据信息来源，其可根据案情对案卷中的关键点进行证据提取。二是证据信息的处理与输出。人工智能的应用呈现出“数据驱动”的特点，其理论预设在于以海量数据，通过科学算法，确保结果公正。❸在针对具体个案梳理出初步的证据推理路径时，辩护律师应用的人工智能首先需具有较大的数据库，但在实践中，人工智能辩护律师所被喂养的数据往往并不全面。基于数据垄断、数据壁垒等问题，人工智能辩护律师的研发者无法像公检法机关一样拥有海量的案例数据库和强大算法、算力的支持，辩护方的人工智能数据库辩护辅助能力处于弱势❹，控辩

---

❶ 参见祁建建：《“现代科技在刑事诉讼中的运用与律师辩护”研讨会综述》，载《中国司法》2018年第7期，第32页。

❷ See Michael Legg & Felicity Bell, *Artificial Intelligence and the Legal Profession: Becoming the AI-Enhanced Lawyer*, University of Tasmania Law Review, Vol. 38, No.2, p.41 (2019).

❸ 参见聂友伦：《人工智能司法的三重矛盾》，载《浙江工商大学学报》2022年第2期，第66—67页。

❹ 参见裴炜：《个人信息大数据与刑事正当程序的冲突及其调和》，载《法学研究》2018年第2期，第52—54页。

双方的技术差异导致辩护方人工智能案件数据库无法达到充分联系个案的要求，应打通各主体之间的数据壁垒，实现案件数据基础的共享。

（三）靶向增强个案的算法可解释性

我国目前大量的刑事司法人工智能基本由司法机关主导研发，但“算法黑箱”问题依旧存在。要使得控方证据推理中的人工智能应用更为可靠与有效，需提升算法透明度与可解释性。但是，在透明度的提升方面，由于基础代码开源后可能会带来知识产权受侵害、案件结果提前被预测公布从而影响裁判者等诸多问题，故目前提升透明度风险大于利好。

在增强算法可解释方面，威格摩尔图示法过于复杂而不适宜用于解释证据推理过程。张保生教授认为，威格摩尔图示法为人工智能法律系统中的证据推理模型指明了方向。❶ 但是，符合人工智能简化、精确的代码思维的威格摩尔图示法，尚无法有效帮助人类理解人工智能进行证据推理的算法路径。从形式上看，威格摩尔图示法使用了多种复杂符号系统代表了肯定性言词证据、否定性言词证据、补强性证据、解释性证据等不同类型的证据，并利用 5 种以上的不同图形符号表示对相关证据可信性的判断以及证明关系。因此，即使是证据较为简单、证据关系不那么复杂的案件也可能会呈现出复杂的图示结果。进入 21 世纪后，特文宁教授以及舒姆教授等对威格摩尔图示法进行了改良❷，但改良后的图示法仍然晦涩难懂。在推理过程中，使用逻辑的方法或者形式会使人们感受到一种确定性与安全感。❸ 但过于追求逻辑反而会使得原本可被理解的事物变得更加复杂，而难以被理解。

因此，可以考虑针对个案进行标签化提取和可视化展现，形成证据推理链条供控辩双方判断与事实认定者裁断，实现有效的“人工沟通”。❹ 目前针对民事案

---

❶ 参见张保生：《人工智能法律系统：两个难题和一个悖论》，载《上海师范大学学报（哲学社会科学版）》2018 年第 6 期，第 34 页。

❷ See William Twining & René Weis, Reconstructing the Truth about the past, in Edith Thompson, William Twining and Iain Hampsher-Monk (ed.), *Evidence and inference in history and law: interdisciplinary dialogues*, Northwestern University Press, 2003, p. 69.

❸ 参见［美］奥利弗·温德尔·霍姆斯：《法律的道路》，李俊晔译，中国法制出版社 2018 年版，第 37 页。

❹ 参见［意］埃琳娜·埃斯波西托：《人工沟通与法：算法如何生产社会智能》，翁壮壮译，上海交通大学出版社 2023 年版，“导言”。该学者认为，机器学习等数字技术应当被称为“人工沟通”，机器对于社会智能的贡献在于人类学会如何与机器沟通。既往的人工智能研究强调人工智能如何模仿人，但这种模仿是单向性的。实现“人工沟通”，就意味着人类可以理解机器语言，意味着算法成为可解释的算法。

件的人工智能辅助系统的数据来源多是通过人工先行标注既有案件中的关键词获取的。通过人工提取“点状”的案件标签实现对案件进行初步“画像”，标注关键词的方法可以帮助人工智能判断案件事实的关键点，并针对个案生成证据链。

五、结语

习近平曾在中央政法工作会议上明确提出“深化政法智能化建设”[1]，检察机关在这一重要指示的指引下，已初步实现了诸多领域的科技化与智能化。人类社会通过研发与应用人工智能，可以实现人机协同的智能时代愿景。在人工智能发展阶段从“分析式人工智能”到“生成式人工智能”，应用目标逐渐从“通用人工智能”转向“垂直人工智能”的情况下，人工智能对于检察机关的证据推理具有重要的应用意义。目前在控方证据推理过程中应用人工智能存在缺乏具体应用规则、利用人工智能提示功能不合理地补救证据缺陷以及非系统化应用等问题，凸显了应用人工智能缺乏规制的实践特征。在控方证据推理过程中过度应用人工智能可能会导致违法办案行为难以被察觉，并导致控辩关系进一步失衡，使得通过人工智能技术赋能控方证据推理的设想转换为过度依赖人工智能进行证据推理。为了解决目前非规制性应用所产生的问题，需明确人工智能的辅助性定位，尝试在辩方证据推理中引入人工智能技术实现外部性检验，提升算法可解释性。此外，在以人为本的人工智能时代下，利用数字化赋能检察机关人权保障工作[2]，要注重对证据法公正价值中人权这一核心内容进行保障。[3]将人工智能应用于控方证据推理时仍需遵循客观规律，检察机关应避免让智能技术、数字运算完全代替证据推理的过程，在证明过程中仍应遵循无罪推定等原则。在以人为本的人工智能应用原则指引下，正确理解人工智能的规制性应用目标，合理运用人工智能辅助进行证据推理，才能发挥出“证据推理＋人工智能”的最大效果，更便利、更形象地叙述控方理论，并使得辩方理论与其形成对应性对抗，从而让案件的事实认定过程更为直观、准确。

---

[1] 参见倪寿明：《未来政法工作的顶层设计》，载《人民司法（应用）》2018年第4期，第1页。

[2] 参见郭立新：《人权保障视野下的刑事检察实践》，载《政法论坛》2023年第4期，第106页。

[3] 张保生：《证据法的理念》，法律出版社2021年版，第198—201页。

证人特权：一项富有生命力的制度

——*The Principles of Criminal Evidence*读后感

艾丽再巴叶尔 *

自 20 世纪 60 年代以来，随着英国立法的修订和判例的发展，英国的证据制度一直处于不同程度的变革完善过程中，了解英国不同时期的立法沿革和实践情况，有助于加深对证据制度的全面理解。

英国牛津大学祖克曼（A. A. S. Zukerman）教授的著作《刑事证据原理》（*The Principles of Criminal Evidence*）对英国刑事证据法进行了系统论述，对了解刑事证据制度大有裨益，笔者选取该书作为读书报告的对象。该书初版于 1989 年，第二版于 2004 年面世，皆产生了重要影响。笔者先选取初版阅读并撰写读书报告。

祖克曼教授在书中针对证据原则、证据规则和不同证据形式进行了批判性分析，并基于广阔的刑事司法背景和改革前景，以动态发展的视角，从理论、立法和实践层面对英国现行法律规则作出检视。全书共 16 章，本文针对第 14 章“Witnesses：Compellability and Privilege”的相关内容进行概括和评析。

一、著作内容摘要

祖克曼教授在本章主要介绍了两部分内容。第一部分，主要阐释了证人的强制作证[1]，分别从证人的作证义务和作证能力两个方面进行说明；第二部分，主要介绍了特殊群体证人的特权，如被告人配偶所享有的特权、法律职业特权和公共利益豁免，鉴于反对自我归罪的特权另有专章阐述，作者在此仅作了简要介绍。

---

* 中国人民大学法学院诉讼法学（刑事诉讼方向）博士研究生。

[1] “强制作证”在本书中的英文表述为“Compellability”，亦有其他著作译为“可强制性”“被迫作证性”，参见沈达明编著:《英美证据法》，对外经贸大学出版社 2015 年版，第 33 页。本文采用“强制作证”的表述。

A. A. S. Zukerman, *The Principles of Criminal Evidence*, Clarendon Law Series, 1989

（一）证人的强制作证

1. 证人的作证义务

首先，作者将证人向法庭披露信息界定为一项义务，并提出了相应的理由。证人是法庭获得案件信息的重要来源之一，对于查明案件事实至关重要，因此，法律应当强制所辖范围内的每一个人都要作证或者提交证据，证人也有义务向法庭披露信息。其次，作者介绍了该义务在立法层面的体现。1965 年《刑事诉讼证据（证人出庭）法》规定，一个被送达证人传票的人不能免除他的出庭义务，除非他让法庭相信"他不能拿出任何物证……拿出任何文件或可能会是物证的东西"，证人一旦站上证人席，就会受"说出真相，全部真相，只有真相"誓言的约束。最后，作者指出该义务在特定情形下存在例外，这些例外可能会阻碍犯罪的证明，构成了对于查明真相的无法防御的障碍，并说明本章的讨论范围仅涉及除反对自我归罪特权之外的其余特殊群体的特权。

2. 证人的作证能力

作者认为，获取判决的手段在道德上的可接受性是至关重要的，法律应当对某些证人群体的可接受性和公众强迫证人作证的适当性作出表达。基于此，作者从历史发展的角度，以时间为线索，描述了英国法在不同历史时期对证人作证能力的认定标准，并总结了当代法律体系中的普遍规则。

首先，关于英国法中影响证人作证能力的因素，作者主要以19世纪为分界点进行介绍，大致可分为以下三类。第一，证人的作证能力与道德上的可接受性密切相关。在19世纪之前，英国法都很重视证人的道德资格，认为犯下不名誉罪（infamous crimes）之人缺乏道德责任，其证言不具备合法的可信性，因而完全不具备作证资格。第二，部分群体整体性地被剥夺作证能力，通常具有深层原因。例如，非基督徒因不能对着《圣经》宣誓而被排除在外，宣誓成为掩盖立法者敌视其他宗教信仰的"外衣"。第三，证人的作证能力和诉讼结果相关，与诉讼结果有利益相关的人被排除在证人范围之外。该影响因素的持续时间长于前两者，但使得诉讼各方都失去了作证资格。直到19世纪后期，这三类影响因素才几乎不见踪影。

其次，关于当代法律体系中的规范证人作证能力的普遍规则，作者总结道：所有人都具备作证能力，都可以被合法地传唤作证，同时在作证时必须回答所有向他们提出的相关问题，而证人的豁免权（除被告人以外）仅以不就具体事项作证的自由的形式提供。同时，作为对前述证人作证能力影响因素的延续性梳理，作者也指出，除了儿童和有智力缺陷的人以外，当代法律体系中几乎没有部分群体被整体性剥夺作证能力的例证，但这两类群体的作证能力也并非被绝对排除，其证言是否被接受，往往取决于其对于宣誓重要性的理解、证言的证明力甚至作为证人的可信度，例如，儿童在能够理解作证的重要性时，可以宣誓作证，在其证言具备价值时，甚至可以不宣誓作证。

此外，作者有意纠正一个误导性的惯例，即将反对自证其罪特权的行使，认定为被告人无能力为控方作证。作者认为，即使行使该特权的后果之一是控方不可以传唤被告人出庭作证，但这并不意味着被告人不具备作证能力，因为被告人享有是否行使特权的选择权，如果其选择放弃特权而进入证人席，那么其有权代表自己作证，且有义务诚实地回答控方的问题，并且证言一旦被采信，就可能被用作对其或者同案犯的不利证据。

（二）证人的特权

作者将证人的特权界定为"向法庭隐瞒信息的许可""法律承认的获取证据

的障碍”，主要介绍了四种类型，即被告人的配偶所享有的特权、法律职业特权、公共利益豁免以及反对自证其罪的特权。此外，由于反对自证其罪的特权具有独特价值，且另有专章阐释，此处便不作摘述。

1．被告人配偶的特权

第一，作者介绍并评析了规制该特权的立法规范和立法意图。从广义上讲，被告人的配偶具备为被告人或控方作证的能力，但在一些例外情况下，法律赋予配偶自由选择是否为控方或共同被告作证的特权。该特权由来已久，当时主要受1984年《警察和刑事证据法》第80条的规制，该条文的合理基础在于通过给予被告人的配偶豁免，以保护被告人的婚姻和谐，这也与刑法修订委员会和上议院的意图相一致。作者对此持否定态度，认为以婚姻状况为由赋予某人拒绝提供犯罪证据的特权是没有正当理由的，具体理由如下：第一，在当时婚姻道德和政策发生根本性转变的环境下，特权的影响力有限；第二，特权的行使可能会使配偶承担源于被告人的压力，或屈于压力成为事后不情愿的帮凶而经历道德上的堕落，从而破坏婚姻和谐；第三，特权对于减少社会免受犯罪保护的作用值得怀疑；第四，质疑特权仅被授予给配偶而非其他亲属的正当性。

第二，作者介绍了立法对被告人配偶特权的限制及其发展趋势。作者以立法机关追求真相的需求为切入点，以婚姻利益和确保定罪的权衡为媒介，对立法规范和立法意图进行了分析。一方面，立法机关对于特权的限制，凸显了其探寻真相的需要。立法机关通过法律规定，在一些重要方面限制了该特权，主要规定于1984年《警察和刑事证据法》第80条第3款，包括指控涉及对配偶的暴力行为、对16岁以下的人实施暴力犯罪或性犯罪，以及指控涉及前述两类罪行的预备犯或共同犯罪的情形，这体现了立法机关在婚姻和谐、保护儿童、保护其他公民免受犯罪之间的价值权衡。另一方面，在某些情况下，立法机关对探求真相并不敏感。例如，该法第80条第8款规定的控方不得将配偶不作证作为评论的主题，作者猜测立法者的意图在于希望减免配偶受到的源于被告人的压力。此外，尽管特权在一定程度上有利于婚姻和谐，但鉴于特权范围界定的随意性、需要婚姻利益让位于确保定罪的案件类别增多，以及公众舆论的压力，从长远来看，特权的适用范围将不断地缩小。

2．法律职业特权和公共利益豁免

鉴于这两种特权的相关规则，在刑事审判中引发的争议非常小，作者仅进行了简要概述。

第一，作者介绍了法律职业特权的内涵、内在理念及例外。首先，该特权指的是委托人与其法律顾问之间的保密交流（材料），如果出于为了使委托人获得顾问提供的法律建议，和作为委托人正在参与的或正在发生的诉讼参考这两种目的，就享有不作为证据提交给法庭的特权。此外，如果是为了未决或预期的诉讼而进行的，那么法律顾问与委托人、法律顾问与第三方、委托人与第三方之间的通信（如果提交给客户的法律顾问进行诉讼）也都享有特权。其次，该特权的内在理念在于鼓励委托人真诚相待和促进法律顾问的有效代理。最后，该特权有两个普通法的例外，即如果当事人和法律顾问的目的有助于犯罪，那么二者在犯罪前的沟通就不受到特权的保护；如果被告要求提供信息以证明其无罪，则也不享有特权。

第二，作者介绍了公共利益豁免的内涵和适用情况。该特权指的是在任何法律程序中，任何一方都可以披露信息会损害公共利益为由反对披露，由法官在权衡披露与否对社会和各方当事人造成的影响后作出决定，但在刑事案件中，法庭明显以被告人的利益为重，以证明其无罪。

此外，尽管这两种特权存在于刑事领域，但为了保护无辜者免于定罪，这两种特权往往易于被推翻。

二、相关问题探讨

证据是审判的基础，在英国，受当事人主义诉讼模式和陪审制度的影响，证人证言成为诉讼中最重要的证据形式，证人感知、记忆、表述能力以及是否诚实作证，对于案件事实的认定具有直接影响，法庭不仅要听宣誓口头证言，还要观察证人出庭后的表现，相较于书面证词和其他传闻证据，对抗式诉讼程序主要依赖于宣誓口头证言，并更愿意采纳宣誓口头证言。法律是对各种社会价值进行协调取舍的结果，由于极度重视发现案件真相的价值，英国法规定出庭作证为公民的一项基本义务，同时，当出现其他社会价值超越发现案件真相价值时，法律为维护这些价值而对证人作证义务予以豁免。基于证人证言的极端重要性，影响证人证言的因素，如证人的作证能力、强制作证及其所享有的特权，在对抗式诉讼程序中也意义非凡，儿童和被告人的配偶作为特殊的证人群体，其证言往往不可或缺，但相关规则背后涉及的价值利益却错综复杂，因而立法沿革和实践运行处处彰显着证人制度的人文关怀和动态生命力，具有令人着迷的魅力，本文将对这两部分内容进行研讨分析。

（一）关于儿童作证能力问题

作者指出，在通常情况下，儿童是没有作证能力的群体之一，但也存在例外情形。例如，儿童在能够理解作证重要性时，可以宣誓作证，甚至在其有足够的智力使证言有价值时，不宣誓作证。如此规定引发了本文对儿童作证能力、宣誓制度以及二者关系的思考。

1．儿童的作证能力与其年龄有无关联?

证人是法庭上的主要证据来源，均负有向法庭披露信息的义务，在早期普通法中，英国的传统是对证人资格进行严格的限制，包括智力、精神能力等。基于此，年龄是否系法院审查儿童作证资格的一个关键因素，该问题是笔者在阅读之初产生的疑问，在通读本章内容并了解相关法律规定后，发现亦是一个认识误区。作者在阐释儿童作证能力时，并未强调年龄因素，在英国刑事法律体系中存在对“儿童”年龄的界定，1969年《儿童和年轻人法》将未满14周岁之人称为“儿童”，亦属于“未成年人”；并且，未满10周岁的儿童因未达刑事责任年龄而可以被免责。[1]但是，法律并没有规定儿童证人的最低年龄，换言之，刑事诉讼中证人的年龄不是法官在确定证人资格时必须考察的问题，年龄不是证人适格性的影响因素，主要依据为1999年《青少年审判与刑事证据法》第53条第1款作出的原则性规定：“在刑事诉讼的每个阶段，所有人（不论其年龄如何）都有资格提供证据”，这同时也印证了19世纪后期以来，英国证据立法日益扩大证人范围的趋向，在满足相关条件时赋予儿童作证能力，在一定程度上体现了英国法对获取证据、确定真相的追求。在此问题上，作者的观点和法律规定一致。

2．儿童作证能力的影响因素究竟为何?

作者对儿童作证资格的阐释，可以概括为儿童不具备作证能力为原则，在例外情况下被允许作证。但是，鉴于本书出版于1989年，作者关于儿童证人作证能

---

[1] 该法案以保护与福利主义为核心，将保护与福利设置于少年法制的顶峰。参见［英］约翰·斯普莱克:《英国刑事诉讼程序》，徐美君、杨立涛译，中国人民大学出版社2006年版，第235页。

力的阐释主要依据当时的法律规定，实际上，儿童证人资格问题在之后的审判及立法过程中无形之中被淡化了，甚至在本书出版一年后便有所变化。❶ 正如前所述，1999 年《青少年审判与刑事证据法》第 53 条第 1 款对儿童的作证资格作出原则性规定，同时，该条第 3 款还规定了儿童不具备作证资格的两种情况，即儿童作为证人时“不能理解向他提出的问题”和“作出的回答无法理解时”，由此可知，后续法律对于儿童作证能力的规定，可以概括为儿童具有证据资格为原则，而在两种特殊情况下不具有作证资格，后续立法实际上强化了儿童证人的作证能力，扩展了其作证范围，这与作者的观点存在一定出入。但二者仍存在一定的共性，即都关注儿童理解能力对作证能力的影响，实质上都将理解能力认定为儿童作证能力的积极要件，基于此，儿童的作证能力与其年龄无涉，而取决于其理解能力。在此意义上，有必要厘清儿童理解能力的法律意涵。

本文认为，关于儿童理解能力的法律意涵，可以从时间和空间等维度加以理解。在规范层面上，根据 1999 年《青少年审判与刑事证据法》第 54 条第 4 款和第 5 款的规定，通常将儿童作证能力的审查判断作为法官的预先审查事项，因此对于前述“儿童作为证人时”“向他提出的问题”“作出的回答”等规定，有学者认为，应当被理解为儿童在法庭上被提问时的理解事物的能力❷，具言之，能否理解向他提出的问题、能否沟通交流、能否对其提供证明的事情作出前后一致的、可以被理解的解释，法律强调的是儿童与法庭的互动过程中展现出的认知能力和认识水平，这在一定程度上也解释了作者提出的“能够理解作证重要性”的内涵。❸

需要注意的是，对于儿童理解的范围，也可以看作对作者提及的“儿童理解作证重要性”中“作证重要性”的理解，有观点认为，儿童能否了解自己被置于证人的位置上或者是否能分辨真伪，与其作证能力无关。❹ 本文对此持肯定态度。原因在于，法律意义上的真伪状态是极其复杂的问题，通常意义上，人的认识能力和认识水平是与年龄、接受教育的程度等因素之间呈正相关，随着年龄和接受

---

❶ 参见齐树洁主编:《英国证据法》(第 2 版)，厦门大学出版社 2014 年版，第 147 页。

❷ 参见［英］克里斯托弗 · 艾伦:《英国证据法实务指南》，王进喜译，中国法制出版社第 2012 年版，第 84 页。

❸ 参见［英］詹妮 · 皮克埃文:《现代证据法与对抗式程序》，蔡巍译，法律出版社 2006 年版，第 200—201 页。

❹ 参见齐树洁主编:《英国证据法》，厦门大学出版社 2014 年版，第 147 页。

教育时间的增加，智力发展层次就相对愈高，理解能力就相对愈强，儿童仍处于身心发展阶段，理解分辨真伪的能力不足，成年证人都尚存记忆模糊、表述不清等情形，但仍具有当然的证人资格，因此，基于分辨真伪的能力而剥夺儿童的作证资格，不具有合理性。

但是，本文认为，仍有必要使儿童了解作证的意义和风险，基于此，回答法庭的问题。原因在于，与一般成年证人相比，儿童是特别容易受到伤害的证人，其可能忍受的煎熬包括要面对被告人而产生的痛苦以及对抗制影响下法庭严肃特别的氛围，甚至在某些儿童作为被害人的案件中，儿童作证时回忆复述的过程本身就相当于虐待，即便在实践中，很少有儿童能够真正理解诉讼程序的准确性质和目的，有些儿童甚至认为出庭是为了证明自己的清白[1]，但这恰恰反映了儿童对于出庭作证所要忍受的痛苦欠缺理解。在法律体系只将理解能力作为决定作证能力的决定因素背景下，法律应该对此设置一定的提醒，即便是口头形式上的沟通交流，有助于加强儿童的理解，这是即便采取更多诸如设置屏风和实时直播等物理保障措施也无法替代的效果。

3．儿童作证能力与宣誓制度有何关系？

英国实行以宗教信仰为基础的宣誓制度，宣誓与否曾在历史上可以作为排除某类群体证人的一个形式条件，而在现代证据制度中，在法庭上宣读证人的宣誓证词也是证明无争议事实的较为方便的方式之一[2]，经宣誓的证词往往具有更高的可靠性，但同时也意味着证人需要承担伪证罪的风险，除了在特定情况下允许特定的人提供非宣誓证言外，所有的证人在作证前都必须宣誓或者以其他方式作出承诺。作者提出，儿童在能够理解作证的重要性时，可以宣誓作证，当其“有足够的智力使其证言有价值”时，则无须宣誓即可作证。通过对比作者的观点和相关立法规定，本文认为有以下两个问题需要予以重视：

第一，儿童是否必须要宣誓？作者对此问题进行区分，将儿童宣誓的必要性、儿童的理解能力、证言的证明力这三者相结合，为儿童宣誓与不宣誓都附加了限定条件，实际上存在一个层层递进的关系。首先，在理解作证意义时，可以宣誓

[1] 参见［英］詹妮 · 皮克埃文：《现代证据法与对抗式程序》，蔡巍译，法律出版社 2006 年版，第 175 页。

[2] ［英］约翰 · 斯普莱克：《英国刑事诉讼法程序》，徐美君、杨立涛译，中国人民大学 2006 年版，第 433 页。

作证，实际上强调的是儿童的作证资格，是一个门槛性问题，并且基于英国宣誓作证的普通法传统，使用表述为“可以”（may），或许可以认为是儿童也具有选择不宣誓的权利；其次，在证言有价值时，不宣誓也可作证，更多地强调的是证言证明力和宣誓之间的关系，当证言有价值时免于宣誓，一定程度上体现了对儿童的关怀。同时，综观英国的立法规定，1988 年《刑事司法法》第 33 条第 A 款第 1 项规定，“在刑事诉讼中，儿童作证不需要宣誓”；根据 1999 年《青少年审判与刑事证据法》第 55 条第 2 款之规定，14 周岁以下的儿童是不能提供宣誓证言的，也即儿童证人无须宣誓，事实上延续了前述法律规定，由此得知，法律规定儿童证人免于宣誓，在法律层面免除了儿童证人犯伪证罪的后顾之忧，也体现了英国法对儿童利益的特殊保护。综上所述，作者的观点和法律规定存在不同，但都不同程度地体现了对儿童利益的特殊保护。

第二，宣誓与儿童证言的证明力有无关系？如前所述，作者认为儿童证人的作证能力取决于其理解能力，其宣誓与否取决于证言的价值，如果儿童有足够的智力使证言具有价值，则免于宣誓。对此，本文的反思是，对于 14 周岁以下的儿童，其智力达到何种程度才能满足“有足够的智力”的条件？其“证言有价值”又做何解释？具体指的是证言具备证据资格，还是其证明力也需要达到一定程度？私以为，该规定将儿童证人是否需要宣誓与证言的价值联系在一起，结合前述英国法对某类群体证人资格的剥夺，通常是基于对不可靠性的考虑，因此，该观点实质上是儿童证人是否需承担伪证罪风险与其证言的可靠性之间的关系，考虑到儿童证人的特殊性，出于对其特殊保护，此处的“有价值”应当从有利于儿童证人的角度予以解释，即儿童证人的证言具备证据资格即可，不应对其证明力作过多要求。这也与英国立法规定所体现的精神相一致，根据 1988 年《刑事司法法》的规定，刑事诉讼中，儿童证人无须宣誓，并未如作者一般为免于宣誓附加任何条件，这也体现了英国法对于儿童证人提供的特殊保护。

（二）关于被告人配偶的特权及其例外

如前所述，围绕这一主题，作者重点评析了赋予被告人配偶特权的立法意图，以及立法层面对该特权的限制，内容极具针对性，对于了解该特权的相关立法背景大有裨益，同时还引发了以下几点思考。由于此部分内容主要受 1984 年《警察和刑事证据法》第 80 条的规制，该条文至关重要，在此先予以完整性列举，便于下文的理解和讨论。[1]

第80条（1）在任何诉讼中，被告人的妻子或丈夫有资格——

（a）为公诉方作证，但受第4款的限制；

（b）基于维护被告人或者任何共同被告人的利益而为其作证。

（2）在任何诉讼中，可以强迫被告人的妻子或丈夫，基于维护被告人的利益为被告人作证，但受第4款的限制。

（3）在任何诉讼中，当且仅当在下列情形时，可以强迫被告人的妻子或丈夫，为公诉方或者为任何共同被告人作证，但受第4款的限制——

（a）被指控的犯罪涉及殴打、伤害或者威胁伤害被告人的妻子或丈夫，或者涉及在关键时刻（material time）不满16周岁的人；

（b）被指控的犯罪为性犯罪，并被指称是对在关键时刻年龄在16周岁以下的人实施的；

（c）被指控的犯罪包括意图或者密谋策划实施或者帮助、教唆、指导、引诱、煽动实施属于（a）项或者（b）项规定的犯罪。

（4）丈夫和妻子因某犯罪而共同被起诉时，配偶双方均不得在审理中根据第1款（a）项、第2款或第3款，有资格或有义务对该项犯罪作证，除非配偶一方在审理中因为认罪或其他原因不应或者不再被判决有罪。

（5）在任何诉讼中，以前曾和被告人结婚而现在已经离婚的人，如同此人从未和被告人结婚一样，有资格并可以被强迫作证。

（6）凡在任何法律程序中，就前述第（3）条而言，任何人在任何时间的年龄是具关键性的，则就该条文而言，该人在该关键时间的年龄须被当作为或曾经是该人在该时间的年龄。

（7）第3款（b）项中“性犯罪”是指1956年《性犯罪法》、1960年《猥亵儿童法》、1967年《性犯罪法》、1977年《刑法法令》第54条或者1978年《儿童保护法》所规定的犯罪。

（8）若被告人的妻子或丈夫怠于为其作证，对此公诉方不得发表任何意见。

（9）1898年《刑事证据法》第1条（d）款（丈夫和妻子之间的交流），和

[1] 对于该条文的翻译，参见齐树洁主编：《英国证据法》，厦门大学出版社2014年版，第151—152页；其中未涉及的部分，为笔者自行翻译，可能存在一些偏差。

1965年《婚姻诉讼法》第43条（1）款（关于婚姻关系的证据）应停止生效。

1．被告人配偶的作证能力和作证义务之梳理

作者在本章主要探讨了被告人配偶的证人特权，并未提及其配偶何时具有作证资格以及有何特殊性等问题，本文认为了解被告人配偶作证能力及其特殊性，有助于理解赋予其特权的正当性基础。在英国，出于对被告人及其配偶间的婚姻关系的保护，免除被告人配偶作证的义务有着悠久的历史，被告人配偶的作证能力和作证义务处于动态的发展变化中，大致可以概括为以下三个阶段。

第一阶段，被告人的配偶不具有作证资格和作证义务。根据早期普通法原则，诉讼双方当事人的配偶均不得在诉讼中提供证言。正如作者所述，拒绝某些类别的群体作证通常是基于可靠性的衡量，由于被告人及其配偶在身份、情感以及财产上有特殊关系，其配偶有极大的可能性不会在法庭上提供真实的证言，也可能存在被告人压迫配偶、导致配偶不能提供真实证言的风险，因此，被告人的配偶属于与诉讼结果有利害关系的人，如果允许其作为证人出庭作证，由此获得的证言可信度将难以保证，可能会妨碍司法公正。❶因此，在早期英国法传统上，被告人的配偶并不具有作证资格，遑论作证义务，意味着在此阶段，法律对于婚姻家庭保护的重视程度要高于对案件真相的追求。

第二阶段，被告人的配偶仅具有作证资格，但不得被强制作证。随着英国不断放宽对证人资格的限制，扩大证人资格的范围，直至1898年《刑事证据法》出台，根据该法第1条及“但书”c款的规定，刑事被告人的配偶可以为被告人作证，在被告人同意的情况下可为同案其他共同被告人作证，至此才以成文法的形式赋予被告人的配偶证人资格，但其配偶仅具有证人资格，而不具有作证的义务，任何人皆不得强迫其出庭作证。❷本文大胆猜测，由于强迫作证意味着法院可以不顾证人的意愿而要求其提供证言，这隐藏着证人可能提供虚假证言以对抗司法权的风险，加之被告人的配偶不同于普通证人，因此，立法机关倾向于采取循序渐进式的改革方式，况且英国法律体系的严谨性从其固守、传承传统的普通法惯例便可见一斑。需要注意的是，被告人为共同被告人作证的问题相对复杂，在此阶段表现为经同意为同案被告人作证，但是，为了维护同一案件中所有被告人的权

❶ 参见陈虎：《刑事诉讼配偶作证资格和作证义务问题研究——以英国及香港地区为中心》，载《国家检察官学院学报》2004年第2期，第63—64页。

❷ 齐树洁主编：《英国证据法》，厦门大学出版社2014年版，第143—144页。

益，之后 1984 年《警察和刑事证据法》第 80 条第 1 款（b）项取消了需要被告人同意的条件，即使被告人不同意，其配偶也可以为同案其他共同被告人作证。

第三阶段，被告人的配偶具有作证资格，在特殊情况下也可被强制作证。第一，在作证资格问题上，主要依据为 1984 年《警察和刑事证据法》第 80 条第 1 款和第 4 款的规定，原则上，被告人的配偶可以为控方、被告人和共同被告人作证；但是存在例外情形，即被告人与其配偶因同一犯罪被共同起诉（该例外仍存在例外情形），此时，被告人的配偶不具有作证能力。第二，在强制作证问题上，主要依据为 1984 年《警察和刑事证据法》第 80 条第 2–4 款的规定，被告人配偶是否具有可强迫性，与其为谁作证息息相关，首先，基于对被告人利益的维护，其配偶可以被强迫作证；其次，涉及前述条文第 3 款规定的情形时，可以强迫被告人的配偶为公诉方或其他共同被告人作证，但是，被告人配偶的可强迫性都受制于一个基本前提，即被告人与其配偶未因同一犯罪被共同起诉，如果符合该基本前提，那么被告人的配偶不论对谁都不具有作证义务。

综上可知，被告人配偶的作证资格随着历史的发展，经历了从无到有的过程；但法律对能否要求其强制作证一直都持谨慎的态度，仅允许在某些特殊情况下被强迫作证，足见法律对发现真相的追求仍旧让位于对婚姻家庭关系的保护。值得注意的是，既然被告人配偶享有特权是基于维护婚姻关系的考虑，因此，被告人配偶的作证资格以及所适用的证人规则，是以婚姻关系是否存续为标准的，一旦婚姻关系破裂，那么被告人的前配偶就与被告人的诉讼结果不具有利害关系，一定程度上作伪证的风险降低，被告人的前配偶就同其他普通证人一般，并不具有任何特殊性，既具有证人资格又具有作证义务，可以被强制作证，对此法律亦在 1984 年《警察和刑事证据法》第 80 条第 5 款予以明确。

2．被告人配偶特权及其正当性基础之剖释

如前所述，在法律层面，被告人的配偶自 1898 年《刑事证据法》出台后便具有了作证能力，其也总是有能力为被告人和控方作证，但是，被告人的配偶并非总是具有作证义务，立法机关认为强迫作证可能会导致婚姻不合，便赋予其可以自由选择是否为控方或者共同被告人作证的权利，仅在一些特定情况下可以强迫被告人的配偶作证。因此，英国法上的被告人配偶的证人特权，可以从两个方面加以理解，一方面，从被告人配偶的角度来讲，该特权集中体现为其有权拒绝针对另一方作证；另一方面，从法庭职权的角度而言，法律在特定情况下豁免了被告人配偶的作证义务，该特权既是拒证权和免证权的集合，是完整意义上的亲属作证特权。法律规则背后是人性价值和正义价值的取舍，立法者在此问题上优先选择了人性价值，即婚姻关系的稳定性，但是正如作者所言，被告人配偶的特权随着实践发展，呈现出特权范围逐渐缩小的趋势，影响了被告人证人特权的权利范围和权利边界，体现了婚姻稳定的价值对发现真实的正义价值作出的让步。

作者将被告人配偶的特权定性为“确定真相的阻碍”，对立法机关重视婚姻和谐的立法意图表示否定，并质疑特权对保护婚姻和谐的贡献和价值。本文同意作者的观点，理由包括两方面。首先，现行法律将强迫被告人配偶为其作证的条件，限定为基于被告人的利益考虑，也就是说，只有配偶的证言有利于被告人时，才可以被强迫作证，这可能会导致被告人向配偶施压，诱导其拒绝作证，这种压力可能贯穿于被告人的诉讼进程中，直至案件终结，压力对于任何关系都是一种潜在的危险，更何况是被告人由于遭受刑事指控而向配偶施加的压力，可能会引发配偶矛盾甚至恐惧的心理，充斥着这种负面压力和情绪的婚姻生活，难道会更具有稳定性吗？其次，如果被告人的配偶提供不利于被告人的证言，就表明被告人的配偶不再关心其婚姻，法律意图保护的婚姻关系可能早已存在隐患，保护的必要性降低，同时，法律以国家和社会急切地希望保护其婚姻为由阻止其作证，有家长制作风之嫌。

但毋庸置疑的是，被告人的配偶和普通证人之间存在区别，普通证人与诉讼结果无直接利害关系，参加诉讼的目的在于为诉讼结果的产生创造条件；而被告人的配偶当然与诉讼结果具有一定的利害关系，所面临的伦理亲情和社会正义的选择更加复杂，加之，婚姻关系对于社会秩序的建构也发挥着重要作用，仍有对其设立特权以进行必要维护的现实需求，但在诉讼中如何平衡好婚姻利益和发现真实，确实是一个需要基于现实并以发展的眼光对待的难题。

3．中国是否确立被告人配偶特权之反思

古语有云：“他山之石，可以攻玉。”学习研究域外法律制度，应当以本国国情为基本出发点，以发展完善本国法律制度为最终目标。

域外国家普遍都建立了被告人配偶特权制度，目的在于保护基本的伦常关系，促进婚姻和谐，维护社会稳定。我国虽然早在汉朝时设置了亲属之间不得互相告发，亦不得在法庭上作证揭露对方的制度，但在现代社会，引发学界争议的是《刑事诉讼法》第 193 条第 1 款“经人民法院通知，证人没有正当理由不出庭作证的，人民法院可以强制其到庭，但是被告人的配偶、父母、子女除外”的规定，是否可以理解为我国确立了亲属特免权。❶ 主要有以下几种观点：“否定说”认为，该条规定与证人拒绝作证特权完全不同；❷ “肯定说”认为，该规定应当被善意理解为我国确立了亲属特免权，理由在于，被告人的亲属作证义务本质上是对法院所负的义务，如果法院免除该作证义务，就无需向其他机关履行义务。❸ 本文的观点与“部分肯定说”一致，即上述规定并未赋予被告人的亲属完整的特权，仅仅免除了被告人的配偶、父母子女出庭作证的义务，并未豁免其向司法机关提供证据的义务。❹ 主要理由为，《刑事诉讼法》第62条第1款规定知道案件事实的人都具备作证义务，即便被告人的亲属基于第193条的规定未被强制出庭作证，但其在审前阶段仍具备作证义务，其证言仍会经过法庭质证后成为被告人定罪量刑的证据。因此，考虑到法律规范的体系性和一致性，将《刑事诉讼法》第193条第1款理解为旨在庭审阶段免于强制到庭更为合理。并且，虽然该条属于强制证人出庭的例外规定，但其立法目的却在于“维护家庭伦理秩序，确保家庭关系的稳定与和谐”。❺ 综上所述，或许认为我国并非完全未确立亲属特免权更为合适。

毋庸置疑，亲属的证言，尤其是配偶的证言，对于查明案件事实有着重大影响，但不容忽视的是，被告人亲属的特权对于维系婚姻家庭关系至关重要，根据我国目前的法律规定，肯定我国已经确立了如同英国法一般的完整意义上的被告人配偶特权还言之尚早，但至少可以说已初见端倪，在此过程中如何平衡查明真实和保障婚姻家庭稳定的关系，是需要深思熟虑的。私以为，在具体制度构建上，首先应当回归被告人配偶特权的本质，认真界定特权的权利主体，可借鉴英国的做法，采取“原则＋例外”的立法模式，将拒绝作证的权利交由配偶，由承担作证义务的配偶来享受拒绝作证的权利，由婚姻关系的直接参与者决定是否需要维系该关系，同时完善该特权的例外情形，并随着社会发展状况以及司法实践情况

---

❶ 配偶作证特权在该条文中被包含于亲属作证特权之中，笔者在此先作整体性讨论。

❷ 参见陈光中主编：《〈中华人民共和国刑事诉讼法〉修改条文释义与点评》，人民法院出版社2012年版，第271页。

❸ 参见易延友：《证据法学：原则、规则、案例》，法律出版社2017年版，第377—379页。

❹ 在“部分肯定说”中，学者的观点可参见冀祥德：《最新刑事诉讼法释评》，中国政法大学出版社2012年版，第171页；覃冠文：《亲属免证，究竟是谁的权利——以亲属免证特权权属为基点的展开》，载《政治与法律》2016年第1期，等等。相关权威解释亦将该条界定为“强制出庭的义务及其例外”，参见王爱立主编：《中华人民共和国刑事诉讼法释义》，法律出版社2018年版，第411—412页。

❺ 樊崇义：《2012刑事诉讼法解读与适用》，法律出版社2012年版，第254页。

予以动态调整，以彰显社会的人文关怀以及法治对伦理价值的维护。

三、个人感悟

该著作可被称为英国证据领域的经典著作，通过阅读该著作，笔者更新了对英国证人作证能力和特权制度的浅薄认识，在阅读期间进行的横向资料收集，更是加深了对该制度的学理认识，在此不敢妄加评析，简要对其中的值得借鉴之处进行总结。私以为，一部优秀的著作或一篇优秀的文章，切入点应该是极具问题意识的，观点应该是透彻的，逻辑应该是自洽的，该著作具备前述优点，作者针对立法精神的分析及评判独具视角、深入浅出，语言风格简洁凝练，是一本值得反复多次研读的经典之作。此处重点评析该著作在行文思路和论证角度上的亮点，即与立法模式保持一致。

首先，在行文思路上，通过前述对比分析，不难发现，英国在构建规则时，通常采取的是“一般规则 + 例外规则”的做法。具言之，先通过设立一个赋权或除权性质的规则，再基于动态实际运作中发现的问题予以修改完善。作者探讨证人的可强制性与特权问题，便是顺应了英国立法规则构建模式，法律先从正面角度确立了所有证人具有作证义务的规则，又从反面角度规定了被告人配偶、法律职业等特权，作者亦是如此，开篇首先对证人作证能力和作证义务进行概述，紧接着对不同类型的特权加以阐释，同时还分析了特权的例外之例外。再者，在论证角度上，证人特权规则与绝大多数证据规则，如意见证据规则、传闻规则等不同，其目的不在于促进案件事实的发现，而在于保护某一特殊利益和促进外部政策，究其根本，其实质在于利益衡量和价值选择，但价值权衡并无一成不变的准则。法律规则作为价值权衡的结果，其背后暗含价值权衡，要理解规则的含义、促进规则发挥实效并发展完善，有必要明晰相关立法背景和立法精神，理解法律所权衡的各种价值冲突，总结不同时期价值权衡的规律。而作者采用动态发展的视角，基于刑事证据改革、刑事司法政策的背景，聚焦制度的实践运行状况，问题意识强烈，将证人特权制度置于变革中、置于实践中予以检视和展望，如此写作角度和论证思路，对于全面把握相关问题一段时期内的立法沿革和立法精神都大有裨益，是非常值得借鉴的。

法律是富有生命力的，就像盛开在土壤里的鲜花，不同的土壤、不同的种子，不同的肥料，不同的园丁，甚至不同程度的照料，都决定了所绽放的鲜花是不同的。因此，比较研究的学习方法至关重要，不仅需要全面客观地了解域外制度，学习其长处，同时还需要用动态的眼光发展新时代的法律制度，与时偕行，解决中国问题。使法律永葆生命力，离不开法学研究者们的潜心钻研，在老师推荐该著作时，笔者对此甚至闻所未闻，随即秉持着对比较法学研究的热忱进行研读。在初读该著作时，便深深地为自己原先粗疏的理解自惭形秽，先前虽对英国证人特权制度略有耳闻，但却并未考虑从立法背景的角度切入理解；虽对法律是不同价值权衡的成果有所体悟，但却并未深究规则背后的深意所在，由衷地感谢能有机会和老师、同学们一同潜心研习。在首次全文阅读该著作后，越发感受到自身的无知，深深感受到了学无止境；在撰写本文时，通过重新梳理和研读，以及阅览不同参考文献，减轻了初读时的晦涩和不解。但由于学识浅显、对相关原文文献的阅读量不足，对本书内容的理解及相关问题的梳理可能仍有偏差，对证人制度这一极具人情味的制度的研究仍有未尽之处，但“千里之行，始于足下”，“书读百遍，其义自见”。在日后学习研究过程中，笔者将继续脚踏实地、直面弱点予以回击，通过研读精品文献，建立起自己的法学文章审美路径，从而明晰并剔除自己的写作症结，致力于成为众多富有生命力、极具探索力、会读又会写的法学研究者中的一员。

规则与自由之间

——简评达玛斯卡新作《证据评价》

贾云静*

证据评价问题❶对于证据法而言确实至关重要，所以具有高度的研究价值。因为其牵涉证据法的研究范围，也关涉证据到事实认定的最后一步，又并不远离传统证据规则研究的传统路径。而且证据评价（主要是认证）涉及裁判者之认识、评价与法律规则之间的互动关系，背后映射了在大多数学者认为法律不该涉足的主观认识领域❷，试图揭示证据法背后深刻的人的认识基础和人类社会的价值选择对司法证明的影响。

从证据评价之原子模式与整体模式的考察❸，到对自由心证及其挑战的研究❹，再到对科学证据进入法庭所引起的法官作为外行人士对专业问题评价能力的担忧，达玛斯卡一直对证据评价关注颇多，并于2019年出版专著《证据评价：前现代和现代的方法》（*Evaluation of Evidence*：*Pre-Modern and Modern Approaches*）。❺那么证据评价问题为何如此重要，引得像达玛斯卡这样的比较法大家对之倾注如

---

* 中国政法大学证据科学研究院2021级证据法学博士研究生。

❶ “证据评价”的概念需要加以说明。樊传明教授曾用一篇博士论文的体量设置了一个阐释框架，以证明力为核心探讨司法证明过程，而这一过程也是其对“证据评价”所作的狭义界定。参见樊传明：《证据评价论》，法律出版社2018年版。此处，达玛斯卡教授使用的是广义、宏观的概念。因其不仅仅涉及证明力问题，而是关注前端的证据可采性的问题，也关照了证明标准之证明充分性问题，所以笔者认为这是广义的界定。

❷ 现代刑事司法人工智能的拓展，也逐渐侵入法官认证之证据评价的领域，即运用人工智能能否作出裁判，应不应该以机器介入法庭审判这一充满政治和伦理正当性要求的领域。这也关切达玛斯卡后文提到的科技理性逐渐代替了人的感知之时，应该如何处理科技与人的关系。

❸ ［美］米尔吉安·R. 达玛斯卡：《比较法视野中的证据制度》，吴宏耀、魏晓娜等译，中国人民公安大学出版社2006年版，第68—84页。

❹ 同上书，第211—230页。

❺ ［美］米尔健·R. 达玛斯卡：《漂移的证据法》，李学军、刘晓丹、姚永吉等译，何家弘审校，中国政法大学出版社2003年版；［美］米尔吉安·R. 达玛斯卡：《比较法视野中的证据制度》，吴宏耀、魏晓娜等译，中国人民公安大学出版社2006年版，Mirjan Damaška, *Evaluation of Evidence*：*Pre-Modern and Modern Approaches*, Cambridge University Press, 2019。

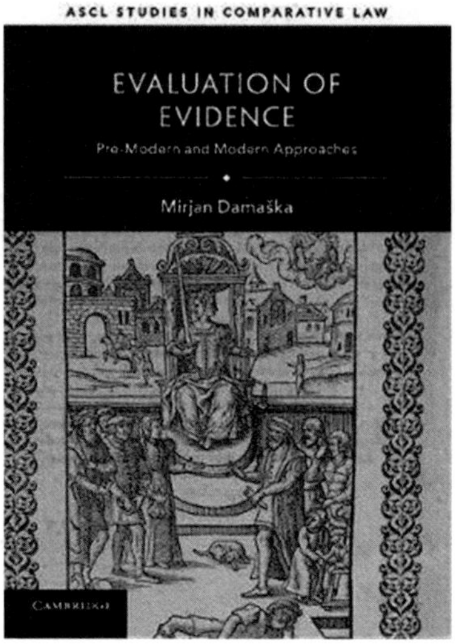

Mirjan Damaška, *Evaluation of Evidence*：*Pre-Modern and Modern Approaches*, Cambridge University Press, 2019

此心力？他的此番证据评价研究相较于以往又有何推进？具体言之，他回到中世纪的法定证据制度探索证据评价问题的意义何在？与现代大陆法系的证据法有何关联？现代大陆法系国家所遵行的自由心证是否完全不受限制？这与传统英美证据法所研究的证据规则是什么关系？

对于这一系列追问，下文将首先简述《证据评价》一书的内容，其次从证据评价具有自由裁量空间、须有对自由裁量的限制以及规则与自由的相互交织的背后逻辑三个维度展开评论，最后上升至人治与法治的关系层面来深化对此主题的研究，并以此点题。

一、《证据评价》定位及内容简述

（一）接续研究的定位

达玛斯卡对于证据评价的关注是一以贯之的，本书是其在既往思考基础上的总结和升华。本书的一些观点早在《漂移的证据法》《比较法视野中的证据制度》中就已经出现，一些参考文献、观点可以在此前书中的脚注中看到。所以，此书的观点并不突兀，而是作为一个关注法官证据评价过程中自由裁量权的观点更系统、连贯的表达。

本书接续了达玛斯卡教授此前的研究，利用关于中世纪法定证据制度的相关史料展开论述。一方面，这为我们细致地揭开了笼罩在真实历史之上的面纱，还原中世纪法定证据制度的本来面目。其认为，法定证据制度并非完全僵化的，法官在其中也并非无法发挥司法裁量权，这打破了启蒙运动以来学者们急于为法定证据制度挖坟掘墓而形成的偏见，完成“为史正名”的任务。另一方面，这一研究也从历史维度为我们揭示了从中世纪以来证据评价发展、变迁的完整过程。其表明，前现代和现代的证据评价和事实认定之间的区别并不明显，法定证据制度作为一个历史阶段为此后的现代证据评价奠定了基础，尤其对大陆法系国家而言。当然，某些证据规则也让我们惊异于与如今普通法证据规则的惊人相似。

另外，这种研究也从证据评价角度揭示了证据法与诉讼法、司法环境之间的紧密联系，即证据法的运行环境的影响作用。这不由得让我们想起，其对“国家与司法权力”关系之描述。从书中可以汲取未来证据评价所需的合理养分，而这又为我们理解两大法系的证据制度提供了新的可能。所以，对于我国现今证据法的改革有一定参考价值，敏感的证据法会受到相关制度、规则的切近影响，尤其是对刑事证据法而言。

（二）本书内容的简述

具体而言，本书区分了明、暗两条线索。明线是致力于打破罗马—教会法与现代证据评价规则方法之间的传统的对立观点，阐释两者之间的距离并未如此遥远，更重要的是认为完全自由的证明并不可取。暗线同时也是其核心命题：事实裁判者的证据评价需要接受法律的限制，法官的自由裁量权必定建立在规则限制的基础之上，法官自由裁量权的价值在法定证据制度中不容小觑（即便法官也需接受良心及理性的约束），在这个意义上打破学界对法定证据制度僵化、机械的既往认知。

作者大致分三步来展开分析。首先，从事实描述出发，揭示一个不同于既往对法定证据制度的认识。其先分析了罗马—教会证据法的起源，说明起源之初，人们的智识水平已经足以认识到神示的不可靠。但因为基督教的影响，宣誓被作为发现真相的手段存留下来。彼时，司法集权化和严苛的司法政策促进了对证据进行严格地规则限制。而出于对灵魂安全的担忧，规则其实并未被严格执行。之后，细化分析了两个目击证人和自白证据规则，认为这两种法定规则并非形式性适用，而是介入了法官对证人可信性及被告人自白可信性的判断。

其次，从既有规则出发论证了积极效应与消极效应这两种法定证明的效应，通过集中笔力分析两种效应下法官自由裁量权与法定证明规则之间的交互关系，阐释出：中世纪的法官并非对既有的规则僵硬适用，而是充溢着法官主观确信对规则的软化。如果积极效应重视规则加个人确信才能定罪，那么消极效应下规则对被告人的保护体现了一种保障人权的价值选择。此阶段回应了本文的核心主题。在消极效应部分，通过对间接证据定罪、特殊案件类型定罪的努力，旨在揭示出法律并非僵硬适用，而是迎合社会需求和刑事政策的需要。

最后，通过对罗马—教会证据法与现代大陆法系、英美法系证据法进行对比分析，得出结论认为：现代事实认定机制距离前现代并不遥远，也同时认为，无论是通过证据排除规则还是诉讼机制设定，都同样实现了对事实裁判者证据评价的限制，所以限制是通用的。结尾，作者顺带提到未来的事实认定科学化问题，表明到那个时候也需要相应的规则规制科学证据，从这个意义上看，证据评价的限制是悠长而又持久的。

二、自由之线：证据评价需要自由裁量

正如前文所述，达玛斯卡在本书中对证据评价内容的界定显然不仅指证明力，而是包含前置性的证据能力问题，如对“非法证据排除”“传闻证据规则”等的分析。他更强调，在证据评价领域，法官遵循证据规则的同时，也存在一定的自由裁量空间。

达玛斯卡在本书中的第一个目标在于为法定证据制度正名，其认为法定证据制度之下的证据评价，法官并非无所作为，而是发挥了一定的自由裁量权。传统观点认为，法定证据制度的适用极度僵化，通过具体详尽的证明力规则、严格的证明要求和证明方式[1]，证据评价极大地限制了司法者的裁量权。但是，达玛斯卡通过对中世纪相关文献的挖掘、梳理，向我们展示了一种不同于既往的法定证据评价的景象。其通过对证据评价的积极效应和消极效应的区分，归纳出在法定证

[1] 易延友：《证据法学：原则、规则、案例》，法律出版社2017年版，第45—48页。

据要求之下，法官如何行使自身的证据评价职能，发挥自身的自由裁量作用。在积极效应下，证据数量及种类的满足并不必然让其作出定罪裁决，相反法官会行使自身的个人判断，在不违背自己良心、理性的情形下，免于给被告人定罪。换言之，定罪既要满足苛刻的证据标准，又需要法官之确信。尤其是在消极效应下，主流观点认为，法律规定的证据标准并不是必须被满足就可以定罪的，但事实上法官在此种情形下的裁量空间并非那么大。❶

具体而言，在第四章“两个目击证人”规则之下，针对冲突证言，虽然法律发展出一套解决证言冲突的自我运行、机械的规则系统，例如以性别、社会地位、人数等来确定确信优先性。但是，在实际运行中，法官必然会考量证言的内容，而非仅以硬性、僵化的标准来确定。例如，在遇到一个男子与两个女子的证言冲突时，法官究竟该如何取舍？其间必然存在法官个人判断的使用。在一致证言的情形下，法官并非毫无疑问地接受一致陈述，而是侧重对可信性的检验。例如，巴尔德斯（Baldus de Ubaldis）认为法官确信证人证言之前，必须考虑四个因素：第一，他应该确定他们是否是“适合的”，即是否有法定作证资格；第二，他必须确定是否证人的陈述是“简单地说，或是口是心非地说，这是不一样的”；第三，他必须发现他们的陈述是一致的和“有预谋的”；第四，他必须确定他们是可信的，他们的陈述展示了真相的面貌。❷因此，事实上“因为人的多样性、交易的多样性以及证人未知的可信度”，所以在证言上的冲突、一致情形下都需要介入法官的个人裁断。在第五章“自白的证明效果”中，刑讯与否一般也会介入法官的判断，即纠问式诉讼中的刑讯命令应该依赖法官对被告人有罪的确信。刑讯一般要求取得固定的指征（indication，或 indicia），就大多数指征的适用而言，法官应考虑被告人是否有能力实施他被指控的罪行。所谓指征，一些法学家认为，其来自具体已证事实的推论。一般与“推定”“猜测”“间接证据”使用置于一个语境讨论，表示弱于完全证明的标准，一般指代一半证明。

而在消极效应下，证据无法满足法定要求，即便既存证据再有证明力，都不能定罪。但是，在起诉一些秘密实施的犯罪和难以证明的其他犯罪时，法定证明

❶ 左卫民：《为法定证据制度正名？——读达玛斯卡新作有感》，载《读书》2021 年第 1 期，第 111、112 页。

❷ Mirjan Damaška, *Evaluation of Evidence: Pre-Modern and Modern Approaches*, Cambridge University Press, 2019, p.64.

的需求不能够被忽视，实际上却会有所放松。例如，通奸罪、盗窃罪和乱伦罪等，还有在特定情形下的夜间犯罪和集团犯罪。另外，这些规则在起诉最严重犯罪时应该被舍弃。❶ 甚至有少数观点认为，所有死刑或体刑的定罪都可以只基于高度有说服力的证据（highly persuasive evidence）。但事实上，消极效应导致的规则严苛性使得打击犯罪的刑事政策成效不彰，所以开始较为严格的证据制度在后来变得放松，这得益于两种工具。一方面，这来自特别刑罚的使用。因为一些犯罪较轻或者仅仅因为未达到严苛的证据标准的犯罪，并非只有血腥惩罚一种惩罚方式，还有流放、罚款刑罚，以及导致流血以外的体刑。另一方面，得益于中间性裁决的适用，即在无罪和定罪之间塞进去中间性裁决。这些判决没有产生判决效力，结果使被告人的刑事责任问题悬而未决，因此，当有充分证据实现完全证明，可以继续对他提起诉讼，并施加血腥惩罚。❷ 这两种措施所需要的证明标准都没有完全证明定罪的标准那么严苛，往往只需要间接证据即能满足，而在间接证据的评价上，法官享有大幅度的自由裁量空间。❸ 而在现代，也会基于某些刑事政策的考量，对特殊类型的案件放宽证明标准，例如先天证据不足或难以取得客观证据的案件，又如贪贿案件、性侵害、毒品案件等，还有我国以前使用的“留有余地的判决”，当然现在为了保护被告人利益只能作出有罪、无罪判决两种选择，坚持疑罪从无原则。故从某种意义上看，现代和中世纪的证据评价在规则限制和自由裁量之间的光谱上相距并不遥远。

达玛斯卡为法定证据制度的正名是成功的，其敏锐地观察到了在历史语境中证据评价的具体情形和实际操作，完成了“客观性现实”❹ 的揭示。因此，尽管法

---

❶ Mirjan Damaška, *Evaluation of Evidence: Pre-Modern and Modern Approaches*, Cambridge University Press, 2019, p.83.

❷ Ibid., p.111.

❸ 左卫民：《为法定证据制度正名？——读达玛斯卡新作有感》，载《读书》2021 年第 1 期，第 111 页。

❹ “表达性现实”与“客观性现实”的区分，最早是由黄宗智在 1995 年发表的一篇英文论文中提出的。其受福柯的话语理论启发，并立足于自己对“表达”与“实践”之概念关系的独到理解和运用，强调“表达性现实”与“客观性现实”既可能相一致，也可能相背离。参见［美］黄宗智：《中国革命中的农村阶级斗争：从土改到“文革”时期的表达性现实与客观性现实》，载黄宗智编：《中国乡村研究 · 第二辑》，商务印书馆 2003 年版，第 66—95 页。这里的“表达性现实”可以从两个层面来理解：其一，中世纪法定证据制度性表达可能极为严格，而实际上并非如此，即说的和做的不一样；其二，既往对于中世纪法定证据制度的认识更多是通过启蒙运动之后思想家或者法学家对之的评述来认知的，这种借助别人的表达来认识法定证据制度也是不完整的。所以“客观性现实”的路径，恰恰是黄宗智教授所推崇的，即从客观、经验的史料中去还原事物真正的面貌。而达玛斯卡的此番研究也可以归于这一路径。

定证据制度一定意义上限制了司法者理性，但实际上法官并非如传统话语认为的仅具有很小的自由裁量权。正如达玛斯卡所言，尽管我们在调查罗马—教会法事实认定机制时所走过的道路揭示了法官评估证据的自由受到许多法律限制，但也揭示了该机制将他们变成证据法上的傀儡的说法是多么站不住脚。在法定证据制度应用的所见之处，法律证明的僵化都被我们如今所说的司法自由裁量权所缓和。这使法官逃脱了基于他们认为薄弱的证据施加血腥惩罚的义务。这种自由裁量权行使所固有的个人判断避免了基督教道德神学提出的反对意见。因为当法官不相信指证被告人的证言真实性时，他们的怀疑会避免而非引起流血，因此神学没有理由反对，在特定案件中法官通过行使自由裁量权决定法律证明的实际价值。❶

不仅如此，甚至在某些制度设计中，罗马教会法官似乎比现今大陆法系的事实裁断者拥有更大的自由。正如文中所言，在一个鲜为人知的方面，罗马教会法官比他们的现代继任者拥有更大的自由来表达他们对证据的评价。例如，对居于定罪和完全无罪之间的中间性裁决的讨论。它们与我们的自由主义观点发生了冲突。尽管这冲击了我们的价值观，但是它们让罗马教会法官有可能比现代法官更有倾向性地表达了其对证据的信念，因为在现代，法官被限制在无罪释放和定罪之间的二分法选择上。呈现于案件中的证据可能说服罗马教会法官被告人有罪、无罪，而且更可能让他们并不清楚被告人的刑事责任。❷而相比于普通法实践，显然在实现证明目标时，陪审团虽接受指示但也拥有虚置的“任性”权力，而罗马法官则需要接受事前的规则控制、事中案卷及事后的上诉审查。尽管在信念层面，陪审团需要接受主体间意见的调和，而罗马法官更能表达个人信念。

因此，总体而言，无论是罗马—教会法还是现代证据评价制度，证据评价过程中环绕着自由之线，即事实裁断者对规则、事实认定所施加的自由裁量权。尤其是现代刑事司法，对证据证明力的自由评价是一个基本原则。

三、限制之线：证据评价需有限的自由裁量

在分析过法定证据制度自由之线后，达玛斯卡转而分析证据评价中的限制之

---

❶ Mirjan Damaška, *Evaluation of Evidence: Pre-Modern and Modern Approaches*, Cambridge University Press, 2019, p.115.

❷ Ibid., p.126–127.

线，以借古喻今的手法分析了现代证据法所倡导的证据自由评价其实并非完全自由，也不能完全自由，尤其是如今科学领域的变革冲击着法庭审判的当下。正如学者所言:"'自由'证据评价的真正特征在于，约束法官的普遍经验法则不再以规则的形式被规定，而是由我们关于事实联系的知识构成。"[1] 所以，即便再"自由"，也只是"不受技术性法律规则的约束"而已。

（一）证据评价的限制裁量

传统理论认为，为了远离欧洲中世纪法定证据制度的阴影，英、美陪审团之无理由裁决事实，以及大陆法系要求的自由心证都期待对事实裁断者的证据评价施加尽可能少的限制。原则上，证据评价的核心地带是不能够被僵化规制的，因为"证据的证明效果如此依赖于语境和经验的独特性，以至于在这样一个不稳定的问题上采用一套规则体系，就像试图根据变色龙的颜色来立法"[2]，并且僵化适用极易引发错案。

尽管如此，对于裁断者恣意决断与流血事件的恐惧，让罗马—教会法证明机制创立者不能放心将证据评价委诸人之自由意志。所以法定证据制度的整体设计符合前述目的。不仅如此，通过拒绝有说服力证据的限制，法官被要求限制考虑某些证据的证据价值。具体而言，有作证资格的限制，如异教徒、犹太人和无信仰者被排除在作证行列之外。根据同样的标准，从事"不光彩职业"的人也被取消资格，如妓女、皮条客和"被包养的女人"。用人不允许在涉及他们主人的案件中作证，或者妇女不允许在涉及她们丈夫的案件中作证。只有法官发现穷人过着诚实的生活，并享有良好的社会声誉时，他们才能成为适格证人。[3] 虽然不适格证人的证言也会被使用，如用作出罪证据。不仅如此，还有非法取得证据以及毒树之果等类似于现代法律规定的排除规则，表明对自然公正秩序的遵守，也体现人们对这种价值观念的认识实际与对真相肆无忌惮的追求背道而驰。另外，还有禁止传闻规则，尤其是书面传闻的禁止。而事实上，这些排除规则变成了一条条分

---

[1] Per Olof Ekel ö f, *Free Evaluation of Evidence*, Scandinavian Studier in Law, 8th ed., 1964, pp.47–66. 转引自张保生主编:《证据法学》(第三版)，中国政法大学出版社 2018 年版，第 301 页。

[2] Mirjan Damaška, *Evaluation of Evidence: Pre-Modern and Modern Approaches*, Cambridge University Press, 2019, p.147.

[3] Ibid., p.93.

量证据规则，在大多数情形下限制法官的证据评价自由。

而到了现代社会，分权设计的考量从源头限制了法官造法的空间，虽然证据评价领域相对自由，但也是建立在前者设计的证据准入规则、举证质证等程序规则设计之上的，所以“现代事实认定机制的创立者也不能因为无规则的事实评价是一种认识意义上理想的设置，而选择完全自由的证据评价”。[1] 当然这也与学者的担忧有关，即人类的心智太过敏感，因此需要设计相关的制度来限制诱导。无论大陆法系还是英美法系，都有一些显性的证据法规则来限制证据的证据能力和证明力。从证明力规则来看，在英美法系一般通过立法设定消极的排除规则，比如排除传闻证据、品性证据、意见证据以至非法证据等，这些证据原则上都具有一定的证明价值，但因可能导致误导、偏见和错误等，出于可靠性权衡（《联邦证据规则》第 403 条），将之排除。大陆法系也有相应的原始证据规则、补强证据规则和笔录证明力优先等规则。例如，关于赋予庭审笔录绝对的证明力的规定，见于日本《刑事诉讼法》第 52 条规定：“在审判日的诉讼程序中被审理笔录记载的内容，只能用审理笔录加以证明。”[2]

不仅如此，两大法系都通过一些诉讼制度或技术性措施来限制裁断者的自由裁量权。在英美法系，除了前述庭前对证据准入的精密控制，还有其他制度性设置。一方面，陪审团采用群体决策的方式，并且使用一致决或绝对多数决的方式。这使陪审团彼此之间互相交流，将彼此不同的意见进行交换并融合，通过这种群体意见反映社会成员通常的意见看法，“主体间可接受的立场而不是个人信念是占主导的”[3]，故讲求“群体思维”的主导性，这就具备了一定的客观性。另一方面，庭中法官对陪审团也会施加影响力和控制力。此前法官还有“在其工具箱中的非正式工具”，如非正式交谈等。伴随法官消极性的增加和他与陪审团之间非正式沟通的减少，他对陪审员正式的证据性指示成为也一直是影响陪审团的主要工具。[4] 通过指示，可以说明排除合理怀疑的证明标准等法律要求。在大陆法系，职业法官虽然获得自由心证的法律训示，但其事实判断也绝非自由。首先，职业法

[1] Mirjan Damaška, *Evaluation of Evidence: Pre-Modern and Modern Approaches*, Cambridge University Press, 2019, p.147.

[2] 张凌、于秀峰编译：《日本刑事诉讼法律总览》，人民法院出版社 2017 年版，第 21、22 页。

[3] Mirjan Damaška, *Evaluation of Evidence: Pre-Modern and Modern Approaches*, Cambridge University Press, 2019, p.137.

[4] Ibid., p.132.

官群体具有相同的教育和智识背景，其要遵循经验、逻辑法则之内在限制。其次，法官裁判需要陈述说理，卷宗管理制度意味着所有裁判依赖的证据和材料都要明示，“这种创设确保了官方活动的痕迹得以被保留以供可能的审查，结果案卷就成了诉讼的生命线，即将所有的诉讼碎片整合进一个整体之中”[1]。最后，上诉制度确保了法官的裁判接受上级审查。因为官僚等级制度之下，上级对下级的控制保证了决策的一致性和可靠性，上级一般被视为具有更高的决策能力。正是在这一意义上，卷宗成为科层式管理的载体和桥梁，也为上级监督奠定了技术性基础。“如果卷宗的证据意义被完全地、有效地否定了，科层程序也就无法存续了。”[2]而“在上级对事实审查存在的地方，以直接或者间接的形式，那种自由证据评价不受法律规则约束的说法就会在现实主义入侵的阵风中不堪一击”[3]。所以，在经验层面，两大法系的例子反映了绝非完全自由的证据评价和事实认定。

（二）规则限制的规范实质

从证据评价性质来看，证据评价接受规则限制符合事实认定规律。首先，评价自身一定是借助一定的评价标准或规范进行的，是以一定的标准衡度、评价事物、现象之意义的过程。而且，评价结果具有一定的规范性意义或规定性意义。[4]其次，证据评价属于法律推理中事实认定的一个环节，是以大体不偏离真相、围绕人类认识规律展开的客观活动。这意味着，证据评价必须有一定的标准，而为了不偏离真相，需要对此活动进行一定的过程控制。所以，必须通过规则形式来进行限定，而证据法旨在达到的就是这个功能。故证据评价需要接受一定规则限制，其本身也并不自由。所以，在证据法领域，自由评价与规则是并存的。而这种规则限制有时是必须的，因为人类天生的弱点或缺陷可能会发生错误，所以通过证据法的这种内在和外在的控制，致力于还原事实或逼近真相。确实，证人可能不值得信赖，当事人太过偏执的热情、偷偷的狡黠，陪审团不加修饰的推理、

---

[1] IMirjan Damaška, *Evaluation of Evidence: Pre-Modern and Modern Approaches*, Cambridge University Press, 2019, p.19.

[2] ［美］米尔伊安 · R. 达玛斯卡：《司法和国家权力的多种面孔》，郑戈译，中国政法大学出版社 2015 年版，第 66 页。

[3] Mirjan Damaška, *Evaluation of Evidence: Pre-Modern and Modern Approaches*, Cambridge University Press, 2019, p.122.

[4] 马俊峰：《价值论的视野》，武汉大学出版社 2010 年版，第 248 页。

强烈的非理性情感等。❶ 尤其是英美证据法规则，体现了对人类意识弱点的关照，这不仅仅对普通公众有启示和警戒意义，对法官也同样如此。甚至，法定证据制度兴起的背景，就是神性逐渐在事实裁判领域退却，对人之理性力量尚存质疑的情况产生的。所以，才会有“不愿接受区区凡人的裁决尤其在死刑案件中表现得极为强烈，主流的观点期待一种完全来自神性的有罪决定”。❷

因此，事实裁断者的裁量权是一种有限裁量权，无论是现代还是前现代司法。达玛斯卡也界分了两种自由裁量权：第一种是“完全的自由裁量”，允许法官根据自己的欲求作出决定；第二种就是适用于刑事案件的裁量权，不仅被大陆法、教会法约束，而且被接近于自然法的理性和衡平因素的限制。很显然第二种有限的自由裁量权更能够获致高度的合理性。它允许在严格规范和无法控制的决策自由之间绘制航行路线。尽管它要求放松严格的教会法规则，但它承诺放松将以常规和有序的方式进行。❸

四、自由与规则交织的背后：主观理性与诉讼目的之调节

法律中的一个冲突是规则与自由裁量之间的冲突。❹ 在提到法官拥有的应用法律证明所具有的操作空间时，罗马教会法文献并未使用拉丁语“自由”的单词。相反，而是使用诸如根据“良心”“宗教”或者“灵魂的冲动”来决定。但是，最频繁使用的就是术语——任意的，在当时没有贬义的含义，大致相当于我们的自由裁量权概念。❺ 因此，法官自由裁量背后所负载的，就是裁判者的理性和良知。在面对法定证据制度的积极效应时，即便满足法定证据要求，但内心强烈的无罪确信迫使其并不施加有罪惩罚；在法定证据并不满足的消极效应场景下，虽然法官内心可能认定其有罪，但法律的限制使其无法施加定罪惩罚，由此滋生出中间性

---

❶ 易延友：《证据法学：原则、规则、案例》，法律出版社 2017 年版，第 92 页。

❷ Mirjan Damaška, *Evaluation of Evidence: Pre-Modern and Modern Approaches*, Cambridge University Press, 2019, p.12.

❸ Ibid., p.117.

❹ See generally, K. Davis, *Administrative Law Treatise*, § 8:7, 2nd ed., 1979. 转引自约翰·J. 凯博思奇：《证据法典化、统一立法与分别立法》，封利强译，载《证据科学》2008 年第 2 期，第 228 页。

❺ Mirjan Damaška, *Evaluation of Evidence: Pre-Modern and Modern Approaches*, Cambridge University Press, 2019, p.115.

裁决以及特殊刑罚制度，旨在使内心判断与法律相吻合。不仅如此，在非法证据取得证据被法官有限排除时，背后裹挟着的一定是法官依循良心对被告人的同情，这是基于人性的制度设计。当然，必须承认这种良知是在恐惧宗教惩罚的基础之上的，或者说良知与恐惧流血牺牲是融合在一起发挥作用的。而到现代社会，良知更具有一种世俗性的因素。

除了事实裁断者之良心的驱使，规则限制与裁量自由之间的关系还受到刑事政策的影响，即惩罚犯罪的诉讼目的。前现代社会中，为了保护基督教的统一信仰，公权力开始逐渐介入刑事起诉，一种强烈的惩罚冲动不断冲击严格的证明要求，结果是它被以例外的方式削弱，并以审查裁量的保护层来实现缓和适用。故在司法实践中，证明充分要求被放松、降低，“由主流学说认可的完全证明要求的例外规定和少数派的观点，都是朝着这一方向上迈出的步伐”。地方实践中，德国最为谨慎，完全证明要求得到严格执行。意大利和法国完全证明要求有所放松。而西班牙的适用是最宽松的。在西班牙，并非史无前例的是，法庭会在低于罗马—教会法律证明最高标准的证据水平上施加血腥惩罚了。❶而对完全证明的消极效应而言，所有的犯罪都要遭受惩罚的要求，迫使其创造出中间性裁决和特别惩罚制度来实现对犯罪的有效追诉。另外，在少数场合，打击犯罪的诉讼目的也会鲜有地让位于保障人权。在第七章“非法取得的证据”里，法定证据制度竟然拒绝有说服力的证据——口供。其中体现对“自然公正秩序的遵守”，并且还有相应的毒树之果排除的设计，虽然真正排除证据的情况很少，但这在现代人看来是很惊异的。正像达玛斯卡所言，在某些案件中不采纳相关的供述，这表明人们对价值观的认识与对真相的肆无忌惮追求背道而驰，并表明即使在令人憎恶的谋杀案中也愿意牺牲犯罪控制的利益。❷

不仅如此，在现代刑事司法中，惩罚犯罪与保障人权的不同诉讼目的，也会导致对规则适用的弹性呈现起伏状态。例如，美国正当程序革命之际，崇尚人权保障目的，之后则更加关注惩罚犯罪。正是不同时期刑事政策的直接影响，导致规则适用本身的灵活性调适。

---

❶ Mirjan Damaška, *Evaluation of Evidence: Pre-Modern and Modern Approaches*, Cambridge University Press, 2019, p.90.

❷ Ibid., p.100.

五、规则与自由之间——法治与人治的关系

本书的最后，达玛斯卡结合补强证据规则的废除趋势，表达了其对消极证明效应的看法。其认为应该适度保留补强规则，因为有可能发生的错案危险是更难以接受的。与之而来的是如今科学证据不断进入法庭的趋势，法官应该保持对专家证言的开放性心态。因为如果正义关上了面向21世纪可能迅速增长的新生方法和工具的大门，那么法庭事实认定不久将受到表现出准勒德主义态度和蒙昧主义的指控。[1]并且当支持使用科技的思维在刑事司法中秉持如此态度，要求专家补强的普通证人的规则数量就会增加，尽管这些规则可能会侵犯裁决者不受法律约束的证据评价。换言之，法官单纯依赖主观或不受引导的证据评价来发现事实的案件数量可能减少。而这又是一种如今社会发展的必然方向。正如达玛斯卡所言，这些证据规则不应被视为不受欢迎的东西，而应被视为朝着法庭事实认定领域真正的、尽管可能无法实现的法治理想迈进的一小步。[2]

所以本文更深刻的一点在于讨论如何限制法官在证据评价和事实认定上的自由裁量权。这种限制不仅是为了限制而限制，而是限制的背后一方面是为了防止法官恣意滥权；另一方面是为了保证事实认定大体上是真实的。当然在本书中达玛斯卡更关心在证据评价中法官有无、有多大的自由裁量权。对于限制法官证据评价而言，达玛斯卡的考察注意到不仅仅证据规则、证明标准等狭义证据法层面的直接限制，更注意到相关的审判合议机制、上诉审查、法官责任惩戒等可以实现对法官证据评价和事实认定自由的间接限制。

在笔者看来，这样的思路并无问题，即注意到证据法与诉讼法之间的衔接关系，而且注意到对司法者自身职业责任的限制。甚至，如此考察在如今的证据制度框架里还可以进一步扩展，而规则限制扩展的过程恰恰体现了人们对证据评价和事实认定过程更加精细化、全流程式的控制。例如，对证据种类、证据规则的规定和限制。如今的证据法更加关注证据进入法庭之后的举证规则、示证方式、交叉询问规则，这就是证据的展示和诘问，还关注证据在裁判者心中进行评价推理的事实认定过程的控制，形成对证据推理和法律论证的内容。从诉讼层面来看，

---

[1] Mirjan Damaška, *Evaluation of Evidence: Pre-Modern and Modern Approaches*, Cambridge University Press, 2019, p.146.

[2] Ibid., p.148.

不仅包含群体决策，还包含投票规则等评议规则，更包含审级制度这一宏观的制度。从司法责任来看，不仅有针对法官的职业责任惩戒，还有防止法外因素干预的隔离设置，以及职业伦理、裁判说理、判例制度等限制。从这个意义上看，现代刑事司法更加严格束缚法官的证据评价和事实认定，这导致法官自由裁量权的进一步压缩，当然并不意味着不存在自由裁量。因为在如今现代审判中，避免机械司法，尊重有限裁量的理念始终是重要而必要的。

推之，这种规则的限制原理可与人治与法治的互动关系相类比，进而考量规则（法）对人的终极意义。规则代表的是法治，而自由裁量代表的是人治。这里的人治是相对于自由裁量的，是指在终极意义上人不应该无法无天，而是先服从法治（规则）的要求，即便有人的主观意志（裁量），也应该接受一定的限制（道德、良知、理性）。换言之，正当的逻辑应该是“法治人—人治法—天治人”，而不是“人治法—人治人”，否则结果只能是“人枉法，人枉人”，进而“无法无天”。正像恩格斯在《家庭、私有制和国家的起源》一书中所言，在生产力高度发达、物质财富极大丰富，社会进入共产主义社会之时，国家与法可能就不存在了。也许这正是人类所期待的不受法律规制的理想境况，但是在此之前，人类必须接受法律的规制，才能满足人类对有组织生活的需要，满足人类重复令其满意的经验或安排的欲望以及对某些情形作出调适性反应的冲动。这也符合人类心理上对于安定秩序的需要。

从“法治”词义的历史沿革来考察，以西方为例，第一次是古希腊哲学家柏拉图和亚里士多德在这一问题上的争论，前者坚持贤人政治而后者崇尚法治，前者认为应以一般性规则而非具体指引的意义上展开，进一步牵涉政治制度之君主制、寡头政治还是民主、共和制之争。[1]而政治制度的选择就涉及人是否是可靠的，哲学王的统治是否现实。从历史发展来看，无疑亚里士多德主张的法之规则之治取得了成功。法治能够实现人人平等的形式理性，能限制人的恣意性，实现社会发展的稳定、平和。所以，法治从被人创造出的那一刻，旨在实现对人类心性之恣意性的限制，我们太过害怕人对人的奴役，所以通过共同意志形成的法治的羁束，人类社会能走得长久。这不仅仅是历史事实，更是人类心理依赖使然。有学

[1] 沈宗灵：《“法制”、“法治”、“人治”的词义分析》，载《法学研究》1989年第4期，第6、7页。

者虽然对人的认识过于悲观，但也从侧面解释了法作为一种现世权威的象征意义。其认为，人依崇权威，因为个人在绝对意义上软弱无力，其必须有所依赖。[1]从古希腊的超人权威，到人类文明高度发达的今天，我们依然需要信仰，这是精神层面的依附。而在现世社会，法律正在很大程度上替代了那些此前的规则，成为主宰人类的规则。是形塑社会的法，让人有了信赖乃至依赖的对象，所以很难想象没有法的社会和没有法的人类。在未来可见的人类社会，法或者规则本身会与人类社会如影随形，因为人类具有天然的劣根性。

---

[1] [美] E. 博登海默：《法理学：法律哲学与法律方法》，邓正来译，中国政法大学出版社 2004 年版，“序”第 2 页。

附表：

表一　罗马—教会法与大陆法系的继任者比较

	罗马—教会法—证明充分性标准	大陆法系—秘密心证标准	大陆法系—内心确信
积极效应	规则 内心确信	个人确信	内心确信的证明标准 内心确信，但不用规则硬性限制
消极效应	规则 规避方式：特别刑罚，使用间接证据，但是受到规则限制；中间性裁决	个人确信	缺乏硬性规则 可以基于充分的间接证据定罪 现代法官并没有中间性裁决
自由裁量权	自由裁量需要理由，需要受到“理性、美德、群体间决策”限制 无明显理由不能偏离	完全自由裁量	参审制：决定事实和法律 限制来自：逻辑、经验；上级审查；书面理由
其他证据规则（除证明充分性规则）	非法证据排除 毒树之果原则 传闻证据规则 最佳证据规则 禁止重复性供述	几乎没有	证据方法满足 强制专家证言 禁止不利推定 证据排除规则（如非法证据排除规则）

表二　罗马—教会法与普通法系的继任者比较

	罗马—教会法	普通法下的证据法
主体	法官	法官—陪审团二元化 / 法官审
目标设定	体系化学术先驱作出的规则	法官来建构目标
目标实现	法官结构性裁量	实现程度依赖陪审团
准入规则	前置性证据规则 同一法官决定可采与审判	可采性规则 二元主体分离
规则指示及灵活性	法律规则 / 相对灵活	法官指示 / 灵活
裁决方式	群体多数	裁决一致性
裁决监督	上级监督 / 特别法庭裁决法官的职业责任	无（单一决策层）
裁决稳定性	可以被推翻	不能
裁决自由度	不自由	相对更自由

浅析简易刑事程序的正义逻辑

——评《程序即是惩罚》

张雨溪 *

一、问题的提出

在拜读美国学者马尔科姆·M. 菲利的《程序即是惩罚》一书前，笔者对于美国对抗制诉讼的理解停留在控辩平等对抗的经典画面之中，而以其正当程序或言人权保障为民主司法之前沿。然在本书中，菲利教授以其深入康涅狄格州纽黑文的基层法院（对轻罪与较轻的重罪有量刑权的普通诉讼法院）的研究，向读者妥善描述了刑事司法系统的幕后程序，再现了美国刑事诉讼的日常场景、司法的日常面孔——制裁。❶ 具体而言，菲利教授用实证主义的研究方法展现了基层法院的组织形式与环境设施，法官、检察官及辅助人员的产生、性质，辩护律师的执业现状以及基层法院处理刑事案件、实施刑事制裁的现实状况。尽管基层法院具有地方性和非正式的一面，但正如其在序言中提及，在本书初版问世至今的许多年间，“在刑事司法系统中发生了这样或那样的一些变化”，然而该等变化也没有显著改变本书所考察的核心问题，即法律如何在社会学家所说的“情境行为”的背景下运作——刑事制裁是如何实施的❷，根据本书的研究结果，美国轻罪诉讼程序存在一定的局限性，对被追诉人的权利保障未能达到正当程序所要求的标准，其在轻罪诉讼程序中主张权利往往需要负担超过最终刑事制裁的成本，这也正是正当程序的局限性与惩罚性。

当下，我国仍在不断完善刑事正当程序理念，也着力追求对被追诉人的权利保障，美国轻罪诉讼程序呈现出的诸多问题为笔者敲响思想的警钟，当主张权利

---

* 西北政法大学刑事法学院 2021 级诉讼法学（刑事）硕士研究生。

❶ 左卫民：《中国刑事诉讼法学 40 年：观察与思考》，载《四川师范大学学报（社会科学版）》2018 年第 6 期。

❷ ［美］马尔科姆·M. 菲利：《程序即是惩罚》，魏晓娜译，中国政法大学出版社 2014 年版，第 Ⅸ－ⅩⅢ 页。

［美］马尔科姆 · M. 菲利：《程序即是惩罚》，魏晓娜译，中国政法大学出版社 2014 年版

的成本经常比丧失的权利本身还要大，尤其是将以权利保障为目的的精致程序适用于大量情节轻微的简单案件时，现实语境中的正义理念究竟为何，刑事诉讼程序又当如何设计？

二、美国刑事司法中“第三种模式”的现实省察

美国刑事法院由正当程序模式与辩诉交易模式主导，二者作为“实然”与“应然”的混合物具有关于案件如何处理的“理想预期方案”，然而美国轻罪诉讼进程却非完美适配该两种致力于控辩平等对抗与共同发现案件真实的模式。漫不经心的速决程序与前后相继的草率结案呈现出案件处理的不充分正义，与此同时，从更宏观的角度来看待此“第三种模式”，被控轻微犯罪的被追诉人受刑事制裁的重心转向较早的审前阶段，承担的成本损失甚至超过最终的刑事制裁结果。

（一）商业化的诉讼程序

在美国基层刑事法院中运转的轻罪诉讼程序，似乎脱离了“查明案件事实真相”的基本诉讼目的，而与明码标价的现代市场相仿。首先应当明确的是，辩诉

交易具备一个基础假设：被追诉人因有罪答辩而获得取消指控或一致量刑意见的让步。事实上，身陷轻罪诉讼程序的被追诉人因诉讼经济与效率等现实问题甚少走向审判，故难成为检察官交易的有力筹码，多数情况是控辩双方对“事实”的意义进行协商，达成共识理解。具言之，检察官在评估案件价值以确定处理进程时颇有自己的倾向，受各种非共识性的“其他”因素的影响，该等因素源于不同个体、不同个案之间的差异，但更多的是因为“事实”的不可知性，辩护律师的作用则体现在通过发动或制造“事实”，强调此间的差异开启其他可能性，促使消极的检察官作出回应。❶与此同时，法官虽仍掌握正式确立刑罚的权力，但囿于政治性的遴选方式而少有处理刑事案件的经验，加之轮换制度的适用致使不断轮换到新法院的法官们发现“接受检察官们的暗示比坚持独立行使职权更得心应手”。❷

基于对前述程序的描述，不难发现：第一，美国的轻罪诉讼程序中检察官虽对某种犯罪及应受刑事制裁之幅度设置了粗略的标准，但其更愿意通过惯常方式快速作出决定而缺乏“查明案件真实”的动机，以致原本应当清晰的裁判与量刑事实变得模糊，案件结果则因此随前述捉摸不定的事实变化而变化。❸第二，辩护律师的对抗角色尤为重要，但无论是公设辩护人身负沉重的案件负担却因保留的一点职业精神与被告人关系紧张，抑或是私人律师对快速经济收益的追求，均使得更易卷入轻罪诉讼程序的大量处于社会边缘的底层人士难以提供有效的无罪、罪轻证据，进一步加剧了程序对于案件真实的忽略。第三，法官的漫不经心，加之被追诉人因较重的诉讼成本、快速离开法庭的愿望与其受刑事制裁的影响不明使得轻罪案件经过审前程序的辩诉交易后便盖棺定论，草草收场，理性的证据审查与事实调查的阙如有损司法坚守的正义。

（二）惩罚性的“副产品”

菲利教授在本书第七章中指出大多法学研究者将目光聚焦在正式审判的刑事制裁结果，而忽略对被告人而言，在审前阶段遭受的有形、立即、直接的惩罚。

---

❶ ［美］马尔科姆·M. 菲利：《程序即是惩罚》，魏晓娜译，中国政法大学出版社 2014 年版，第 150—168 页。

❷ 同上书，第 58—65 页。

❸ 同上书，第 168 页。

在基层刑事法院的走廊里，程序似乎显得混乱而专断，被告人在混乱中往来，有些甚至不到庭，最终不过也只是得到缓刑和小额罚金，偶尔几个才被送到监狱，当刑事制裁非为一种严厉制裁时，真正的惩罚即是审前程序本身❶，即包括：

第一，羁押措施的滥用带来的实质性惩罚，❷又可细分为两点。一是超期羁押的负面影响，即负责逮捕的警察保有设立释放条件的权力，权力滥用以致出现了诸多看似基于“合理理由”的超期羁押，检察官亦倾向将之延续，最终给被追诉人带来不利诉讼后果——在庭审时处于不利地位甚至获得“实刑”刑罚。然而，不论是释放所遇的拖延或“实刑”的刑事制裁后果，多为检察官们、法官们试图给审前羁押提供充分合理性的延续，尽管康涅狄格州设置保释专员作为“候补”决策者，但其工作更多是例行公事，并未发挥实际作用。二是宽松释放条件之下的隐形限制，即保证人制度。保证人的出现确有助于刑事诉讼程序得以顺利进行，而纽黑文职业保证人之间的非竞争关系却使部分符合释放条件的被追诉人受到牵制。❸

第二，轻罪诉讼程序的成本损失甚至可能比刑罚制裁的结果更为严厉。诚如前述，轻罪案件的刑事制裁后果通常限于缓刑和小额罚金，偶尔几个“实刑”，但被追诉人却不得不负担较高的诉讼成本，包括但不限于聘请律师的费用、保释金的成本、反复出庭的时间耗费、因诉讼而损失的薪酬甚至丢失的工作等，甚至在未来生活中可能负担当下不可察知的其他后果，该等成本随诉讼程序的进行而出现且难以避免，却与判决结果不甚相关，又甚至比法院判决的刑罚严厉许多。被诉人在以审前辩诉协商为主的“第三种模式”中，实际感受到诉诸权利和救济经常比沉默忍受不正义更为昂贵。

对正当程序模式的批判，在于该模式虽受完美主义理念驱动而发展，但难以忽略其在实践运作中的成本负担，对其的援引亦因过分奢侈而成为空洞的公正象征。❹美国的轻罪诉讼程序有意通过辩诉交易模式改善该等问题，将司法效率作为程序运作的首要目标，将程序重心移至审前阶段的“辩诉交易”，然而其实践形态扭曲为一场明码标价的超市购物——由检察官设定好“交易价格”，被追诉人尽

❶ ［美］马尔科姆·M. 菲利：《程序即是惩罚》，魏晓娜译，中国政法大学出版社2014年版，第190页。

❷ 左卫民：《神话与现实：美国轻罪案件诉讼程序勘迷》，载《中国刑事法杂志》2021年第3期。

❸ ［美］马尔科姆·M. 菲利：《程序即是惩罚》，魏晓娜译，中国政法大学出版社2014年版，第191—204页。

❹ 同上书，第276—277页。

管颇有微词但虑及终局利益很少“还价”，法官也不过是时而对交易价格进行宏观调控以符合“市场”（社会）的变动需要。这一模式中，被追诉人看似甚少负担正当程序运作的成本，但该等成本隐为挟制被追诉人放弃其权利实现的筹码，加之缺失最低限度的事实查明机制，不禁让读者生出疑问：轻罪案件适用简易司法追求的正义理念究竟何为?

三、比较法视野下的我国简易刑事程序正义理念

刑事司法有一种根深蒂固的正义理念，即刑事裁判的正义不在于达成判决的实体内容，而在于保障实体的程序，并以“正当程序”为目标设计出诸多精细的规则。然而，再过完美的规则置于不完美的世界中亦会出现瑕疵，基层刑事法院受最高法院判例所不断确定的新标准影响，以期在轻罪诉讼程序中正当程序的希望，如限制证据收集和出示方式的判例、限制警察讯问犯罪嫌疑人的判例，以及将辩护律师作用从法庭扩大到警察局的判例等，却被发现在实践中忽略或规避适用部分这些新标准塑造了“第三种模式”，实践与理想之间的鸿沟确需一个“令人满意”或是说“无法苛责”的解释——案多人少的司法现实[1]，除却案多人少的司法现实，法学研究者们也指出了司法机关在人、财、物甚至组织形式上的不足之处[2]。诚然，前述提及的现实难题确为促进刑事司法改革提供了清晰的对策方向，但是这些看似价值无涉的原因又当真足够回应裁判理想的落空吗，抑或是裁判理想的落空本身就是一个伪命题？笔者认为本书提供了另一个思考问题的路径。

案多人少的释明逻辑落脚于国家司法资源的有限性，其作为司法效率的重大影响因素，背后存在一个普遍而隐晦的假设，即刑事司法制度最理想、最自然的状态是在每一个案件中都步入充分的对抗[3]，否则有关探明真相和保护权利的精致程序将不被施展，故难得“正义”，即便是适用辩诉交易达成合意真实的情景，控辩双方进行实质性交易同样是基于对抗的立场。然而，暂且不论证在全部案件

[1] ［美］马尔科姆·M. 菲利：《程序即是惩罚》，魏晓娜译，中国政法大学出版社 2014 年版，第 256—258 页。

[2] 同上书，第 258—263 页；左卫民：《实证研究：中国法学的范式转型》，法律出版社 2019 年版。

[3] 同上书，第 255—256 页。

中实现对抗的假设是否具备刑事诉讼理念的正当性与自洽性，仅就刑事司法的现实状况而言，刑事案件激增的当前，一律适用该等精致程序的结果是司法系统不堪重负，显然该假设难以经受实践检验。故此，如若无须在每一个案件中实现正当程序的正义理念，那么应当在哪些案件中实现如何的正义理念。需要提前说明的是，笔者在本文中无意于“正义”与“效率”的价值平衡，但也并不否认波斯纳所言“正义的第二种涵义——也许是最普通的涵义——是效率”[1]，更多是希望探寻“正义”这一价值本身的理论内涵。

菲利教授在本书中以康涅狄格州纽黑文基层法院的司法实践现状具象呈现了美国轻罪诉讼程序所采的“第三种模式”，指明了为强化“正义”而改造的正当程序不仅迫使被追诉人承担了昂贵的现实成本，甚至带来适得其反的效果，这足以回证正当程序的正义理念并不完全适配法庭处理轻罪案件的现实逻辑。尽管我国刑事司法与美国的“第三种模式”不尽相同，但仍能发现相似的讨论语境，即简易刑事程序。本文讨论的简易刑事程序采用广义概念，优先从独立的程序视角展开，论证正义理念依然存在于整个刑事诉讼阶段相对普通程序的简化[2]，而后进一步参考法律确定适用范围、条件等的专属诉讼程序概念予以分析实质内容所表征并追求的正义理念内涵[3]。

从独立的“程序”视角展开，“简易程序”一词首次出现在1996年《刑事诉讼法》中，该法对简易程序的适用范围、启动主体、程序运行等问题做以规定[4]，紧接着最高人民法院于1998年通过《关于执行〈中华人民共和国刑事诉讼法〉若干问题的解释》[5]与1999年《人民检察院刑事诉讼规则》[6]均在《刑事诉讼法》的基础上细化相关规范，然而在相当长的一段时间内，简易程序在设计上的缺陷致使适用率偏低，司法机关处理刑事案件的压力与日俱增。为解决简易程序在运行

---

[1] ［美］理查德·A.波斯纳：《法律的经济分析（上）》，蒋兆康译，中国大百科全书出版社1997年版，第31页。

[2] 徐静村、潘金贵：《我国刑事审判制度改革前瞻》，载《中国刑事法杂志》2003年第5期，第5—7页；叶肖华：《论刑事审判程序分流》，载《苏州大学学报（哲学社会科学版）》2009年第5期，第48页；耿慧茹：《比较法视野下对我国刑事简易程序的思考》，载《人民司法》2012年第13期，第90页。

[3] 刘玫、鲁杨：《我国刑事诉讼简易程序再思考》，载《法学杂志》2015年第11期，第12页。

[4] 参见《刑事诉讼法》（1996年修订）第174—179条。

[5] 参见《关于执行〈中华人民共和国刑事诉讼法〉若干问题的解释》第217—230条。

[6] 参见《人民检察院刑事诉讼规则》第307—314条。

中存在的现实问题，实质分流被告人认罪案件，随后“两高一部”于2003年出台《关于适用普通程序审理“被告人认罪案件”的若干意见（试行）》提出对“被告人对指控的基本犯罪事实无异议，并自愿认罪的第一审公诉案件”可以简化审理，[1]2012年《刑事诉讼法》修订时以立法的形式对此予以整合，重构了简易程序，[2]至此我国简易刑事程序经历从无到有、适用范围从小到大、程序设计从粗疏到精细等的变化，日渐重视对被告人的权利保障。多数学者均从刑事诉讼价值论出发探讨简易刑事程序的正当性，如若脱离惯常的效率价值协调的论调，立足于被追诉人的主体地位，不难发现：正当程序实现正义的路径是“过程正义”，然而在大量较为简单的案件中，被追诉人负担繁杂过程的成本损失往往比过程保障的权利及收益现实许多，被追诉人相比于实现全面的权利保障，更乐于尽快矫正因诉讼而偏航的生活，而非承受具有惩罚性的审前程序本身。换言之，对被追诉人而言，简易刑事程序是其“趋利避害”的一种自然选择，简易刑事程序的出现可视为对“程序即是惩罚”的削减，减轻被追诉人的成本负担，故具备相当正当性。

接下来的问题则是，其实现的正义究竟为何种正义。基于前述论及，笔者认为我国简易刑事程序中的正义理念是“正当程序”蕴含的正义理念的变形，即尽管被追诉人未能按照精心设计的程序实现全面的权利保障，但其同意对简易程序的适用是其真实意愿之表达，更可言之为国家司法权力从僵化的权利保障宣誓走向个人复归社会的现实关怀。不可忽视的是，正当程序实则仍有另一面向，即以规范的程序实现正义之内容。美国的轻罪诉讼程序中，简化的程序力求高效的程序运转，有时甚至有点仓促，难免造成错误和臆断，正义内容的准确性或受影响，然这区别于我国的探知案件真实的诉讼观。具体而言，在美国的辩诉交易中[3]，控辩双方受实用主义态度之影响达成妥协，形成合意真实，加之受其法律文化中契约精神的制约，由当事人认定的真实可以优先于由国家机关认定的事实。与之相反，我国仍坚持“以事实为依据，以法律为准绳”的基本原则，在最大限度内努力发现客观真相与保证裁判结果准确性一直是我国刑事诉讼的追求。[4]这一司法理

[1] 参见《关于适用普通程序审理“被告人认罪案件”的若干意见（试行）》第1条。

[2] 孔令勇：《诉讼程序等“压缩”与“跳跃”——刑事简易程序改革的新思路》，载《北京社会科学》2019年第3期，第40—41页。

[3] 笔者认为辩诉交易实则也是简易刑事程序的一种表现形式。

[4] 左卫民：《神话与现实：美国轻罪案件诉讼程序勘迷》，载《中国刑事法杂志》2021年第3期，第76页。

念在《刑事诉讼法》对简易程序的规定中亦有所保留，刑事规范认为简易程序的适用条件应设定为“事实清楚，证据充分”“被告人同意认罪且同意适用简易程序”，这一适用条件确立了“查明案件真实”的有限度的正义。

笔者认为，这一有限度的正义即是我国简易程序正义理念的内涵。简易程序所要求的“事实清楚，证据充分”的适用前提契合我国长久以来对“案件真实”的追求，这实质表明尽管受到人类认知和实践能力的限制，过去业已发生的“案件真实”无法被完美复刻，但“如若案件事实不清”抑或“关键证据不足”时，被追诉人即使愿意认罪答辩，选择进入速决程序以摆脱诉累，也不应被允许。质言之，程序允许被简化，但事实不容得模糊，即在我国的司法实践语义之下，实体正义是程序正义实现的最终目的。更进一步而言，这一有限度的事实查明机制能够在一定程度上避免无辜者获罪，这在“犯罪记录”被看得相当重要的我国有着更为重大的意义，不同于美国轻罪案件中被追诉人在日后的生活中可能负担不可察知的其他后果，我国的被追诉人一旦被打上“犯罪记录”的标签，其影响是终生的，甚至是“连带的”，这种确定的、非一般意义的影响也促使我国的简易程序的“正义”理念须要求实体正义，这反过来也是对权利（以及利益）的保障。

综上分析，我国简易刑事程序的正义理念不同于美国轻罪诉讼程序，其至少具备两层含义：一是简易刑事程序中的正义理念的确存在，且系正当程序蕴含的正义理念的变形，即赋予被追诉人以程序选择的权利，以其自由、真实之意愿减轻其程序成本之负担，属广义上的“权利保障”；二是程序正义的实现以实体正义为归依，即程序简化的最终指向仍受查明案件真实的限制，至少在最低限度上确保无辜者不被追诉，实现权利的实质性保障。

四、我国简易刑事程序最适逻辑的构建思路

基于前述分析，我们显然能得出一个基础性的结论：简易司法同普通司法所要实现的正义理念既有共性，亦有区别，以致二者在程序机制的侧重上有着迥然不同的追求。我国的简易刑事程序具有程序简化、降低投入成本的速决式特征，但坚守追求客观真实与公正裁判的底线要求，与美国轻罪诉讼程序所呈现的样态并不一致，更有甚者，美国的“第三种模式”在人权保障程度与事实查明机制上都表现糟糕，那么美国刑事司法对轻罪案件诉讼程序的处理上究竟是否有借鉴意

义，我国未来又当建立怎样的简易刑事程序最适逻辑值得深思。

（一）坚定本土制度自信

美国的刑事司法实践充分表现出阶级化的特征，刑事司法的保护资源亦更多投入社会“金字塔”顶端的上层人士。[1]这一点从大量处于社会边缘的底层人士更易卷入轻罪案件，并且因为经济困难、工作压力等“贫穷”特征更易受到程序惩罚的影响中可见一斑。质言之，美国轻罪诉讼程序中的权利保障是有针对性的，或是说不足够公正的，司法资源向边缘人群的另一端倾斜使之未受到人权光辉的照耀。相反，我国司法文化则强调平等保护而长久的未能完全区分轻罪诉讼程序与重罪诉讼程序。基于此，美国轻罪诉讼程序同我国的简易程序从本质至外观均有较大差异，可借鉴之处实属不多，笔者更以为我国简易刑事程序的正义理念更加科学、合理，而在司法实践中发现的问题可仅作程序设计上的调整与完善。

（二）把握控辩力量平衡

简易刑事程序的适用确实契合查明案件真实的刑事诉讼目的之需要，但是如从另一侧面观察，查明案件真实的主动权实则往往掌握在司法机关手中，形成了具有“权力”性质的程序样态，基于此前提，更应注意把握控辩双方的力量设置，以便实现查明案件真实与保障被追诉人权利之间的动态平衡。前文业已述及，简易程序中的正义理念体现为被追诉人对于简易程序具有同意或不同意适用的“权利”，但立足司法实践，被追诉人对程序适用的选择权相当受限。质言之，在权力性的程序中，权利保障不足以与权力运作相抗衡，引起程序的变异：原来作为简易刑事程序优势的“查明案件真实”的正义理念成为权力追求“形式真实”的后盾，使得适用简易刑事程序产生“不正义”的负面影响。

更进一步而言，以上分析可为适用简易刑事程序的认罪案件处理提供新的启发。刑事司法变革的世界性趋势即是由对抗性司法部分转型为协商性司法[2]，而适用简易刑事程序的认罪案件就是协商性司法的大胆尝试。由前可知，用以查明案

---

[1] 左卫民：《神话与现实：美国轻罪案件诉讼程序勘迷》，载《中国刑事法杂志》2021 年第 3 期，第 82 页。

[2] 熊秋红：《比较法视野下的认罪认罚从宽制度——兼论刑事诉讼“第四范式”》，载《比较法研究》2019 年第 5 期，第 2—23 页。

件真实的权力可能出现滥用，即存在某些可能，尽管被追诉人坚持认为自己无罪，甚至辩护人通过对全案证据的梳理与分析，有一定把握案件因证据不足或法律上不构成犯罪而不应定罪，却慑于控审之间的配合与权力的威慑，加之受不被羁押或解除羁押的引诱，劝服被追诉人违心认罪致使程序滑向追求“形式真实”而非“实质真实”的异端。是故，在适用简易刑事程序的认罪案件中更应以职业化、专业化与精英化的司法帮助提升辩方的话语权，充分发挥被追诉人一方在审前阶段的“协商”能力。此外，法官亦应秉持中立地位，对认罪的真实性与自愿性进行实质审查，而非仅停留在“是否自愿认罪”“自愿认罪可能产生的法律后果，是否清楚”等仅由被追诉人回答“是与否”的简单询问方式，否则很难甄别和过滤非真实性或非自愿性的认罪情形。❶

（三）避免产生惩罚性成本

在中国刑事诉讼程序中，简易刑事程序占据相当大的领域。《刑事诉讼法》作出规定：适用简易程序审理案件，人民法院应当在受理后20日内审结，仅在一定场合内审理期限可以延长至一个半月❷，可见审判阶段的时间花费尚属合理，但是审前程序期限却因案件查办与程序流转存在一定程度的不确定性。囿于程序就是惩罚的警醒，当前需要对审前程序的运行再予审视，以更好地实现被告人与刑事司法程序的双赢。

对被追诉人而言，最昂贵的成本是时间与自由，被追诉人仅仅背负刑事案件但仍处于非羁押状态尚好，如面临审前羁押甚至是超期羁押，不仅自由受到限制，在某种程度上也影响被追诉人重新回归社会生活与工作。有鉴于此，笔者拟从时间节省与自由保障两方面提供完善思路。一方面，刑事案件在司法机关内部与外部的流转速度格外重要。当前，刑事案件立案后面临司法机关内部层层审批、逐级反馈的案件审批机制，不同司法机关之间步步推进、看似合理的工作交接，无不增加了案件在审前阶段的程序流转成本。因此，应当着力研究如何缩短审前程序期限，快速衔接不同司法机关的工作。然而，在前后几次改革中，法律规范更多关注审理期限而少有涉及审前程序，仅有2006年12月最高检发布的《关于依

---

❶ 魏化鹏：《刑事简易程序庭审制度研究》，载《西南民族大学学报（人文社会科学版）》2018年第1期，第110页。

❷ 参见《刑事诉讼法》（2018年修订）第220条。

法快速办理轻微刑事案件的意见》提出“在法定期限内，缩短办案期限”的模糊要求。另一方面，亟须摒弃刑事司法中长期存在的“以捕代侦”“以羁代侦”“构成犯罪即捕”的传统思维定式，使逮捕、羁押真正回归其保障诉讼顺利进行的基本功能，进一步消减审前程序中的羁押不当给被追诉人带来的成本负累。❶ 事实上，适用简易刑事程序的被追诉人所犯罪行一般并不严重，完全可根据刑事案件的具体情况，充分发挥非羁押手段的替代作用。❷

五、结语

《程序即是惩罚》一书有力揭示了美国轻罪诉讼程存在的局限性，直白地指出该程序缺失最低限度的事实查明机制，又难实现正当程序所要求的权利保障，为读者提供了对“轻罪案件应适用怎样的法庭逻辑”这一问题发散性思考的空间。事实上，每个社会的法律在实践过程中可能都会面临一些相似的问题，而不同社会将以不同的法律制度予以解决。❸ 盖因如此，置于我国司法现实的语境之下观察，与之相似但实质不同的简易刑事程序以新的形态兼具发现案件真实与保障被追诉人权利的正义理念，具备相当正当性。未来，在不断推进适用我国认罪认罚从宽制度的进路上，仍有诸多须协调这一正义理念与现实经验的地方，研究时可从我国与域外制度的不同之处切入，以其教训为观照，以其优势为借鉴，由此促进我国刑事司法不断完善与发展。

---

❶ 张佳华：《少捕慎诉慎押刑事司法政策下侦羁关系的反思》，载《社会科学战线》2022年第8期，第246页。

❷ 王彦春：《少捕慎诉慎押检察实务贯彻路径》，载《中国检察官》2022年第15期，第24页。

❸ ［德］K. 茨威格特、［德］H. 克茨：《比较法总论》，潘汉典等译，法律出版社2003年版，第46—47页。

造法性司法解释的坚持与重构

——评《法律解释的中国范式——造法性司法解释研究》

李一帆*

一、主要内容与创新

第一，本书以崭新的研究范式论证造法性司法解释的正当性与存在基础。造法性司法解释是我国法律解释与司法制度的一项创造性制度，其"造法"属性与"法律解释"属性的并存使得其具有一定争议性。如何跳出传统注释法学解释理论与"三权分立"的西方法治话语的桎梏，为造法性司法解释的正当性提供坚实的理论基础，在今日我国着力推进新时代依法治国、构建制度自信及完善中国特色社会主义法治理论的背景下是一项值得研究的重要课题。本书在研究范式和模型上提出了以现实有效性作为研究原点，借助类型化研究方法解决司法解释"造法"的范围和幅度的研究范式，并进而提出了"两个维度，四扇区域"的分类模型。指明了造法性司法解释研究应当着重的区域——权力配置型司法解释，同时，指明了对程序法造法性司法解释的研究的相对空白。对后续学界展开针对造法性司法解释的进一步研究提供了新的视角和有益启示。

第二，本书系统梳理了造法性司法解释存在与发展的历史源流。本书通过时间维度上对我国司法解释制度史的详细梳理和全面总结，阐明了造法性司法解释的发展和运用与我国法治建设历程的紧密关联，指出造法性司法解释是一项推动我国司法改革的重要制度手段。这一论述以历史事实为坚实依据肯定了造法性司法解释在我国法制体系中的正面作用，强化了造法性司法解释在我国法律体系中的地位，并对其肯定造法性司法解释的基本观点形成良好支撑。

* 武汉大学法学院诉讼法学专业博士研究生。

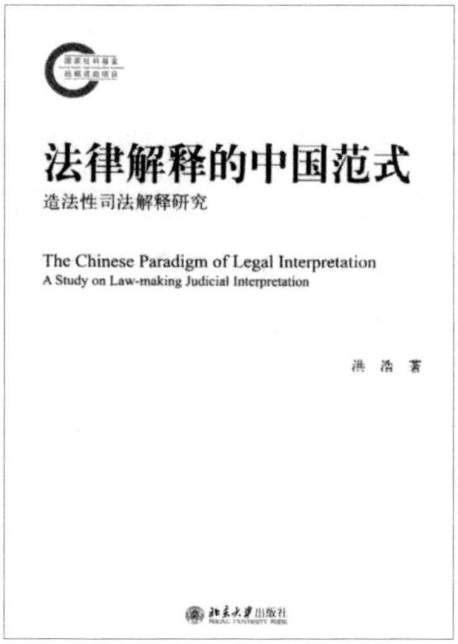

洪浩:《法律解释的中国范式——造法性司法解释研究》，北京大学出版社 2017 年版

第三，本书缜密论证了我国造法性司法解释的合理性。系统阐释了造法性司法解释存在合理性的各项理论支撑，从制度合理、现实必要、历史必然三个方面揭示了我国司法解释制度的“造法性”基因和存在合理性。揭示了造法性司法解释存在的根基与底层原理。

第四，客观分析和探究了造法性司法解释制度的正面功能与负面缺憾。本书指出，造法性司法解释作为司法机关在实践中经验总结和习惯固定化的集中体现，在推动我国诉讼立法和其他方面的立法发展，强化司法机关的正面能动作用的发挥，增强司法机关在国家权力构架中的地位以及提升司法机关与人员的素质方面功不可没。但也同时说明了我国造法性司法解释制度存在不足之处，集中体现为行使权力的主体不明、制定规则的程序失范、解释范围的不当扩张、稳定性欠佳以及造法性司法解释与其他司法解释和法律规范的冲突。

第五，切实提出了我国造法性司法解释制度困境的解决路径。首先，对造法性司法解释的主体及效力等级上的创新构想。其一，分别对“两高”作为造法性司法解释主体定位提出调整方案：即最高人民法院为基础性主体，最高人民检察院为共同性主体。而且提出了检察解释与审判解释的效力等级和解释范围上应存在差异，这无疑为后续克服造法性司法解释内部冲突的研究提供启示。其二，对其他主体，如行政机关、有关组织及下级司法机关在制定造法性司法解释上的参与权限上的构想，即有权参与，但无实质司法解释权。其次，阐明造法性司法解释之“解释”与“造法”之一体两面与各自归属：造法性司法解释同样是一种解释，其解释的对象是法律原则获立法指导思想而非具体规则，此为“解释”一面；解释的结果是依据原则创造了规则，此为“造法”一面，但不能与立法等同。本书创新性引入“程序法司法解释能动与实体法司法解释克制”的思想，明确指出其解释范围应当主要限定在诉讼类司法解释的范畴。

二、造法性司法解释的历史发展

（一）造法性司法解释的产生基础

造法性司法解释作为我国法律解释制度的一项特殊产物，其产生基础具有一定复杂性，是法律制度和行为理念、客观政治环境以及现实需求几方面共同的产物。本书作者将其总结为三点：其一，立法本身对社会转型的不适应性是客观基础；其二，“先破后立”的改革传统是观念基础；其三，法院利益的扩张是利益基础。❶

第一点主要表现在立法本身的粗陋和社会现实需求的急速变革两方面。一方面，从新中国成立至今不到百年的时间里，我国经历了数次较大规模的社会变革，在这样的环境中，立法滞后性的缺陷被放大，社会变革越激烈，立法的滞后性和不适应性也就越明显；另一方面，我国在相当长一段时间内较为避讳精细立法，法律文件和条文表述较少且简单，这一点该书作者也列举了一些例证。这样的立法必然导致适用上的一系列问题，纸面上面面俱到，现实中却难以操作。这就为处于法律实务前沿的司法机关制定大量的司法解释提供了内在动因。

第二点主要是指我国执政者及人民在长久的斗争中所形成和存在的“先破后立”的改革传统。即实践走在理论前面，理论从在实践中的不断纠偏和确认中总结而来再指导实践，再完善理论的路径。这是因为在特殊的历史背景下，党和人民以及立法、司法机关缺乏现成的法治经验，但问题是客观存在且必须解

---

❶ 洪浩：《法律解释的中国范式》，北京大学出版社 2017 年版，第 8 页。

决的，对法治工作来说，“摸着石头过河”是唯一选项。这种情况与其说是一种传统，倒不如说是一种客观必然。即便在我国社会主义法治取得重大发展的今天，这种“先破后立”的路径依赖依旧存在，只不过在方式和程序上不像过去那样的“大破大立”，而是“破中有立，由立带破”。集中例证为我国目前经常采取的立法计划的区域试点，其中也包括诸多本书所称“造法性司法解释”的试点。

第三点主要指司法机关的能动性在特殊制度环境情况下被较大程度地激活。由于司法机关，尤其是人民法院往往处在司法第一线，其不同于立法机关的立法工作可以暂时回避一些问题，司法机关必须对案件进行处理和回应。此时司法机关出于解决司法工作的现实需要与立法机关出于自身条件限制的默许，造成了司法机关不断推出造法性司法解释。

（二）“造法性司法解释”的优劣之处

作者于书中总结了关于造法性司法解释的正反两方面的观点和理由，其中肯定理由主要包括三点：造法性司法解释具有法律效力[1]、能够适时回应现实社会需要[2]以及其现实正当性的认可[3]。可见肯定说的理由更多着眼于造法性司法解释的现实功效和我国司法机关已然形成的一种业务惯性，是一种基于已然的正面效果而肯定的立场。否定说主要的理由包括：侵蚀立法权完整性、损害司法独立性、有违宪法基本精神、可能引发法律适用混乱。可见否定说主要针对造法性司法解释本身所存在的风险和产生过程上的瑕疵进行批判，是一种基于应然而从其本身缺陷而批判的立场。在了解正反两方观点后，笔者的看法如下。

第一，笔者认为书中所述肯定说之“造法性司法解释具有法律效力”的理由值得进一步商榷。依本书所述，肯定说的第一个论证是“具有法律效力的载体不限于法律”[4]。这一论证最多只能肯定司法解释的法律效力，不足以肯定造法性司法解释的效力。持这一理由者事实上是将造法性司法解释也纳入一般司法解释的范畴内，无视或者淡化这种司法解释在实质上超越司法权能，有行使

[1] 洪浩：《法律解释的中国范式》，北京大学出版社 2017 年版，第 8 页。
[2] 同上。
[3] 同上书，第 12 页。
[4] 同上书，第 11 页。

立法权之虞的客观事实，又或者陷入了机械的“主体性质决定行为性质”的观点。但这种观点显然存在问题：一方面，司法机关作为公权力机关，“法无授权即禁止”是一个基本规则，当公权力机关擅自行使未经授权的权力时，行为原则上当然是无效的；另一方面，“主体性质决定行为性质”的观点是明显不当的，主体性质可以作为评价行为性质和有效性的一个要素，但二者不能进行等价推导，否则例如行政机关所做的行为就不可能包含事实行为，而只可能是具体行政行为或者抽象行政行为了。持这种观点的第二个理由主张造法性司法解释是为弥补成文法漏洞而制定的，这一表述在一定程度上是正确的，其客观描述了造法性司法解释产生的正当目的和合理动机，但论证造法性司法解释的合法性仍显单薄。

第二，否定说者的“造法性司法解释损害司法独立”❶的观点在一定程度上正确但有脱离实际之虞。法律解释是法律适用过程中必不可少的一环，没有解释，制定法与案件事实之间的桥梁无法打通，法律适用也就无从谈起。否定说者的该项理由的核心意思在于：其一，司法解释权的存在本身就有问题，解释法律的权力应当由立法机关行使；其二，司法解释权被集中于最高司法机关的做法削弱了下级法院及法官处理案件的解释能动性，等于最高法院提前以规范性文件的形式代行了下级法院的解释权和审判权，压制了个案研讨和灵活处理，助长了汇报请示之风。但此论证的一个基点在于“法官独立”，如果仅强调法院相对行政机关、社会团体、公众舆论的独立是显然不足的，而这一点在我国目前看来，还需要长时间的改革方有可能实现。除此之外，强调地方各级法院的独立解释以及法官的独立解释和适用法律，也必须以高素质的司法队伍作为支撑，否则极有可能出现在一段时间、相近的地域内，相似的案件却出现同案不同判的情况，这显然是对法治统一不利的，也不利于发挥司法的社会价值。

第三，否定说者所持“法律解释权不应也不能由法律的适用者掌握，法律必须由法律的产出者进行解释”❷，这一观点笔者以为值得商榷。首先，这里的法律解释权应当是以规范性文件细化和明确法律规定的抽象解释权，而不能够包括对个案在适用时的具体解释权。后者是审判者履行司法职能时必不可少的职能，舍此

❶ 洪浩：《法律解释的中国范式》，北京大学出版社2017年版，第11页。

❷ 黎四奇：《司法权对立法权的侵蚀——从最高人民法院的司法解释说起》，转引自上书，第16页。

就成为司法机器，且这种解释权收归立法机关在实施层面上也是不可想象的。其次，这一观点比较强调立法者原意对法律解释的规制作用，这一点笔者也持谨慎态度。

（三）“两个维度，四扇区域”的分类

作者这一创造性的区分路径主要目的在于适应当下程序法与实体法、成文法与审判规则交融关系越来越深、界限越发模糊的现状，修正传统研究司法解释所采用的“成文法司法解释与法律规则创制司法解释、实体法与程序法性质的司法解释”的分类和基于此的研究范式，其对于传统方式既有继承，也有创新，前者体现于保留了实体法与程序法的分类，而创新在于引入了权力配置以及权力运行分类标准，其中所谓“权力配置规则”的司法解释可以在广义上涵盖配置影响实体性权力和程序性权力的司法解释，即造法性司法解释的主要存在之处。通过从司法权的权力配置与权力运行的视角进行研究，可以较好地为造法性司法解释寻找到一个法律制定权与法律实施权之间的折中定位。

（四）域外司法规则创权制经验

英美法系国家的法官具有法律解释权是一种常态，针对法律解释的研究也较多，但是在法律解释权的主体上并没有太多争议。其学界也普遍认为司法者天然具有对法律的解释（造法）权，故其研究的主要方面在于解释法律（造法）本身如何生产出较好的解释（造法）结论。在美国，联邦司法机关所制定的规范性法律文件一般只涉及程序性规则，对实体性规则的制定显得颇为谨慎。大陆法系国家在早期对司法机关自主造法存在比较强的排斥态度，以德国为代表的一些大陆法系国家的立法机关甚至尝试以极其复杂和精细的立法来防止法官造法，或者立法机关尝试设立独立机构对司法机关适用法律进行监督审查，但是这些努力也归于失败。随着时间的推移，大陆法系国家也出现了法官造法的实践，但这一过程存在着较多的限制。

总结本节所述两大法系国家“法官造法”的经验，笔者主要的看法如下：

第一，司法机关享有并行使一定程度的规则创制权在世界范围内是一种普遍现象，不必过分警惕。因为任何规则都无法与千奇百怪的实际案例完美对接，指望法官在任何情况下仅凭现成的法条与案件事实就能做直接的演绎推理并生产正

确结论是不现实的。这终究是源于事物客观复杂性和人的认识的有限性之间不可规避的矛盾，且立法机关限于其自身相对的低效和不处在司法实践的第一线位置，指望其完全及时地回应现实问题也是不可能的，此处给予法官相应权力，依照一定原则创制具体规则来保障更大的公平价值是一个必然的选择。

第二，合理限制司法机关的规则创制权是两大法系国家的共同特点。主要体现在两方面：一是创制的时间一般在审理具体案件并针对具体案件情境时；二是创制规则的前提是现有法律存在不足，且多为程序规则而非实体规则。这两方面也是区别于我国司法解释的两个不同之处。相比之下，我国的司法解释权具有相当大的解释范围和行使上的主观能动性，对实体法的解释和规则创制也可以做出安排。同时在某些立法尚未涉及的领域，司法解释也可作为先行者的角色予以提前介入，这明显与域外司法机关造法的前提——填补法律阙如不同，须知存在法律阙如的逻辑前提是存在法律，而我国司法解释的造法性，往往不仅体现填补法律阙如，还填补立法阙如。

（五）我国造法性司法解释的形成与特点

首先，本书所述我国造法性司法解释的形成分为两个阶段：一是自新中国成立后至十一届三中全会前，这一阶段我国的司法解释已经具有了较强的造法性，从功能上来看，主要体现为纯粹为替代立法而存在的诉讼类司法解释；[1] 第二阶段是从 1978 年至今，造法性司法解释的功能从立法替代路径逐渐变为推动司法改革的重要抓手。作者对这一阶段的历史进一步细化为三个时期，其主要的发展趋势在于司法改革功能不断强化、立法替代功能不断弱化。

其次，我国造法性司法解释的特点主要有三点：其一，解释的主体多元。[2] 司法解释主体在我国历史上既出现过“二元一级”，即最高人民法院、最高人民检察院，也出现过“多元多级”的“地方性司法解释”；其二，表现形式多样，[3] 即既有实体法解释，又有程序法解释，既可能因基本法而产生解释，也可能存在于部门法中；其三，即造法性司法解释往往与司法改革具有很强关联性，[4] 每一次的

[1] 洪浩：《法律解释的中国范式》，北京大学出版社 2017 年版，第 48 页。
[2] 同上书，第 71 页。
[3] 同上书，第 72 页。
[4] 同上书，第 74 页。

司法改革必然伴随大量司法解释的出台、废止、修改和调整。拜读本节内容后，笔者感想主要有以下几点：

第一，我国司法解释的“造法”传统是与生俱来的，也是特殊时期的一种必然选择。新中国成立初期，我国法治建设基本属于一片空白，主要体现为立法资源匮乏、法治理念落后等。但一方面，司法机关仍旧需要承担司法职能，行使司法职权，不能因法律阙如而拒绝履职。另一方面，全国人大亦无法以标准的和相对冗杂的立法程序应对复杂现实与单薄的法律供给之间的冲突，只能通过“名为授权、委托解释，实为代为立法”的方式授权司法机关根据工作需要与经验总结颁布造法性司法解释。这是一种应对特殊历史现实所采取的必然选择，是一种实践走在理论前方推动理论发展的路径。

第二，造法性司法解释在早期不仅发挥着替代立法的功能，也发挥着为正式立法做“试水”的功能。造法性司法解释不仅对极不完善的立法起到了补充功能，也是各级司法机关对一线司法工作的经验总结。由于司法机关相对贴近法律实务，更加接近现实社会生活，也更加了解现实社会对司法供给的具体需求，其经验教训往往更加直接且易于适用和解决现实问题。无论是经验本身还是由总结而得的造法性司法解释都是正式立法工作的重要参考资料，从现实来看，大量率先问世的造法性司法解释最终都上升为了正式法律。这一功能在当今仍然发挥着完善社会主义法制的重要功能，但在实施方式上相对从前更加多样化、科学化，比如体现在从初期的“大水漫灌”到“区域试点—推广”，以及通过个案指导，发布指导性案例的方式等。

第三，造法性司法解释以“政策司法化”的方式推动司法改革。司法改革从总体上来说是一种国家政策，高层的指示往往是概括、宽泛的，在具体实施和执行司法改革的过程中必须予以转化为兼具指导意义和操作可能性的规范性文件，从而实现司法改革的目标。而造法性司法解释就是“政策具体化、指示规范化、路径可操作化”的集中体现，其制定、执行均体现着司法改革在不同程度上的推进和实现。其中，最高司法机关制定造法性司法解释，是对司法改革政策的法律转化；各级司法机关适用司法解释办理具体案件，是对司法改革政策的具体执行；而法官在处理个案时适用司法解释，则是在间接实践司法改革。

三、造法性司法解释的制度基础

（一）司法权的特征与我国特色的结合

本书所述，司法权具有独立性、被动性、公开性、中立性、终局性五大基本特征。[1]这五大特征笔者在初学法理学之时也有过一定程度的了解。但此五项特征在中国语境下，与西方司法制度还是存在明显不同。

首先，不同于西方国家“司法＝审判”这一主流观点，我国司法权的行使主体是二元的，即包括人民法院与人民检察院，其作为审判机关所行使的审判权及作为法律监督机关所行使的法律监督权共同构成我国的司法权。其中，人民法院所行使的审判权是狭义的司法权。但在检察机关所行使的法律监督权是否也属于司法权的问题上，存在一定争议。因检察机关所行使的核心职能为公诉权及侦查权，其权力运行并不能与司法权的一般概念和本质特征相契合，具有程序启动的主动性、立场上的非中立性，权力行使结果的非终局性，侦查权还带有秘密性的特征，从而难以被评价为司法权。而检察机关与审判机关、行政机关、监察机关同为最高权力机关产生的二级权力机关，与代表国家对各个权力进行上位监督的法律监督机关的定位也似乎难以兼容。但检察机关在行使某些职权时，也确实带有司法性质，如决定不起诉以及决定批捕。

其次，我国的“司法机关独立行使职权”与西方“司法独立”有着本质不同，其基础是国家政权组织形式的根本不同。一方面，西方的“司法独立”一般仅指审判独立，不受行政机关及其他个人和组织的干涉，仅遵从法律以及内心的确信和信念。而我国的“司法机关独立行使职权”是指审判机关和检察机关二者的独立，审判机关行使审判权、检察机关行使检察权均不受行政机关、个人和组织的干预。另一方面，在我国，中国共产党的领导是中国特色社会主义制度的最根本特征，一切国家机关必须坚持中国共产党的领导，但这与我国的“司法机关独立行使职权”并不产生冲突，反而有利于我国“司法机关独立行使职权”的有效实施。因为党对检察机关、审判机关的领导，并不体现在对个案决策和司法业务上，而体现在政治方向和组织上保障司法机关的社会主义国家机关本质，协调司法机

[1] 洪浩：《法律解释的中国范式》，北京大学出版社2017年版，第86页。

关与其他国家机关的权力互动上。同时，在出现其他国家机关及个人、组织意图对司法活动进行不当干预的情形时，作为领导一切的党可以启动相应制裁力量对其进行制约。

（二）作为“裁决权”的司法权

本书所述，裁决属性是司法权的最本质特征和含义。[1]这一属性决定了司法的被动性、“两造对抗，司法居中”的诉讼构造、通过证据和辩论认定事实并适用法律的裁判方法，以及在国家政权形式中担任最后裁决者和对行政机关的制约者的地位。关于本节内容，笔者感想如下：

第一，司法权是“裁决权”这个定义是正确的，但“裁决权”这个定义有片面偏向司法活动的客观结果意义之色彩。从其更深层次的本质来说，司法权是一种“判断权”，是一种内心的“判断和评价活动”。这也是司法权与其他类型的权力的区别之处。具体来说，与行政权不同，司法权并不是一种单纯执行法律的权力，也不是一种以管理为目的的权力，而是一种心理性的权力，即通过法定程序形成心证，对具体纠纷定分止争的权力。它的判断和裁决属性决定了行使司法权的独立需求，即司法权行使者必须具有相对独立的思维、相对独立的判断而不受不当干预和影响。这是以上命下从为基本特征的行政权所不具备的，行政权的执行和权力体系缺乏独立性，强调服从性。如马克思所言：“法律是普遍的。应当根据法律来确定的案件是个别的。要把个别的现象归结为普遍的现象，就需要判断。判断是件棘手的事情。要执行法律就需要法官。如果法律可以自行运用，那么法官也就是多余的了。”[2]

第二，不论司法之本质是“判断”还是“裁决”，其所针对的对象是具体权利义务纠纷，司法的核心功能在于对矛盾纷争进行终局评价。这种评价的实质在于将抽象的法定要件与人的具体活动进行涵摄，同时也包括对法律本身的选择和判断。法律本身相对于现实生活的滞后性几乎是无解的问题，法律在制定过程中更是不可能穷尽所有的社会现象而对所有可能存在的矛盾纠纷作出事先规定。在司法权运行的判断过程中，需要法官进行法律推理、法律解释等活动，否则只需

---

[1] 洪浩：《法律解释的中国范式》，北京大学出版社2017年版，第92页。
[2] 《马克思恩格斯全集》（第1卷），人民出版社1995年版，第180页。

要韦伯所言的自动售货机就可以作出判断和评价。并且由于法律是抽象的规则，同时也是复杂的体系化的规则，在司法权运行过程中，需要对法律进行判断与选择，需要对每一个法律规则以及法律制度运用的条件进行判断，准确选择所适用的法律。

第三，司法的权威也建立在“裁判权”决定的“说理裁判”的方法上。司法裁决的结果之所以被人们所遵守，一方面出于司法权作为国家权力所带有的国家强制力，一旦裁决作出，就为当事各方划定权利义务且各方必须予以履行，否则会受制裁并带来权利减损或义务增加。但这种建立在国家强制力上的权威无法解释在司法被动性的前提下，为何社会大众还愿意将纠纷诉诸司法途径解决。如果仅靠司法权的国家强制力树立司法权威而裁决结果和过程无法得到当事人的信服，那么这种权力就是一种单纯的压迫，再搭配启动上不告不理的被动机制，不难想象，任何一个理性的公民都会更倾向于通过其他途径化解纠纷和矛盾。故司法裁决在过程上的说理性、公开性的裁判方法，是司法权威能够长效存在的重要基础。如汪习根教授所言：“司法权威是司法的外在强制力与内在说服力达到了高度一致而被同化为社会的内心信念的产物。”[1]通过两造对抗，法院居中听取意见后作出裁决，并且双方遵从公平的证据规则，承担公平的举证责任并且达到证明标准。法官也有义务在判决书中翔实展现心证形成、事实认定、法律适用和结果的形成。这一基于理性说理的裁判方法本身就是一种权威的形成过程，是真正将司法权力转化成为司法权威的过程。

（三）适法性司法解释与司法解释“立法化”

“适法性司法解释”是与“造法性司法解释”相对的一组概念，主要是指司法机关在注释法学意义上对法律进行的解释，并不具备创造新的规范的作用。我国约定俗成将其表述为：最高人民法院、最高人民检察院在审判、检察工作中如何具体应用法律、法令的问题上所作出的解释。作为与造法性司法解释具有诸多相通之处但却又相对的一组概念，了解适法性司法解释对探究造法性司法解释具有重要的意义。笔者对本书这一部分内容的感想和思考如下：

---

[1] 汪习根主编：《司法权论——当代中国司法权运行的目标模式、方法和技巧》，武汉大学出版社2006年版，第10页。

第一，解释法律应当是司法人员必备的一项权力，舍此要使司法人员以固定不变的法条文来应对千变万化的案件事实是难以想象的，没有得到解释的法律实属一纸空文[1]，法律的适用无法离开对法律的理解，以求将抽象的法律条文与具体化的实际案情相契合。有时条文字面含义在平义上无法与案情契合，或平义射程范围较小或较大，或者法条文概念本身就含混不清，此时就需要动用解释方法，通过目的论限缩或目的论扩张，以求在符合法律条文能给予社会一般人的合理预期范围内作最大化把握或最保守地把握；或者联系法律文本的其他条文，通过逻辑关系、立法目的等来厘清法律条文的含混不清之处。没有这样的权力，涵摄就难以完成，法律适用和判断就难以形成。但需要指出的是，这种工作是法律适用所必须的，并非等价于法律解释权。法律解释权在我国的语境下并非法官根据个案运用解释方法适用法律的权力，因为这本身还是法律适用权。法律解释权是一种生产普遍性规范的权力，而不是生产个案判决的权力，只是这里的“规范”是对法律条文本身的细化，以求在执行层面能够保障统一。

第二，主观目的解释具有一定局限性。正如作者在书中所言，法律一经公布就脱离立法者的意志。大量法律之所以能够长期保持活力，是因为对其解释时刻随现实变化而作出相应的调整，这也是法学研究永久的重大任务，即在尽可能长的时间内、尽可能合适的范围上缓解多变的现实生活和既定的法律的字面含义之间的矛盾。[2]主观目的解释往往会对这种正面效果产生掣肘，不利于挖掘法律的解释潜力，削弱其适用性。

第三，针对司法解释“立法化”的学术争论。对于主张造法性司法解释是一种实质上的立法行为的观点，笔者同样也持谨慎态度。其一，立法活动是一种程序极为严格，且必须是代表民意的代议机关依照严格的立法程序作出，而不论是造法性司法解释还是适法性司法解释，均在程序上与立法存在截然不同。我们可以说造法性司法解释是一种创制规则的活动，但是创制规则绝不等价于立法。其二，解释永远是创造的进程[3]，从某种意义上来说，适法性司法解释同样也是一种创造规则的活动，其基本形式、实质效力完全符合法律规则的特征，只是其并未

---

[1] 张明楷：《刑法格言的展开》（第一版），北京大学出版社2013年版，第10页。

[2] [奥]欧根·埃里希：《法社会学原理》，舒国滢译，中国大百科全书出版社2009年版，第442页。

[3] 刘安刚：《意义哲学纲要》，中央编译出版社1998年版，第71页。

超越法律所划定的具体范围，而是对法律本身在执行和适用层面作出了细化。

（四）司法解释体制和司法体制

司法解释体制是指具有司法解释权的各主体所被授权的解释权限以及各个主体之间的相互关系。在我国，司法解释体制采用“二元一级”的方式，即最高人民法院与最高人民检察院享有司法解释权。对此有学者持不同意见，主要集中在最高检是否应当享有司法解释权的问题上。笔者认为，依照目前的情况来看，最高检享有司法解释权具有合理性。

首先，最高人民检察院所统领的检察系统，一定程度上主导着刑事司法程序的审前工作，审前工作规则的统一和有效对于案件最终能否获得正确处理具有十分重要的意义。限于法律本身的笼统性，检察机关需要更加细致的规范性文件为审前工作提供规则指引。

其次，通过本书作者的研究，事实上最高检所出台的司法解释更多只是涉及审前程序的程序问题，对实体问题表现得比较克制。且对实体问题作出解释一般也是与最高法联合出台，其对检察机关而言，并没有侵蚀审判权的效果，只是在检察机关履行审查起诉和批准逮捕等涉及被追诉人实体权利的审前裁决和强制措施时予以适用。无论怎样，检察机关也没有审判阶段对案件的最终决定权。

（五）实体法解释之克制与程序法解释之能动

本书作者主张实体法解释之克制与程序法解释之能动。即实体法意义上的法律解释（司法解释）应当局限于适法性司法解释，而对于程序法规范应当坚持适度的能动原则，细化诉讼法的程序操作并适度造法，使程序更加能够发挥规制公权力的行使和保障当事人的诉讼权利的功能。笔者对这一观点表示赞同，同时，笔者认为这一观点也可以从实体与程序本身在适用层面的一些固有特点来论证。

第一，实体正义包括两个方面，即事实认定正确和法律适用正确。实体法在适用的过程中必定会遇到一些固有问题。其一，案件事实的复杂性和不稳定性。实体真实的发现有赖于依据证据进行的回溯调查，而确定事实的最终一步是法官根据证据以及双方的辩论形成心证，这一过程难以用精确的数量公式予以描述，否则就有异化为法定证据制度之虞，会对实体结果的正确性造成不利影响。心证的形成必然要依赖法官自身的经验判断，而这显然是一个容易因人而异的因素，如果放任实体法的司法解释任意造法，则极易使得案件事实认定和法律适用的不稳定性被进一步放大。其二，实体法的法律适用也存在不稳定性。法官适用法律需对法律进行解释，这一过程不同的法官可能会对法律条文的含义作出不同的理解，此时决定实体法适用究竟产生一个怎样的效果的往往不是实体法本身而是法官的理解内容，即美国现实主义法学代表人物卡尔·卢埃林所言——法律是不断变化的规则，它不仅包括书面规则，而且应当包括现实规则，后者是更重要的部分。书面规则仅仅告诉人们应当如何去行为，但人们实际上如何行为并不完全符合书面规则。只有对人们的行为特别是法官的行为进行实际研究分析，人们才能发现现实规则是什么。书面规则的作用只有在研究现实规则后才能够发挥，因此，书面规则是不确定的。他指出，实体法规则在实际的法律实践过程中所具有的重要意义远没有人们早先设想的那么重要。[1]他还指出，法律研究的重点应当从规则的研究转向对司法人员的实际行为特别是法官的行为进行研究，“在我看来，这些司法人员在解决纠纷时的所作所为就是法律本身”。[2]

第二，程序性司法解释创制可以“能动”，除去本书作者所述的正当程序的约束公权力，保障当事人及诉讼参与人权利的根本目的以外，程序自身的一些特点同样构成支撑程序性司法解释“能动”的依据。其一，程序的确定性。程序并不直接决定实体结果的权利义务分配，从技术上来讲只是规定法律活动空间和时间的游戏规则，具有较强的明确性和可预测性，甚至对于同一实体问题也可以通过不同的程序来进行处理。其二，程序的安定性。不同于实体事实的认定，一旦出现新的证据或者发现原有认定事实存在某些重要纰漏，认定的实体事实就会遭到根本上的质疑，而程序的推进一般具有比较强的安定性，一旦走完一套程序，形成结果，则这个结果一般不会被推翻。即使涉及程序违法的处理也一般是将程序重走一遍，不见得会对程序结果造成必然推翻。故只要秉持对公权力进行合理控制，防止司法不公、保障程序正义的理念，对程序进行适当“造法”有助于实现程序正义和实体正义的目标，具有积极意义。

---

[1] 万毅：《程序法与实体法关系考辨——兼论程序优先理论》，载《政法论坛》2003年第6期。

[2] ［美］E.博登海默：《法理学：法律哲学与法律方法》，邓正来译，中国政法大学出版社1998年版，第154页。

四、我国造法性司法解释的效力问题

造法性司法解释的效力在我国的争议一直较大，究其原因在于其存在合法性疑问的同时，也存在不可忽视的现实积极意义。本书作者的基本立场是赞成造法性司法解释的存在，但也以客观的态度指明了造法性司法解释效力在合法性上存在的不容忽视的瑕疵。笔者在拜读该部分内容后，感想与思考如下。

（一）效力困境

关于造法性司法解释在效力上的困境，主要的问题归纳起来有两个方面：其一，超越司法权范围构成对立法权的僭越；其二，造法性司法解释与法律以及其他司法解释之间的不协调现象动摇了法制体系的协调和稳定。[1] 前者是指司法机关创制的造法性司法解释，其实是创制法律以外的一般性规则，这已经脱离了作为“审判、裁决”的司法权所应当具有的法律适用意义上的法律解释权。而后者则是指由于造法性司法解释并非真正的抽象法律解释，它没有一个在制定法里的法律解释对象，故其本身事实上不受法律条文的制约，容易出现与法律规范或者其自身之间相冲突的情况。

针对以上两点，笔者自身亦有确实的感受，我国司法解释中的某些条文和规定具有的造法性也一度令笔者感到些许不解。这里举两个例证：第一个例证为 2021 年初颁布的《最高人民法院关于适用〈中华人民共和国刑事诉讼法〉的解释》第 100、101 条关于新增证据种类的规定：“因无鉴定机构，或者根据法律、司法解释的规定，指派、聘请有专门知识的人就案件的专门性问题出具的报告，可以作为证据使用。”第二个例证为 1998 年颁布的《最高人民法院关于审理盗窃案件具体应用法律若干问题的解释》（已失效）第 1 条对盗窃罪的构成要件行为中关于“秘密窃取”的规定：“有关部门对事故进行调查形成的报告，在刑事诉讼中可以作为证据使用；报告中涉及专门性问题的意见，经法庭查证属实，且调查程序符合法律、有关规定的，可以作为定案的根据。”

其中例证一将“专门知识人出具的专业问题报告”以及“事故调查报告”纳入法定证据种类中，但很显然这类报告不属于《刑事诉讼法》规定的八大证据种

---

[1] 洪浩：《法律解释的中国范式》，北京大学出版社 2017 年版，第 169—173 页。

类。前者作出的主体并非鉴定人，无法被评价为鉴定意见；其生成的时间又处于案发之后，也不能评价为书证。司法解释将其作为证据使用的规定明显是在《刑事诉讼法》之外规定了新的证据种类，其效力受到质疑也是情理之中。例证二中“秘密性”的规定则更是明显在造法之余，也引起了适用上的一些难题和与其他法律规范之间的冲突。《刑法》对盗窃罪的表述并未提到任何要求“秘密性”的字眼，而司法解释却为盗窃罪加上了“秘密性”的标签，也许有人会说这也是司法机关在解释盗窃罪和适用法律时所作出的理解，但依笔者看，这就是一种造法性司法解释，因其本质就是在法定构成要件以外增加新的构成要件要素，或者说是以创造积极构成要件要素的方式限缩刑法规定的范围。在适用上也造成一定的问题，以至于刑法学界对盗窃罪的构成要件行为本质上是“秘密窃取”还是“平和方式移转财物占有”至今任存在较大分歧。而由于持“秘密说”观点者将公开窃取行为划入抢夺罪的范畴，以“公开还是秘密”区分抢夺还是盗窃，使得二者之间出现非此即彼的对立排斥关系，一般认为的抢劫、抢夺、盗窃之间的包容评价关系也因为“秘密”与“公开”的无法兼容而受到了破坏。

（二）效力来源

本书作者对造法性司法解释持赞成态度，并总结了造法性司法解释效力的两处来源。其一，形式上，造法性司法解释的制定既是经法律授权的行为，也是司法机关接受法律解释机关的一种委托立法行为，也体现为一种习惯认定形式。具体来说，一方面，法律解释权天然应当由立法机关享有，我国《宪法》亦明确了全国人民代表大会常务委员会具有解释法律的权力；另一方面，宪法性法律《人民法院组织法》规定了最高人民法院在审判过程中对法律的理解与适用的解释权（适法性司法解释）。前者规定了立法机关的法律解释权，后者表明了最高人民法院发布造法性司法解释的效力来源——宪法性法律的直接授权。而造法性司法解释则是因法律解释机关通过自身的决定委托最高人民法院及最高人民检察院行使解释法律的权限。习惯认定形式主要体现在造法性司法解释的将实务经验和习惯以规范性文件予以固定的功能上。[1] 其二，实质上，造法性司法解释具有弥补我国立

---

[1] 洪浩:《法律解释的中国范式》，北京大学出版社 2017 年版，第 176—180 页。

法不足、统一法律适用、克服立法滞后性以及强化公正效率的正面效果。❶笔者的主要思考如下。

第一，笔者赞同本书所述之造法性司法解释形式上效力来源中“习惯认定”的观点。❷制定法并非唯一的法律渊源，习惯作为非正式法律渊源也是法律体系的重要组成部分。一方面，习惯与制定法不同，其形成于社会实践而不拘泥于制定法的形式，造法性司法解释具有对一些具有普遍效力的公认的习惯予以明晰和固定的作用。在这种情况下，造法性司法解释的效力就来源于习惯法早已形成的非正式法律渊源的效力。与此同时，如作者在书中所言：“在通常情况下，无论司法机关还是一般公民从默认造法性司法解释的效力到开始接受并予以审慎的遵守，都有一个对法律理解和逐渐适应的过程。”这事实上表明，我们质疑造法性司法解释的效力，可能并不是因为其效力在客观上具有瑕疵，而是我们主观上对一种习惯是否已经足够上升为习惯法这一非正式法律渊源的质疑。法的效力本身是客观存在的，但是法的效力要真正在现实中得到体现，则需要人们主观上的接受，做到主客观相一致。我们不能因为自身主观认识上的有限性和差异性感知不到事物的存在而否认事物的存在。

第二，对于“授权立法”及“委托立法”作为造法性司法解释效力的形式来源，笔者认为，其具有合理性，但也有进一步探讨的必要。无论最高人民法院依照《人民法院组织法》这一宪法性法律的授权取得司法解释权，还是最高人民法院、最高人民检察院根据法定的法律解释机关——全国人大常委会的委托以司法解释的方式行使法律解释权，这两种路径均不能完美回答造法性司法解释之“造法”在形式上的合法效力问题。其中对于“委托立法”，笔者认为，权力的委托行使中，被委托机关所行使的权限只能够小于或者等于委托机关的权限。但即使是全国人大常委会自身行使的法律解释权，也必须以现行法律为解释对象，而不应当是造法行为，因为立法机关的立法具有比较严格的程序和严格的权限划分，全国人大常委会作为国家最高立法机关的常设机关，其在全国人民代表大会闭会期间行使的立法权也并不能与全国人民代表大会等同，是一种“部分立法权”。但全国人大常委会解释法律的权限是完整的，故将立法解释权定义为立法或者造法行为，

❶ 参见洪浩：《法律解释的中国范式》，北京大学出版社 2017 年版，第 180—186 页。

❷ 同上书，第 180 页。

与其法定的“部分立法权”的兼容性有待商榷，这样的“不完整的立法权”或者法律解释权经委托形成司法机关的造法性法律解释权的论证路径，在委托范围上需要进一步明晰，厘清其造法的具体边界。

五、造法性司法解释的构成

（一）造法性司法解释的主体

本书作者于此节着重讨论了三个涉及造法性司法解释制定的机关：公安机关、最高人民法院、最高人民检察院各自的司法解释主体地位问题。笔者主要感想和思考如下：

第一，笔者认为，公安机关并无司法解释的制定权，更谈不上造法性司法解释的制定权。❶ 首先，在形式上，不论司法解释权的取得基于本书在前文所言之“宪法性法律的授权”还是“解释机关的委托”，公安机关均不符合上述情形。我国公安机关虽有类似《公安机关办理刑事案件规定》等规范性文件，在实践中被视为具有司法解释性质，但仍然应当被划分在部门规章领域内。其次，公安机关与其他机关（其中包括司法解释权的合法主体）联合发布规范性文件，此时的规范性文件应当被视为司法解释。❷

第二，最高人民法院作为司法解释主体，依本书所述其权力具有“宪法性法律授权”以及“解释权主体的委托”两个来源。在司法解释体制中居于核心地位，也是造法性司法解释的基础性主体。❸

造法性司法解释的直接主体是最高人民法院审判委员会，对于审判委员会制度的质疑和争议一直都存在，尤其是在近年我国推进“审判中心主义”“让审理者裁判、由裁判者负责”等一系列司法改革措施的背景下，这一争议的讨论又热络了许多。本书作者的基本观点是：地方各级法院的审判委员会的存在值得商榷，但最高人民法院审判委员会具有制度的正当性。对这一观点，笔者表示赞同。对审判委员会这一制度的主要质疑在于其作为一级审判组织具有决定案件判决结果

---

❶ 参见洪浩：《法律解释的中国范式》，北京大学出版社2017年版，第191页。

❷ 同上书，第192页。

❸ 同上书，第195页。

且合议庭、独任庭应当执行其决定的权力。这一规定往往造成“审理者不判”，且一旦案件发生冤错又会陷入追责难的困境。也就是说，审判委员会制度存在的弊端主要体现在对法官独立判案的掣肘效应上，而并不集中体现在最高人民法院审判委员会在制定司法解释的权力上。故最高人民法院审判委员会的保留对于正确有效总结司法经验、推进司法解释创新来说具有重要意义，不应草率取消。即便是地方各级法院的审判委员会，笔者认为克服其主要弊端，也不一定必须要取消之，而是可以改革其地位，逐步限制乃至取消其对于个案的决定权，改变其审判组织的定位，而只行使如裁定再审等重要程序性权力。

第三，最高人民检察院是否应当享有司法解释权？作者对该问题持肯定回答，笔者亦表示赞同。检察权同审判权不同，并非完全意义上的司法权，其以公诉权为核心，具有主动性、非中立性等行政权的特点。但公诉权与司法权存在的紧密关系使得检察权天生带有司法属性，大量检察工作中需要注意的问题也是审判工作中需要注意的问题，即审判解释和检察解释具有重合性。鉴于刑事审前程序对刑事审判程序的重要意义，应当赋予最高人民检察院以制定司法解释的权力。

（二）多元司法解释主体之困

本节主要讨论两个问题：一为“两高”作为造法性司法解释制定主体，二者制定的解释是否有效力上的差别？作者对此的基本观点是：检察解释权应当予以保留，但在效力等级上应当略低于审判解释。即在检察解释与审判解释出现矛盾时，应当以审判解释的规定为准，而检察解释对审判机关不应当具有拘束力。[1]同时，检察解释应当限于适法性司法解释，只有最高人民法院的审判解释可以具有造法性。二为多主体联合制定司法解释，特别是行政机关或者地方司法机关参与的情况下，制定形式和效力上的处理问题。作者基本观点是区分制定与发布程序，制定程序可以是各个机关广泛参与的，但造法性司法解释的发布应当仅以具有法律解释权的机关的名义发布。其他机关对于司法解释制定的参与调研、提供意见等情况可以在解释中予以说明。[2]同时，应当列明司法解释效力所及的范围，保障司法解释能够被一体遵守。笔者对作者观点表示赞同，主要的感想和看法在于：

---

[1] 洪浩：《法律解释的中国范式》，北京大学出版社2017年版，第205页。

[2] 同上书，第206页。

第一，检察机关制定的检察解释效力上应当低于审判解释的处理，其解决的主要问题在于检法之间规定出现矛盾冲突时，两者表面各行其是，实际却默契处理的做法，这种情况的负面效应应当引起重视。公开的冲突本身就是对法律权威的一种损害，但更重要的是，在这种情况下，即便其最终通过非正式的处理弥合裂痕，也更容易造成外界对司法机关对化解矛盾冲突手段上的质疑。笔者认为，检法之间的看法、规定出现冲突虽然难说是好现象，但也很正常，重要的是弥合分歧裂痕和化解冲突的方式原则上应当是相对公开的、程序合法的。通过正当合法的程序解决这样的冲突，对检、法之间本身规定的冲突所造成的负面影响的修复也会起到积极作用，而不应当主要以非正式的方法来解决。作者还在书中指出，即便检察机关认为适用最高人民法院的审判解释来否认检察解释不当，也可以直接向立法机关请求解释或者请求评判。作者在指出检察解释和审判解释的效力差别的同时指出这一点，一方面，是要通过效力差别的设计来避免规范层面本身的冲突；另一方面，也是要通过正当程序化解冲突的同时，弥合规范冲突所带来的其他次生问题。

第二，“联合发布”的做法在出发点上是值得肯定的，在我们这样一个法治建设尚处于深化期和攻坚期的国家来说，其具有一定重要的正面作用。其一，节约权力运行成本，联合解释、法律解释过程的参与和法律解释的认可均可避免重复解释。其二，避免权力运行冲突，“多元的法律解释体制，会严重损害法律统一适用的基础，妨碍一个国家形成健全的司法功能”❶。事先的广泛参与，有利于在发布后的适用时减少行政机关的排斥态度。而本书排除造法性司法解释发布时行政机关等非司法解释权主体的设想，主要可以起到两方面作用：其一，防止行政机关为强化行政权力以制定司法解释的方式寻求司法保护；其二，确保司法机关依法独立公正行使职权。事实上，行政机关对司法解释工作的过度参与，等于以其意志不经个案地影响司法。如同有学者所指出的：“我们通常所批判的‘干预’仅针对个案中的不当干预，却极少关注此类‘源头’的干预。强势的法律解释主体在法律解释的制定中主动构建配合关系，回避了违宪违法的评价，悄无声息地完成了干预的事实，且明显地节约了权力干预的成本。”❷同时，作者提出的明确解释

❶ 张志铭：《关于中国法律解释体制的思考》，载《中国社会科学》1997年第2期，第109页。

❷ 刘亮：《法律解释主体间配合关系的反思与重构》，载《学术探索》2018年第9期，第46页。

的效力约束范围、注明行政机关实际参与情况等，也是相应的配套措施。

（三）造法性司法解释的对象和范围

作者对造法性司法解释的对象和范围的观点是：其一，造法性司法解释的宏观对象依旧是法律文本，否则就不能被称为“解释”。但是微观上，其解释的直接对象是法律文本中的法律原则或者指导思想，而非具体规则。[1]其二，造法性司法解释的范围应当主要是诉讼类的规则，但也可以适当援用实体法的原则。[2]笔者的感想主要有：

第一，在对象上，造法性司法解释虽具“造法”特性，但并非无限制性的造法。同时，其创设规则的自由度也明显不可与立法活动同日而语。主要体现在造法性司法解释只能在制定法确定的原则上进行造法，即将基本原则予以规则化，在此意义上，造法性司法解释确实有“代替立法”之能效。但其只具有规则创制权能，没有原则创制权能。这种在对象上的折中处理和制约较好地体现了造法性司法解释之“造法”（规则创制）与“解释”（解释原则）的双重机能，也较好地平衡了造法性司法解释顺应司法工作的需要与确保法秩序统一的价值。

第二，作者在造法性司法解释范围上“以诉讼类或程序性规则为主，辅以适度援用实体法原则”的处理，[3]基本体现了前文所述“实体法解释之克制与程序法解释之能动”的基本思路。主要原因在于程序法及诉讼类规则并不直接和必然与当事人终局意义上的实体权利相关，并且在诉讼法原则的约束和指导下，造法性司法解释相对冗杂的立法方式而言，反而更能能动地填补程序法漏洞，完善诉讼制度，保障当事人权利，提升效率，是一种兼顾公正价值和效率价值的可取之道。但对于实体法而言，造法性司法解释应当保持更大的克制，因为一方面，实体法的适用直接关系终局性的权利义务分配，理应持更加谨慎的态度；另一方面，实体法的适用往往面临着更专业、更加多变的解释工作，过多以规范性文件束缚法官的自由裁量权不利于针对变化的实际情况作出合理裁判。但针对一些实体法的明显漏洞和滞后，法官在适用过程中难以通过对制定法的解释来应对的，可以以造法性司法解释来进行应对。

---

[1] 参见洪浩：《法律解释的中国范式》，北京大学出版社 2017 年版，第 208 页。

[2] 同上书，第 210—211 页。

[3] 同上。

六、造法性司法解释现状评析

（一）造法性司法解释的附加功能

本节主要叙述造法性司法解释的三点附加功能：推动诉讼立法发展、增强司法机关地位以及强化司法人员责任与业务能力。笔者感想如下：

第一，造法性司法解释在推动诉讼立法发展方面的作用是显著的，现阶段来看也是难以替代的，因一切法律规范在根本上是要以解决现实问题为最终目标的。现实中法律规范的发展必然是被问题的变化和出现所导向，而直面现实问题的司法机关自然在法律规范的发展工作中占有不可或缺的地位。虽然立法权由立法机关行使，但是任何一部法律在制定前的论证评估所依托的实际经验应当有相当一部分来自司法机关，而造法性司法解释的制定，其实也是为立法提供一个蓝本或者一个可供批判和完善的对象。立法机关在进行立法时，可以以造法性司法解释为基准，辅以实务中各种经验总结对其进行修改，这样立法工作不至于完全从零开始进行纸面论证和实际调查，可以大大提升立法工作的效率，降低立法成本，也有利于保障立法质量。

第二，增强司法机关地位的方面。相较于行政权来讲，司法权由于其程序性、被动性，往往在行政权前显得相对弱势。赋予司法机关以造法性司法解释的权力，有利于司法机关更好履行对权力的监督职能。

第三，造法性司法解释在强化司法人员素质及责任方面的功能，主要体现在保障司法人员职业稳定性以及强化司法责任制上。首先，造法性司法解释可以为司法工作人员提供人身保障、职业保障以及履行职权上的法律依据，使得司法人员能够放开手脚履行职权而免去一些不必要的后顾之忧。比如在回避问题上，造法性司法解释对回避条件、回避程序的细化，有利于保障司法人员办案的独立环境，使其能够有足够依据拒绝不当干预。其次，通过造法性司法解释的方式压实司法责任制，真正保障司法者的权责一致，权责一体。

（二）造法性司法解释存在的一些问题

作者将造法性司法解释存在的问题进行了梳理，并分为三个类别：主体上的问题、客体上的问题、内容上的问题。其中主体上的问题主要包括主体数量上的“多元化”及级别上“多级化”的演变；客体上的问题主要包括制定程序失范、解释范围不当扩张以及造法性司法解释的规定稳定性不强；内容方面存在的问题主要包括与法律规范之间的冲突及造法性司法解释之间的内容冲突。该节中的若干内容其实在前述内容中亦或浅或深地予以了阐述和分析，笔者主要的感想看法如下：

第一，针对造法性司法解释“多级化”的发展趋势，诚如作者所言，容易导致地方司法机关“各自为政”的局面，不利于法律的统一适用和法治国家的建设。但是也应当明确，造法性司法解释虽是一种完善法律体系的技术，但也不可能照顾到任何情况下的任何问题，作为一种抽象性的规则而非个案解释，造法性司法解释也面临着“颁布即落后”的固有困境。所以，我们在限制地方司法机关进行自行造法的同时，也必须提升和加强其运用现行法律来独立解决新问题的能力。比如强化司法者的独立地位，使其在办案时的解释和适用法律履职行为能够受到更多保障；强化地方各级司法机关的理论学习，提升其适用法律以及解释法律的能力；完善司法机关的报请制度，以防地方司法机关大事小事均上报，形成对上级指示和司法解释的依赖；最高司法机关也应当强化对地方司法机关和地方法律实务的考察，以求得在制定司法解释时能够有一个全面的考虑。

第二，针对造法性司法解释制定程序失范的问题。曾有学者指出：“既有司法解释遭受批评的一个主要原因就是其民主性、科学性的不足。”❶这也与作者的看法相似。笔者以为，在程序上主要应当着力落实制定与监督两方面。在制定方面主要体现在应当强化预先把关，广开言路，完善并落实行政机关、人大代表、政协委员以及各方面咨询专家的列席和参与制度，并且将讨论和制定程序的情况及时、适时地向社会公开。在监督方面，应当以备案审查制度为核心，同时辅以其他监督和评估机制，并在生效施行后及时地“回头看”。

第三，造法性司法解释与法律规范及其自身的冲突问题应当引起重视，这其实也是造成作者所言的“造法性司法解释欠缺稳定性”的一个不可忽视的原因。笔者认为，造法性司法解释克服与法律规范之间的冲突的根本路径在于明确并遵守其解释的对象和造法的范围，即解释原则创造规则，否则冲突几乎是难以避免。具体可以在制定和颁布司法解释时，列明解释对象，这样的做法不仅有助于

❶ 彭宁：《最高人民法院司法治理模式之反思》，载《法商研究》2019 年第 1 期，第 58 页。

防止冲突的出现，也可以为立法与司法之间的互动提供方便。当司法解释明确其解释对象后，相关法律在后续修改时，就能有针对性的借鉴、吸收相应的司法解释。同时，一旦法律被修改，我们也能便捷地对既有司法解释作清理。如此一来，立法与司法解释间就呈现出“立法—司法解释—修改或制定法律—修改司法解释”这一螺旋上升的递进状态。❶

七、造法性司法解释制度之重构

本章从理论基础以及具体制度建构阐释了对造法性司法解释制度的重构设想。在理论基础方面，作者提出了相对的权力分工、司法能动主义、习惯法效力渊源及公序良俗四个方面，阐释了造法性司法解释权作为一种扩张性权力的本质及边界。❷在具体制度方面，作者指出了立法路径在应对现实问题上的羸弱及司法解释判例化实际功能上的有限性，提出了合理配置造法性司法解释权（主要包括逐步将造法性司法解释权的权力来源由“委托”向“授权”转变以及厘清造法性司法解释的“造法解释”范围），并完善制定程序以及监督机制。❸通过拜读本章及其他相关文献，笔者的主要感想和思考如下：

（一）造法性司法解释重构的理论基础

本书所指出的相对的权力分工、司法能动主义、习惯法效力渊源及公序良俗四点，既是造法性司法解释进行重构的理论基础，同样也是造法性司法解释在底层原理上的直接反映。

第一，权力分工的相对性原则。此为我国司法权进行“造法”的权力依据。根据传统的分权原则，司法机关仅有适用法律的权力，其对于法律的解释必须基于法律文本和个案事实，即这种解释是一种适用法律时寻找大前提的技术，并非创制规则的权能。但权力分工是不可能绝对化的，即便是奉行“权力分立”的国家也难以实现，一方面，权力之间只有分工和掣肘，最终很容易引起国家机能的失灵。在应对日益复杂的社会现实问题时，司法机关的权力在“造法”领域扩张

❶ 黄忠：《论民法典后司法解释之命运》，载《中国法学》2020 年第 6 期，第 62 页。

❷ 参见洪浩：《法律解释的中国范式》，北京大学出版社 2017 年版，第 252—259 页。

❸ 同上书，第 270—275 页。

是具有必要性的。另一方面，“相对的权力分工”也应当是一种权力分工，即强调司法机关的“造法”应当是克制的，具有一定限度的，能够与立法活动作出实质区分的。

第二，司法能动主义。笔者认为，应当要明确“司法能动”绝非“司法主动”，“能动”和“主动”之间是存在本质不同的。“能动”是对外界或内部的刺激或影响作出积极的、有选择的反应或回答；“主动”的概念是相对于“被动”的，指的是“不请自来”。体现在造法性司法解释制度上，即决定了造法性司法解释制度秉持的“司法能动主义”是有条件的，是针对现有问题（如立法阙如和法律阙如或者法律漏洞）进行的，而非完全自主的立法权。而“司法主动”则是一种危险的理论，类似于纠问式刑事诉讼模式，主要是与司法权在干涉个案上的主动性。笔者在前文所述之列明造法性司法解释的解释对象，从一定程度上来讲也是体现司法能动主义的同时克服司法主动的一项举措。

第三，公序良俗原则。这一原则可以说是所有法律，包括实体法与程序法所共同遵守的原则，特别是在实体法方面。一方面，公序良俗原则也是造法性司法解释创制过程中的限制条件之一，司法机关在创制造法性司法解释时应当遵守该原则。但另一方面，这一原则也可以成为造法性司法解释创制规则的依据，在面临阙如之时，可以依此精神进行规则创造，但这一原则的范围过大，在以此为解释对象制定造法性司法解释时，有必要设置更多的限制和监督机制。

（二）“及时立法”以及“司法解释判例化”的局限

第一，固定的成文法与多变而复杂的现实之间的矛盾是法律工作的一项永恒主题。即使给予司法人员在进行法律适用时充分的解释空间，但由于成文法文义射程范围的相对有限性，也不可能囊括变化多端的现实案情。在这种情况下，享有一定的规则创制权限其实是一种客观需求，如果完全无视客观情况，带来的结果往往只能是司法机关将创制规则的结果通过欠合理的个案解释和适用融入个案的法律适用的过程中，这才是真正意义上的“立法权与司法权合二为一”。如果出现这种情况，制定法的稳定性和权威性看上去受到了保护，实质上已经被难以预测的被创制的事后法破坏，且这种创制规则与适用规则的合二为一，一般的监督机制面对这种情况也难免不同程度地碰壁，这无疑是非常危险的。而赋予司法机关一定规则创制权，至少不至于形成创制事后法的危险。并可以通过严格的制定程序和监督机制予以规制，是一种比较妥当的路径。

第二，针对“司法解释判例化”观点及其产生的案例指导制度。笔者认为这一观点在我国的推行亦存在问题。首先，造法性司法解释与判例制度都具有维护法律适用统一的功能，但也并不完全重合。造法性司法解释的解释对象是法律原则，创制对象是原则下的法律规则；而判例制度完全面对新类型的案件，创制规则的过程完全形成于个案的法律适用中，同样有“立法司法混淆”的事后法之虞。其次，我国是成文法国家，长期以来习惯于依靠制定法和司法解释进行司法活动。其根据案件归纳和整理规则的能力和机制相对较弱，一般只有在面对重大法律阙如、法律冲突或者疑难案件时，才会寻找相似判例作为参考。如果废除司法解释制度而赋予案例以法律渊源的地位，司法实践中将一时无法接受。普通法系国家中有一套成熟的区别技术，将待审案件中的事实和法律问题与先例进行比较，得出异同，然后决定该先例是否适用于本案。这项技术有效地弥补了遵循先例原则的僵化和保守。而在缺乏这项技术支撑的情况下，在我国强行引入判例法，未免有失谨慎。[1] 再次，从现实情况来看，案例指导制度在我国的推行从目前来看也难言顺利。早期有学者的实证调查显示：其一，整体参照率极低，实际被参照的指导性案例不到三成，实际被参照 3 次以上的指导性案例仅占 1/10；其二，参照所涉省域有限，虽然六成省域有过参照行为，但是参照次数为 10 次以上的省份仅 5 个；其三，参照多见于中级人民法院和基层人民法院，鲜见于高级人民法院，未见于最高人民法院。[2] 这其中应当不乏指导案例在效力以及可参照性上的各种问题。最后，在笔者看来，引入判例制度也是司法机关造法的另一种途径，只是造法过程相对造法性司法解释在观感上更加“司法化”而非“立法化”，二者实质上殊途同归。包括一些学者也指出：“这种做法只不过是一种变相的司法解释，或者说只是司法解释的另一种表述；司法解释所具有的缺陷，同样存在于所谓的案例指导制度中。”[3]

综上所述，相对“司法解释判例化”而言，符合我国长期以来的法律传统和

---

[1] 胡嘉金、胡媛：《论指导性案例的效力证成与完善》，载《中国应用法学》2017 年第 4 期，第 70 页。

[2] 向力：《从鲜见参照到常规参照——基于指导性案例参照情况的实证分析》，载《法商研究》2016 年第 5 期，第 98 页。

[3] 张明楷：《刑法分则的解释原理（上）》，中国人民大学出版社 2011 年版，第 6 页。

司法机关的业务习惯，经过严格的制定程序、内容合理、监督有力的造法性司法解释更适合我国的司法实践需求。

八、结语

造法性司法解释制度是我国在长期的法制实践中探索并形成的一套行之有效的制度创新，为我国社会主义法治进步和发展作出了不可忽视的贡献。诚然其在理论基础以及实践中仍然存在一些不可忽视的问题，但长期的实践结果证明其具有在我国特殊环境下的存在合理性，如何坚持并完善这一制度是我国司法制度和法律解释制度研究的有益课题。作者在该书中对造法性司法解释制度的产生和发展，效力、现状、问题和完善构想等方面均做了深入研究，对长期以来关于造法性司法解释的诸多争议也做出了系统性回应，为坚持、发展、完善我国特色的造法性司法解释制度，在司法解释制度这一领域对中国特色社会主义法治的发展提供了有益的研究成果，巩固了理论支撑。该作问世迄今已有一定时日，可以看到的是，作者对这一制度总体的肯定态度以及对一些具体问题所作出的具有前瞻性的评估和预测，也都经受住了现实检验。可见该作是一部科学的、富有生命力的、具有指导和启发意义的法学著作，也必将能够对日后的司法解释与司法制度研究者、司法解释制定与适用者提供良好的借鉴和启示。

跨学科背景下的证据法教义学

——《证据法的根基》的方法论启示

范智凯*

《证据法的根基》是一部从跨学科视野捍卫证据法正当性的作品。❶ 在世界范围内，传统的法教义学研究面临着严重的身份认同危机❷，视野广阔、成果丰硕的跨学科研究正在动摇法教义学的"正统"地位。尽管对于法律实务者而言，法教义学的知识和方法仍然充满魅力，但对于理论研究者而言，法教义学在当代学术界塑造知识景观的能力微乎其微❸，而在大数据时代背景下，算法、机器学习逐步应用于社会科学研究，法教义学方法的"科学性"似乎也无法与经济学、政治学等学科采取的实证研究方法相媲美。基于相似的情况和理由，我国法学界也围绕"法教义学"与"社科法学"在方法论上的竞争关系展开了激烈交锋。❹ 尽管不同立场的论者各执一词、莫衷一是，但双方均无法否认的是，法教义学与社科法学之间的竞争并不影响二者的合作共存。法学离不开法教义学的知识和技艺，但法教义学也需要借鉴社会科学知识充实其理论结构。

在我国，作为一门相对年轻的部门法学，证据法学在借鉴其他学科方面具有得天独厚的优势：一方面，相对于某些成熟的部门法学，证据法学的知识体系和方法论尚未定型，所受到的传统因素约束较少，仍有灵活的发展空间和潜力；另

---

* 中国政法大学证据科学研究院证据法学博士研究生。

❶ 参见［美］亚历克斯·斯坦：《证据法的根基》，樊传明、郑飞等译，中国人民大学出版社 2018 年版，第 4 页。

❷ See J.M. Smits, *The Mind and Method of the Legal Academic* , Edward Elgar Publishing, 2012, p.7.

❸ See Mátyás Bódig, *Legal Doctrinal Scholarship: Legal Theory and the Inner Workings of a Doctrinal Discipline,* Edward Elgar Publishing, 2021, p.180–181.

❹ 参见苏力：《中国法学研究格局的流变》，载《法商研究》2014 年第 5 期，第 58—66 页；谢海定：《法学研究进路的分化与合作——基于社科法学与法教义学的考察》，载《法商研究》2014 年第 5 期，第 87—94 页；熊秉元：《论社科法学与教义法学之争》，载《华东政法大学学报》2014 年第 6 期，第 141—145 页；尤陈俊：《不在场的在场：社科法学和法教义学之争的背后》，载《光明日报》2014 年 8 月 13 日，第 16 版；雷磊：《自然法学如何进入法教义学与社科法学之争》，载《中国社会科学报》2016 年 7 月 20 日，第 5 版。

［美］亚历克斯·斯坦：《证据法的根基》，樊传明、郑飞等译，中国人民大学出版社 2018 年版

一方面，作为证据法学的研究对象——司法证明既涉及法律规制问题，又首先是一个人类认知问题，因而内在地需要认识论、心理学、逻辑学乃至经济学等不同学科的参与。那么，证据法教义学是否需要吸收、借鉴跨学科知识？如果需要，在跨学科研究蔚然成风的背景下，证据法教义学如何既能保持自身特性，又能合理汲取其他学科的知识？对于这一问题，被誉为“证据法领域的德沃金”的著名学者、法官亚历克斯 · 斯坦所著的《证据法的根基》一书，提供了极佳的范本。

从 20 世纪 70 年代末开始，一场以“新证据学”为代表的跨学科研究深刻改变了证据理论的研究范式。受此影响，斯坦结合跨学科研究的成果，在《证据法的根基》一书中提出了一种颠覆性的证据法观。为区别于传统的证据法教义学，斯坦本人称其为“新教义学”。[1] 这本书的核心思想——证据法的主要功能是分配错误风险——已经在国际上引发了广泛讨论，国内也已有相关引介。但是，对于斯

[1] See Alex Stein, *The New Doctrinalism: Implications for Evidence Theory,* University of Pennsylvania Law Review, Vol. 163, No.7, pp.2085-2107 (2015).

坦塑造的“新教义学”方法论，国内外学者都没有予以足够关注。因此，本文旨在阐发《证据法的根基》的方法论创新，并据此思考跨学科研究融入证据法教义学的可能路径及其限度。

一、为何探究“证据法的根基”：背景与问题

正如英国学者迈克·雷德梅恩所说，斯坦的《证据法的根基》是一本非常有雄心的书，他的目标是提供一个以原则为基础的综合框架，使得所有基于证明政策的证据规则都可以从他提出的基本原则出发。❶ 换言之，斯坦希望找到能将散乱的证据规范有条理地组织起来的框架性原则，从而明确证据法的理论结构与正当基础。事实上，面对不成体系的证据规范，找到基础性、融贯性的组织原则（the organizating principles），是证据法研究的长期话题。❷ 只不过，到了斯坦这里，在“根基”层面探究证据法的组织原则，不仅是为了勾画证据法的轮廓，更是为了捍卫证据法的存续。

（一）作为描述性问题的“证据法的根基”

以原则为基础对证据法进行系统阐释，是证据法研究的主要内容之一。❸ 而这样的原则，在英美法又被称为“组织原则”。对于制定法而言，立法者选择将道德、经济、认知和其他社会观念纳入法律并将其转化为法律规则，而指导立法者选择、调整和整合社会观念的逻辑，就是“组织原则”。❹ 对于判例法来说，根据加拿大最高法院的解释，“组织原则不是一项独立的规则，而是一种标准，它支撑并体现在更具体的法律学说中，在不同情况下可能要给予不同的重视”，而探索

❶ See Mike Redmayne, *The Structure of Evidence Law*, Oxford Journal of Legal Studies, Vol. 26, No.4, p.805 (2006).

❷ See Ronald J. Allen, *The Explanatory Value of Analyzing Codifications by Reference to Organizing Principles Other Than Those Employed in the Codification*, Northwest University Law Review, Vol. 79, No.5 —6, p.1080 (1985).

❸ 参见［英］威廉·特文宁：《反思证据：开拓性论著》，吴洪淇等译，中国人民大学出版社 2016 年版，第 89 页。

❹ See Shyamkrishna Balganesh, *The Constraint of Legal Doctrine*, University of Pennsylvania Law Review, Vol. 163, No.7, p.1843 (2015).

“组织原则”的价值在于“从中推导出更具体的法律教义”。[1]从18世纪到20世纪，从吉尔伯特到斯蒂芬，再到塞耶和威格摩尔，证据法学巨擘们始终努力从复杂、混乱的证据法中理出一条清晰的组织原则。

众所周知，证据法是起步最晚的部门法，而且不同的证据规则的形成时间也不一致，所谓的现代证据法“在很大程度上是一个18世纪晚期至19世纪早期由二手作者们从横跨数个世纪的资料中形塑而成的产物”[2]。为了将这些松散的证据规范凝结起来以便理解和操作，吉尔伯特尝试在一个融贯的框架下以一种简明的方式阐述证据法，提出以“最佳证据原则”统括各项证据规范。[3]这套规范论体系遭到了功利主义法学家边沁的猛烈抨击（对于边沁的“反规范论”思想将在下文述及）。而同样作为功利主义者的斯蒂芬，不仅致力于证据法的体系化，而且尝试对证据法的法典化，即将证据法的系统性阐述统一于一个单一原则——相关性原则之下，从而打破了吉尔伯特的“最佳证据原则”的统治局面。塞耶则在斯蒂芬的理论贡献的基础上，将证据规则视为作为逻辑问题的相关性原则的几组例外。[4]此后，经过威格摩尔等人的努力，塞耶式的证据法观在英美证据法教义学中居于正统，并直接塑造了英美证据法典的框架结构。

但是，塞耶式的证据法观仍有可匡正之处。首先，正如特文宁所评价的，塞耶的证据法概念比较狭窄，只关注审判中的证据出示问题，并不直接关心审前和审判后的证据问题；而且一些重要的证据法主题（如证明责任）被排除在外，使得证据法的内容几乎仅限于证据排除规则。这实际上不是解决了证据法的分散性问题，而是回避了问题。其次，塞耶式的证据法观将证据排除规则视为相关性原则的一系列例外，并未给这些证据排除规则本身提供一个基础性、融贯性的组织原则。其后来者（如威格摩尔）也只是从功能层面对证据排除规则进行了分类。从这一意义上讲，由证据排除规则组成的塞耶式证据法仍然是杂乱的。最后，证据法不仅表现为一系列强制性规则，还更为广泛地存在于各种裁量性标准及其应

---

[1] Bhasin v. Hrynew, 2014 SCC 71.

[2] ［英］威廉·特文宁：《反思证据：开拓性论著》，吴洪淇等译，中国人民大学出版社2016年版，第39页。

[3] 参见樊传明：《自由证明原理与技术性证据规则——英美证据法的前提性假设和两种功能解释》，载《环球法律评论》2014年第2期。

[4] ［英］威廉·特文宁：《反思证据：开拓性论著》，吴洪淇等译，中国人民大学出版社2016年版，第72页。

用过程之中。但塞耶的概念并未囊括这些“若隐若现”的证据规范。理论上是否存在可以统括这些规则、标准、裁量权的融贯性原则，仍然值得探究。

因此，在塞耶和威格摩尔之后，仍有学者继续探索证据法的组织原则。例如，戴尔·南斯通过重拾吉尔伯特的“最佳证据原则”，主张“在事实问题上，诉讼当事人应向法庭提交合理可得的最佳证据……最佳证据原则就是证据法固有的组织原则”。[1] 可以说，斯坦探究“证据法的根基”的理论工作也深植于这一英美证据法知识传统之中。

（二）作为规范性问题的“证据法的根基”

证据法理论主要有两类：一是如上所述的描述性或解释性理论，旨在回答“证据法是什么”，即描述规则的实际运作过程或者解释规则的目的和运作机理；二是规范性理论，旨在回答“证据法的功能应当是什么”，为具体规则提供指导和评价标准。[2] 而提到规范性理论，就必须提及边沁的“反规范论”。边沁认为“为证据寻找一种确保公正裁决的可靠规则是完全不可能的”，因而反对刚性的证据排除规则，其名言是：“排除证据就是排除了正义。”自边沁提出“反规范论”后，证据法存续的正当性基础，就成为证据法教义学者（尤其是支持创制证据规则的学者）必须回答的问题。[3]

进入 20 世纪 80 年代，回答证据法的规范正当性问题变得更加紧迫。首先，随着诉讼结构背景的变化，证据法的“废除主义”浪潮席卷欧美，英、澳、新、加等国的法律委员会先后作出报告，主张简化和限缩证据排除规则的适用范围[4]；而在司法实践中，原本严密的证据法架构“已被一个广泛的司法自由裁量权所取代”[5]。可以说，此时的证据法已经十分接近边沁的设想。证据法在立法和司法实践层面的萎缩，必然影响其在理论上的正当性。其次，以“新证据学”为代表的跨

---

[1] Dale A.Nance, *The Best Evidence Principle*, Iowa Law Review, Vol. 73, No.2, p.271 (1987).

[2] See Michael S. Pardo, *The Nature and Purpose of Evidence Theory*, Vand. L. Rev, Vol. 66, No.2, p.556 (2013).

[3] 参见［英］威廉·特文宁：《反思证据：开拓性论著》，吴洪淇等译，中国人民大学出版社 2016 年版，第 48 页。

[4] See William Twining, *Freedom of Proof and the Reform of Criminal Evidence*, Israel Law Review,Vol. 31, No.1 —3, p. 439(1997).

[5] 参见［美］亚历克斯·斯坦：《证据法的根基》，樊传明、郑飞等译，中国人民大学出版社 2018 年版，第 127 页。

学科研究在多个层面证成了“自由证明”原理的科学性和必要性。理论上普遍认为，人类的认识理性不能也不应该受到法律的控制，因此，法官和陪审员都不需要任何特殊的规则来告诉他们如何解决关于经验事实的分歧。❶ 在这种情况下，由塞耶提出的、长期占据正统学说地位的“控制陪审团”原理，已经无法有效证成证据法的正当性，因为，现实中陪审团审判已经少之又少，且怀疑陪审团认识能力的说法在理论上也站不住脚了。最后，基于前述两个因素的交织互构，相比于美国证据理论重视探讨司法证明过程的性质，英国的证据理论还相对关心证据法的存废问题。例如，在斯坦发表早期作品《重构证据法的基础》❷ 的同一年，另一名英国学者约翰 · 杰克逊也发表了《解析新证据学派：迈向证据法的新概念》❸ 一文，两篇文章都依托新证据学的研究成果得出了证据法应当强化而非弱化的结论。❹

面对证据法的传统理论描述的不足，面对“反规范论”和“废除主义”浪潮，斯坦的追问是，将证据规则描述为自由证明的一系列例外，这在规范性上是可靠的吗？如果自由证明是司法事实认定的原则，那么为什么不将其扩张至整个事实认定过程呢？❺ 基于此，斯坦结合概率、分量、证明悖论等新证据学概念和命题，认为将证据法视为自由证明的例外是一个谬误，对司法事实认定的规制应当加强，从认识论和政治道德层面重构了证据法的理论基础和功能预设，“发展出一个革新性的、跨学科性的证据法理论”❻。

二、证据法的根基：一个跨学科阐释

法教义学是一门解释学，其主要工作是通过解释活动，从而在法律材料和法

---

❶ See Alex Stein, *The Refoundation of Evidence Law*, Canadian Journal of Law and Jurisprudence, Vol. 9, No.2, p.283 (1996).

❷ Ibid., pp.279 —342.

❸ John D. Jackson, *Analysing the New Evidence Scholarship: Towards a New Conception of the Law of Evidence,* Oxford Journal of Legal Studies, Vol. 16, No.2, p.327.

❹ 约翰 · 杰克逊认为，新证据学的研究表明，证据是由侦查或审判中的信息构成，证据的运用过程涉及事实内容与事实认定者的背景知识和经验的相互作用，其间问题重重，因而证据法似乎应该超越特定证据的可采性，对审判前和审判中的证据活动进行更积极的规范。

❺ 参见［美］亚历克斯 · 斯坦：《证据法的根基》，樊传明、郑飞等译，中国人民大学出版社 2018 年版，第 140 页。

❻ 同上书，第 14 页。

律适用中发现法律的意义，将关于法律的知识理性化、体系化和学术化。[1]在这一点上，两大法系的法教义学没有本质差异（尽管英美法系并没有“法教义学”的说法）。[2]所不同者，英美学者在从事证据法教义学工作时侧重梳理证据法的组织原则，而不是提炼诸如“民事权利能力”“构成要件该当性”等概念。基于跨学科视野，斯坦提出了证据法的三个组织原则：个案具体化原则、平等最优原则和成本最小化原则。这些原则并非阐发于立法者意图或者判例法学说，而是源自认识论、政治哲学和经济学的启发。

（一）认识论与个案具体化原则

斯坦对证据法的认识论根基的探究，肇始于“新证据学”经常讨论的两个认识论悖论（抽彩悖论和前言悖论）与各种“证明悖论”（逃票者悖论、蓝色巴士悖论、囚犯悖论和两个证人悖论）。[3]这些悖论场景的共同特点是：事实认定者都是从统计证据或经验概括（generalization）中得到知识并形成信念，本质上属于概率性演绎。以最著名的蓝色巴士案为例。某镇有且仅有两家巴士公司，一家是蓝色巴士公司，经营着镇上80%的巴士，另一家是绿色巴士公司，经营着剩余20%的巴士。在一次交通肇事逃逸事故中，一个色盲的人被一辆巴士撞伤且该案没有证人。根据客观概率，他被一辆蓝色巴士撞到的概率是80%，这已经高于民事侵权诉讼所需的优势证据标准（通常认为该标准的概率化表达是50%）。但是，该人对蓝色巴士公司提起的诉讼在法律上却无法胜诉，因为没有任何证据证明是一辆蓝色巴士（而非绿色巴士）撞倒了他，而且这样的判决也违反直觉。[4]

斯坦引用这些悖论命题的目的，一是为了说明司法事实认定是一种不确定条件下的推理，不可避免地存在错误风险；二是为了强调“证据分量”对于管控错误风险的意义。首先，司法事实认定是一种基于概括（generalization）的事件重构

---

[1] See Mátyás Bódig, *Legal Doctrinal Scholarship: Legal Theory and the Inner Workings of a Doctrinal Discipline,* Edward Elgar Publishing, 2021, pp.180−181.

[2] 本文所指的“法教义学”，是指由各种教义（legal doctrines）探讨法律问题，既对应德文“juristische Dogmatic”或“Rechtsdogmatik”，也对应英文的“legal dogmatics”或“legal doctrine”。参见熊秉元：《论社科法学与教义法学之争》，载《华东政法大学学报》2014年第6期，第141页。

[3] 参见［美］亚历克斯·斯坦：《证据法的根基》，樊传明、郑飞等译，中国人民大学出版社2018年版，第77—88页

[4] 该思想实验的现实例子是：Smith v. Rapid Transit, Inc., 58 N.E.2d 754 (Mass. 1945)。

过程，具有概率性而非确定性。[1]其中，未知的可能性构成了事实认定的错误风险。其次，法院不能只基于概括或统计证据认定事实，因为这些概率性信息没有提供关于个案的知识，属于认识论上不合法的“从无知中创获知识”，而且无从消除针对剩余概率的怀疑。[2]再次，有分量的证据可以解决前述概率性演绎的难题，摆脱前述认识论悖论，因为“分量”是一个在认识论可靠地用于评价概率性判断的标准。[3]最后，法律所能保证的是，确认概率性判断的证据基础是充分的从而降低错误风险，并以一种令人满意的方式分配无法消除的风险。

斯坦认为，证据法起到了要求和检验证据必须具有个案化、具体化的信息的作用，从而保证了推理过程中使用“没有利害关系的证人通常是真诚的”之类的概括可以得出满意的概率判断。因此，证据法在认识论上的组织原则就是“个案具体化原则”。在刑事审判中，所有指控证据必须接受最大限度的个别化检验；在民事审判中，尽管每一方都有权提出证据，但也要通过（或对手通过）个别化检验。对于证据法而言，可采性规则实际上保证了单个证据在“质”上的分量，任何未通过个案具体化检验的证据都应当排除在法庭之外。而充分性规则保证了证据在“量”上的分量，确保事实认定的概率性判断是建立在足够的证据基础之上。这说明，以个案具体化为组织原则的证据法在认识论上具有合理性。

（二）政治哲学与平等最优原则

对于“反规范论”和“废除主义”所主张的自由证明原理，斯坦并不否认，但他认为，主流观点将事实认定中的认识论问题与政治道德问题相区隔并将后者边缘化的做法是难以维持的。[4]尽管斯坦进行了较为冗长的论述，但其核心主张无非是：其一，一方面司法事实认定的概率性决定了其错误风险普遍存在，无法避免，也无法消灭，只能正当地分配错误风险；另一方面，自由证明原理在教义上将道德和认识方面分开的尝试是一个错误，因为，证据法的每一个特征都在分配着错误风险，换言之，认识论领域无法解决的问题必然牵涉到政治道德领域。[5]其

---

[1] 参见［美］亚历克斯·斯坦：《证据法的根基》，樊传明、郑飞等译，中国人民大学出版社2018年版，第41—42页。

[2] 同上书，第82—83页。

[3] 同上书，第101页。

[4] 同上书，第141页。

[5] 同上书，第138—158页。

二，作为政治道德问题的错误风险分配，不能交由法官自由裁量，对错误风险的分配“应当是一个深思熟虑且具有政治合法性的裁决的产物，不是让错误风险随机地发生，而是要让法律制度管控这种风险”[1]。亦即，错误风险分配不是个案问题，而是一个原则问题、政策问题。其三，尽管传统的判决和学说已经注意到证明责任和证明标准具有正当分配错误风险的功能，但这是不够的，忽略了非重要证据可能产生的风险，也就是说，从总体的证明责任设置，到具体的证据可采性裁决，错误风险分配的目标是贯穿证据法全局的。[2] 至此，斯坦在政治哲学层面证成了证据法的正当性，并将证据法的主要功能界定为分配错误风险。

系统性地将政治哲学作为证据法的理论基础，是《证据法的根基》最重要的创新性贡献，这是公认的事实，也可能是斯坦被誉为“证据法领域的德沃金”的原因之一。众所周知，德沃金最重要的理论贡献之一，就是主张将政治哲学代入对法律的融贯性解释之中，同时，德沃金非常看重原则和政策在法律解释中的作用。[3] 事实上，在 1981 年纪念著名证据法学家鲁珀特·克罗斯爵士的论文集中，德沃金的重要文章——《原则、政策与程序》就专门探讨了如何公平分配事实裁判错误的问题。[4] 德沃金认为，不公正的事实裁判有两种：意外的不公正和有意的不公正。现有证据与客观事实之间的差距决定了由此产生的不公正是意外的，而非有意的。德沃金认为，尽管这种意外结果令人遗憾，但从道义上讲，它与道路维护不善导致的交通事故几乎没有区别。但有意的不公正则有所不同。如果法院决定忽视证据可能导向的无罪判决而作出了有罪判决，这将造成有意的不公正。有意的不公正是非道义的，因为它们迫使个人付出了本可以不用的牺牲，承担了本应由他和其他人共同分担的代价。这种额外的负担违反了德沃金提出的基本原则：

---

[1] 参见［美］亚历克斯·斯坦：《证据法的根基》，樊传明、郑飞等译，中国人民大学出版社 2018 年版，第 147 页。

[2] 同上书，第 159—167 页。

[3] 参见高鸿钧：《德沃金法律理论评析》，载《清华法学》2015 年第 2 期。

[4] See Ronald Dworkin, *Principle, Policy, Procedure*, in Crime, Proof and Punishment: Essays in Memory of Sir Rupert Cross 193—225 (Colin Tapper ed., 1981). 这篇文章后收录于德沃金的《原则问题》一书中，参见［美］罗纳德·德沃金：《原则问题》，张国清译，江苏人民出版社 2012 年版，第 86—126 页。值得一提的是，据斯坦本人考证，这篇文章是德沃金在证据法领域的首篇也是唯一一篇论文，see Alex Stein, *New Doctrinalism: Implications for Evidence Theory*, University of Pennsylvania Law Review, Vol.163, No.7, p.2104 (2015).

国家有义务平等的关心和尊重对待个人。[1]在此基础上，斯坦作了进一步的阐发和修正，他认为，在不确定条件下的事实认定不可避免地会给一方或另一方造成道德不公。德沃金的模式无法保护一方免受道德不公正的影响的同时不会对其对手造成类似的不公正。换言之，在证据短缺常态下，错误风险都是双向的，我们的制度不能为诉讼当事人提供防止错误风险的特别保护。我们能做的是，只有当法律制度尽最大努力保护该人免受错误定罪风险，并且没有为其他人提供更好的保护时，才能正当地将该人定罪。对于这样的原则，斯坦概括为“平等最优原则”。证据法可以合理促进的唯一道德价值就是“平等最优”原则，最大限度地为每个人提供可行保护，同时全面均衡这种保护。

（三）经济学与成本最小化原则

促进事实认定成本的最小化，这一经济学原则在证据法的规范理论中是争议最少的，但也是必须提及的。即使是反对一切规制证据分量规则的边沁，也不反对旨在减少讼累、重复、耗费和迟延的证据规则。[2]美国《联邦证据规则》第 102 条也反映了边沁的想法，将证据法的目的界定为“保证在每个程序中司法公正，消除不合理的耗费与迟延，促进证据法的发展，实现查明真相与公正裁判”。斯坦认为，事实认定者应当最大限度地降低错误成本和避免错误成本的总和。实现这一目标有两个主要障碍：裁决造成的私权利与公共利益的背离问题，以及民事当事人和刑事被告人的信息优势造成的信息不对称问题。具体而言，成本最小化原则下有四类规则：确定证明责任和证明标准的裁决规则；确定采纳何种证据、使用何种事实认定方法的程序规则；可信性规则，激励当事人释放私人信息；证据损害原则，将错误风险分配给最有能力将风险降至最低的诉讼当事人。在本书出版后，斯坦又利用统计学和工程学的理论进一步论证了证据法的经济学面向，提出了通过“信噪比”方法，抑制所有带来负面成本的低效证据，保证只有达到了足够“信噪比”的信息才能成为事实认定者裁判的依据，从而提高法律制度的规

[1] 参见［美］罗纳德 · 德沃金：《原则问题》，张国清译，江苏人民出版社 2012 年版，第 86—126 页；［美］亚历克斯 · 斯坦：《证据法的根基》，樊传明、郑飞等译，中国人民大学出版社 2018 年版，第 207—208 页。

[2] ［英］威廉 · 特文宁：《反思证据：开拓性论著》，吴洪淇等译，中国人民大学出版社 2016 年版，第 45 页。

模效应。❶

基于认识论、政治哲学和经济学三个层面的阐释和证立，斯坦界定了证据法的功能：（1）提高事实认定的准确性，换言之，将错误风险降至最低；（2）分配错误风险；（3）最大限度地减少事实认定过程和结果所产生的成本。其中，分配错误风险是证据法的核心功能，贯穿证据规范始终，也是斯坦反对自由证明的主要发力点。这三个目标对应了上述证据法的三个组织原则：以降低错误风险为目标的个案具体化原则；以分配错误风险为目标的平等最优原则；以减少错误与避免错误的成本为目标的成本最小化原则。斯坦认为，这三项原则解释并证成了所有规范司法事实认定的证据规则。禁止法院以裸统计证据为依据的普通法规则贯彻了个案具体化原则；抑制品性证据或性格倾向证据的规则起到了同样作用；民事证明责任和刑事证明责任在平等最优的框架内贯彻成本最小化原则；推定规则试图通过调整证明责任来实现成本最小化。传闻规则最大限度地减少了避免错误的成本，同时也贯彻了平等最优原则。科学证据规则也在实现了成本最小化原则的目标。❷

三、当“新证据学”融入证据法教义学：方法论启示

从1986年伦伯特教授用“新证据学”指代当时日益兴起的跨学科研究运动，❸到2005年《证据法的根基》英文版面世，20年间，“新证据学”围绕司法证明过程这一主题展开了大量的理论和实证研究。根据帕多教授的总结，“新证据学”在理论上主要关注七个问题：（1）根据直白的统计证据作出法律判断的可取性；（2）将统计证据或形式化技术引入证明过程的可行性；（3）用概率术语定义相关性和证明价值等基本概念；（4）量化分析具体证据的证明价值；（5）解释、证成或批判具体的证据规则；（6）解释、证成或批判证明标准；（7）分析各种“证明

❶ See Alex Stein, *Inefficient Evidence*, 66 Alabama Law Review , Vol. 66, No.3, pp.424-425 (2015).

❷ 参见［美］亚历克斯·斯坦：《证据法的根基》，樊传明、郑飞等译，中国人民大学出版社2018年版，第216—232页。

❸ See Richard Lempert, *The New Evidence Scholarship: Analyzing the Process of Proof*, Boston University Law Review, Vol. 66, No.2, pp.549—551(1986).

悖论”。[1] 不难发现，斯坦在论证“证据法的根基”、梳理证据法的组织原则时，也是围绕上述问题展开的。例如，《证据法的根基》第 2 章是对概率理论的探讨，第 3 章涉及统计证据和各种“证明悖论”，第 4 章到第 7 章是对证据规则和证明标准的解释和证成。因此，斯坦将跨学科研究融入证据法教义学的过程，也就是以“新证据学”的理论启示重新阐释证据规范的过程，亦即，在不改变法教义学作业方式的情况下，引入跨学科理论成果为证据法概念和证据规范提供新的基础理据，从而形成整合性的“新教义学”。

（一）融入的基础：对司法证明的哲理化分析

传统的英美证据法教义学主要是将证据判例进行细致的梳理、阐述，进而形成一整套完整的证据法规范体系和理论体系，其理论资源主要来自历史、经验、“炉边归纳”[2]，甚至包括一些“民间心理学”[3]。而“新证据学”对司法证明过程的跨学科解析，为证据法教义学的理论结构转型提供了新的资源。

事实上，证据法教义学专注于证据规范，但不得不对司法证明的性质和特征有所了解，否则无从说明具体的证据规则为何规制、如何规制司法证明过程[4]；而“新证据学”虽然从单纯的规则解释转向了“分析证明过程”并从“数学、心理学和哲学”中汲取见解，但仍然关注规则，只是提供了更稳健的分析[5]。研究对象的交叉互构决定了证据法教义学与“新证据学”相融合的可能性，也决定了司法证明不可避免地作为“新教义学”的关注起点。理由很明显，要想发现证据法规制司法证明的正当性，就必须厘清司法证明的性质和缺陷。这就需要从认识论着手，因为司法证明过程就是人类运用证据认识历史事实的过程，而“证据领域就是认

---

[1] See Michael S. Pardo, *The Nature and Purpose of Evidence Theory*, Vanderbilt Law Review Vol. 66, No.3, p.439 (2013).

[2] 参见吴洪淇：《阐释与理论：英美证据法研究传统的二元格局》，载《华东政法大学学报》2011 年第 1 期，第 86 页。

[3] 例如，传闻证据规则中的部分例外，就被广泛认为是“民间心理学”的产物，根本经不起实证心理学的检验。G. Alexander Nunn, *The Living Rules of Evidence*, University of Pennsylvania Law Review, Vol. 170, No. 4, p.942（2022）.

[4] 美国证据法学家威格摩尔就非常重视从司法证明原理出发去理解证据可采性规则。参见吴洪淇：《边沁、威格摩尔与英美证据法的知识传统——以证据与证明的一般理论进路为核心的一个叙述》，载《比较法研究》2009 年第 5 期。

[5] See Michael S. Pardo, *The Nature and Purpose of Evidence Theory*, Vanderbilt Law Review Vol. 66, No.3, p.439 (2013).

识论领域”[1]，这是自边沁时期就已经明确了的。只不过，斯坦还进一步将司法证明的哲理问题引向政治哲学领域，既充实了证据法的理论基础，也扩展了“新证据学”的理论边疆。

在“新证据学”蓬勃发展的背景下，斯坦的方法论既有承继，也有发展。一方面，斯坦的方法论在整体上延续了威格摩尔所提倡（但在当时未被接受）的进路，即从司法证明原理出发，理解和阐释现行证据规范的意义和内容。这从《证据法的根基》的排篇布局就可以发现（如表 1 所示）。另一方面，二人的区别在于，威格摩尔对司法证明的描述是科学层面的，主要涵盖逻辑学、心理学和一般经验，而斯坦的进路是哲学层面的，既包括哲学认识论，也包括政治哲学。通过检视司法证明的认识论特征和所需的认识论正当基础，斯坦认为司法证明错误的风险不可避免，通过修正经验推理和价值判断的关系，斯坦认为，自由证明原则实际上将分配错误风险这一价值判断活动交给了司法者自由裁量，这在根本上违反了边沁厌恶和抵触司法裁量权的功利主义思想，据此，斯坦实现了“用边沁反对边沁”，驳斥了边沁的“反规范论”主张。在此基础上，斯坦还进一步完善了德沃金在事实裁判问题上的政治哲学思想，最终才确定了证据法的基本目标和功能是“在不确定状态下分配错误风险”。借由哲学的力量明确了证据法的目标、功能和正当性基础，斯坦就可以“自上而下”地解释和证成具体的证据规则了。

表 1 《证据法的根基》排篇布局

<table>
<tr><th>涉及领域</th><th>章节名称</th><th>内容梗概</th></tr>
<tr><td></td><td>第一章　基本理论</td><td>界定证据法的范围</td></tr>
<tr><td>司法证明原理</td><td>第二章　认识论推论</td><td>界定了司法证明的基本特征和所需的认识论标准</td></tr>
<tr><td>向证据规范原理过渡</td><td>第三章　通过理性信念悖论理解证据法</td><td>通过分析和解决认识论悖论界定证据法的基本功能</td></tr>
<tr><td rowspan="4">证据规范原理</td><td>第四章　证据法：目的何在?</td><td>批判传统学说，主张加强对司法证明的法律规制</td></tr>
<tr><td>第五章　成本—收益</td><td>对证据法的经济分析</td></tr>
<tr><td>第六章　刑事审判中的错误风险分配</td><td rowspan="2">阐释和概括各项证据规则和原则</td></tr>
<tr><td>第七章　民事诉讼中的错误风险分配</td></tr>
</table>

[1] Jeremy Bentham, *The Works of Jeremy Bentham, Vol.6(An Introductory View of The Rationale of Evidence)* , William Tait, 1843, p.5(2002).

（二）融入的路径：对证据规范的融贯性解释

如果深入剖析斯坦采取的证据法解释方法，就会发现，将他比作德沃金再合适不过。事实上，斯坦对证据法融贯性原理的解释，既区别于传统上完全面向法律适用争议的文义解释、历史解释、目的解释，但又并未脱离法教义学作为解释学科的范畴。换言之，斯坦的“新教义学”仍是解释学，但不是面向司法适用争议的解释学，而是回应立法正当性质疑的解释学，不是唯文义和立法者意图是瞻的解释学，而正是德沃金提倡的建构性解释学。❶尽管并未明言，但从《证据法的根基》所采取的哲理化进路和跨学科借鉴的解释策略来看，斯坦没有理由反对德沃金的观点：忠于宪法要求的不仅是采用哲学进路探寻宪法含义，还要求把哲学进路和其他方法融合运用。❷斯坦把它们从宪法领域带进了证据法领域，通过“错误风险分配”将政治道德与认识论标准融会贯通，以原则为基础对现行证据法的概念、标准、规则作出了更合理的解释。

首先，斯坦采取的是一种哲学进路的融贯解释。德沃金的方法论思想为从哲学进路解释法律创造了可能。哲学本身并不能回答“什么是证据法”以及“为什么需要证据法”的问题，但是，作为科学源头的哲学可以为旨在回答上述问题的法教义学提供理论支撑。如果说边沁是从他建构的功利主义哲学出发，对强制性的证据规范无情批判，那么，斯坦再次体现了“用边沁反对边沁”策略，即沿着哲学进路为证据法的正当性寻求最佳解释，按照认识论标准和政治道德的要求，将证据法视为正确处置事实认定错误风险的工具。相比于传统上针对具体规则的文义解释、原意解释，斯坦采取的哲学进路解释的优势是：其一，从一开始就证成并保证了各项证据规则的理论基础是合理且紧凑的；其二，既阐明了证据规则和学说背后的原则和政策考量，又证明了这些原则和政策是正当合理的。当然，这种解释进路的缺陷是，描述性问题与规范性问题的界限模糊不清，这也是《证据法的根基》自出版以来最饱受批评的部分。

其次，斯坦延续了以原则为基础的融贯解释。法律解释不仅仅是密集的描述，而且展示了以组织原则为基础的法律的系统性。❸麦考密克认为，某些原则能支持

---

❶ See Ronald Dworkin, *Law's Empire*, Harvard University Press, 1986, pp.176–275.

❷ See Ronald Dworkin, *A Matter of Principle*, Harvard University Press, 1985, pp.143–145, 165.

❸ See Mátyás Bódig, *Legal Doctrinal Scholarship: Legal Theory and the Inner Workings of a Doctrinal Discipline*, Edward Elgar Publishing, 2021, pp.180–181.

一些法律规则，并使后者融贯。德沃金进一步强调了原则在保障法律的融贯性和整全性方面的作用，即原则是确保法律整全性的基准，只有诉诸原则，法律解释才不至于陷入“棋盘式”的法律分割局面，才能把分散甚至彼此冲突的规则协调起来。[1]如前所示，斯坦正是沿着这条原则性解释路径，阐明证据法的融贯性原理，证成证据法的正当性基础。而且，这三项原则相辅相成，使得学者们不能信誓旦旦地主张革除证据法。此外，根据斯坦最新的理论阐述，这三项原则还统一于司法事实认定的“第二人称”法律结构。[2]可以说，沿着这些道路前进的“新教义学”将证据规则和学说视为一个相互关联的，综合了界定权利、义务的证据性、程序性和实体性规则的体系。这就是结合了跨学科成果的“新教义学”对法律的融贯理解。但同时，这种“自上而下”的阐释进路也有不足，那就是无法确保涵盖每一项证据规则，反而有可能导致解释过程中的“削足适履”，忽略具体证据规范的内容特殊性和适用动态性。

（三）融入的限度：与法教义学的启发式合作

法教义学在解释法律和创设学说的过程中，既会受到道德、哲学、历史以及价值观的影响，[3]也会将道德、经济、认知和其他社会观念纳入法律并将其转化为规则。用车浩教授的话说：“各种理论材料和知识资源的选用，都服务于有说服力地铺设通往实定法之路。”[4]这说明，一方面，法教义学具有一定的学科开放性，完全可以接受其他学科的概念、命题、理论乃至方法的“启发”，充实自身的解释深度和广度；但另一方面，其他学科知识的启发，必须服务于法教义学自身的学科目标——铺设通往实定法之路，并按照自身的方法逻辑运作——作出尊重现行法律权威的解释，否则，这就不再是教义工作，而是彻底“变色”为其他学科工作了。既然是法教义学，就必然要从内部视角考察法律规范，并将外部的社会科

[1] 参见高鸿钧：《德沃金法律理论评析》，载《清华法学》2015 年第 2 期。

[2] See Alex Stein, *The New Doctrinalism: Implications for Evidence Theory,* University of Pennsylvania Law Review, Vol. 163, No.7, pp.2085-2107 (2015).

[3] 参见车浩：《法教义学与社会科学——以刑法学为例的展开》，载《中国法律评论》2021 年第 5 期。

[4] 同上。

学知识作为辅助法律解释的工具，将社科知识转换为规范内涵[1]，而不能以社科取代教义。因此，从一般层面来看，跨学科研究不是非要覆盖乃至取缔法教义学研究不可，也可以与法教义学展开启发式合作。

事实上，法教义学自身的立场和方法论特征[2]，决定了其他学科融入法教义学的限度。即使是与“新证据学”等跨学科研究有着“一体两面”关系的“新教义学”，也必须遵守教义学的法度，不然就难以称其为“教义学”。斯坦本人也注意到了吸收跨学科知识的限度，并明确“反对没有从内部的参与者视角，没有从不同规则之间的体系性联系和共同目标的角度理解法律制度的证据理论”[3]。例如，在《证据法的根基》一书中，斯坦就对路易斯 · 卡普洛主张根据“社会福利”重新设计证明责任的提议提出了反对意见，认为他的模型违反了证据法的组织原则，还认为丹尼尔 · 卡尼曼等人提出的概率理性见解完全忽略了司法证明的法律背景——事实认定者使用培根式概率要比使用帕斯卡式概率更为常见。[4]总之，法教义学的自身特性决定了其容纳跨学科成果的边界，而对于证据法教义学来说，相比于一般性的认识活动，司法事实认定的诸种认识论特征及其对政治道德的特殊需求，构成了跨学科研究融入的起点和终点。而如何平衡法律解释的忠实性和证明原理的科学性，也是证据法教义学吸收跨学科知识的难点和易错点。

四、结语

迪尔德丽 · 德怀尔教授评价斯坦的《证据法的根基》的贡献时指出，该书力

---

[1] 参见苏永钦：《法学为体，社科为用——大陆法系国家需要的社科法学》，载《中国法律评论》2021 年第 4 期。

[2] 对于法教义学的立场和方法论特征的研究，参见［德］古斯塔夫 · 拉德布鲁赫：《法教义学的逻辑》，白斌译，载《清华法学》2016 年第 4 期，第 197 — 207 页；雷磊：《法教义学的基本立场》，载《中外法学》2015 年第 1 期，第 198 — 223 页；车浩：《理解当代中国刑法教义学》，载《中外法学》2017 年第 6 期，第 1405 — 1429 页。偏英美法系立场的论述，参见 Mátyás Bódig, *Legal Doctrinal Scholarship: Legal Theory and the Inner Workings of a Doctrinal Discipline*, Edward Elgar Publishing, 2021, pp.116–171; Antonin Scalia & Bryan A. Garner, *Reading Law: The Interpretation of Legal Texts*, Thomson/West, 2012, pp.2–19。

[3] See Alex Stein, *The New Doctrinalism: Implications for Evidence Theory,* University of Pennsylvania Law Review, Vol. 163, No.7, pp.2085–2107 (2015).

[4] 参见［美］亚历克斯 · 斯坦：《证据法的根基》，樊传明、郑飞等译，中国人民大学出版社 2018 年版，第 209 — 210、75 页。

图完成的里程碑式任务，是将新证据学与证据法教义学以及其他证据法理论统合在一起。[1]而支撑这项里程碑意义的理论工作的，正是斯坦对传统证据法教义学方法的“扬弃”。总体而言，斯坦的“新教义学”在以司法证明的哲学阐释为进路，使得经验性的跨学科知识可以上升为形而上的司法证明原理并接受法学的改造和型塑，以证据法的组织原则为主线展开“自上而下”的融贯性解释和规范性证立，从而以“错误风险分配”为核心论点，重构了证据法的理论基础和功能预设。反观我国，尽管证据法和证据法学取得了突飞猛进的发展，但证据法的体系性和融贯性较差，证据法教义学的理论基础薄弱，跨学科研究方兴未艾，尚未与证据法教义学形成良性互动。而《证据法的根基》对于我国证据法学发展的启示在于：首先，重视围绕证据和证明展开的跨学科研究，但同时要注重将跨学科成果应用于实定法的解释和修正；其次，坚持“自上而下”和“自下而上”相结合的学科整合路径，既要通过司法证明研究革新证据法规范理论，但也要通过梳理具体的证据规范理论，验证和调整司法证明理论的内容，形成证据法教义学研究和跨学科研究的良性互动；最后，加强证据法规范的理论体系建设，既要推动证据法的体系化完善，也要确保证据法体系有着清晰、融贯的规范逻辑，在这一过程中，要注重发挥法律原则的作用。

---

[1] 参见［美］亚历克斯·斯坦：《证据法的根基》，樊传明、郑飞等译，中国人民大学出版社2018年版，“封面推荐语”。

“价值无涉”对法律的实证研究之启示

——马克斯·韦伯《社会科学方法论》读书报告

王茹雪*

《社会科学方法论》是德国著名社会学家马克斯·韦伯的著作。马克斯·韦伯在本书中提出，社会科学研究应当做到“价值无涉”，即应严格将关于经验事实的科学认识与研究者的价值判断区分开来。前者为“实然”，后者为“应然”，前者才是社会科学研究者通过研究得出的结论，而后者是带有研究者价值判断的评述。“价值无涉”也是法律的实证研究应当遵循的选择，因为实证研究关注的是法的运行，研究者希望通过调查分析来回答“法实际上是如何运行的”，而非“法应当是如何运行的”。

虽然“价值无涉”是公认的进行实证研究应当遵循的原则，但由于法学的研究对象是包含价值判断的人类活动，且研究者往往会无意识地运用价值判断，再加之各类外界因素的影响，研究者在进行实证研究时常无法做到“价值无涉”。因此，深入阅读本书，准确理解“价值无涉”的含义与要求，并从中寻找方法论的指导是非常有意义的。

本文将在简要说明“价值无涉”提出背景的基础上梳理“价值关联”与“价值无涉”的含义，并从中得出“价值无涉”理论对法律的实证研究的启示。

一、“价值无涉”提出的背景

马克斯·韦伯生活在19世纪末至20世纪初的德国，那是一个经历巨大变革的时代，同时也是各种哲学思潮不断涌起的时代。要理解韦伯的思想，必须对当时的思想背景与社会背景进行简要说明。

---

* 中国政法大学刑事司法学院2021级诉讼法学专业硕士研究生。

汉译世界学术名著丛书

社会科学方法论

〔德〕马克斯·韦伯 著

［德］马克斯·韦伯：《社会科学方法论》，韩水法、莫茜译，商务印书馆 2013 年版

（一）哲学背景

19 世纪后半叶，“新康德主义”出现，同时，在德国兴起了非理性主义哲学的浪潮。韦伯尽管对传统康德理念的大部分原则都表示出了反对，但是也受到了这些传统观念的影响。韦伯关于文化科学性质的基本观点起源于狄尔泰和李凯尔特，他们最重要的贡献是建立了独立的文化科学理论，试图把文化科学从形而上学和自然主义的独断思维中解救出来。❶

狄尔泰视分离精神科学与自然科学为己任。他认为，自然科学所做的工作仅仅是依照自然规律将观察到的事物联系起来并作出解释，而人类的生活是有意义的，这种“意义”构成了不同于自然科学的社会科学的基础。❷人们认识社会生活和历史时，是把他们当作内在的东西，通过“神入”他人的内在状态来理解，这个过程在相当大的程度上必须运用心理学的表述和比较，因而心理学是精神科学

---

❶ 参见［德］马克斯·韦伯：《社会科学方法论》，韩水法、莫茜译，商务印书馆 2013 年版，第 5 页。

❷ 同上书，第 5—6 页。

的基础。❶

李凯尔特认为，狄尔泰的观点没有描述出认识论的本质特征。他认为，自然与文化是两种不同的东西——自然是任其自生自长的东西的总和，文化是按照预计目的直接生产出来的，或者虽然是现成的，但是由它所固定的价值而为人们特意保存着的。❷认识自然是发现自然的普遍规律，而任何一种实在之所以有价值是在于其独特性，这是自然科学与文化科学在方法论上相互区别的依据。❸

韦伯批判继承了他们的观点。韦伯认为，文化科学的对象是有意义的文化事件或实在，文化科学的目的是认识这种实在的独特性质，他的方法论就是关于达到这个目的的方式、原则和手段的讨论。❹

（二）社会背景

马克斯·韦伯经历了德国从普鲁士革命到第一次世界大战战败的全过程。他期望经由德国工业资产阶级的成熟可以使德意志民族成为世界主导民族，实现物质和精神的双重繁荣。但“一战”的战败，使得德国从19世纪末普鲁士军国主义式富国强兵的幻梦中惊醒，而“一战”后上台的魏玛政府在国内矛盾尖锐和协约国苛刻条约的内外双重阻碍下长期无法维持国内社会秩序稳定和经济持续发展，德国人长期生活困苦。此时韦伯将目光落在年轻人身上，关切德国大学中年轻人的思想成长，希望学生能够在大学中接受“专业教育”，而非被大学教师在讲坛中灌输特定的政治理念，于是开始倡导一种“价值无涉”理论。他写这篇论文的直接目的，就是批判德国的教授利用自己在大学讲坛中的权威来宣扬自己的价值观，混淆了经验科学与价值判断。❺

韦伯认为：“教授不应该提出要求说，他作为教授可以在书囊中携有政治家（或文化改革者）的指挥棒，就如他利用讲坛不受攻击的性质来表示政治家的（或

---

❶ 参见［德］马克斯·韦伯：《社会科学方法论》，韩水法、莫茜译，商务印书馆2013年版，第6页。

❷ 同上书，第7页。

❸ 同上。

❹ 同上书，第10页。

❺ 同上书，第24页。

文化政治的）情绪时所做的那样。”❶ 如果想让讲坛变成一个可以随意发表价值判断的地方，那么前提是大学讲坛被允许自由地讨论决定实际政治的价值评判问题，但这是不可能实现的。❷ 讲坛是一个不自由，观点无法得到充分讨论的地方，与公共出版物是不同的，如果不能做到像公共出版物一样，任何的带有价值判断的观点都能被诘问与充分探讨，那么就不应该向听众灌输自己的主张。❸ 但是，由于激情演讲往往更能够吸引学生的注意力，得到学生喜爱，从而保住自己来之不易的教职与声誉，教师在讲坛上输出带有价值判断的主张的情形难以避免，故而教师应当在讲坛演讲中向学生释明——哪些陈述是纯粹从逻辑推演而来的，或是对纯粹经验事实的说明，而哪些陈述是价值判断。❹

二、“价值关联”与“价值无涉”的含义

“价值”问题是韦伯社会科学方法论的核心问题，贯穿韦伯社会科学方法论的始终。“价值关联”与“价值中立”是韦伯社会科学方法论中并存的两个原则，两个原则并不是相互独立存在的，而是密不可分的。这两个原则一同说明了社会科学研究者的立场在社会科学研究中的作用，以及价值立场与研究结果客观性的关系。故而，在阐述“价值无涉”的含义之前，必须厘清“价值关联”的含义。

（一）“价值关联”的含义

“价值关联”是指社会科学依据一定的价值与一定的实在发生联系。文化事件是社会科学的研究对象，是社会实在，该社会实在并非能够天然地成为社会科学的研究对象，而是因为它在与研究者的价值关联中变得重要了，它才变得有意义。❺ 韦伯指出：“任何文化科学的先验前提，不是指我们认为某种或任何一种一般的‘文化’有价值，而是我们是文化的人类，并具有意识地对世界采取一种

---

❶ 参见［德］马克斯·韦伯：《社会科学方法论》，韩水法、莫茜译，商务印书馆2013年版，第155页。

❷ 同上书，第159页。

❸ 同上书，第153页。

❹ 同上书，第160—161页。

❺ 同上书，第6页。

态度和赋予它意义的能力和意志。”❶ 具体来讲，“价值关联”包括了三个层次：“（1）人类的任何行动都受价值支配；（2）研究者对什么问题感兴趣以及它要得到什么样的说明，取决于他们的理论范式；（3）研究者对社会现象的解释，必须联系行动者的主体价值。”❷

韦伯认为，价值与社会科学研究是密不可分的，社会科学工作者在选取研究对象时总会依照某种价值取向。他批评企图通过简单地排列历史资料来构造严格意义上的“规律”，他认为这在方法论上是不可能的。因而他反对实证主义社会学提出的排除所有先见的主张。另外，韦伯认为，社会科学研究者在理解社会实在时是具有选择性的。因为世界的联系是无限多样的，但是每一个人对世界可能采取的态度在一定时间内是有限的，一个抱有一定价值观念的人之所以与这个实在发生某种联系，完全取决于他的价值观念。❸ 也可以说，一个抱有价值观念的人感知到实在的意义，是它成为研究对象的先决条件。因此可以说，“价值关联”是“价值无涉”的逻辑前提。

（二）“价值无涉”的含义

价值无涉对社会科学研究者提出了客观性的要求——严格区别价值判断和关于经验事实的科学认识。研究者和描述者应当无条件地把经验事实的规定与他的实际的价值评判态度区分开，因为这是两个根本不同的问题。❹

首先，社会科学研究者在研究中必须具有“职业”的态度，在研究过程中克制自己，排除并不是严格从属于职业的东西，尤其是个人的爱和恨。❺ 社会科学研究者要客观地对待自己观察到的现象、收集到的资料，以中立的态度进行分析研究，要避免以自己的情感喜好为导向，为预先设定的结论寻找“论据”，保证社会科学研究的科学性。

---

❶ ［德］马克斯·韦伯：《社会科学方法论》，韩水法、莫茜译，商务印书馆2013年版，第35页。

❷ 陆自荣：《“价值无涉”与“价值关联”：韦伯思想中的一对张力》，载《西安交通大学学报（社会科学版）》2005年第2期。

❸ 参见［德］马克斯·韦伯：《社会科学方法论》，韩水法、莫茜译，商务印书馆2013年版，第11—12页。

❹ 同上书，第162页。

❺ 同上书，第156页。

其次，要严格区别价值判断与关于经验事实的科学认识，不能从“事实的陈述”推出“应该的陈述”。也就是说，经验科学只能告诉人们事实怎么样，他可能怎么样，但绝不告诉人们应该怎么样。后者应该是人们根据自己的价值取向而做出的选择，而不是由研究者强加的伦理，因为“一种目的应该在多大的范围内尊重不可避免的手段，或者应在多大的范围内容忍作为回报而非所愿的附带后果，或者处于具体对立之中的冲突应该如何调解，诸如此类的简单问题甚至都事关选择和妥协。能够在这里作出决定的那么一种（理性的或经验的）科学的处理方法并不存在”[1]。经验科学不能够代替个人作出抉择，研究者要做的只是呈现事实。

三、“价值无涉”对法律的实证研究之启示

实证研究方法是法学研究方法的一种，它要求研究者亲自收集观察资料，为提出理论假设或检验理论假设而展开研究。法律的实证研究与法律的规范研究不同，它关注法的运行，关注事实和实然层面，而非应然层面。[2]这决定了法律的实证研究必然需要遵循“价值无涉”的原则，其目标仅在于发现和解释研究对象是如何存在并发展的。这一研究思路与韦伯所倡导的社会科学方法论高度契合。但如果不能准确理解“价值无涉”的含义并遵循一定的方法，研究者往往很难做到“价值无涉”。因而在法律的实证研究中理解并运用韦伯的“价值无涉”理论，可以规范实证研究方法，帮助研究者达到研究目的。

（一）“价值无涉”在实证研究中的要求

要想在法律的实证研究中做到“价值无涉”，必须先要厘清“价值无涉”的具体要求。“价值无涉”要求研究者在研究过程中严格区分价值判断与经验事实，其内涵前文已有论述，在此仅尝试阐明在运用“价值无涉”原则时可能产生的几个误区，以进一步阐明“价值无涉”适用的具体要求，为法律的实证研究提供更

---

[1] ［德］马克斯·韦伯：《社会科学方法论》，韩水法、莫茜译，商务印书馆2013年版，第171页。

[2] 参见侯猛：《实证“包装”法学——法律的实证研究在中国》，载《中国法律评论》2020年第4期。

具可行性的指南。

首先，在选定研究对象时不必、也不可能遵循“价值无涉”的原则。相反，根据“价值关联”的理论，实在之所以进入社会科学的领域成为研究对象，是因为其在于研究对象的价值关联中对我们具有了“意义”。故而不论研究者出于自身的喜好、对政策的迎合还是其他各种动机而选定研究对象，都不违反“价值无涉”的原则。

其次，选择的研究对象本身不必排除“价值”因素。韦伯认为，法律思想的构成部分来自逻辑，部分来自习俗所建立的制度，法理学所要确定的是根据这种法律思想的原理，什么是有法律效力的。法学家并非不去研究价值和道德，因为价值与道德是社会行动和社会秩序形成中的重要因素，法学研究不可能回避它们。❶但研究对象向包含“价值”因素与研究者应当遵循“价值无涉”是互不干涉的两个问题。具体而言，法学家可以研究包含“价值”的社会现象，但不能够通过自己的主观偏好来评价其好与坏，而是要理解社会本身对某种社会行动的价值判断，探寻其社会基础和功能。❷

再次，“价值无涉”不仅要排除研究者自己的价值判断，也要求研究者尽可能抵制外界的价值引导。法学是与国家治理紧密相关的学科，因而常与政治分不开关系。虽然我们现在的学术环境相对自由，但任何时代都无法避免存在“政治正确”的学术观点。例如，有学者指出，针对各项制度在全国各地进行的“试点”，并不关注“行动中的法”，而是以直接影响国家立法为目的，为学术研究预设一定的结论，号召法学家为既定的结论寻找依据，打着实证研究的幌子进行制度设计和制度移植。❸或者，完全以意识形态为出发点，以此预设某些意识形态下的法律制度全对或全错，曾经是全盘学习苏联，现在是言必及欧美，这两种情况本质上并无不同，都是被政治观点裹挟的法学研究。学者拥有不同的个人价值判断自然并无不妥，不论其得出的结论是契合有权机构的倡导，又或是合乎其他国家的制度，观点本身并无绝对的对错。但学者的观点必须与“价值无涉”的科学研究

---

❶ 参见李猛主编：《韦伯：法律与价值》，上海人民出版社 2001 年版，第 49 页。

❷ 同上。

❸ 参见刘思达：《美国“法律与社会运动”的兴起与批判——兼议中国社科法学的未来走向》，载《交大法学》2016 年第 1 期。

区分开来，经验事实与学者本人实际的价值态度，是完全不同的两个问题。❶不能以学者的价值态度取代对经验事实的研究，对经验事实的研究只能依赖实在的信息与科学的分析方法，不能依赖于任何主体的价值判断。

最后，绝对的“价值无涉”是很难做到的，但是这并不意味着我们可以在法律的实证研究中放弃这一原则，人们在多大程度上能够做到“价值无涉”与该原则的合理性并不矛盾。❷研究者需要有意识地识别自己的价值判断对研究造成的潜在干涉，并在自己能够辨别和控制的范围内尽可能排除价值因素对研究的影响，在同样的研究中，价值因素影响越小，研究者针对研究对象的因果分析就更接近客观现实，得出的结论就更接近纯粹的经验知识。

（二）“价值无涉”在实证研究中的实现方法

人们总是下意识地在思考中融入价值判断，因此在明确“价值无涉”在实证研究中的具体要求后，还需要总结具有可操作性的方法，以指导研究者在研究过程中尽可能践行“价值无涉”。笔者通过阅读本书，从宏观、中观与微观三个层面总结出了“价值无涉”在实证研究中的实现方法。

从宏观角度来讲，可以借助韦伯提出的“理想类型”。“理想类型”是将历史活动的某些关系和事件联结到一个自身无矛盾的世界上面，这个世界是由设想出来的各种联系组成的。❸实在本身具有无限多方面的联系，“理想类型”的构建是为了给研究者认识混沌的客观世界找一个着眼点，并且为人们提供了选择材料、寻求实在自身的因果关系提供了一个参考系。❹“理想类型”也是从宏观到微观的桥梁，是将一般的法学理论，或者是需要借鉴移植的法律制度，与本土的、微观的实践联系起来的锁链。研究者借助构建的“理想类型”来梳理实际存在的联系与线索。而运用理想类型的目标不是让实际存在契合理想类型，而是发现实际存在与理想类型的偏差，借此来获取经验知识。换言之，“理想类型”只是研究者凭借自己的想象列出的“研究思路”或“研究大纲”。沿着这一思路进行调查研究后，

---

❶ 参见［德］马克斯·韦伯:《社会科学方法论》，韩水法、莫茜译，商务印书馆2013年版，第162页。

❷ 同上书，第27页。

❸ 同上书，第45页。

❹ 同上书，第22—23页。

研究结果与该思路存在的差异才是研究获得的经验知识。“如果达到了这一结果，它就完成了它的逻辑目标，这恰是因为它证明了自身的非实在性。”❶当研究者能够时刻意识到实证研究的目标是获取客观存在与理想类型的偏差，而非努力在自己大脑里构建“理想类型”，研究者就能明确地厘清什么是通过实证研究获取的经验知识，而什么是自己基于文本推演出来的观点和见解。

从中观角度来讲，实证研究必须基于田野调查和第一手资料来进行因果分析。❷基于法律规范的研究是法的规范研究而非实证研究。法律的实证研究想要摆脱研究者的价值判断，就必须深入接触社会实在，利用各类科学的分析工具，最终得出结论。例如，如果想要了解法官对于适用认罪认罚从宽制度的主观动力，就必须通过设计调查问卷、深入访谈、去基层体验等方式获取资料与数据，并运用科学的方法对选定区域法官的意见进行统计汇总，最后利用经济学或心理学的方法分析其成因。如果仅仅是从纸面规定出发做“以己度人”的推测，想当然地认为“认罪认罚从宽”可以减轻检察院的办案压力，检察院因此拥有推动“认罪认罚从宽”的动力，那么研究者实际上是在构建“理想类型”，是在通过自己的价值判断从千万条可能存在的联系中挑选自己青睐的模型，而不是发现现实客观存在的联系、探求法实际是如何运行的。另外，研究者应当尽可能自行收集研究资料，避免大量使用第二手资料。因为研究者在研究过程中即便竭尽全力剔除价值判断，也无法完全做到“价值无涉”，也就是说，第二手资料或多或少已经包含了前人的“价值判断”。如果新的研究者在此基础上再进行分析，那么他会与真正的经验知识渐行渐远。

从微观角度来讲，研究者要在研究过程的每一个步骤遵循一定的规范。首先，在资料选择时不得带有个人的好恶，应该收集和分析所有与研究对象相关的资料，不能在心中对研究结果有所预设，这样容易导致研究者在预想的结论的指导下有选择性地收集资料。科学研究是一个过程，严格按照科学的方法进行后，才能得到科学的结论。这个过程不可颠倒，科学研究的过程不是为自己个人的偏见去寻找依据的过程。其次，在分析材料的过程中，要时刻秉持客观的态度，避免受到舆论、政治、权威观点等的影响。社会工作者要探寻的是客观实在，是有其自身

---

❶ ［德］马克斯·韦伯：《社会科学方法论》，韩水法、莫茜译，商务印书馆2013年版，第27页。

❷ 参见侯猛：《实证“包装”法学——法律的实证研究在中国》，载《中国法律评论》2020年第4期。

的、独特的客观属性的文化事件[1]。这决定了每一个研究对象都需要被客观地、区别地对待，探究其自身的社会基础和功能，不受既有的他人价值判断的影响，尤其是具有较大影响力的舆论、政治、权威观点。最后，在形成结论时，要注意区分对经验事实的描述和自己的价值评价。无论是在研究过程中，还是在最后结果呈现的论述中，都要时刻警惕混淆经验事实与价值评价。这样既有利于保障研究结果的科学性，也有助于在学术交流中进行有效探讨，而非将“实然”与“应然”混为一谈。

结论

马克斯·韦伯撰写《社会科学方法论》中“社会科学和经济学‘价值无涉’的意义”部分的直接目的，就是批判德国的教授利用自己在大学讲坛中的权威来宣扬自己的价值观。韦伯关于文化科学性质的基本观点渊源于狄尔泰和李凯尔特，他们最重要的贡献是建立了独立的文化科学理论。“价值”问题是韦伯社会科学方法论的核心问题，贯穿韦伯社会科学方法论的始终。“价值关联”与“价值中立”是韦伯社会科学方法论中并存的两个原则，两个原则并不是相互独立存在的，而是密不可分的。“价值关联”是指社会科学依据一定的价值与一定的实在发生联系，是“价值无涉”的逻辑前提。“价值无涉”要求严格区别价值判断和关于经验事实的科学认识。

韦伯的“价值无涉”理论对法律的实证研究有很大启示。首先，在法律的实证研究中遵循“价值无涉”与选择研究对象时遵循“价值关联”并不冲突。其次，法学的研究对象并非不能是价值和道德，相反，这是法学研究者绕不开的话题。但“价值无涉”要求研究者区分“理解”和“评价”，探究研究对象的存在与因果。再次，“价值无涉”要求研究者排除自身与外界的价值引导，避免先入为主，将实证研究变成为既定结论寻找依据的手段。最后，绝对的“价值无涉”很难做到，但这并非否定该原则的合理性。在实现“价值无涉”的方法方面，从宏观上可以借助韦伯提出的“理想模式”来寻找经验知识，从中观上要做到进行田野调

---

[1] 参见［德］马克斯·韦伯：《社会科学方法论》，韩水法、莫茜译，商务印书馆2013年版，第13页。

查并获取第一手资料，在微观上要在实证研究的每一个步骤遵循一定的规范，保障“价值无涉”的实现。

“价值无涉”是韦伯社会科学方法论中提出的原则，它可以与法学研究的各方面进行结合，本文仅列举笔者感触较深的方面，在日后的学习中，笔者会尝试进一步学习与运用韦伯提出的社会科学方法论。

我国法庭科学教育的发展困境与出路

——《美国法庭科学的加强之路》的借鉴与启示

段黎宇 *

法律与科学本属不同领域，却在法庭发生交汇，由此诞生了一个交叉性学科，即法庭科学。今天，随着科学技术的飞速发展，各种形式的科学技术不断渗透到司法领域中。世界范围内，美国法庭科学研究无疑遥遥领先其他国家，即便如此，大约 20 年前的美国法庭科学共同体依然严格遵循“否定之否定”规律，苛刻且严谨地重新评价本土法庭科学的实践状况，并提出了很多超前的法庭科学事业发展建议。近几年，我国的法庭科学事业取得了不小的进步。2020 年 8 月，“证据科学学科前沿战略研究”论证会召开，汇集全国专家学者关于法庭科学、证据法学、科学证据最新研究与反思的《证据科学新兴交叉学科研究报告》发布。其中，对未来进行展望时，明确提出：“法庭科学未来发展规划：一是根据应用学科特点，促进司法证明领域新技术应用，打造时代特色的法庭科学；二是适应证据科学跨学科发展趋势，打破法庭科学各分支学科的传统壁垒，促进交叉融合，如传统交通痕迹专业与新兴声像资料、电子数据等专业的融合；三是适应证据科学综合性发展要求，培养能在科学与法律之间自由行走的通识人才。”❶ 如果说 20 年前，基于科学技术代差的缘故，《美国法庭科学的加强之路》中的前瞻性建议在我国过于脱离现实。那么，今天再仔细回顾《美国法庭科学的加强之路》，不难发现，美国的“他山之石”对我国法庭科学发展，尤其是法庭科学教育确有“攻玉”之效。

---

* 中国政法大学证据科学研究院 2022 级诉讼法学博士研究生。

❶ 张保生、王旭等：《证据科学新兴交叉学科研究报告》，载《证据科学》2022 年第 2 期，第 238 页。

美国国家科学院国家研究委员会等：《美国法庭科学的加强之路》，王进喜等译，中国人民大学出版社2012年版

一、为何选择法庭科学教育作为切入视角

法庭科学，是运用自然科学的原理和方法，研究查明事件法律性质、发现犯罪、揭露犯罪、证实犯罪及预防犯罪的科学技术手段与方法的综合性应用学科。法庭科学是20世纪40年代开始在美国使用的一个概念，用来描述与法庭活动有关的科学，其实质是自然科学在各类案件相关事实问题判断过程中的具体应用，人类科学总是处于不断修正的动态完善中，而法律则强调定分止争的功能发挥。因此，美国人很早就意识到问题过于迷信法庭科学的负面后果。在某些案件中，基于瑕疵法庭科学分析的重大信息和证言，可能会促成给无辜者错误定罪，或者不准确夸大专家证言促成错误和误导性证据的采纳。[1]2005年，认识到法庭科学需要重大改进后，美国国会指示国家科学院成立专门委员会开展研究，最终形成《美国法庭科学的加强之路》报告。该报告从美国法庭科学共同体现状、法庭科学证据在诉讼中的采纳、法庭科学的原理与数据解释、法庭科学学科描述、法庭科

---

[1] 美国国家科学院国家研究委员会等：《美国法庭科学的加强之路》，王进喜等译，中国人民大学出版社2012年版，第4—5页。

学方法的改进、法庭科学活动的监督、法庭科学教育与培训等10大方面提出整改建议。

借助信息革命的东风，中国社会已然发生翻天覆地的变化，人工智能、大数据、物联网、区块链等信息科技成果影响着整个社会。中国的法庭科学事业已然迎来蓬勃发展之机，以“智慧法院”“智慧检务”“智慧司法行政”为核心的智慧司法建设在提升检察监督能力、审判能力和司法行政能力现代化水平方面进行了深入探索。多年前摆在美国人面前的难题，今天同样会给中国法治建设带来阻碍。法庭科学亦会出错，将法庭科学的错误风险减至最低这一命题正在考验着我国的法官、检察官、侦查人员。美国虽然给出了多重建议，但最后的落脚点简单明了，即加强法庭科学教育和培训，提升司法人员的法庭科学能力，让懂技术的法律职业人员补充到司法机关。检视中国法庭科学教育，不难发现中国法庭科学教育确实存在不小的问题。有的问题与美国类似，如两个国家的法律职业主力军（法官、检察官、律师）法庭科学认知水平都比较低，并且都一样缺乏入职后的法庭科学培训；两个国家的法庭科学从业者都缺乏进一步提升其鉴定技能的继续教育机制。有的则是中国本土的特色难题，如中国教育机制和政策导致公安院校以“刑事科学技术”专业形成对法庭科学高等教育的垄断，而政法院校里同为法庭科学的“物证技术”高等教育则难以维系。近年来，政法院校在探索法庭科学学科建设和发展方面面临学科设立或归属的困境，使得发展举步维艰。今天的新技术革命已经开辟了诸如电子签名鉴定、网络远程勘验、电子数据鉴真等交叉性的新型鉴定需求，对人才的专业素质和综合能力要求不断提高。由于教育资源的不平衡配置，开设该学科的院校依然沿用过去传统的方式培养学生。

大力发展法庭科学学科和教育是每位学界、业内人士的殷切希望。2020年，教育部发布《新文科建设宣言》和《新工科建设宣言》，国家在全面部署新文科与新工科建设中，无疑会对人文社会科学产生革命性的影响，也将促使着法学教育再一次转型。[1] 值此新文科与新工科建设为契机，政法院校已不宜为取得公安技术学科的硕士、博士授权点而纠结，可以根据自身人才培养的国家法治建设的需求和特色，争取设立新的学科。此外，教育是职业起步和事业发展的源头，所谓

---

[1] 黄锡生、王中政：《新文科与法学教育的现代化转型》，载《法学教育研究》2022年第1期，第24—26页。

“问渠哪得清如许，为有源头活水来”，加强我国的法庭科学教育对整个法庭科学事业起着基础性的作用。因此，笔者认为有必要深刻剖析政法院校发展法庭科学教育的困境和原因，并结合美国法庭科学教育经验，提出相应的解决对策，前瞻性地规划出法庭科学的学科发展路径。

二、我国法庭科学教育的现状与困境

（一）高等院校的法庭科学教育

1．历史翻译遗留的难题：学科名称分散化

统一的学科名称是该学科建设与发展的前提。法庭科学繁杂多样的名称是阻碍该学科进一步壮大的先天缺陷。首先，学科名称不统一。目前，在我国不同院校有不同的称谓，甚至同一院校也存在不同称谓（参见表 1）。

表 1　我国几大院校法庭科学设置情况

	本科阶段	硕士研究生阶段	博士研究生阶段
中国人民大学	—	诉讼法下物证技术方向	诉讼法下物证技术方向
辽宁大学	—	司法鉴定	—
中国政法大学	—	证据法学下法庭科学方向 法律硕士（法庭科学）	法庭科学
西南政法大学	刑事科学技术	侦查学下物证技术方向 法律硕士（证据调查与实务）	侦查学下证据技术与方法 法庭科学
华东政法大学	—	司法鉴定	司法鉴定
西北政法大学	刑事科学技术	司法鉴定	—
甘肃政法大学	刑事科学技术	司法鉴定	—

如表 1 所示，在不同高效的人才培养方案中，法庭科学除去原学科名称外，还有物证技术、司法鉴定、刑事科学技术、证据调查与实务、证据技术与方法等称谓。事实上，虽然学科名称不一致，但其知识体系并无本质区别。我国早期的《法学百科全书》和《中华法学大辞典》将司法鉴定学、物证技术学、法庭科学这几个概念作等同解释。[1]究竟该如何处理刑事科学技术、物证技术、司法鉴定、法

[1] 参见丁慕英等：《中华法学大辞典：诉讼法学卷》，中国检察出版社 1995 年版，第 608 页。

庭科学之间的问题在此暂且不表。但该问题带来的后果显而易见。其一，阻碍高层次硕博法庭科学人才的招收，就法庭科学下物证技术研究而言，经常成为困扰本科学生选择的一大难题。其二，教材使用混乱，不同院校使用不同学科称谓的教材，并且诸如“法证科学”“司法科学”“物证鉴定学”等新的学科名称还在增加中。总之，不统一的学科称谓与学科结构严重阻碍我国法庭科学共同体的沟通交流。

2．教育体制和政策导致的难题：学科定位边缘化

当前，法庭科学的学科定位处境尴尬，在公安技术学与法学之间艰难发展。即法庭科学自身没有独立成为法学下的二级学科，而在公安技术下也不符合学科目录范围。由于公安技术学科是国家的“特殊学科”，具有鲜明的行业性和保守性，其特殊性在于不在社会整体公共安全范畴上来理解学科，而是从公安机关行业需求来定义和使用学科，因而法庭科学不可能成为公安技术下的二级学科。同时，我国招录体制改革后，非公安院校的公安专业、公安技术专业本科生、研究生均不得参加公安招警联考，所培养的人才出口受限，法庭科学必须根据社会需求在法学下设立二级学科。然而，法庭科学自带科学技术的属性能否得到法学的认可又是一大难题。因此，从公安院校视角看，法庭科学不属于其学科范围；而从政法院校视角看，由于法学属于文科，法庭科学的技术特征凸显，法学特征被忽视，从而认为属于非法学，认可度不高。事实上，交叉学科是现代学科发展的主流，法庭科学属于“法学＋技术”的交叉学科，归属法学符合现代学科发展的潮流。

3．研究成果局限化

综观我国法庭科学的研究生科研成果，暴露了以下几个问题。第一，研究对象桎梏化。具体表现为：对理论研究、传统物证研究的倾向。笔者统计了西南政法大学 2017 —2019 年物证技术方向硕士研究生的学位论文，总计约 47 篇，其中撰写技术型论文的仅占 1/4，其余则是撰写司法鉴定制度、专家辅助人、鉴定管理、诉讼视角下的鉴定问题等法规范学、法解释学的论文。至于技术性论文成果较好的华东政法大学，虽然其技术性论文数量突出，却呈现研究传统物证多，而研究新兴物证和其他鉴定的少的现象。在其 2018 —2020 年的司法鉴定硕士学位论文中，痕迹文书类、声像与电子证据类、法医类占比依次为 65%、22%、9%，其余则是理论性和司法会计类。第二，研究成果同质化。该问题在理论性研究中

比较突出，主要表现为围绕同一主题撰写多篇论文。例如以“鉴定意见质证”为选题的“物证鉴定意见质证实质化研究”“刑事鉴定意见质证与认证问题研究”和“论鉴定意见质证体系的构建”就表现出严重的趋同现象。这种现象反映出法庭科学学科建设的技术基础需要加大投入，增加技术设施设备和科研经费投入，同时培养“法学+技术”的高水平师资，为法庭科学学科建设奠定基础。

综上所述，我国法庭科学教育所面临的困境，不仅影响了自身的发展，而且也不利于科技和数据高度发达时代国家法治建设的发展。如果法学教育中忽视法庭科学的学科建设和发展，仅依靠行业性的公安技术学科缓解法庭科学教育需求，这不仅制约了“以审判为中心”的诉讼模式的发展，而且也不利于公安机关、检察机关和审判机关以及社会鉴定机构等队伍建设。

（二）法庭科学的培训与继续教育

1．侦、控、审三机关间法庭科学认知存在差距

侦查、控诉、审判三大职能部门之间，存在法庭科学认知差距，这是一个客观存在的现象，即指在刑事诉讼法律活动中，由于侦查、控诉、审判三大职能部门对法庭科学的学习理解程度和掌握运用熟练度不同导致的认识差距。法庭科学的认知差距，不是具体人员的差距，而是一种围绕职能部门的整体性差距。在三机关之间，该差距存在一种层次感，侦查机关最优，控诉机关次之，审判机关垫底。侦查部门为了又快又准确地查清案件事实，会自发地了解、学习、掌握各时代的先进技术，并顺利引进完成同化，为己所用。控诉机关需要与侦查机关对接案件，为了跟上侦查机关的步伐，也会逐步学习新技术。到了法庭，审判人员对技术的掌握似乎不那么重要，毕竟审判者能同时看到所有证据，即便某个物证看不懂，也可以通过其他证据审查案件。现代法庭中为了帮助法官解决科学技术问题，更有专门的司法鉴定意见书和鉴定人的引入，进一步弱化了法官的技术认知水平。

随着时代进步，新技术手段不断涌现，侦查机关为了与时俱进会有专门的培训学习，促进侦查人员适应新技术。检察院和法院也有在职的继续培训，但内容上依旧缺少刑事科学技术。因此，三大职能部门入职后的培训教育也反映出法庭科学认知差距。当前，我国公安民警的岗位培训虽然是一种短期培训，但这种培训以警察业务培训为主，对各警种岗位工作中引入的新技术、新方法、新业务进

行学习，使公安民警尽快适应岗位工作的新变化，更新必要的岗位知识。这种学习培训有时是针对全体警员的，有时是针对某一专业警种。[1]而检察官的培训中，过于强调和关注法律专业知识的课程传授，缺少司法办案技能课程，没有依据职业化检察官素质养成特点进行设置，教学内容并没有体现出知识经济时代的新知识观要求，创新性和时代性不足。显然，这无助于检察官素质的全面发展，更不利于职业检察官多样化的素质培养。[2]法庭科学属于法官审判业务实务范畴，目前我国的法官继续教育注重相关法学理论知识，忽视审判业务实务的学习培训。存在重理论、轻实践，重形式、轻内容，重知识、轻道德等诸多弊端。[3]

侦控审三机关之间的法庭科学认知差距或多或少造成了一些危害。第一，刑事诉讼的追求结果失真刑事技术代差会导致三机关对某项新技术手段科学可靠性的不当理解，侦查机关一旦误用该技术，而控诉机关也无法识别，审判机关就只好采信。很多冤假错案中就是侦查机关使用之前没有用过的新技术手段，检察院法院又缺乏对新技术的理解识别能力，最终导致诉讼结果的失真。例如，曾经轰动全国的发生于1998年的云南昆明杜培武冤案，该案件中就存在对当时的新技术——“测谎”的误用与曲解。以今天的眼光看待当时的案件办理人员的刑事技术认知水平，是十分滑稽的。虽然该案并不全是“测谎”导致的，但是“测谎”却在该案中扮演了不光彩的角色。[4]侦查人员使用测谎技术后，审判人员也听之信之，理所当然作为一个证据采纳使用了。又如，因为对血型鉴定误差的无知，仅凭借血型就认定“真凶”的王海军案件、李怀亮案件、王俊超案件[5]，当时DNA技术在我国尚未普及，使用血型认定人身是一种常规做法，但是控诉人员和审判人员对血型鉴定的误差认识不到位，在一定程度上引发了这一类型的冤假错案。第二，刑事诉讼的构造理念失衡。理想的刑事诉讼构造应当是刑事诉讼程序内核的控、辩、审三方组合呈现出控辩平等、法官居中的等腰三角结构，我国在实际运用中则注重犯罪控制模式，突出诉讼效率，强调刑事诉讼中国家专门机关之间的“流

---

[1] 赵新彬:《公安民警继续教育问题探析》，载《山东警察学院学报》2012年第4期，第153页。

[2] 王晰:《中国检察官继续教育研究》，东北师范大学2018级博士论文。

[3] 罗家清:《我国法官继续教育问题研究》，载《高等继续教育学报》2014年第4期，第33页。

[4] 范刚:《测谎与测真——从杜培武案谈“测谎”及其科学应用》，载《西部法学评论》2019年第1期，第67页。

[5] 粮志诚、陈如超:《中国刑事错案中的鉴定问题——基于50例案件的实证研究》，载《中国司法鉴定》2016年第3期，第9—11页。

水作业”，因而是一种具有线性特征的模式[1]，并总体表现为“大公安、小法院”的刑事诉讼构造失衡。背后原因，侦控部门成为法庭科学的权威，法院丧失法庭科学的话语权就是之一。案件审理中由事实认定和法律运用构成，事实认定中则涉及大量的法庭科学。审判方在刑事技术认识上落后于控诉方和侦查方，无疑会沦落为二者的代言人，难以进行独立判断。过去我国没有形成以审判为中心的诉讼理念，仔细想来，刑事技术的核心掌握在侦查部门，法院很难撼动其地位，怎么可能做到庭审为中心呢？

2．法庭科学从业者的继续教育机制缺乏

法庭科学处于不断发展之中，诉讼中的专门性问题随着社会的发展不断地出现，新的鉴定理论与方法也在不断地形成，必然产生新的法庭科学继续教育需求。

我国专门从事法庭科学工作的人员更多为司法鉴定工作者。今天，司法鉴定人才仍然无法满足法院、检察院、律师事务所、民间鉴定机构等非公安机关对技术型法律人才的社会需求。以鉴定人为例，在庭审活动中，伴随法治进程而来的一个显著变化就是，会有越来越多的鉴定人参与庭审，对专门性问题发表看法讲解以帮助法官完成事实认定工作。有学者调查了我国某县2007—2012年法院受理的带有司法鉴定的案件数，增长率高达119.16%，即从167件增加到了366件（同期案件总量增长了20.23%，即从9321件增长到了11207件）。[2]事实上，公安技术学学科在我国长期刑事司法实践中的行业发展应用具有特殊的专业性和局限性，知识产权、产品质量、资产评估、司法会计、司法精神病鉴定等鉴定，以及新兴的大数据鉴定等并不在公安技术的学科建设与发展范围内，人才培养、科学研究和服务社会需要“法学+证据技术”的法庭科学来承担。

社会对技术型法律人才的需求，除人才数量需求外，还体现在人才质量层次上。2021年6月，司法部印发《法医类、物证类、声像资料司法鉴定机构登记评审细则》（以下简称《司鉴评审细则》），该细则对我国鉴定机构与鉴定人提出了更高的标准和要求。尤其是鉴定人科研成果、论著成果等科研能力将作为专业技

---

[1] 参见孙长永主编：《刑事诉讼法学》（第三版），法律出版社2016年版，第40—42页。

[2] 胡铭：《鉴定人出庭与专家辅助人角色定位之实证研究》，载《法学研究》2014年第4期，第194页。

术能力之外的一个评价标准。[1]该标准提高了鉴定人的准入门槛，对比过去，科研能力并不为鉴定人所重视。同时导致部分鉴定人因无法满足所列条件而难以继续执业。该细则充分说明随着社会的发展与进步，我国技术型法律人才的能力与素质亦要与之适应。

尽管社会对司法鉴定职业人员的数量和能力的要求进一步提高，但十分尴尬的是，与之配套的继续教育机制并不适格。《司鉴评审细则》对鉴定人所提出的学历层次、科研成果、学术会议等要求，社会鉴定机构中的鉴定人基本不具备这些条件，能满足上述条件的鉴定人中，多数是高校附属鉴定机构中的司法鉴定人。“鉴定 + 研究 + 学习”三位一体的属于比较理想的鉴定人职业模式，社会鉴定机构没有专门的培训制度，鉴定人没有定期的学习提升途径，新科技就难以转化为鉴定的有力工具，新鉴定方法的孵化时间延长，最终延缓了法庭科学的发展。

三、借鉴与启示：中国法庭科学教育的加强之路

（一）美国法庭科学教育的经验

1. 制定教育标准的经验

美国过去法庭科学教育也面临着高等教育（本科、研究生）教育质量较差的问题，同时，还没有任何全国认可、强制性的法庭科学学位项目标准。即便所有学位项目的主要目标都是相似的，各个机构的毕业生所具备的能力也并不相同。这些教育项目的质量不均已经对学生和未来雇主构成了难题。此外缺少法庭科学背景的申请者意味着犯罪实验室（类似于我国的司法鉴定机构）不得不花费宝贵的时间和资源培训新的法庭科学工作者。[2]为了解决上述难题，美国法庭科学委员会成立了一个特别委员会，即法庭科学教育项目认可委员会（Forensic Science Education Programs Accreditation Commission，FEPAC），该委员会建立了一项认

---

[1] 《法医类、物证类、声像资料司法鉴定机构登记评审细则》，载司法部官网，http://www.mo .gov.cn/policyManager/policy-index.html?showMenu=false&show FileType=2&pkid=16dde669b891450686738401ed041763，2023 年 7 月 4 日访问。

[2] 美国国家科学院国家研究委员会等：《美国法庭科学的加强之路》，王进喜等译，中国人民大学出版社 2012 年版，第 235 页。

可大学本科生和研究生法庭科学项目的程序。法庭科学教育项目认可委员会从学生任务与目标、入学要求、课程、项目负责人、教师队伍、学生成就、职业参与各方面为全国参差不齐的院校制定统一的标准，截至2008年，有16个院校达到标准，获得法庭科学学位授予许可。

我们应该承认，美国法庭科学教育的开展比我们困难得多，表面上看法庭科学教育项目认可委员制定了统一教学标准后，解决了法庭科学教育质量问题，可要知道，美国是一个联邦制国家，各州之间、州与联邦之间存在很大的自主性和独立性。对于教育体制和教育政策的改进，我们国家的先天制度条件确实不错，至少在地方层面没有美国那么复杂的局面，只要在国家层面将法庭科学的学科定位、学科称谓、学科结构梳理清楚，后续由上而下的推行并不存在太大的阻碍。

2．培训与继续教育的经验

多年来，美国法庭科学专业的继续教育和在职培训一直是一个问题。并且随着法庭科学的发展，培训和继续教育的需求也在增加。事实上，在《美国法庭科学的加强之路》前的多个权威报告中，美国就已经意识到继续教育的在职培训的重要性。为了维持和更新对有关新技术、设备和方法方面的知识和技能，进行继续培训十分必要。[1]美国国家司法研究院对犯罪实验室法庭科学从业者的培训需求进行了描述：任何成员都需要在诸如刑事司法系统、法律制度、职业道德、职业组织、法庭科学基本哲学、法庭科学学科概述、质量控制、有效专家证言等获得指导。同样他们继续教育面临的最大问题也是质量问题，其解决方式是提出相关的指导方针，涵盖培训课程的资格要求、培训项目体系、培训内容。[2]

我国对司法鉴定人员的继续教育和在职培训基本没有硬性指标，理论上可以大胆借鉴美国的模式，从司法鉴定人的行为标准、安全和方针（操作程序、质量保证）、法律（专家证言、刑事和民事实体法与程序法、证据鉴真）、证据处理（跨学科问题、证据收集与保存、证据保管链条）、交流（书面或口头交流技能、撰写报告、出庭发言）等方面制定硬性指标，提升司法鉴定质量。

3．法律系统内部教育的经验

美国的法庭科学教育经验还指出，法庭科学共同体需要对那些使用其服务，

---

[1] 美国国家科学院国家研究委员会等：《美国法庭科学的加强之路》，王进喜等译，中国人民大学出版社2012年版，第41—42页。

[2] 同上书，第245页。

因而需要了解相关服务及相关术语的人员进行教育，包括执法人员、律师、法官、陪审员甚至公众。就法院系统而言，17 年前美国法官就需要理解日趋复杂的科学证据。民事侵权案件中常常会提出复杂的毒物研究；专利诉讼中，复杂的机械原理往往是争端焦点；如果不能对上述证据进行全面和深刻的分析，将影响到司法系统的适当性和独立性。[1]

为了给美国法律系统内部人员“补课”，这些机构和部门承担起了授课任务：联邦政府和州政府、美国犯罪实验室主任协会、高等院校、律师协会、美国公诉人研究院、专门的法学院。值得注意的是，在以上补课机构中，他们认为，让律师和法官迅速掌握有关知识的最好培训方法是通过法学院设置法庭科学相关课程。由此看来，如果借鉴美国的经验，给中国法官、律师、公诉人补法庭科学课的担子，必须由各大政法院校承担起主要分量。

（二）统一学科名称，明确学科定位

学科名称的统一是提升司法鉴定学科地位的先决条件，已经有不少学者注意到此问题，然而不同学者有不同观点，主张统一为“物证技术学”“司法鉴定学”“法庭科学”的都有。虽然从研究对象和内容特点来说，不同名称都有自身合理性，但是学科名称应考虑学科的历史发展、立法和司法实践，因而笔者粗浅认为“法庭科学”作为学科名称比较合理。与法庭科学同质不同名的司法鉴定、物证技术、刑事科学技术在我国理论和实践中由来已久，以上称谓或是借鉴美国的产物，或是学习苏联的产物，抑或是我国的本土产物。在统一学科名称之前，有必要进行一个学科的结构梳理。若以法庭科学统领涵盖其他学科名称，法庭科学与司法鉴定的关系则是学科与学科所从事的职业活动关系。换言之，学习法庭科学，从事司法鉴定工作，“司法鉴定学”的学科命名不便继续使用。法庭科学与物证技术的关系则是，法庭科学包括两大研究方向——法医学与物证技术学。而刑事科学技术与物证技术作等同处理，由于其强烈的行业限制属性，无法在政法院校推行，故也不宜使用。

当下，把“法庭科学”确定为法学下的二级学科，并进一步提升为一级交叉

---

[1] 美国国家科学院国家研究委员会等：《美国法庭科学的加强之路》，王进喜等译，中国人民大学出版社 2012 年版，第 247 页。

学科，已经成为政法院校努力的共同目标。在硕士研究生培养中，辽宁大学、华东政法大学、甘肃政法大学、西北政法大学成功将司法鉴定学设为法学二级学科，同时华东政法大学拥有司法鉴定博士学位点。此外，2019 年 9 月，上海政法学院开设本科法学（法庭科学方向），面向理科学生招生。这一专业方向的招生，在国内开创了政法院校培养司法鉴定技术本科人才的先河。面对国家法治建设发展的需要，法庭科学成为独立学科各方面的条件正在成熟，因此应该在现有自主设立的法学二级学科，以及相关学科研究方向的基础上，争取把法庭科学列为正式的一级交叉学科。

值得一提的是，不同院校的法庭科学学科建设应体现不同的特色，在不同的鉴定研究领域和方向形成优势，从而实现科学建设和研究生培养的错位发展，为社会需求提供高水平研究成果和高质量的专门人才，从而促进学科的可持续发展。其实，法学下开展技术型学科并非一时兴起之事物，在法庭科学较为健全的美国，有很多的法学院校开设类似的专业或课程，如约翰 · 杰伊刑事司法学院（John Jay College of Criminal Justice）、密歇根州立大学（Michigan State University）、俄克拉何马州立大学（Oklahoma State University）等。[❶] 美国警察教育培训体制与我国不同，但是社会对技术型法律人才的需求是相同的，所以借鉴美国的一些经验，笔者认为“法学 + 法庭科学技术”作为技术型法律人才的培养模式具备合理性与可行性。

（三）多措并举优化我国法庭科学教育

首先，法庭科学学科知识结构庞大复杂，在培养研究生人才时，为兼顾物证类、法医类、声像资料类等课题，可以采取校际合作、校企合作培养的模式联合培养研究生。如东南大学在 2011 年首创在法学硕士点中独立设置“医事法”“工程法”两个专业，同时在法律专业硕士研究生培养上实施“法学 + 医学（工学）”双专业交叉性的“4+3”模式，以培养高层次复合型法律人才。[❷] 各政法院校可参考东南大学医事法学硕士培养模式，与医学院校在导师选聘、论文归属、学时安

---

❶ 参见［美］D.A. 马特尔主编：《司法鉴定科技前瞻》，何晓丹主译，科学出版社 2021 年版，第 107 — 108 页。

❷ 刘艳红、单平基：《以专业深度交叉融合助推新法科建设》，载《民主与法制时报》2021 年 2 月 4 日，第 5 版。

排等环节达成共识，协作培养法医鉴定人才。据 2022 年我国研究生招录的最新消息，西南政法大学已经在法学一级学科下自设医事法学，并将于 2023 年招录第一批医事法学硕士生。同理，当物证类与声像资料类技术研究达到一定的深度时，也可寻求理工院校的合作，采用双导师，甚至多导师的创新培养模式。此外，对于中国大学 MOOC（慕课）平台也应该充分利用起来，各院校可将自身的强势学科群录制上传，供不同研究方向的学生群体研习。

其次，良好的学科平台有助于把握学科前沿领域与学科知识体演进趋势，把握学科共同体与学术圈业态。当前具备条件开设司法鉴定学（物证技术学）的院校，虽有学科大一统的趋势，却仍然处在百花齐放的阶段。为了解决学科割裂分散、各个院校自行其是的学科现状，有必要以几大传统政法院校作为基本核心，融合院校附属司法鉴定中心，一同构筑学科平台促进科学建设和研究生培养。学科共同体的形成，将为学生跨校交流、增设法庭科学技术类期刊、研究数据共享、统一学科代码、开设司法鉴定竞赛等创造有利条件。

最后，学科建设离不开学校法学人才培养理念转变和资源的支持。法庭科学学科建设和研究生培养，需要所属学校的大力支持，否则不能建设和持续发展。为此，高校可从以下三方面发力：一是从经费方面投入或支持司法鉴定服务收入用于购买设备、实验器材、资助研究。二是鼓励学生提升某一方面的鉴定技术实操能力，参照研究生培养的“三助”制度，设立“助鉴”制度，要求研究生必须在相关司法鉴定实务部门中从事“助鉴”实习，提升鉴定技术应用能力。三是加强法学核心课程知识的学习，努力通过国家法律职业资格考试，打开就业通道，增进与社会鉴定机构的合作与交流，拓展学生的就业机会。

结语

科学证据时代，司法机关对科学技术手段的依赖越来越强，尤其是随着大数据、人工智能、区块链等新兴科技逐渐赋能司法工作，法律职业人除了掌握常规的法学知识外，知晓或懂得一定的法庭科学知识成为必然要求。本文系阅读《美国法庭科学的加强之路》后，根据我国当前法庭科学实践存在的问题，借鉴美国经验提出从源头上改进我国法庭科学不足的建议，即呼吁加强我国的法庭科学教育。为此，一方面要加强法学教育中的法庭科学知识讲授，补足法科生法庭科学知识匮乏的短板；另一方面要加强法律职业体的法庭科学继续教育与职业培训工作，确保司法实务人员能够紧跟科技步伐，应对科学证据带来的挑战。当然，这样的法庭科学教育加强计划无疑会面临资金、时间、人力等多方面的考验，因此传统政法的强势院校必须敢作为，多措并举开展法庭科学学科的建设工作，为我国的法庭科学发展助力。

作为市民论坛的行政诉讼

——《诉的利益》读书札记

王杰[*]

引言

1989年《行政诉讼法》的颁布施行，标志着“民告官”制度在我国正式确立，这在一定程度上推动了公民权利救济和政府依法行政工作的前进。但在该法2014年大修之前，“立案难、审理难、执行难”三大顽疾，始终困扰着我国各级法院的行政审判人员，行政诉讼陷入了愁云惨雾的困顿局面。❶修改之后的《行政诉讼法》，通过扩大受案范围和原告资格、改革管辖制度、完善判决形式等方式，❷对“三难”问题进行了有力回应，暂时缓解了行政诉讼的艰难与困厄。❸然而，这并不意味着我国的行政诉讼制度已臻完善，持续不断的行政诉讼目的之争、原告资格之争、审查强度之争，都时刻驱赶着我们去思考“理想的行政诉讼图景究竟为何”这样一个问题。

原田尚彦教授的《诉的利益》一书，作为日本行政诉讼制度研究的经典之作，为同属大陆法系一脉的我国提供了他山之石，可以成为我们描摹理想行政诉讼图景的有益镜鉴。在他看来，民主国家的行政诉讼法庭，应该成为行政机关与公民就事关自己利害关系的事项，展开真正平等和富有诚意对话的论坛。❹而要达成这一“行政诉讼的应有姿态”，首先就需为处于弱势地位的公民打开对话之门。恰巧这扇门的钥匙，就是该书的主题——诉的利益。正所谓“无利即无诉，无诉则无

---

* 中国政法大学法学院2021级博士研究生。

❶ 何海波：《困顿的行政诉讼》，载《华东政法大学学报》2012年第2期。

❷ 参见童卫东：《进步与妥协：〈行政诉讼法〉修改回顾》，载《行政法学研究》2015年第4期。

❸ 参见何海波：《一次修法能有多少进步——2014年〈中华人民共和国行政诉讼法〉修改回顾》，载《清华大学学报（哲学社会科学版）》2018年第3期。

❹ ［日］原田尚彦：《诉的利益》，石龙潭译，中国政法大学出版社2014年版，第242页。

［日］原田尚彦：《诉的利益》，石龙潭译，中国政法大学出版社 2014 年版

判”，说的就是此理。

换言之，只要厘清了“诉的利益”这一不确定法律概念，我们也就把握了理想行政诉讼制度的脉搏。但是，作为行政诉讼的制度“要冲”，“诉的利益”上承诉讼制度的设立目的，下启法院的实体审理模式。这意味着我们不能单靠技术性的文理解释来加以处理。相反，必须采用系统论的视角，在综合考察行政诉讼制度目的与实体审理应然模式的情况下，才能完全理解“诉的利益”。有鉴于此，本文将在考察行政诉讼制度功能目的嬗变历程的基础上，对原田氏有关诉的利益和实体审理应然模式的思想进行整理与评述，并就可能启发我国行政诉讼制度变革的内容提出自己的思考。

一、行政诉讼制度功能目的的历史嬗变

诉的利益与诉讼制度的设立宗旨关联甚密，在探求诉的利益的内容之前，有必要先对行政诉讼制度的设立目的与功能加以考察。而不断更迭变化的行政活动方式，又决定了与之匹配的诉讼制度，只能在历史嬗变的维度上加以把握。

（一）主客观诉讼的转化与交融

一般来说，行政诉讼制度存在大陆法系和普通法系两个传统，而前者构成了《诉的利益》的讨论场域。然而，即便是同属大陆法系的国家，也在行政诉讼制度设立目的这一问题上，存在显著不同的理解。通说认为，法国是典型的客观诉讼，主要关注行政秩序合法性的维护；德国和日本则具有主观诉讼的特征，更加关注国民的权利救济。但是，主客观诉讼真的具有那么清晰的界线吗？具备更多主观诉讼特征的德日两国，难道就不注重行政秩序合法性的维护吗？

实际上，上述问题的答案都应当是否定的，即主观诉讼与客观诉讼也存在相互转化与融合的可能。以作为“行政法母国”的法国为例，越权诉讼起初与其说是客观诉讼，毋宁说更像是一种主观诉讼。之所以如此，主要是因为法国建立行政诉讼的最初目的，本就是为了摆脱司法权的控制，其遵循的是“行政不受司法干预”的分权理念。[1]作为法国行政诉讼雏形的“最高行政长官申诉制度”，也是为了救济行政权独立之后因权力行使而受害的国民。只不过在19世纪末20世纪初，随着判例法上原告资格的扩大，才逐渐演变为今日的客观诉讼模样。

同样，在主观诉讼色彩浓厚的德国，也并非没有客观诉讼的痕迹。在某种程度上，甚至可以说德国行政诉讼制度的开端就是客观诉讼。其中，又以普鲁士的行政审判制度最为典型。众所周知，在君主专制时代，行政权具有直通君主的固有权威，以致于能够以超然的优越立场强制命令国民，国民相对于行政而言，并不存在后来所谓的“主观公权利”。[2]只不过，随着抑制行政恣意、摆脱政治影响需求的不断高涨，才渐次发展出了作为行政行为上诉程序的行政诉讼制度。毫无疑问，如果按照现在关于主客观诉讼的界分标准，这就是一种典型的客观诉讼。之所以后来又演变为主观诉讼，则主要是因为法治国取代警察国、具有主体性之公民取代作为统治客体之公民的缘故。

综上，主观诉讼与客观诉讼并非截然对立的两组概念，也不存在泾渭分明的区分标准。相反，还存在相互转化与融合的趋势。之所以如此，主要是因为“公

[1] ［法］让·里韦罗、［法］让·瓦利纳：《法国行政法》，鲁仁译，商务印书馆2008年版，第685—688页。

[2] 赵宏：《主观公权利的历史嬗变与当代价值》，载《中外法学》2019年第3期；［德］汉斯·J.沃尔夫、［德］奥托·巴霍夫、［德］罗尔夫·施托贝尔：《行政法》（第一卷），高家伟译，商务印书馆2003年版，第71—73页。

民权利救济”与“客观秩序维护”两种诉讼价值，本就是“一体两面”的关系，二者共同服务“人是目的”这一终极哲学价值。因此，任何关于诉的利益的讨论，无论是扩大还是限缩，都必须放在“人是目的”的范畴中进行。不能因为标榜本国行政诉讼的主观或者客观特性，就对诉的利益进行不当限缩。尤其是在人权保障已经成为时代主流的情况下，不断扩展诉的利益的实质内涵，向国民敞开行政诉讼的救济大门，当属应有之义。

（二）我国的行政诉讼属于何种诉讼模式？

如前所述，主观诉讼与客观诉讼在本质上具有一致性，无须将其视作水火不容的两种诉讼模式。然而，国内部分学者却没有认识到这一点，仍然坚持“主客观诉讼对立说”，似乎我国的行政诉讼制度必然分属其中一种。例如，有学者认为：“无论是《宪法》第41条确定的合法性优先价值，还是原告资格条款与判决种类，都体现了我国行政诉讼的客观诉讼定位。”❶与之相对，有学者则认为，我国1989年《行政诉讼法》设计的“是以保护公民、法人和其他组织合法权益为中心的主观诉讼制度”❷。表面看来，二者只是存在简单的观点对立。实则不然，如果深究学者们的知识流脉，就会发现拥有法国法背景的学者多持“客观诉讼说”，拥有德国法、日本法背景的学者则多持“主观诉讼说”。暂且不论他们对于域外行政诉讼制度功能定位的理解是否准确，仅就留学背景决定判断立场这一点来说，也是值得批判的。

令人欣慰的是，理论界对于“主客观诉讼对立说”的批评与检讨已经开始，越来越多的学者开始肯定两种诉讼模式迈向统一的可能，并认为二者之间不存在非此即彼的功能选择难题。❸正如有观点所总结的那样：“诉讼请求的主观性与法院审判的客观性，使得我国行政诉讼呈现出一种‘内错裂’形态。”❹换言之，与其简单认为我国行政诉讼是纯粹的主观诉讼或者纯粹的客观诉讼，毋宁说其是两种

---

❶ 成协中：《论我国行政诉讼的客观诉讼定位》，载《当代法学》2020年第2期。

❷ 于安：《发展导向的〈行政诉讼法〉修订问题》，载《华东政法大学学报》2012年第2期。

❸ 翟国强：《行政诉讼制度功能展开的宪法基础重思》，载《中外法学》2022年第4期。

❹ 薛刚凌、杨欣：《论我国行政诉讼构造："主观诉讼"抑或"客观诉讼"》，载《行政法学研究》2013年第4期。

模式混合的结果。[1] 但需要注意的是，模式混合既可能产生功能优势兼采的效果，也可能出现规则杂糅与标准互斥的局面。很显然，行政诉讼的持续困顿告诉我们，后一种猜想更符合我国的现有实际情况。

之所以会如此，主要原因可能正如原田氏所论及的那样，在于立法者没能理清诉讼目的、诉的利益与审理模式三组概念之间的紧密联动关系。诉的利益居中，上承诉讼目的，下接审理模式，三者之间理应具有逻辑的一致性和连贯性，而非相互排斥与矛盾。根据《行政诉讼法》第 1 条可知，我国立法者选择了“救济公民权利”与“监督依法行政”的双重目的模式，在诉讼构造上呈现出主客观诉讼并列的制度外观。但奇怪的是，作为制度配套的受案范围、原告资格、审理模式等内容，却没有严格承袭第 1 条所确立的双重诉讼目的架构，转而在主观向度与客观向度上作出了单项选择。例如，秉持“受害者”标准的原告资格[2]，具有浓厚的主观诉讼色彩；强调“合法性审查”原则，则透露出鲜明的客观诉讼取向。由此可见，在我国行政诉讼制度安排的上、中、下游，分别出现了三种不同的诉讼标准，且标准之间存在着明显的龃龉。最后造成的结果必然是，公民权利救济与客观法秩序效果皆不彰，行政诉讼制度陷入持续困顿。

如果想要规避模式混合的缺点与不足，兼采主观诉讼和客观诉讼的功能优势，我国立法者需要在未来重新调整行政诉讼上、中、下游的制度安排，让诉讼目的、诉的利益与审理模式真正迈向标准的一致，以便将行政诉讼打造成理想的市民论坛。当然，论坛得以搭建的前提，仍然是坚持主客观诉讼的统一，而非进行非此即彼的单项选择。

二、诉的利益

虽然作为市民论坛的行政诉讼制度，本意在于实现“人是目的”的终极哲学理念。但是，这并不意味着任何人都可以无理由地将其启动，以致于演变为不受控制的民众诉讼。通往市民论坛的钥匙，只能交给与自身权益具有利害关系的人，即必须具有诉的利益。而且，诉的利益不只是一把钥匙，而是内含行政处分性、

---

[1] 参见邓刚宏：《我国行政诉讼功能模式的演进、局限及其转型》，载《中共中央党校（国家行政学院）学报》2022 年第 4 期。

[2] 参见林莉红、马立群：《作为客观诉讼的行政公益诉讼》，载《行政法学研究》2011 年第 4 期。

原告适格性和诉讼制度利用必要性的一串钥匙。

（一）行政处分性

在诉的利益这串钥匙中，行政处分性的判断始终居于首位，成为名副其实的第一把钥匙。换言之，只有行政处分性受到认可后，才存在进一步检讨原告适格性和诉讼制度利用必要性的可能。之所以如此，主要是因为行政处分性事关行政诉讼制度的管辖与分工范围，只有进入该范围的行政活动才能够开启诉争进程。同时值得注意的是，行政处分性的讨论具有特定的前提，那就是必须存在法律规定的不明确之处。如果所有可诉行政活动都已经以法律明文规定的方式予以列举，且不存在任何的解释空间与可能，那么行政处分性的讨论意义也会丧失殆尽。所以，将行政处分性作为受案范围的判断标准，其实是实体法上的概括主义取代列举主义之后的事情了。

那么，什么样的行政活动才可以称之为具有行政处分性的活动呢？根据日本《行政案件诉讼法》第 3 条的规定，其专指行政机关的处分以及其他相当于公权力行使的行为。换言之，行政处分性等于公权力的行使。然而，“公权力行使”也不是一个文义绝对确定的法律概念。相反，其还存在一段可追溯的概念变迁史。首先是在作为特惠式上诉程序的时代，行政诉讼主要起到解除行政行为公定力的作用。因此，只有那些“受到法律承认的、可以直接形成与变更公民权利义务的、具有公定力的行政行为”[1]，才能够获得行政处分性的认证。由此可见，彼时是以客观法秩序维护为受案范围的主要判断依据。但是，随着行政活动的日趋多样化，这种充满国家秩序权威的公权力认定标准，逐渐暴露出调控性不足的缺点。诸如给付性行政行为和行政行为以外的行政活动，都无法纳入行政诉讼的管辖范围，以致放任了行政权的恣意行使。

进入法治国时代之后，为了将行政权更好地规制在宪法和法律设定的框架之内，就有必要逐步扩大行政诉讼的对象，拓宽行政处分性的认定标准，将更多“相当于公权力行使的行为”导入法治轨道。1969 年的“反对人行天桥案”，就是这一转型的典例。该案中，东京地方法院通过整体把握行政过程的方式，直接承

[1] 石龙潭：《日本行政诉讼救济范围之拓展——“行政处分性”之理论解析》，载《行政法学研究》2017 年第 3 期。

认了“人行天桥设置行为”的行政处分性。[1]后续的富山行政指导案、土地区划整理事业规划案和横滨市立托儿所案，更是进一步将行政指导、土地规划和行政立法等行为，认定为“相当于公权力行使的行为”[2]。由此，注重公民权利救济的主观诉讼色彩，渐次注入了受案范围的判断标准。尽管存在来自传统学说的批评，但扩张行政诉讼的救济对象已经成为不可逆转的趋势。“行政处分性”也开始与“行政行为”这一概念分离，生发出其所不具备的全新内涵，让公民的个别救济变得更为真实，让行政活动的开展变得更为慎重。[3]

与利用“行政处分”扩张司法救济范围的日本不同，我国《行政诉讼法》仍然坚持使用“行政行为”的概念。但由于行政实践的变迁需要，这一德国“舶来品”也在我国发生了概念变异，其承载的内涵已经远超“权力性”的本源。[4]这非但无助于学理概念的纯化，反而可能助长法官拒绝受理案件的恣意。因此，未来在坚持扩张司法救济范围的同时，也应当给“行政行为”这一概念适当“减负”，使其逐渐回归概念的原点。当然，随之而来的工作就是寻找替代性概念。相比较而言，内涵更加清晰的“行政处分”，或许可以成为那个替代者。

（二）原告适格性

在解决了“什么事”可以纳入市民论坛的讨论范畴后，紧接着需要考虑的就是“什么人”可以登上市民论坛了，也就是原告资格的判断问题。[5]

在旧行政法院时代，日本行政诉讼制度的原告资格只及于“权利受损者”，这一方面可能是受到了民诉理论保护实体权利传统的影响；另一方面则是司法权恪守权力分立原则的表现，毕竟司法机关不具有普遍意义上的行政监督权，而只能在救济公民具体权利时进行必要的合法性审查。[6]很显然，这是一种非常狭隘的原告资格判断标准。

---

[1] ［日］原田尚彦：《诉的利益》，石龙潭译，中国政法大学出版社2014年版，第123页。

[2] 参见石龙潭：《日本行政诉讼救济范围之拓展——“行政处分性”之理论解析》，载《行政法学研究》2017年第3期。

[3] ［日］原田尚彦：《诉的利益》，石龙潭译，中国政法大学出版社2014年版，第164页。

[4] 参见赵宏：《法治国下的目的性创设：德国行政行为理论与制度实践研究》，法律出版社2012年版，第2—5页。

[5] 参见刘峥：《试论设定行政诉讼原告资格与行政诉讼受案范围的互动逻辑关系》，载《法制与社会发展》1998年第4期。

[6] ［日］原田尚彦：《诉的利益》，石龙潭译，中国政法大学出版社2014年版，第5页。

"二战"后日本制定的《行政案件诉讼法》第 9 条，试图对传统的狭隘标准进行适当扩展，认为只要对所诉争的处分具有法律上的利益，就可以获得行政诉讼的原告资格。这种"法律上的利益"类似于德国行政法上的主观公权，与之配套的识别工具则是保护规范理论。即只要当事人诉争的利益，受到行政行为所依据的实体法保护，就认可其原告资格。此种学说可以提供最贴近立法原意的解释模型，并为司法裁判者提供可操作的具体判断标准，逐渐成为日本理论界和实务界的通说。但是，也遭到了立法者专断与司法适用不确定等意见的批评。❶

为了逃脱纷繁复杂的实定法解释困局，对公民遭受的损失进行更加富有实效的救济，日本学界随后发展出了"值得保护的利益说"。在该说看来，《行政案件诉讼法》第 9 条规定的"法律上的利益"，不能局限于"法律所保护的利益"，包括反射利益、事实利益在内的"值得法律保护的利益"，也属于其应有的文义射程。❷这种学说更进一步地扩张了原告资格的可得性，但也因缺乏客观判断标准而遭受诘难。如果单独采用该说，甚至有可能让具有浓厚主观色彩的原告资格发生客观化转向。其实客观化转向也无可厚非，因为对于信奉主权在民的国家来说，公民的权利已经不需要实定法加以规定，只要违法行政行为侵害了某个公民，就应当赋予其违法性排除程序的参与资格。

在综合权衡判断标准明确性与实质救济可得性的基础上，似乎应当以"法律上所保护的利益说"为主，并辅之以"值得法律保护的利益说"。除了相对人和具有主观公权利的相关人可以获得原告资格外，反射利益与事实利益拥有者的原告资格也不应一律拒绝，而要在考虑行政行为合法性保障需要的前提下作出最终判断。

我国行政诉讼原告资格的判断结构，在经历相对人标准、法律上利害关系标准和利害关系标准后❸，当前已经来到了主观公权利标准阶段❹。换言之，我们也同时拥有了诉诸实定法与不诉诸实定法的两种原告资格判断标准。与其过分强调二

---

❶ 参见石龙潭：《原告适格论》，载《财经法学》2016 年第 4 期。

❷ ［日］原田尚彦：《诉的利益》，石龙潭译，中国政法大学出版社 2014 年版，第 9 页。

❸ 参见章剑生：《行政诉讼原告资格中"利害关系"的判断结构》，载《中国法学》2019 年第 4 期。

❹ 参见赵宏：《保护规范理论在举报投诉人原告资格中的适用》，载《北京航空航天大学学报（社会科学版）2018 年第 5 期。

者的互斥性❶，不如挖掘它们的互补性，构建以“主观公权利标准”为主，以“利害关系标准”为辅的复合型原告资格判断结构，以呼应主客观相统一的行政诉讼立法目的。

（三）诉讼制度利用必要性

在所诉争活动的程序性要件已经全部满足，即具备行政处分性和原告适格性之后，司法机关似乎再无理由拒绝案件进入实体审理阶段。但是，如果这些程序性要件嗣后发生情势变更，如出现法令修改或者行政行为被行政机关自主撤销等情形，以致诉争活动的效果已经丧失，此时还存在启动国家审判制度的价值和必要性吗？关于这个问题的回答，就需要回到最狭义的范畴内讨论诉的利益了。

不同于具有明确实定法指向的行政处分性和原告适格性，诉讼制度利用必要性是否具有法律依据向来存在争议。在日本，有观点认为《行政案件诉讼法》第9条第1款的括号中部分可以作为诉讼制度利用必要性的实定法依据。在其看来，即便处分或裁决的效果已因期间经过或者其他理由而丧失，但如果仍然存在应当恢复的法律利益，也需要认可行政诉讼制度发动的必要性。特别需要注意的是，该条文的标题为“原告适格”，而非“原告适格与诉讼制度利用必要性”。由此可见，诉的利益不过是一只穴居于“原告适格”概念下的寄居蟹，实定法地位明显低于同为诉讼要件的行政处分性和原告适格性。❷

虽然缺乏明确的实定法依据，但关于诉讼制度利用必要性的探讨仍然十分重要，毕竟行政诉讼制度只是多元纠纷解决体制中的一个分支。权力分工的法治内核以及司法资源的有限性，都要求登上市民论坛的“事”和“人”，必须是最适合制度设立目的的那部分。但是，这并不意味着诉讼制度利用必要性，可以成为司法机关随意拒绝实体审理的借口。相反，在保障司法裁判获得权的宪法语境中，还应当适度拓展诉的利益的概念外延，以减轻当事人的程序空转负担，在实体上给予其与行政机关平等对话、表达自身诉求的机会。也正是基于这种原因，原田氏才主张肯认预防诉讼和执行停止制度的重要意义，赋予被强制驱逐者以临时救

❶ 参见赵宏：《保护规范理论的误解澄清与本土适用》，载《中国法学》2020年第4期。

❷ 石龙潭：《行政诉讼的诉的利益——以日本撤销诉讼为素材》，载《地方立法研究》2021年第1期。

济，以防止权利救济空洞的出现。❶

与日本一样，在受案范围和原告资格条款之外，我国《行政诉讼法》也没有为诉讼制度利用必要性配备相应的依据支撑。然而，这并不说明我们在诉讼要件审理阶段，就不考虑诉讼制度利用的必要性。事实上，对于那些应当撤销却因客观原因无法撤销的违法行政行为，新《行政诉讼法》已经通过设置确认违法判决的方式，肯定了当事人启动行政诉讼制度的必要性。虽然这种判决既不赋予权利也不课予义务，但仍然可以作为当事人进一步请求损害赔偿和补偿的基础，因而需要承认诉的利益。❷如此看来，保持对于"狭义的诉的利益"的开放解释，增加当事人登上市民论坛的机会，已经成为现代行政诉讼制度的主流。但是，囿于实定法依据和客观判断标准的缺失，狭义的诉的利益也只能作为行政处分性和原告适格性的补位概念而存在。换言之，在符合受案范围与原告资格标准后，法院一般都会认可启动诉讼制度的必要性，除非存在极个别的特殊情况。

三、现代行政背景下的实体审理应然模式

随着诉的利益的范围逐渐放宽，越来越多的行政纠纷将有机会进入法院大门。为了不被随之而来的诉讼洪水所淹没，负责实体审理的法院应当找到一种公正迅速的案件处理模式，以免陷入口大底小的"漏斗陷阱"。

（一）司法全面审查已经不合时宜

按照传统的司法国家理念，为了充分保障人权，任何行政行为都需要接受法院的全面审查。羁束行政行为如此，自由裁量行为亦是如此。但是，全面审查并非亘古不变的真理，也需要在历史维度内加以动态考察。事实上，在前司法国家时代，为了避免司法权对行政权的不当干预，"裁量不予审理原则"才是司法审查的根本准则。只不过到了 20 世纪初，出于对自由裁量权滥用的担忧，才渐次发展出"裁量界限论"和"无瑕疵裁量请求权"，行政裁量得以开始进入司法审查的

❶ 参见［日］原田尚彦：《诉的利益》，石龙潭译，中国政法大学出版社 2014 年版，第 60—87、205—217 页。

❷ 参见李广宇：《新行政诉讼法逐条注释》，法律出版社 2015 年版，第 632、643 页。

大门。[1]此后，随着“裁量一元论”取代“裁量二元论”，自由裁量与法规裁量逐渐走向融合，正式开启了法院之于行政行为的全面审查时代。

在司法全面审查的时代，即使面对以前被认为属于行政机关自由裁量的事项，法院也会积极行使审理权，对构成行政行为基础的事实认定与法律适用进行全面的重新审理，并依据自己的独立心证作出实体判断。而且，当自己的判断与行政判断存在细微分歧时，往往还会以自己的判断替代行政机关的判断，以实现行政权服膺于法院控制的司法国家理想。之所以会承认这种司法判断的优先性，主要是因为法院通常会站在不偏不倚的居中立场形成自己的判断。而且，在法律的适用与解释问题上，司法机关相较于行政机关而言，本就具有天然的不可比拟性。

然而，在日益复杂的现代行政场景中，立法控制行政的能力日益萎缩，那种纯粹的法律适用活动已经相对少见了。立法者不得不对行政机关全面授权，委托其主动实施政策性和技术性判断，以实现维护公共利益的法目的。面对这种持续的立法空洞，再要求法院对行政活动进行全面实体审查，只会产生适得其反的效果。例如，在“朝日案”二审判决中，法院花费大量时间计算住院患者日用品支出金额，只不过产生了追认行政决定合法性的效果。在“群马中央巴士案”二审判决中，法院通过代为判断的方式，对营业申请驳回处分进行了实体审理，最终结果也是对行政判断予以肯定。如此一来，不仅加重了行政审判人员的工作负担，还会导致案件久拖不决。而且，当法院倾注精力作出的实体判断没法必然推翻行政判断时，还会使公民产生行政追随主义的疑虑，以致于进一步损害司法的权威与信用。[2]

这样看来，想要通过司法全面审查控制行政权的时代已经过去，新的行政诉讼实体审查模式亟待被发现。

（二）迈向“程序性实质审理”时代

如上所述，想要在现代行政背景下主张司法全面审查，已经不太可能。但是，这并不意味着我们就应该直接退回“裁量不予审理”的前司法国家时代，放任行政裁量权的恣意行使。相反，作为守护公平正义的最后一道防线，司法机关仍然

[1] 参见王贵松：《行政裁量的构造与审查》，中国人民大学出版社2016年版，第118页。

[2] ［日］原田尚彦：《诉的利益》，石龙潭译，中国政法大学出版社2014年版，第178页。

应当肩负起人权保障的重要责任。只不过，工作方式需要由过去的全面审查，转变为现在的“程序性实质审理”。

所谓程序性实质审理，主要包括正当程序审与行政过程审两个方面。二者之间并非各自独立的关系，反而是需要相互嵌套与紧密配合的。在这一审理模式下，法院不需要再像以往那样劳心伤神地代为作出实体判断，而只需审查行政过程是否按照正当程序予以实施即可。❶之所以认可此种审理模式的合理性，主要是因为对于行政案件的调查与认定，拥有丰富专业知识的行政机关往往具有更大的权威。现代的复合型行政过程，已经不是单纯的法实现过程，而是一个实现公共利益的政策创造过程。只要与之相关的利害关系人都能加入行政过程中，行政机关政治决策具有足够的民主性，法院就不宜过分苛责。东京地方法院在1963年作出判决的“个体出租车营业许可案”与“群马巴士案”，就是适用这种审理模式的典型案例。

虽然采用程序性审理模式，可以将法院拽出繁杂实体内容的审查泥潭，但也存在程序空转与“借程序之名，行专断之实”的危险。因此，即使是只进行程序性审理，也不应该拘泥于程序遵守的形式审，以致于一味盲从行政机关作出的判断。相反，必须要始终坚持“司法怀疑主义”，进一步对行政程序促进行政决定正当性的效果加以实质审，以避免行政过程偏离民主的轨道。只要当事人能够基于一定的事实根据，指责行政判断过程存在不公正或者非民主，如考虑了不应当考虑的因素，法院就应该要求行政机关进行合理性举证。一旦行政机关举证不能，就必须承担败诉的结果。如此一来，不仅行政过程的民主性得以提升，还有利于加强司法机关对于行政裁量权的控制，行政诉讼的实体审理也将变得更加迅速且富有实效。

当然，“程序性实质审理”并非为日本行政诉讼所独有。事实上，在我国的行政诉讼实践中，也已经出现了采用这种审理模式的案例。其中，最为典型的莫过于“田永诉北京科技大学案”和“刘燕文诉北京大学案”。在这两起著名的“学生告学校”案件中，主审法院都拒绝对实体问题作出直接判断，转而从程序法的侧面对行政行为进行了审查。有学者认为，这是正当程序原则在我国司法审查中的

---

❶ ［日］原田尚彦：《诉的利益》，石龙潭译，中国政法大学出版社2014年版，第181页。

晨光初现。[1]这说明，“程序性实质审理”属于行政诉讼制度的共通原理，不能因为过分强调本国特色而加以排斥。同时也应当看到，由“晨光初现”到全面适用，我国的行政诉讼审理模式转型，仍然是任重而道远。

结语

在现代民主法治国家中，合作已经取代了对抗，成为处理公民与国家之间关系的首要法则。具体到行政纠纷解决领域，则是要为二者搭建一个可以进行平等对话的论坛。因此，行政诉讼制度功能的界定、诉的利益的解释以及实体审理模式的变革，都应该服务于创建市民论坛这一根本目的。很难想象，这些都是来自半个世纪之前的观点。可以说，即便是放在今天，仍然毫无违和与落伍之感。由此，不得不佩服原田尚彦教授的智慧与远见。虽然《诉的利益》只是一本论文集，但该书问题意识强烈且富有逻辑的美，绝不是作者自谦的“平庸之作”，值得每一位行政诉讼法学研习者细细品读。

---

[1] 参见何海波:《司法判决中的正当程序原则》，载《法学研究》2009年第1期。

拉伦茨“价值导向的法律思维”之初探

——兼论民事诉讼法学涉“程序价值”的方法论

谢妮轩 *

“价值导向的法律思维”是卡尔·拉伦茨《法学方法论》一书中的融贯性概念与思维工具，需予以重视并反复研读。“价值导向的法律思维”不仅涉及对拉伦茨提出的具体思考形式和运用领域的理解，还涉及价值判断的正当性、法学的科学性等理论质疑。下文以“价值导向的法律思维”的法理基础为启，具体剖析其内涵与外延，并就思考形式的表现与发挥作用的场域等作出梳理，回应关联性质疑，最终以“价值导向的法律思维”加深对民事诉讼法学的“程序价值”方法论的感悟。

一、法理基础：诠释学与拉伦茨的法学方法论

特定的思想均有其特定的形成背景与基础，拉伦茨的“价值导向的法律思维”亦不例外。在展开论述这一思想的具体内容之前，有必要就相应的法理基础予以明确，从而更为深入地理解“价值导向的法律思维”之内核与价值。

从纵向时间来看，“价值导向的法律思维”最终形成于拉伦茨后期的法学理论体系之中，遂成为最重要的核心内容。事实上，拉伦茨所撰《法学方法论》第三版的公开被认为是其在吸收诠释学理论的基础上，对自身理论展开更加精细化论证的产物，具体表现为第三版书中第二部分新增了“导论：法学的一般特征”一章，其中引入了诸如“前理解”“诠释学上的循环结构”等理论。[1] 所谓“诠释学”，是指对“有意义之事物的理解”。[2] 在此意义上，“法科学”作为一门“‘理

---

* 北京航空航天大学法学院 2022 级民事诉讼法学专业博士研究生。

[1] 顾祝轩：《制造“拉伦茨神话”：德国法学方法论史》，法律出版社 2011 年版，第 200 页。

[2] ［德］卡尔·拉伦茨：《法学方法论》（全本·第六版），黄家镇译，商务印书馆 2020 年版，第 314 页。

[德] 卡尔·拉伦茨:《法学方法论》(全本·第六版),黄家镇译,商务印书馆2020年版

解的’科学”[1],与以解释与理解为手段的诠释学密不可分;并且,“法科学”作为一门“规范性的”科学,以“发现规范内在的统一性及其融贯的意义关联”[2]为研究目标,不可避免地需要将聚焦意义关联的诠释学作为方法论的基础。由此,法学方法论的特征即“以诠释学的视角对法学进行自我反思”[3]。换言之,法学方法论就是以一种内在批判的形式,对法学中被有意识地运用的方法与思考形式,展开某种意义关联上的解释与判断。

鉴于此,以诠释学为视点的法学方法论必然取向于“价值导向的法律思维”,要求“法学应以诠释学上容许的价值导向的思维方法来解释并确证其陈述,相反,无须禁止有根据的价值判断和决断”。[4]

---

[1] [德] 卡尔·拉伦茨:《法学方法论》(全本·第六版),黄家镇译,商务印书馆2020年版,第550页。

[2] 同上书,第313页。

[3] 同上书,第315页。

[4] 同上书,第301页。

二、“价值导向的法律思维”的内涵与外延

尽管在当下的法律实践与理论研究中，法律人就价值与意义关联进行考量已经是一项近乎自觉的行为。但是，就该法律思维的发展历程来看，受到自然科学的方法论影响，曾有诸多论者主张法科学应为价值中立的概念作业。那么，在拉伦茨的讨论语境下，应当如何理解“价值导向的法律思维”的内涵？这一概念与价值判断是何关系？这是此部分所要探讨的问题。

（一）“价值导向的法律思维”的内涵

拉伦茨没有在《法学方法论》一书中就“价值导向的法律思维”给出明确的定义，而似乎是使用一种描述性的方式，勾勒了“价值导向的法律思维”的基本要素或特征。

首先，“价值导向的法律思维”是主观与客观相结合的思维过程，也即其既包含判断者的内在立场，又包含个人评价之外的客观标准。具体而言，判断者不仅仅是陈述其主观感觉，更主要的是依据法律的立场观点、按照法秩序的要求和评价标准来作出客观决断。[1]

其次，“价值导向的法律思维”有助于法律人作出受法律原则约束的价值评价。法律人基于“前理解”，运用“诠释学上的循环结构”，在由法律原则构成的“内部”体系中作出合理的、可检验的价值判断。所谓“前理解”，区别于包含错误判断的“先见”，是一种基于“职业上的经验”而获得的全部的法律知识以及“法律思考方式”，甚至包括法律之外的社会知识。[2]在双向交替的“循环结构”模式下，理解的过程并不存在终点，而是在相互澄清和解释中不停地修正原先的理解。[3]

再次，“价值导向的法律思维”具有特殊的思考形式，包括类型、价值标准的具体化、功能被规定的概念等，将在后文详述。

最后，从反面否定的视角来看，“价值导向的法律思维”不具有逻辑上必然推

---

[1] ［德］卡尔·拉伦茨：《法学方法论》（全本·第六版），黄家镇译，商务印书馆2020年版，第367页。

[2] 同上书，第268页。

[3] 同上书，第356页。

论的特点，故明显区别于涵摄的逻辑演绎。此外，也不单是“直觉的评价”[1]，不需要与已有论述或评价保持一致——价值判断既可能与“历史上流传下来的”评价一致，也可能有所偏离。作为方法上的一种思维或规则，“价值导向的法律思维”只产生司法裁判过程中的辅助功能，不必然导致裁判的错误。

（二）价值判断与“价值导向的法律思维”

可以看到，拉伦茨在有关“价值导向的法律思维”的论述中，也时常使用价值判断（Werturteil）一词。问题在于，价值判断是否等同于“价值导向的法律思维”？如果不是，二者之间具有怎样的区别和联系？

“价值导向的法律思维”既不执着于“抽象的概念”中的诸特征，也不要求实施直接的“价值判断”，而是根据具体状况就自身的诸特征（要素）作出随机应变的调整，并形成和维持一个类型的整体图像。鉴于此，拉伦茨实际上在传统的“涵摄”与“价值判断”之间，主张存在第三种思维形态即“价值导向的法律思维”。此外，“价值导向的法律思维”还区别于根据纯粹的个人立场而作的价值判断，以特定的思考形式将主观价值判断“客观化”，从而使得价值判断能够为理性所论证。[2]由此，在与价值判断的交互过程中，“价值导向的法律思维”实际上发挥了两大功能：一是“转译”功能，即通过理解、解释和领会，将主观意义上的价值判断转化为能够被多数人承认的、客观意义上可检验和审查的价值判断；二是“导向”功能，即既有的价值判断能够一定程度上引导后产生的价值判断，从而建构起体系性的价值与原则。[3]

需要予以说明的是，借助社会经验获得的判断不是价值判断，也就无涉于“价值导向的法律思维”。借助社会经验获得的判断本质上是从社会事实的视角，而非从法律规则的视角，借助一般经验法则作出的评判。[4]在具体的个案中，如果只需要取向于相关的社会事实就足以解决问题，且某种程度上也可以促进法律适用的一致性，那么此时无须进入价值判断的领域。

---

[1] ［德］卡尔·拉伦茨：《法学方法论》（全本·第六版），黄家镇译，商务印书馆 2020 年版，第 278 页，脚注 76。

[2] 同上书，第 308 页。

[3] 同上书，第 11 页。

[4] 同上书，第 364 页。

三、“价值导向的法律思维”的思考形式与适用领域

拉伦茨指出，法学的任务是发展出以一般评价观点与原则为导向的标准，并兼顾案件或类型的特点，借此使得有弹性的判断成为可能。❶那么，“价值导向的法律思维”在此任务过程中具体发挥着怎样的作用、运用了哪些思考形式则需要进一步探究。“价值导向的法律思维”的思考形式可以视为其在法学中的表现载体，而适用领域意在明确其在不同场合下的作用与意义。

（一）思考形式：类型、价值标准的具体化与功能被规定的概念

尽管“价值导向的法律思维”所运用的思考形式不限于类型、价值标准的具体化以及功能被规定的概念，但这三者系拉伦茨明确指出的“特殊的”思考形式。❷故此部分主要分别就类型、价值标准的具体化与功能被规定的概念展开论述，并辅以对类推、客观的—目的论解释以及个案中的利益衡量作出说明。

1. 类型

拉伦茨对于“价值导向的法律思维”的特征介绍，首先始于“类型”与“抽象的概念”，或者说“归属”与“涵摄”的界分。

就涵摄推论程序而言，特定概念的特征性要素需要被清晰、完整地定义，从而能够判断案件事实是否具备定义中列举的全部特征，得出演绎结论。这也就意味着涵摄的大前提首先必须是一种精确的标准，才能顺利地在具体案件中得到适用。但是，由于语义的多义性和模糊性，概念的特征性要素在大多数情况下反而表现为一种“浮动的标准”，故而需要借助一系列的中间判断或辅助判断，也即价值判断。❸正如拉伦茨所列举的“动物饲养人”实例——在分析“动物饲养人”的概念时，关键看基于动物饲养所带来的利益之强度，因“利益”存在程度的差异，故“动物饲养人”不属于抽象的概念，而应被视为类型。❹概言之，拉伦茨系以类型作为媒介，根据社会经验确定“动物饲养人”的具体范围。此种以类型为媒介的判断，进行符合规范或标准“意指”的评价，属于典型的价值判断或基于

---

❶ ［德］卡尔·拉伦茨：《法学方法论》（全本·第六版），黄家镇译，商务印书馆2020年版，第306页。

❷ 同上书，第314页。

❸ 同上书，第279页。

❹ 同上书，第281—286页。

类型的“价值导向的法律思维”。由此可知，概念涵摄确属价值中立的思考过程，能够免除价值判断的“权衡”过程，维持法律适用的统一与稳定；但是，绝大多数法规范是类型描述性的规定，而类型学的归属思维就必须与主导性价值观念之间保持联系，从而将所有被纳入考察视野的特征都以该价值观念作为促成类型的中心。❶尽管存在上述的差异，但类型与概念并非截然对立，而是作用于各自的体系性建构——类型服务于“内部”体系，而概念服务于“外部”体系。并且，类型与概念之间还存在过渡性的灰色地带——类型描述作为形成概念的预备阶段，以推动类型接近概念的方式来缩小法官自由判断的空间。❷

此外，在拉伦茨的类型论中，类型背后的“基本思想”以诸“法律原则”互相间的“协动作用”形式呈现出来，并伴随追加的价值评价。也就是说，在立法者的价值判断与法律适用者或解释者的价值判断之间，通过两种主体间不断实施的“沟通”，以“价值导向的法律思维”的形式渗透进入全体法律职业者共同体之中。而这一“循环”过程正是拉伦茨法学方法论所具有的独特形态。❸

2．价值标准的具体化

价值评价标准系指存在于法秩序、宪法以及被接受的法律原则中，具有法律约束力、包含普遍的法律思想的判断基准，例如诚信原则、公序良俗原则。❹法律人在适用价值评价标准之前，需进行相应的具体化或者说填补程序。法律共同体成员一致的法意识（前理解）能够填补价值评价标准，且此种法意识被传统塑造，又会在前进的发展中被重新构成。❺此外，该具体化过程同样呈现出复杂的相向而行的过程：通过将特定的法律思想与特定的个案相联结，从而为该案添加补充的判断内容，进而影响这一价值评价标准将来在类似案件中的运用，由此成为进一步具体化的出发点。

事实上，在价值标准的具体化过程中，内含案件比较与类推。根据拉伦茨的论述，具体化的过程应当遵循以下六个步骤：（1）说明“合理的”事例；

---

❶ [德]卡尔·拉伦茨:《法学方法论》(全本·第六版)，黄家镇译，商务印书馆2020年版，第286页。

❷ 同上书，第287页。

❸ 顾祝轩:《制造“拉伦茨神话”：德国法学方法论史》，法律出版社2011年版，第210页。

❹ [德]卡尔·拉伦茨:《法学方法论》(全本·第六版)，黄家镇译，商务印书馆2020年版，第369页。

❺ 同上书，第288页。

（2）比较以此为据的案例；（3）分析其中普遍的法律思想；（4）确定更为特定的法律思想；（5）结合特定的案例和案件类型将价值标准具体化；（6）最终创造出若干典型判例构成的规则网络，使得大部分新产生的待决案件一般都能被归属于该脉络。❶可以看到，案件比较在此过程中扮演了“客观化”的角色，有助于法官阐明价值判断中的意义关联和客观要求。

当然，此种价值标准具体化的方法具有局限性，主要体现为以下两点：其一，随着普遍价值意识的变迁，司法裁判需要与普遍的法意识和伦理意识的变化保持一致；其二，对新发生的待决案件，欠缺可比较的案例。❷尽管如此，对于绝大部分的案件，法官仍能通过价值标准的具体化过程进行充分的说理，以正当化其作出的价值判断。

3．功能被规定的概念

功能被规定的概念，抑或称为具有归原功能的法概念，是指其概念内容建立在具有决定性意义的原则之上、建立在规则赖以为基础的意义关联之上。❸区别于位阶越高、内涵越少的抽象概念，功能被规定的概念并不会走向概念的空洞化，而是以目的论为本性，在有疑义时回归到隐含于概念中的价值评价、法律原则上。此外，功能被规定的概念还被用于特定的规则体脉络中，保障相关的构成要件或法律效果的法律规范同等适用，例如“违法性”“过失”等概念。❹

拉伦茨在书中提及并赞同了瓦恩克对于功能被规定的概念的论述：“所有在法条中被应用的概念最终都是功能被规定的概念。他们全都服务于某种特定的规则目的；后者决定了这些概念的内容和形式。”❺从这个意义上看，目的可以视为立法者的价值选择，而该价值选择亦能回归于普遍的法律思想和法律原则。对功能被规定的概念做进一步的展开时，通过建构类型的方式来实现，由此其在内容上比抽象的概念更加丰富和灵活。

4．类推、目的论解释与利益衡量

制定法不可避免地存在漏洞，从而划定了法官可以进行法续造的边界，而法

❶ ［德］卡尔·拉伦茨：《法学方法论》（全本·第六版），黄家镇译，商务印书馆2020年版，第369页。

❷ 同上书，第371页。

❸ 同上书，第604页。

❹ 同上书，第605页。

❺ 同上书，第606—607页。

续造包括制定法内的法续造以及超越制定法的法续造。针对制定法内的法续造而言，存在制定法上没有设定规则的开放型漏洞，也存在尽管具有相关规则但需要予以限制的隐蔽型漏洞。开放型漏洞需借助类推予以填补，隐蔽型漏洞需借助目的论限缩予以填补。[1]就类推而言，拉伦茨明确指出法学上的类推是一种价值评判性的思维过程，不论是个别类推还是整体类推，都需要关注法的内在理性，回归制定法的目的、基本思想。就目的论限缩解释而言，进行该限缩解释的正当性在于：不同类的事件应做不同的处理，也即评价上要求差异化处理。因此，无论是类推还是目的论解释，都运用了“价值导向的法律思维”，根据法律调整目的、意义脉络与法的内在理性，对制定法的漏洞作出填补。

此外，个案中的利益衡量往往出现在合宪性解释与司法裁判中，意在解决制定法未明文规定的原则冲突和规范冲突，也是法续造的方法之一。具体而言，利益衡量的基本原理体现为：需要遵循基本法中的“价值秩序”，考量一种法益相对于其他法益而言是否有明显的价值优先性[2]，故利益衡量显然也是“价值导向的法律思维”的形式体现。

（二）具体领域：法适用与法教义学

上文有关“价值导向的法律思维”思考形式的内容实际上已经涉及了法适用领域与法教义学领域价值判断的运用，此部分以具体领域的划分视角展开论述，本质上是通过角度的方式尝试加深对相关内容的理解。拉伦茨在《法学方法论》第二部分第一章中系统论述“价值导向的法律思维”时，就以“法适用领域”与“法教义学领域”作为次级标题框架。不难发现，对于法适用领域与法教义学领域，“价值导向的法律思维”有不同的侧重点与问题关切，将之分别进行论证无疑是有必要的。

1．法适用领域

“价值导向的法律思维”在法适用领域的运用可以从法律解释论、法律漏洞论及法律续造论这三个层面展开。在“思考形式”部分已述的重复性内容，此处尽量不再赘述。

---

[1] ［德］卡尔·拉伦茨：《法学方法论》（全本·第六版），黄家镇译，商务印书馆2020年版，第475—492页。

[2] 同上书，第517页。

第一，在法律解释论层面，法官作出价值判断不仅要考量制定法中包含的立法者的价值评价，还要考量制定法内在的层级秩序。在拉伦茨看来，规范具有双重的指示功能：一方面，指示法官什么是应当追求的客观价值，如正义观念、信赖保护、诚实信用等；另一方面，指示法官实施价值判断的方式，即可以把上面这些已经被法律共同体理解、作为社会“普遍的法律意识”中的价值判断，以个案方式表达出来。法律解释的最终目标就是确定制定法的规范性意义[1]，不论是体系解释中要求遵循的制定法的意义脉络，还是客观的—目的论解释中需要遵循的法伦理性原则（例如法治国原则、普遍平等原则）与法的客观目的（例如正义思想、平等原则），都要求法官阐明其决定背后的价值判断。

第二，填补法律漏洞的主要方式为类推、目的性限缩以及目的论扩张。拉伦茨认为，法官应从制定法中获得必要的评价，探求法律的“内在的目的”。法官不仅应考量立法者的意图，而且应考量对整体法律秩序均有效的客观的法律目的与原则，以作为填补法律漏洞的标准。

第三，在法律续造层面上，超越制定法的法续造必须以价值为导向。只有在出现以下三种情形时，法官可以“改造”（Umbildung）现行法：（1）顾及法律交往需要；（2）基于“事物本质”考量；（3）基于法伦理性原则考量。[2] 由此可见，唯有在法律续造层面上，拉伦茨才主张将从制定法之外寻求客观价值。此时，法官担任法律的发现者与续造者，在仅借助法律衡量无法提供必要的裁判依据时，超越法律将新的事物带入现实。

在法律适用领域中，法官个人的决定因素本身就是不可避免的。法律会在以下三种场合为法官余留判断空间：（1）价值评价标准的具体化；（2）在有限范围内进行类型归属时；（3）流动性的过渡阶段。[3] 在个案余留给法官的判断空间内，法官需要基于法律上的考量，穷尽所有手段使得其判决显得是“正当的”决定即可。这也就意味着，在法适用领域的法律解释、填补法律漏洞与法律续造三个环节，“价值导向的法律思维”能够有助于法官判决的“正当化”。

---

[1] ［德］卡尔 · 拉伦茨：《法学方法论》（全本 · 第六版），黄家镇译，商务印书馆 2020 年版，第 399 页。

[2] 同上书，第 519—536 页。

[3] 同上书，第 374 页。

2．法教义学领域

拉伦茨关于法教义学领域的“价值导向的法律思维”的论述，主要是就埃塞尔“价值中立的概念作业”之观点作出回应。在拉伦茨时代的法教义学发展过程中，类型描述已经具有越发重要的意义，从概念的内容中获得评价性的关联、意义关联是法教义学的研究对象。❶事实上，法学理论涉及具有规范效力的陈述，其结论语句既不能通过事实证伪，也不能通过事实来证实。相反，法学理论不必作出澄清，而是需要阐明法律上的脉络关联，进行逻辑衡量与目的性衡量。

（三）基于法律原则的“内部”体系建构

在《法学方法论》中，拉伦茨首次提出了以“法律原则”为核心的法律体系即“内部”体系。从此，其法律的“内部”体系不再由“具体的概念”之具体化而形成，而是基于“法律原则”（Rechtsprinzip）之具体化而形成，即从基于黑格尔的“具体的概念”的法律体系论转向基于“法律原则”的法律体系论。❷这一“内部”体系实际上贯穿了“价值导向的法律思维”，尤其是在前文提到的价值评价标准的具体化作业中，在进行具体化的每一个阶段，立法者和法官有必要实施追加的价值判断，且法律原则相互之间也形成了“协动作用”的关系。科学体系的任务就在于将法秩序整体上的意义脉络显现出来并进行描述❸，“价值导向的法律思维”是这一科学体系中的特殊思考方式。

四、“价值导向的法律思维”的理性质疑

由于自然科学式的“科学”标准即为客观意义上的可检验、可量化，不可避免地导致法学领域对“价值导向的法律思维”非科学性的质疑和批判。拉伦茨就法适用过程中价值判断的正当性与法学理论的可检验性分别作出了论证，其最终主张价值判断与“价值导向的法律思维”可以为理性所达。

---

❶ ［德］卡尔·拉伦茨：《法学方法论》（全本·第六版），黄家镇译，商务印书馆2020年版，第291页。

❷ 顾祝轩：《制造“拉伦茨神话”：德国法学方法论史》，法律出版社2011年版，第189页。

❸ ［德］卡尔·拉伦茨：《法学方法论》（全本·第六版），黄家镇译，商务印书馆2020年版，第613页。

（一）法适用过程中价值判断的正当性?

一方面，法官的价值判断不仅仅是法官自身的“价值洞察”，而且必须遵循“法律共同体”内部已形成的具有拘束力的“价值标准”。例如，由制定法揭示出来的“公序良俗”“公平”以及“基于交易习惯而形成的诚实信用”等。法官依照特定标准作出的价值判断虽然不能形成实定法意义上“规则”，但却可以形成一连串“案例群”，法官进而通过案例比较获得关于价值评价标准，正当化其裁判。也就是说，价值判断本身主客观立场相结合的特征为之提供了正当化基础。

另一方面，在法适用领域，价值判断的正当性来源于其是受到法律原则约束的价值评价，也即能够说明某项决定与基本标准以及法秩序中的进一步发展是协调一致的。[1]尽管法官作出的法律上的说理并不具备数学或物理学证明那样的逻辑严密性，但是其能够通过易于理解的衡量，从现行法出发来正当化裁判。

（二）法学理论的可检验性?

就法学作为一门知识的科学来说，法学理论是否像自然科学理论，可以审查其正确性，能够证实或证伪呢？拉伦茨的答案是肯定的，但是法学不能从确定的公理出发进行自然科学式的逻辑推导，而是采用特殊的检验标准——法学理论的结论陈述与其他规范、法律目的是否协调一致或者是否“合乎事实”[2]。法学理论绝不是单纯的意见表达，而是像自然科学理论那样是一种陈述语句体系，也要求正确且恰当的说理。在此意义上，尽管不能直接采用检验自然科学的陈述语句的方式来进行法学理论的陈述语句检验，但是可以依照法学所特有的方式——逻辑衡量、目的性衡量与事理上的妥当性为标准。

余论：民事诉讼法学方法论中的“程序价值”

从拉伦茨“价值导向的法律思维”出发，检视民事诉讼法学方法论中更为具体的价值，可以发现所谓的“程序价值”。此种“程序价值”与利益考量的方法论

---

[1] ［德］卡尔·拉伦茨:《法学方法论》（全本·第六版），黄家镇译，商务印书馆2020年版，第369—371页。

[2] 同上书，第566页。

密不可分，主张民事诉讼中的利益考量，不仅要考虑当事人间的利害平衡，还应考虑到能够投入诉讼程序运作中的资源具有稀缺性，由此产生的“诉讼制度运作上的必要性”❶。

作为一个比较法上的开放性议题，“程序价值”在日本民事诉讼法理论中或许可以缕析出以下三层含义。首先，从日本民事诉讼法理论自“二战”以来的演变和发展可以看到，不论是新诉讼标的说主张的“纠纷一次性解决”作为诉讼标的识别标准，还是当事人适格理论的诉讼法说等，民事诉讼法学者们更多地开始强调程序的独立价值，而非服务于实体的辅助价值。❷其次，形式上的程序运作的独立性本身也有其独立的程序价值，这种思考方法被称为“程序形式主义（formalism）”。❸新堂教授提出的“行为规范”构成了程序形式主义的世界，而行为规范确实也表现为规则或法律命题。但是，“评价规范”中的相当一部分，却仅仅指示出，法官在处理某些程序法问题时应当考量的若干要素，而最终结论的得出，则委诸法官的裁量性判断。❹鉴于此，“程序形式主义”的思考模式本质上是在法教义学领域贯穿程序法独特价值的体现。最后，由于诉讼法往往更加关注个案正义，“程序价值”的一个面向体现为一种目的论和功能出发的考察方法。这也就意味着，解释者有必要考虑，按照具体的案件状况，这种解释方案是否实现了当事人之间的公平，即应当重视“根据个案的具体妥当性”。在此意义上，个案中的程序法上的价值衡量（例如诉的利益）当属一种法适用领域价值导向的思维作业。

在我国的语境之下，民事诉讼法的“程序价值”亦贯穿了基本原则、程序性构造、个案判断等过程。首先，尽管未予以法定化，但理论界与实务界均肯定民事诉讼应满足效率的价值要求，即通过达致快速、经济的民事诉讼程序设置与适用，实现功能意义上的程序与实体正义。❺其次，特定程序的构造中同样贯穿程序

---

❶ ［日］加藤新太郎、［日］高田裕成、［日］三木浩一等：《日本民事诉讼法学的方法论及其展望》（上），雷彤译，载《法治现代化研究》2019年第6期，第193页。

❷ ［日］中村宗雄、［日］中村英郎：《诉讼法学方法论——中村民事诉讼理论精要》，陈刚、段文波译，中国法制出版社2009年版，第9—12页。

❸ ［日］加藤新太郎、［日］高田裕成、［日］三木浩一等：《日本民事诉讼法学的方法论及其展望》（上），雷彤译，载《法治现代化研究》2019年第6期，第195页。

❹ ［日］新堂幸司：《新民事诉讼法》，林剑锋译，法律出版社2008年版，“代译序”。

❺ 张卫平：《民事诉讼法学方法论》，载《法商研究》2016年第2期，第9页。

价值的导向。例如，小额诉讼程序在规则架构上即定向于便宜当事人与节约司法资源，故在管辖权争议解决程序、审判程序以及再审事由等方面具有独特规定。最后，尤其是在实体法缺位的情形下，程序法就个案进行的补位性判断无不须以程序价值为导向。在新型“权利”尚未得到实体法认可而实践中生发纠纷的场合，法官以诉的利益或者其他程序法上的判断工具做出裁判，当属具有标准性、回溯性与正当性的判断。从构成性内在价值出发，包括程序价值在内的价值导向的法律思维无疑是法与法治的应然之理与题中应有之义。

适用法律的认识与法律适用的实践

——《法学方法论》书评

张文浩*

导 论

（一）本书创作背景

杨仁寿先生的《法学方法论》，是这位从业40余载的资深大法官为数不多的学术论著。本书成作于20世纪80年代，概念法学与自由法学的学术争论胜负渐明，但在我国台湾地区的司法实践中，法官在审判过程中仍然抱守概念法学的做法，正如作者在引论中所言："……推其原因，乃我法律教育向来不重视'基础法学'所致……惟对法律之阐释方法，多略而不提，或仅言其梗概，聊备一格而已，以致身为法官者，对此讳莫如深，欲其正确适用法律，自属强求。"[1] 亦如本书引论所举"诽韩案"所呈现的一般。法官应该如何认识实务中适用法律的问题以及如何将法律适用的成熟理论付诸实践，成为作者于本书中致力解决的重点。一点题外言，"诽韩案"始出之际，杨仁寿先生就曾评论过此案，但观点颇不成熟，本书以"诽韩案"为引，颇有反省意味。

（二）作者学术背景

作为一名专于实务的法官，杨老学术著述有限，其学术主张难以分门别派定义之，但是至成书之时，我国台湾地区法学界仍深受日本的法学理论影响，杨仁寿先生于本书中的诸多引述，也大多出自日本学者的主张，其学术态度，亦可以从引述学者的阵营略见一二。本书终究是一本面向法官以实务指导为目的的著作，细分作者学术阵营对于指导实践来说未必是有益的。作者也深刻贯彻这一点，在

---

* 武汉大学法学院2021级诉讼法学硕士研究生。

[1] 杨仁寿：《法学方法论》（第二版），中国政法大学出版社2013年版，第6页。

"法学发展论"中，分述了西方主要国家和日本的法学发展历程，足见其于"引论"所述的专精与博通之功。因此，对于本书的关注与理解，应集中于作者所构建的有关法律适用的系统，而淡化流派主张之争，避免陷入繁复的学术论丛无法逸脱。以理论认识为基础，以实践检验为标准去展开阅读。

（三）本书社会评价

近些年来，得益于实践的需要和其提供的丰富素材，旨在解决法律适用问题的各种法学方法论研究在国内蓬勃发展了起来，杨仁寿先生的著述就是其中的佼佼者，同样著有《法学方法论》的王利明先生曾评价本书"逻辑严密，见解深邃，立意深远"，在对于本书的评价中，笔者的研究也涉及了市面上主流、冠以"法学方法论"之名的相关著述，以期比较有所得。虽极尽研究之功，但学力有限，讨论中如有不当之处，望请理解。

一、本书的研究对象与研究重点

（一）研究对象

对于本书的研究对象，本书的题目即为正解：法学方法论。对于其含义，作者并未专门系统性的介绍，无论是概括性还是列举式的定义，均未见涉及，但仍可散见于全书多处，一如"法官必具有法学方法之素养，始为适格。"[1]对于这样的处理，妄揣有两点考虑。第一，在本书付梓之前，学界对于法学方法论的研究颇具规模，卡尔·拉伦茨、碧海纯一以及王泽鉴、黄茂荣等人均有建树，法学方法论的概念与内涵已经明晰、固定，作者再作说明，颇费周章。第二，在杨仁寿先生看来，"每一法律或法条，皆有其明示或隐藏之目的，立法者之价值判断都已在隐约之间显露出来，即或未显露亦可加以探求……此均非三言两语所能尽述"[2]，法学方法论的含义，非概念所能涵括，须于全书加以说明。综上理解，本书的研究对象即为法学方法论，作者所尽之功，均在阐释其所理解的法学方

[1] 杨仁寿：《法学方法论》（第二版），中国政法大学出版社2013年版，第7页。

[2] 同上书，第30页。

法论。

（二）研究重点

毕竟解释法学方法论是一系统性工程，既为系统，其组成部分必有主有次，把握本书的研究重点，对读者理解法学方法论发挥着主要作用，亦符合杨先生对做学问“专精”之呼吁。本书的研究重点，在于法律解释学。“法律非纯粹理论认识的学问，乃系混合理论与实践之一门科学，法学之所以为法学，必须透过法律之应用，始能实现吾人之社会目的，以满足人类在社会上各种需求”[1]，法律的生命力在于实践，成熟的法律解释是法律适用的基础；作者此书写作的目的，“厥习法者多不知法学方法为何”，以期指导法官在实务中适用法律，因此阐述重点必在于法律解释。这一点也可在本章篇幅安排中窥得，有关法律解释操作方法的介绍确为大端。

二、本书的行文思路与结构

知其对象，明其要旨。我们可以有条理、有侧重地对本书内容进行梳理，分析著者的行文思路与结构。全书共六编，除去引论与附录，主文内容有四编：法学认识论、法学发展论、法学实践论、法学构成论，于此简作说明。

（一）案例为引，明其积弊

《法学方法论》以“诽韩案”开篇，指出“诽韩案”中所暴露出的法官队伍长期存在的依赖文本机械裁判、不知变通的问题。法官在面对立法漏洞甚至恶法时不知填补，或不予受理，或严格按照文本机械推论，大有概念法学风气。著者分析，造成此现象原因，在于习法者缺少法律阐释与法律适用训练，不具备法学方法之素养，使自己沦为制定法下的审判机器。

在此基础上，作者论述法律解释对于恶法的补正作用，使得既成的、徒具“恶法”外观的法，不至于被全盘否决而得以继续存续，维护了法的安定性与权威性。同时，作者也指出法律解释能够补正此种恶法的基础：法的目的性。“法律行

---

[1] 杨仁寿：《法学方法论》（第二版），中国政法大学出版社2013年版，第64页。

为之解释，既在于确定构成法律行为要素之意思表示的意义，则于意思表示不明确或不完整时，自须透过解释方法予以阐明或补充，始能获窥当事人已为表示之正确含义。”[1]通过法律解释，获得恶法外观下法的目的，根据目的加以补正，以达到适用个案之“妥当”。法律解释在法律适用中的作用至此明朗。

引论作用在于为主文论述做准备，这种准备，一方面是主要观点引出，另一方面是研究方法的说明。引论的第三章，即为此而作。作者指出法学不同于自然科学一般，“依照一定的规则都可推论出一定之结果，而且任何人采用同一的推论规则，都可获得同样的结论”[2]，但其作为社会科学仍具有科学的属性，这种科学性的判断标准在于“批判可能性”与“反证可能性”，并指出在判断法学理论科学性的两种方法：逻辑分析的方法与经验事实的验证方法。这两种方法，也是书中贯彻使用的，涉及理论科学性验证的两种研究方法。

（二）法学认识论与法学发展论：法学方法论之“法学”

参照多部“法学方法论”论著，杨仁寿先生的格式颇为独特，在大多数同类著作中，本书所涉的“法学发展论”多被安排在导论部分予以介绍。至于“法学认识论”的内容，或为对引论部分的回应，或与“发展论”的内容存在重合。究其新意，在于对认识客观性的阐述。

认识论开篇，指出了法学的任务在于为法律适用提供成熟的法律解释理论，并进一步对法律解释有无客观性、法律解释有无客观标准加以分析，通过介绍事物认识的客观性与法学认识的客观性，指出“法学亦可依逻辑分析的方法与经验事实的验证方法，以获致客观性”[3]。基于对两种方法的运用，丰富对法学客观性的认识，基于法学所具备的客观性由此指出：法学是理论认识与实践论相结合的科学。

承接认知论中总结而成的认识，“法学发展论”中，作者以概念法学与自由法论为主线分国别介绍了不同地区、法系的法学认识的发展进程，指出了自由法论基础上，法学的实践性格与裁判之准立法机能。从各国发展实际角度，通过概念法学与自由法论的对比论证，再次强化认识论中所得出的“法学是理论认识与实

[1] 杨仁寿：《法学方法论》（第二版），中国政法大学出版社2013年版，第12页。

[2] 同上书，第19页。

[3] 同上书，第50页。

践论相结合的科学”这一认识。

关于认识论与发展论两编在全书中的作用，私认为可作为本书研究重点，法律解释学之“导论”。此番判断，凭据有二。一者，在“法学认识论”一编，作者文末指出“要之，……法学之所以为法学，必须透过法律之应用，始能实现吾人之社会目的……以为应用，乃成为今后法学研究迫切之课题”❶，此番总结，意在宣告作为法律应用之集中体现的法律解释，确为法学内在使命之需，是法学作为应用科学的内在要求（必然性）。二者，在“法学发展论”一编，作者在自由法论与概念法学之争着墨颇多，借多位学者之观点揭示了概念法学恪守“法典万能”之弊，并对应地展述了自由法论所倡导之探求“活的法律”思潮；不拘于此，作者借助凯尔生之“框”之理论为具体裁判中法律解释的正当性进一步勾勒并释放了空间。发展一编，意在证明：随着“法学发展”，法律解释在法律应用中发挥更大作用的现实自由（可能性）。因此，“认识论”与“发展论”两编，从法学自身性质与使命和法学发展现实，内外两个维度；从内在必然性和外在可能性两个基础出发，向读者“暗示”抑或明示法律解释的重要意义，为下文法律解释学内容的展开，起到了很好的引述、铺垫作用。

全书旨在向读者阐述的“法学方法论”，可以细分为“法学”与“方法论”两部分：法学为领域之分，也为方法论阐述提供理论基础；方法论则定义了全书的性质抑或说格调，方法论一方面要为法官正确适用法律提供一些可具操作性的方法；另一方面意在总结、归纳法律适用方法的一般规则和原理。❷但无论哪一方面，方法论的实质都是面向实践的、具有解决力的；抑或说具有“方法性”的。所谓方法是“通向正确的道路”❸，恰乎其义。回归本书，“法学认识论”与“法学发展论”旨在论述的是“法学”，即作者所框定的法学的含义，指出法学是理论认识与实践论相结合的科学。

其中，理论认识无须多言，皆以认识论与发展论阐述为要；而法学之实践品格无疑为方法论的展开寻得路径，这也是以上两编更为着力释明之处。

---

❶ 杨仁寿：《法学方法论》（第二版），中国政法大学出版社 2013 年版，第 64 页。

❷ 参见王利明：《法学方法论》，中国人民大学出版社 2011 年版，第 6 页。

❸ 参见吴远梁：《科学方法论基础》，中国社会科学出版社 1984 年版，第 1 页。

（三）法学实践论与法学构成论：法学方法论之“方法论”

“法学方法论”为大陆法系法学界的通用概念，英美法学者常称之为“法律解释方法”等，可见，法律解释为法学方法论，至少是“方法论”部分的主要内容。这一点也在本书“法学实践论”中得到印证，此处取“实践论”之名，私认为理由有二：一是对前编中法学之实践品格的回应，二是明确该编系“方法论”之属性。

在“实践论”中，作者重点论述法律解释，指出法律解释的指导理念：解释法律必须兼维法律之安定与理想，力求解释之妥当性、现在性、创造性与社会性。❶在此基础上，著者对法律解释分类型进行了具体阐释。

杨仁寿先生从广义的法律解释出发，将法律解释分为狭义的法律解释、价值补充、漏洞补充三类。狭义的法律解释，“系之于法律规定并不明确时，以文义、体系、法意、比较、目的或合宪等解释方法，探究法律之规范意旨而言”❷；漏洞填补则针对“违反立法计划的不圆满状态”❸之法律漏洞，通过类推适用、目的性限缩、目的性扩张、创造性补充，在文本文义“射程”之外所作的法律解释；价值补充则介于两者之间，通过不确定法律概念具体化与概括条款的“公平裁决”，在贯彻法目的的同时，使其“带有价值”。法谚有云：“法无精确之定义，而委诸善良人之判断”，不确定法律概念与概括条款为法律所设计、包容，可以将其作为立法者预见性的法定预留解释空间。价值补充于狭义的法律解释，恐超越文本文义“射程”；于漏洞填补，则为立法者有意之预见安排。

无论是哪种解释方法，均离不开价值判断与利益衡量，利益衡量强调裁判者的目光应流转于各种利益之间作出选择，利益衡量也被著者看作价值判断的一种；价值判断则在更抽象的维度，指出利益衡量抑或说法律解释的标准问题，作者认为，法官为价值判断，“须受限于各种方法之约束，更由于有各种法源之框架存在，进而为价值体系之探求，乃至社会环境之体察”❹，非执着于对绝对价值的追

❶ 参见杨仁寿：《法学方法论》（第二版），中国政法大学出版社2013年版，第134—135页。
❷ 同上书，第136页。
❸ 参见黄茂荣：《法学方法与现代民法》，法律出版社2007年版，第377页。
❹ 杨仁寿：《法学方法论》（第二版），中国政法大学出版社2013年版，第232页。

求，同时也要警惕相对价值被利用的风险。

在“法学实践论”中，杨仁寿先生提出了一套其所建构的方法论体系。在此基础上，杨先生进一步对接法律体系，构述了“法学构成论”，对于成文法、习惯法、法理、判例、学说在实务中的运用作了详尽说明，贯彻其为指导实务的写作目的。如若细究“法学实践论”与“法学构成论”之关系，可回归于对“方法论”这一本书性质的解构，作者在“法学实践论”一编中所建构的法律解释方法体系，聚焦于理论说明，结合法理和各方法学家主张颇丰，更具“论”的色彩，论述具体方法的来由、正当性、操作流变与实益如何。相较而言，“法学构成论”则专精于对“法律解释”之具体“法律”素材（成文法、习惯法等）的解释操作方法之钻研，更具实务意义上的“方法”色彩。二者一言“方法”一言“论”，共同构成“方法论”之架构。至此，“法学方法论”体系臻于完备。

三、对本书的反思与探讨

（一）借鉴与思考

1．本书论证风格

杨仁寿先生的《法学方法论》问世至今热度依旧，论证风格颇为人称道，拜读之后，私为有以下几点值得借鉴。

（1）结合案例，说理形象

杨仁寿先生以“诽韩案”开篇，避免了大多数法哲学色彩的书籍开篇即大谈理论的范式，对于初涉法学学习与研究者可谓友好。通过结合案例，激发兴趣的同时，也增强了对书中说理的现实理解。杨先生作为一名法官，丰富的实务素材优势在本书中得到充分发挥，对于案件的梳理、反思、评价也要言不烦，点到即止，不会损及文章结构，亦不徒增读者理解之累。在一些抽象的说理领域，著者一方面尽力实现语言之平实生动；另一方面列举了很多颇具趣味的例子、用了很多比喻，足见其说理之功。

（2）巧用注解，辅助明晰

杨先生的《法学方法论》中一大特色，莫过于采用了随文注解，这对于初学者的阅读增益良多，这样的处理起到了提纲挈领的作用，尤其是在大篇幅说理部分，注解的存在，往往保证读者准确把握说理观点，有效梳理说理层次。同时，随文注解的存在，使得读者与作者时刻保持着一种“沟通”，优化了阅读时的交互体验。另外，此种注解，在达到说明目的的同时，不碍正文内容的展开，保证了行文结构安排的一致性。这样的处理，值得我们的平时写作中借鉴、尝试。

（3）体系重构，化繁为简

本书针对法学方法论进行了体系重构，对比拉伦茨、王利明、王泽鉴等学者的同类研究，以及梁慧星先生的《民法解释学》、黄茂荣老师的《法学方法与现代民法》等，杨仁寿先生的体系相对简明与清晰，全书主文四编，从法学认识、发展、实践、构成四个抽象程度较高的角度展开，方向鲜明，从认识到方法，从“法学”到“方法论”，由浅入深，层次清晰。正如作者自己评价“本书首尾贯连，民刑兼顾，理论实务并重”❶。以抽象程度较高的概念提领文章，使得本书得以有限的篇幅最大化地介绍法学方法论的内容，化繁为简的风格或许有损学术论述体系之周延，但考虑实务指导对文章直接性、明确性、简明性的要求。依什么样的目的，做什么样的文章，杨仁寿先生的处理足见其用心与专心。

2. 法律解释方法的体用之争：“解释性”与“创造性”的协调

正如本书中所主张：法学是理论认识与实践相结合的科学。法律的实质是达成社会统治目的的手段，法学的生命力在于法律适用，法学实践的性格说明法学的发展需要在实践中适用法律，而非闭门造车，推崇“法典万能主义”。而法律适用又离不开法律解释，正如霍姆斯所说“抽象的条文并不能对具体案件进行裁判”❷。每一次的适用法律的实践，都是法官对抽象的法律条文的一次解释。因为在裁判过程中，尤其运用涵摄在司法三段论的“嵌套”中，对于大前提、小前提与大前提的要件符合性的认定，均涉及法官对于法律条文的理解与解释，只不过基于要件符合性的程度高低，符合程度较高的案件，法律解释的“解释性”不甚明了，但这不能否认对法律的解释实在地发生了。而对于符合程度较低或者说有争议的所谓“疑难复杂”案件，就需要法律解释发挥其“解释性”甚至“创造性”，为实现作者所提倡之裁判“妥当性”发挥作用。

---

❶ 杨仁寿：《法学方法论》（第二版），中国政法大学出版社 2013 年版，第 2 页。

❷ 王利明：《法学方法论》，中国人民大学出版社 2011 年版，第 319 页。

“解释法律，系法律学之开端，并为其基础，系一项科学性之工作，但又为一种艺术。”❶根据作者对法律解释所作的类型化处理，法律解释可以分为狭义的法律解释、价值补充与漏洞补充三种类型❷，但无论哪种法律解释，其运用都或多或少地需要关涉到一个共同的“标准”❸——立法意旨抑或说立法目的，这里的“目的”，应区别于目的解释之目的和法意解释之法意做最广义解释，本书中的“目的解释之‘目的’系指某法律之整个目的而言”❹“‘法意’，系指某法条之立法旨趣或立法本旨而言”❺，这里的“目的”涵盖了前述“目的”与“法意”的含义，并且协调立法者彼时彼刻的立法意图与法律目的此时此刻的应有之义。

该“目的”本身具有解释性。德沃金认为，制定法的意义被固定在制定法诞生的那个时刻。根据这一预设，法官只能根据制定法颁布之时的立法历史来推断立法意图，进而判断法律的含义。这个预设会带来一个后果：随着时间消逝而制定法必须在已变动的环境中被适用，法官们面对以下两者之间的选择，即以制定法一直有着的意义来执行原初的制定法，或是为了让它赶上时代而悄悄修正它。❻这一点，看似与作者追求的“当时立法者在现在条件下所欲达成之目的”存在冲突，但究其表述：“目的解释与法意解释，同在阐明规范意旨，只不过一从整体之法律目的解释，一从个别规定之法意探求；一从法律目的着眼，一从历史沿革出发”❼，此处笔者理解起来颇感深邃，遂参照大陆有关学者针对法律解释方法的解读进行了对比，目的解释与“客观目的解释”、法意解释与“历史解释”不乏相似之处但又不尽相同甚至存在交融。❽例如，“（法意解释之目的）系在发现客观之规范意旨，而非探求立法者之主观意思”❾，此又与“客观目的解释”追求法的客观效

---

❶ 王泽鉴：《法律思维与民法实例》，中国政法大学出版社 2001 年版，第 212 页。

❷ 参见杨仁寿：《法学方法论》（第二版），中国政法大学出版社 2013 年版，第 135 页。

❸ 这里表述为“标准”有待补正，但无论是狭义的法律解释还是价值补充、漏洞补充，无论是在法律文本可能的文义“射程”之内还是之外，只要不是机械地、严格地依照文本表面文义进行的解释，都需要一个“参照系”，以鉴证作出解释是否有足够的“底气”。

❹ 杨仁寿：《法学方法论》（第二版），中国政法大学出版社 2013 年版，第 172 页。

❺ 同上。

❻ 参见傅爱竹：《什么是立法意图》，载《交大法学》2018 年第 1 期。

❼ 杨仁寿：《法学方法论》（第二版），中国政法大学出版社 2013 年版，第 173 页。

❽ “客观目的解释”“历史解释”的具体含义参见李龙、汪习根主编：《法理学》，武汉大学出版社 2011 年版，第 290—291 页。

❾ 杨仁寿：《法学方法论》（第二版），中国政法大学出版社 2013 年版，第 162 页。

果与目的存在呼应。因此，这里所说的“目的”[1]与作者所说的“规范意旨”内容大致相应。

面对类型如此丰富的解释方法，在法律适用的过程中对解释方法的选择必然会有所侧重。按照作者的观点，文义解释应该为适用者最先所考量，这有益于维护法律文本的权威性，同时限制法官裁判主观性的干预，从而顾及法的安定。在此文义解释无法实现“妥当性”的情况下，在法律文本文义可能涵盖的含义“射程”内采用其他狭义的法律解释方法，在法律文本文义可能的范围以外，通过价值补充与漏洞补充的方式，以实现法律解释的“妥当性”。

私认为，即使是运用文义解释的方法，其法律适用亦为“解释性”的。解释性的内容，必然会带来一定的创造性，只不过不同的解释方法对法律文本的创造性程度是不同的。在法律文本文义可能的范围内，这种创造性不足以动摇法治理念下的法安定性。但在法律文本文义之外，这种创造性多为法理念或法律原则赋予的，其本身越抽象，法官基于对其解释而为的创造越容易出现差异。因此，确认一个基本解释方法适用原则是必要的，这样才可能避免创造性所带来的差异对“妥当性”与法安定性的冲击。

想必作者也考虑到了这一点，他强调“法律规范目的在维持整个法律秩序的体系性，个别规定与多数规定均受此一目的之支配，所有之解释，绝不能与此目的相违”[2]。可见，作者认为应将目的解释置于核心位置，用以检视其他解释方法的“妥当性”。对于这一点，笔者深以为意，尽管目的解释本身也可能存在着一些问题需要考虑。但正如德国学者所主张的：只有目的论解释方法直接追求所有解释之本来目的，寻求目的的观点和价值观点，从中最终得出有约束力的重要的法律意思；从根本上讲，其他的解释方法只不过是人们接近法律意思的特殊途径。[3]另

[1] 究竟“目的”这样的表述是否合适也是值得思考的，因为目的是人的有意识的产物。因此首先需要解决的问题就是，这里生成的目的，是否是“心灵”的产物。这就涉及本书对“立法者”的界定，立法者究竟是指具体参与立法活动的每个个体还是指作为立法活动参与主体的整体的立法机构。笔者认为立法者应当认定为立法机构，这里的“目的”即立法机构的“目的”，但囿于立法机构本身不具有意志能力抑或说不具有“心灵”，其“目的”应作本书中的“规范意旨”或者立法机构的立法意图加以理解。至于为什么立法者的界定是立法机构而不是具体的立法个人，参见傅爱竹：《什么是立法意图》，载《交大法学》2018 年第 1 期。

[2] 杨仁寿：《法学方法论》（第二版），中国政法大学出版社 2013 年版，第 173 页。

[3] 参见［德］汉斯 · 海因里希 · 耶塞克、［德］托马斯 · 魏根特：《德国刑法教科书》，徐久生译，中国法制出版社 2001 年版，第 193 页。

外，私以为有所突破的是，这里的所提出之“目的”应作前文所铺垫之最广义目的解释，即作者所指规范意旨。

概言之，在案情简明，事实清楚案件中，一般为文义解释即可实现妥当适用。但在复杂疑难案件中，文义解释的解释性已经不足以实现“妥当性”，因此不存在优先适用之必要，我们需要一个新的解释方法适用原则：“目的”[1]解释为体，其余解释为用。“体”即指根本性方法，“用”则指工具性方法。这样的解释模式，有助于确保法律解释的“妥当”适用。

（二）讨论与商榷

1．法律解释与法治理念

正如上文所涉及，私认为无论哪种方法，法律解释的解释性都会带来法的创造问题，传统的法治理念往往将法治定义为一种由实现宣布的法律规则体系来规制社会生活的全部，法律的可预见性和确定性构成了法律的必要属性，否则我们就可能生活在一种充满无限风险的社会状态中。法律解释带来的创造是否已经突破了法治对法律之“可预见性”与“确定性”的要求，私以为是没有的。首先需要明确法治对法律之“可预见性”与“确定性”的要求，二者之间的关系。笔者认为，法律的确定性是法律可预见性的前提，法律可预见性是法治所追求的更高阶段的要求。法律的确定性，通过成文法的制定得以实现，在确定法的法律文本基础上，公民才有可能实现对法律的预见。

狭义的法律解释方法基于文本文义可能涵盖的范围进行，可预见性本身即包含了对文义进行严格解释之外文本文义所“可能”涵盖的内容。换言之，可预见性本身就是对可能性的一种“宽容”。可预见性的标准，应以一般社会人的认知而衡量，对文义“可能”涵盖的范畴，是不存在认知障碍的。

至于法律文本文义之外所作的法律解释，如前文所述，应当以实现“规范意旨”为体。法治之所以强调可预见性与确定性，在于构筑公民对法治的信赖与追求，但法治终究是手段性的，基于法治的手段性，我们不仅追求一种严格法治，更关注法治的有效性。因此，法治实质上是公民所信赖的，实现更高目的的有效手段。如果机械地追求形式上的确定性，妄以应对变化中的现实，法治能否达成

[1] 此处的目的做最广义目的理解。

作为手段的有效性尚且存疑，公民的信赖恐亦难以为继。

总结来看，法律解释的有效性事关法治作为手段的有效性。法律这一解释属性不仅不会威胁到法治理念的树立，而且还充分地说明了法治是如何值得我们所信赖、所向往和所追求的。❶

2．社会学解释的问题：解释类型的单列

杨仁寿先生将法律解释分为狭义的法律解释、价值补充与漏洞补充三类，但在分类介绍时作者单列出社会学解释予以说明，而王利明先生在其著述中，将社会学解释归入狭义的法律解释中，私认为，杨仁寿先生的处理虽有牺牲体系的“外观”，但起到了更为合理的提示作用。总结杨、王二人对社会学解释予以定义：社会学解释，是指在法律文本出现复数解释的情况下，将对社会效果的预测及其目的之考量引入法律解释中，据此作用解释法律文本在当前社会生活中应具有的含义。

与狭义的法律解释方法不同，社会学解释对文义的选择“非属理论认识的问题，而系政策性之问题”❷，社会学解释对于社会因素的考量是直接性的，相比于其他三种解释方法通过追求解释的“妥当”以达成有效性，进而契合法治要求，实现社会治理目的的间接模式，社会学解释实际上是通过引入社会学的方法，衡量法律的社会效果，实现“法律与社会的互动”❸。社会学解释实质上是社会学方法在法律解释中的应用，法官在适用中应时时谨记，不可将社会通念与法律规则混同，否则法官不是在依法裁判，而是在依社会通念裁判，法治作为手段的独立价值恐遭侵损。因此，作者将社会学解释单列，想必也在提醒习法者此点。

3．“目的”（规范意旨）解释应用的现实之惑与坚持

前文我们确立了一种有关法律解释方法适用的范式：“目的”（规范意旨）解释为体，其他解释为用。但不得不承认，目前法律解释学界，对于目的解释存有不少质疑，法律解释学的研究趋势也逐渐转向“文本中心论”。但私以为这样的转向并非进步，而是面对目的解释问题消极的逃避，实质上是在“开倒车”，重新躲进概念法学的法典万能主义，以求在文本中心论中寻求所谓的折中艺术。

传统目的解释存在几个问题：第一，目的解释因解释主体的不同而存在的不

❶ 参见王国龙：《法律解释的有效性问题研究》，山东人民出版社2011年版，第533页。

❷ 杨仁寿：《法学方法论》（第二版），中国政法大学出版社2013年版，第180页。

❸ 王利明：《法学方法论》，中国人民大学出版社2011年版，第389页。

确定性；第二，目的解释因解释主体的理解而具有主观性；第三，目的解释的可操作空间大，为法官利用目的解释任意裁量提供了便利，滋生权力寻租风险。

对于此，私认为，我们所主张的“目的”解释之目的，已在上文释明，是一客观主体——立法机构的信念所指，在产生根源上即具客观色彩，法官在具体裁判中所做适用，也是对立法机构信念所作理解，并非对具体立法个人主观思绪的揣测；另外，这一目的根源于立法机构的信念，该信念在酝酿过程中，已经由该实体进行了多人多角度的客观化处理，法官在基于其为解释时，操作空间已经大受限制。最后一点，对“目的”做此种处理，其方向在于坚持自由法论主张，扬弃“作者中心论”“读者中心论”的主张，继续坚持自由法论努力，而不是一味地追求向文本折中，改良的面向是进步的。

需要指出的是，法学贵在实践性格，对于目的解释绝不能是“空中盖楼”，即不能由司法机关能动地对成文法之文本进行目的解释，而是应在个案实践中予以适用，而不能事先形成一种目的解释的新文本：“假定存在某类与每个标签相配的客体很容易使我们陷入语言的迷宫之中。我们使用的映象和隐喻也把我们引入歧途……经常性地回归到我们事实上所做的事情上来……或许有助于避免那些陷阱。”❶

关于法律目的的探寻只是在个案调整中的发现，而不是对立法目的进行创作性行为❷，否则有司法权侵犯立法权之嫌。概言之，“目的”解释要做的，在于将目的融入判决，而非于判决中创造目的。

4.“目的”（规范意旨）解释之边界与内核的探究

论述至此不禁反思，阐释为“规范意旨”的“目的”可否进一步明确其边界？笔者在此斗胆论一观点，以期能对拨开“目的”周围层层迷雾有所增益。基于拉德布鲁赫公式的阐释：在一般状态下，法的安定性价值要优先于合正义性价值，但人定法最终必须符合正义的要求。因此，在简单或者一般案件的处理上，法的安定性要求司法者应基于狭义的法律解释，尤其是从文义解释出发，对案件进行裁判说理与法律解释。此种情况下，法的安定性与合正义价值不会冲突，法的“目的”（规范意旨）也在两重价值的协调中得以体现。而面对疑难复杂或新奇

---

❶ ［英］布莱恩·毕克斯：《法律解释中的问题》，载安德雷·马默主编：《法律与解释：法哲学论文集》，安德雷·马默主编，张卓明、徐宗立等译，法律出版社 2006 年版，第 190 页。

❷ 参见陈金钊：《法律解释学》，中国人民大学出版社 2011 年版，第 193 页。

的案件时，法律漏洞不可避免地呈现在司法者面前，就此产生拉伦茨所言之“法律续造”问题，在拉伦茨看来，法律续造是法律解释的延续，即法官在法律解释之后的一种创造性司法活动。法律续造与法律解释不能割裂，其同为法的发现活动，是对法律解释这一思考过程的不同阶段。❶ 作者在本书中所阐述的“漏洞补充”方法正纳于法律续造范畴，是超越法律文字意义的空间所为之操作。

回到此前的问题，面对疑难复杂与新奇案件，为什么要遵循以“目的”（规范意旨）解释为体，其他解释为用的法律解释方法适用原则？笔者在此分层次讨论之。首先，基于法治理念的要求，面对此类案件司法者不能因法律条文未予规定或规定模糊而拒绝裁判，此点无须赘述。进而，裁判者需要一种妥当的解释方法进行超越法律文字意义的法律续造，具体方法诸如类推适用、利益衡量、目的性限缩、目的性扩张等；当裁判者为此类解释方法时，必然需要寻求一个“参照系”来衡量解释的妥当性，根据本书作者的阐释，这个“参照系”即为最广义的目的——规范意旨。由此衍生出新的也是笔者试图明确的一点，规范意旨的边界又在何处？不妨回到事关法的根源性问题，即法的本质中探求。法的本质是决定一切法的问题的根源性问题，明确法的本质对于规范意旨的明晰有着决定性的作用。基于马克思主义法理学对法的本质问题的认识，法是由社会物质生活条件决定的统治阶级意志的体现。不难得出，法的本质与统治阶级的阶级利益密切相关，由此可以推导，从法的本质的角度，法的规范意旨归根结底不外于对统治阶级利益的维护，法的规范意旨可进一步概括为立法阶级（而非限于上文的立法机构）的信念意志。

将法的规范意旨归结于对统治阶级利益的维护，私认为有两点支撑。第一，这一观点使得规范意旨边界的明确回归到利益衡量的问题，而本书作者亦指出利益衡量系一种价值判断❷，并进一步指出价值判断具有的客观性。在作者看来，在价值相对主义的视角下，价值判断的客观性需要结合“宽容”因素来实现。此言“宽容”是“民主应有之前提”，“己见无非是价值之一种，并非唯一正确的价值，自须尊重他人所持之价值”，“不同之见解有不受政治上压迫之自由”。❸ 在价值相对主义与宽容精神的结合下，对于统治阶级利益的衡量，因其价值判断属性而具

❶ 参见李龙、汪习根主编：《法理学》，武汉大学出版社 2011 年版，第 288 页。
❷ 参见杨仁寿：《法学方法论》（第二版），中国政法大学出版社 2013 年版，第 222 页。
❸ 杨仁寿：《法学方法论》（第二版），中国政法大学出版社 2013 年版，第 232 页。

有了客观性，抑或言之，可能并非唯一的正当（确）性。第二，比照拉伦茨《法学方法论》之阐述："探究法律在今日法秩序的标准意义，而只有同时考虑历史上的立法者的规定意向以及具体的规范想法，而不是完全忽视它……所有因素不论是主观的或是客观的，均应列入考量，而且这个过程没有终极的终点。"❶ 因此可见，法律解释旨在达成主观因素与客观因素的协调，而这一协调的过程，正是追求法之"目的"（规范意旨）的过程。因此，规范意旨是一个主客观因素均在发挥作用的范畴，这与马克思主义对法的本质的认识一脉相承：法的本质是社会物质生活条件这一客观性要素决定的统治阶级意志这一主观性要素的体现。因此，规范意旨的内涵在于统治阶级利益的维护，是法的本质与法的目的在主客观层面的对照统一。

从法的本质角度去明确法的"目的"（规范意旨），私以为具有一定的实益；结合马克思主义法理学有关法的本质的认识，这种联系的构建，私以为也具有一定的正当性，尽管或许不是"唯一正确"的解读。

（三）展望：法律解释权配置之法官解释权

回顾全书，杨仁寿先生对于法律解释学的论述专注于司法领域，这与其法官之身份、法学方法论对法律适用的关注是密不可分的。立足于中国大陆地区之现实，法律解释被赋予了多重功能，可以分为作为立法活动的法律解释和作为司法活动的法律解释。其中作为立法活动的法律解释是中国特有的法律解释，即法定国家机关对法律、法规、规章所作的具有普遍约束力的解释。❷ 因此，基于我国的实际情况，实务中将法律解释的问题全交由司法者进行处理，一恐失全面，二恐难实现。因此，是否可从立法层面寻求协助？这就涉及法律解释权的配置问题。

法律解释权的体制上，我国现行的是立法机关与最高司法机关共同解释的双轨制模式，并且在制度上不承认法官有解释法律的权力。❸ 这样的体制在实践中存在两方面的问题，一方面立法机关怠于行使其法律解释权，最高司法机关的法律解释存在一定的滞后性，并且在个案中的适用，法官面对司法解释需要再细化方可妥当。另一方面，在制度上对法官有权解释法律的否定，并没有阻止法官在实

---

❶ ［德］卡尔·拉伦茨：《法学方法论》，陈爱娥译，五南图书出版公司 1996 年版，第 224 页。

❷ 参见李龙、汪习根主编：《法理学》，武汉大学出版社 2011 年版，第 274 页。

❸ 参见魏胜强：《法律解释权的配置研究》，北京大学出版社 2013 年版，第 161 页。

务中基于个案对法律进行解释、续造，甚至创造，法官的自由裁量权仍然存在。[1]

如此体制下，法官的解释处于一种既“非法”又“无序”的状态。私以为，是否可以在赋予法官解释权的同时在制度上予以规范与限制，使法官的解释恢复“合法”和“有序”的应有状态？这样的解释权配置，想必得使法律通过法官的有权解释在个案的适用中更具针对性。

当然，这样的改革存在明显的困难：现实的法官，其专业素养和职业精神是否值得配置法律解释权。制度设计者之所以对法律解释权的“下沉”如此谨慎，这未必不是原因。法律解释权作为一项公权力，其滥用，比传统目的解释的滥用造成的问题会更多。因此，一方面需要建构法官解释权的规范与制约体制，本文所构建的立法机构之规范意旨，或许值得考虑；另一方面，法官队伍职业水平与专业素养的提高也是急需的。

结　语

杨仁寿先生所著《法学方法论》成书30余年来，经历了时间和实践的考验，至今为人称道。该书引进大陆以来，对法学方法论的研究也起到了积极的推动作用。这本书时时告诫我们，作为一名习法者，在敬畏法律的同时，莫不可机械教条地适用之；应以积极有为的态度，通过一定的方法，将抽象的法律“妥当”地应用于具体裁判中，方得法治理念真意。法律贵在实践性格，换言之，是否可以理解成法律贵在适用、贵在解释？值得讨论。

在法学方法论研究日兴的今天，倡导灵活对待法治的呼吁是否适合中国当前实践，笔者持保留态度。

另外，对于杨仁寿先生本人，在拜读《法学方法论》过程中，不难感受到其高深的学术造诣与丰富的实践经验。同时，也能在幽默轻快、简明的文字中，深受其人格魅力感染。回顾杨仁寿先生的法官生涯，他一直在为我国台湾地区的法治与宪判奔走呼吁。身居高位的他，与历任台湾地区领导人均保持距离，恪守职业精神：陈水扁“政府”时期，面对陈之邀请，杨仁寿拒绝担任台湾地区司法机

---

[1] 参见陈金钊：《法律解释权研究的意义》，载魏胜强：《法律解释权的配置研究》，北京大学出版社2013年版。

构负责人；马英九政府时期，时任“最高法院院长”的他，对于马政府保密分案，抗议行政机关对“最高法院”的干预；蔡英文执政期间，针对蔡政府年金改革方案，荣休的杨仁寿先生再次发声，主张方案“违法”，呼吁保护公民之信赖利益。杨仁寿先生以斗士形象捍卫着法治的权威，身体力行，关注并推动着法律实践的发展，其职业精神与学术态度，值得吾辈景仰学习。

最后，谨以此文，表达对作者杨仁寿先生之敬意，并以其为本书最新版所作之序为结：吾生有涯，学亦无涯，治法必须讲究方法，非徒熟谙法条而已。

后　记

笔者虽对杨仁寿先生所著已竭尽研读，但自知学力有限，本文所涉评论，不免偏隘激进之处。本文所列诸点，算不得批判，更多的是商榷与讨论，如有不当，望请理解。

此外，提一趣事：1843 年，英国数学家埃达·洛夫莱斯为了实现航海数学用表的运算过程自动化，借此避免人为运算错误，在一篇学术论文中，设计了世界上首个计算机程序，她由此也被誉为历史上首位程序员。然而在最近，当计算机科学家翻译了她的程序，并在现代计算机上运行时，人们发现程序中存在着漏洞（Bug）以至于无法实现她的构想，时至今日，计算机程序中的漏洞仍然存在。人类始终在努力：通过客观实体或规则，去消除社会运转的各个环节主观因素的介入，以期避免人为失误。无论是 1843 年还是 2023 年，无论是自动化的计算机程序还是充满技术性的法律规则，避免人为的缺陷，都比表面看起来困难得多。

民事诉讼中的错误风险分配

——评《证据法的根基》

眭占菱*

一、书籍总体信息

（一）作者信息

《证据法的根基》作者亚历克斯·斯坦（Alex Stein）曾任教于希伯来大学、叶史瓦大学卡多佐法学院、布鲁克林法学院，他的研究领域包括证据法、侵权法和法的一般理论，他在著作中将法律与经济理论、道德哲学等结合在一起，代表作包括专著《证据法的根基》《不确定条件下的侵权责任》《证据的分析进路：文本、案例与问题》等。❶

（二）书籍观点及论争

本书对司法事实认定的证据法基本原理和规定性特征进行了系统的分析。作者构建了一种革命性的创新理论，抛弃了传统观点即“证据法是为了推动真相的发现”；结合概率论、认识论、经济分析和道德哲学，论述了证据法的基本目标是在不确定条件下分配错误风险，由此提出了与事实认定者所使用的概括相伴的概率演绎难题；提出了“最大个别化原则”（PMI）以及适用于所有案件的成本—收益原则、适用于民事案件的平等原则、适用于刑事案件的平等最优原则，这些原则既规制证据的可采性，也规制证据的充分性，它们解释和证成了现有的许多证据规则。

* 南京师范大学法学院诉讼法学博士研究生。

❶ 参见［美］亚历克斯·斯坦：《证据法的根基》，樊传明、郑飞等译，中国人民大学出版社 2018 年版，载读书网，https://www.dushu.com/book/13617631/, 2022 年 7 月 2 日访问。

10余年来本书被多次评论和讨论过，大多数批评者都同意该书的核心观点，即所有的证据法规则，而不仅是证明责任和证明标准，在诉讼双方之间分配着事实认定错误风险。这一观点维护了传统的普通法系证明制度，该制度使用各种可采性规则和补强要求为审判预先筛选证据。尽管废除论也指出了传统证据法规则的一系列优点，包括发现真相、简易化、节省成本和一致性等，但问题是，如果证据法规则是在分配错误风险，那么应当由谁决定如何分配这种风险？由此导致的对自由或权利的不当否决？为什么允许审判法官和陪审员们按其所好分配这种风险？为什么不将这种权力授予公开透明的、负有政治责任的主体，如最高法院和立法者？另外，为什么不允许以个人的宪法性权利对抗错误风险？这些基本的问题，没有被边沁和当代的普通法证据制度批评者们注意到。

本书反驳了这种废除论，证明了这些优点的不实。边沁关于增加相关信息会提高发现真相之可能性的主张，受到了证据法学者几乎一致的认可。然而，这种观点是否正确，只能取决于认识论和逻辑的原则。事实认定者在不确定条件下接受的任何（一阶）信息，都需要伴以关于该信息之可信性的补充性（二阶）信息；这些二阶信息也应当是可信的，这又需要另一些补充性的（三阶）信息；依次顺推。为了避免这种无限的、徒劳无果的调查，事实认定者必须预先筛选他的证据。他必须考虑这样一些证据：即使忽略了所有其他的证据，这些证据也可能改善其决策。任何这种对证据的选择，都将错误风险以及由此引发的不当剥夺自由或权利的预期可能性，分配给了诉讼中的某一方。如何分配这种风险是一个政治道德问题。

“自由证明”的简易性也是错觉。去掉了证据法规则的审判，本身不会转化成一个简易的事情。只有符合以下条件时，它才会变得简易：诉讼当事人不会提出关于证据不确定性的主张，以及由此引发的要求以此种或彼种方式分配错误风险的主张。然而，不存在合理的理由去抑制这类主张。司法中的事实认定从性质上来说就是不简易的。佯装它是简易的，会将关于如何分配错误风险的问题掩盖，但不会使这个问题消失。

就成本而言，废除主义者对证据法规则所产生的成本的特殊强调，也是固执己见的。正如所有现代经济学家所熟知的那样，解决成本问题不应只考虑一个人付出的东西，还应考虑一个人因此而得到的东西。当一个证据法规则促进法律制度并按照社会所欲的方式分配错误风险的时候，政策制定者应当将这一收益与该规则的成本相权衡。当收益大于成本的时候，该规则就是为社会所需的，即使它本身的成本很高。更为根本的是，该事实认定制度可能很好地降低了错误与避免错误的总成本。授权作为个人的法官和陪审员按照自己的偏好去分配这种错误风险，难以实现这一目标。

在废除主义者的主张中，一致性主张可能是最脆弱的。相信这一主张的人，含蓄地认为智力上的垄断好于智力上的竞争。本书将英美法系对待证据不确定性和错误风险的方式理论化，将这种方式（贬损地）称为“美国式特例”，无助于推进这种对话。作者的理论解释、证成和认可了普通法系的事实认定制度，不过这一理论并不主张说：不可能存在比这更好的制度。如何分配错误风险以及由此引发的剥夺人们自由或权利的预期可能性，关键取决于一个社会的偏好和价值。这些偏好和价值未必是普适的。

对作者的批评者们主要攻击了其关于风险分配的具体主张，但也有些批评者批评了作者的这种观点，后来作者在修订本书、出版第二版时吸收了某些批评意见。然而，关于认识论的主张，作者仍未动摇和改变。重复一个本书所杜撰的格言：在司法的事实认定中，认识论罢手处，政治道德接手——而认识论经常罢手。[1]《证据法的根基》不是一本教义学著作，与许多杰出的著作不同，它并不提供对那些构成了特定证据法制度的司法规则和原则的描述性阐释，本书在一般性的层面上为读者讲述证据法。书中首先指出了英美证据法制度的核心特征，包括该制度的目标以及实现这些目标的机制。由此浮现出来的宏大画面，揭示了证据法的根基之所在，该画面也标示出作者的论述从描述性转为规范性之处，同时构成了本书为发展一个规范性证据法理论而采用的宏观框架，本书是在这个框架之内发展该理论。与这种内生性理论不同的是，有人可能考虑从零开始（“外生地”）建构证据法。为什么要将规范性悬置于描述性之上，并且冒着被指责将“应然”源于“实然”的风险呢？与本书所讨论的其他问题相比，对这一问题的回答没有什么争议。一些无可争议的基础性因素，是关于证据法的有意义的规范性讨论的一个先决条件。这些因素包括了该法律制度的目标及其制度性设置。如果对这些因素存在争议，则不可能就证据法原理达成任何合意。

在英美法系，中立的（impartial）裁决是基础性的，对司法裁决的理性

[1] 参见［美］亚历克斯·斯坦：《证据法的根基》，中国人民大学出版社 2018 年版，第 3—6 页。

（rationality）和正当（legitimacy）要求，也是基础性因素。除此之外，基础性的因素还包括事实认定的不确定性（uncertainty）问题和错误风险（risk of error）。事实认定者必须以理性、中立和正当的方式在双方当事人之间分配这种风险。在做这一工作的时候，他们需要考虑：分配该风险将关乎哪些事情？事实认定者需要顾及可能被错误裁决影响之人的权利、义务和责任。依赖证据法而实施的实体法，对于任何关于证据法的规范性讨论来说，也转变成一个基础性因素。这些以及其他的基础性因素，确定了对证据法的规范性分析必须采取的方向，它们也确定了对这种分析的限制。

该书提出了一种新颖、全面地对证据法的规范性分析，分析聚焦于美国和英国法庭上的事实认定程序和裁决。这一分析发展出一个革新性的、跨学科的证据法理论，它应用了认识论、概率论、经济学和政治道德。该书用七章的篇幅建构这一理论。第六、七章将这一理论分别应用到刑事和民事审判中。[1]

（三）书籍的影响和总体评价

《证据法的根基》试图完成以下任务：统合那些将证据法视为社会价值集大成者的观点，将新证据派的观点与法学家们的观点，以教义性的证据法的观点结合在一起。本书对证据的态度，对证据的检验，对两个维度的证据和事实的关系，都有很好的启发作用。该书除了具备理论上的融贯性和创新点之外，也承认“分配错误风险”，由此形成复杂的理论阐释。《证据法的根基》让我们认识到，尽管司法事实认定的认识论标准是经验性的，但基于实践理性考虑司法事实认定中的不确定性，仍需要进行错误的风险分配，这种分配要求加强证据法的规制而非缩小，这种规制促使裁判者将程序成本和事实认定错误的成本最小化，具体体现为裁决规则、程序规则、可信性规则和证据损害原则，当然这是规范而非描述性的论证。正因为司法事实认定中的不确定性较大，本书着眼于错误风险分配视角对一般证据法问题的解读。放眼国内，我国当前的证据法尚不能有效回应现实裁判之需求，因此，我们必须认真地予以对待，对我国的证据体系进行进一步改革和完善。至于我国的证据体系具体如何完善，是三大诉讼证据体系分别完善，还是

[1] 参见［美］亚历克斯·斯坦：《证据法的根基》，中国人民大学出版社 2018 年版，第 11—12 页。

从宏观上构建我国统一的证据体系，需要另作专题研究。❶

二、民事诉讼错误风险分配的认识准备：对证据法目的的再认识

（一）有关证据法目的的一般论说

完善的证据体系可以发挥直接的社会控制功能，降低错案风险、抑制司法腐败、保障被追诉者人权，保护社会关系和增进社会福利，通过证据筛选、举证激励、行为制裁、动机保护和证据裁定救济机制，解决冤假错案频发、司法腐败严重、社会道德败坏等社会失范问题。❷在民事诉讼领域，民事证据法的目的可以分为根本目的与其他目的两个层次。发现真实是根本目的，其他目的包括诉讼效率、程序公正、解决纠纷、保护其他权益等。❸因此，在对证据立法进行构思之前，必须首先明确证据法的理念，证据理念的具象表达则是证据立法目的。

1．发现真相

发现真相是民事证据法的根本目的，对这一目的的价值追求不会因为国别或制度的不同而产生差异，其论证理由包括：事实认定要建立在证据基础上，裁判的正当性主要来源于事实认定的准确性与程序正当性，以及在运用证据重建案件事实的过程。在民事诉讼中，当事人是否能够接受裁判结果、是否能够案结事了，一个重要的前提就是案件事实的认定是否符合事实真相，而是否符合事实真相又取决于当事人提供的证据是否合格，是否能证明案件事实，是否形成高度盖然性的结果，等等。如果认定事实正确，正确适用法律就有了基础，实体正义也因之呈现，加之程序保障到位，其结果必然是当事人信服和接受裁判，裁判自然获得权威性和公信力。

当然发现真相的证据法目的并不具有绝对性。其一，是因为实体正义的实现存在极大的不确定因素。发生在生活中的案件事实尽管是独一无二的，但是希冀

---

❶ 参见郑飞：《证据法的运行机制及社会控制功能》，载《南通大学学报（社会科学版）》2014年第1期，第39页。

❷ 郑飞：《证据法的运行机制及社会控制功能》，载《南通大学学报（社会科学版）》2014年第1期，第39页。

❸ 参见李浩：《民事证据法的目的》，载《法学研究》2004年第5期。

通过证据来完整、确切地重建或还原却是不可能实现的，背后的原因在于人类的认知能力不是无限的，而在诉讼过程中对事实的再现则是建立在人们的认识论基础之上的，所以，二者之间的矛盾由此产生。其二，在民事诉讼中，案件事实本身也具有一定的可塑性，证据的真实性在很多情况下难以辨别，使得案件事实在诉讼中变得扑朔迷离，因此，发现真实是司法过程中的一道恒久的难题。

理论因实践之需产生，从域外情况看，知情陪审团制度发展到了一定阶段，关于证据规则方面的判例逐步积累，人们对证据的理论概括和抽象的过程便不知不觉开始，证据法学的理性主义传统由此启航。❶在证据目的论中引入价值论成为必然，即证据制度的目的不仅在于发现事实真相，还蕴含着对社会价值的偏向和选择。立法者在进行证据立法时，必然会考虑到证据法应该追求的价值和方向，如此才能保证立法正当性。

2．其他目的

多元价值的引入在完善了现代司法价值体系的同时，也在一定程度上对事实认定准确性价值追求造成冲击。不可否认，证据法自诞生之初就已经打下发现事实真相的烙印，发现真相可谓是证据制度最本源的功能。然而正如大家已经接受证据法多元价值理念的那样，纯粹的认识论观点已经不合时宜，证据法立法目的应承载更多如程序公正、效率、法治和秩序等的价值指引。

首先，民事证据法有促进程序公正的目的。“如果说发现真实代表了民事证据制度欲达到的实体公正的目标，那么，在双方当事人之间分配举证责任、交换证据、质证反对来自对方当事人甚至来自法院的证据方面的突袭，则反映了证据制度程序公正方面的目标。”❷与注重结果的实体公正不同，程序公正注重于证明过程、方式和手段的公正。

其次，民事证据法有促进诉讼效率的目的。证据制度的建构是否符合效率的要求，对诉讼制度影响极大，可以说如果证据制度效率低下，诉讼制度的效率肯定也不会高。衡量证据制度是否富有效率，主要看两个方面：一是用于证明活动的各种成本，如人力、物力、财力等的耗费，一般而言，成本耗费越少效率越高；二是用于证明活动的时间，证明过程的时间越少，效率越高。如果证据制度仅仅

---

❶ 参见约翰·W. 斯特龙主编：《麦考密克论证据（第五版）》，汤维建等译，中国政法大学出版社2004年版，“译序”第4页。

❷ 李浩：《民事证据法的目的》，载《法学研究》2004年第5期，第107页。

以追求事实真相为原则，而不考虑投入的成本，则不符合一个理性立法者的选择和司法制度的现实需求。美国大法官理查德 · 波斯纳在《证据法的经济分析》一书中，以效率诠释正义，以法律引导效率，将古典经济学为基础的价格理论等简明的经济原理运用于法学理论及具体法律部门、法律制度的研究，为美国乃至全世界的证据科学、法律经济学研究奠定理论基础。❶ 这样分析方法和理论框架同样值得我国在证据立法中予以借鉴和考虑。

最后，民事证据法有解决纠纷的目的。民事诉讼中，法院不一定都能发现案件真实，案件事实处于真伪不明状态是常有的现实，对此，因法官不能拒绝裁判，法院最终还得作出判决，而此时的判决依据就不可能是审理中查明的真实情况，而是根据证据责任规范来进行裁判，即谁承担证明责任，谁负担败诉风险。可见，即使争讼中的事实无法查清，法院也必须做出对双方当事人有约束力的裁判，这就是证据法所具有的解决民事纠纷的目的。

（二）书籍中有关证据法目的的观点

第四章“证据法：目的何在？”是对证据法目的的论说，分析了传统证据学说，并批评其不足以规制司法事实认定。这一讨论提出了一般性的对自由证据评价或自由证明的反对。这种观念有问题但在实务人士、法律改革者和法学家中富有影响。正是法律改革者对该观念的秉持，才导致目前的证据规则趋于废除，以及事实认定自由裁量权趋于扩张。英国《2003 年刑事司法法》乃该趋势最激进的表现。

本书的主要问题是：什么样的证据规则是我们想要的？作者并不讨论以下制度问题：谁应当制定这些规则？立法者还是普通法法官？在普通法模式中，法官制定规则，而立法者可以废除或修改这些规则，这种模式有一些优点。在联邦规则体系中，司法机关发布的证据规则受制于最高的立法权，这可能是最好的普通法证据规则模式，但是直接的民主立法模式也有其优点。这个问题不是本书拟讨论的。第四章所建构的理论仅仅给出一个制度性的观点。❷

书籍第四章废除主义浪潮构建出的是这样一种规范性证据理论：首先，支持

---

❶ 参见［美］理查德 · A. 波斯纳：《证据法的经济分析》，徐昕等译，中国法制出版社 2001 年版，第 2 页。

❷ 分配事实认定中的错误风险是一项绝不允许留给个体裁判者（例如法官）的任务。

从对证据可采性和充分性的强制性法律规制，转变为不受法律控制因而是自由的证据评价。废除主义浪潮动摇了英美证据法。受到影响的英美法律制度继续通过特免权保护特定交流和事项的秘密性，但以事实认定准确性为代价，保留了排除有证明力的证据的规则。

其次，道德与认识论的分离难以维持，因而以之为基础的自由证明制度在规范上也站不住脚。一般性的概括为事实生成型论证提供的联结存在深刻的问题，只有在概括中的事实类型与当前案件之间真正吻合时，这种联结才是可能的。然而这种吻合是有条件而非绝对的。而引入信息稳定性假设的有效性依赖于尚未掌握的证据，论证的“韧性”便取决于它被证据证明的程度。由此，司法事实认定是一项要遵循双重标准的工作，它需要同时满足恰当的概率标准和恰当的分量标准，即充分可能性和充分的分量（可信性）。分量包含质和量两个方面的要求。证据要么被确证为真，要么接受审查并得以决定其可信。不存在从认识论上解决该问题而不诉诸风险分配的方法。错误风险分配应当是一个经过三思的、具有政治合法性的裁决的产物，应通过理性的方式控制错误风险。通过 William Louis Winans 案以及 Rhesa Shipping Co. v. Edmuds 案的分析，得出相应结论。道德和政治选择遍布司法事实认定的所有阶段，司法事实认定既依赖于认识论也依赖于道德。

最后，错误风险分配决定权归属：不应由司法裁判者决定。应然情形为社会偏好（反映在）道德和政治原则（转化）具体规则和原则，由普通法法官或立法者发展。

（三）证据法目的的再认识角度：民事诉讼错误风险分配

亚历克斯·斯坦在《证据法的根基》中论述的观点值得重视，即证据法的作用是在不确定状态下分配错误风险，而不是促进发现真相。错误风险分配为我国证据法提供一个新的目的学说，革新了证据法原则的法理基础。

1．错误风险分配的基本内涵

亚历克斯·斯坦认为，司法裁决的基础性因素不仅包含中立、理性和正当的要求，还包含事实认定的不确定性问题和错误风险，这表明不确定性问题是不可避免的，错误风险是无处不在的，对此对司法事实认定错误风险的分配也是一个基础性的因素。亚历克斯·斯坦反对边沁提出的废除主义，尽管该理论的支持者声称通过考虑所有相关的证据，事实的认定者会最大可能地发现真相，不存在证据规则的审判，也会变得不那么繁复和昂贵，还会使证据制度趋于一致，即废除论具有发现真相、简易化、节约成本及一致性优点。然而亚历克斯·斯坦指出信息越多，真相越可能被发现的观点可能是一个谬误。因为事实认定者在不确定条件接受的任何（一阶）信息，都需要伴以该信息之可信性的补充性（二阶）信息，这些二阶信息也应当是可信的，这就需要另一些补充性的（三阶）信息，以此类推。为了避免这种无限、徒劳无果的调查，事实认定者必须预先筛选证据，而这种对信息的选择，都将错误风险以及由此引发的不当剥夺自由或权利的预期可能性，分配给诉讼中的某一方。基于此，事实认定者需要顾及可能被错误裁决的一方的权利、义务和责任。

如何分配这种错误风险是一个政治道德问题，作为审理案件的法官和陪审员不应享受按其所好决定该问题的权力。在现代民主的正常权力结构中，这类问题应当由普通法先例、成文法和宪法决定。而“自由证明”的简易性也是错觉，企图去掉证据规则的审判，本身不会转化成一个简易的事实。只有符合以下条件时，它才会变得简易，即诉讼当事人不会提出关于证据不确定性的主张，以及由此引发的要求以此种或彼种方式分配错误风险的主张。然而，不存在合理的理由去抑制这类主张，司法中的事实认定从性质上来说就是不简易的。即使佯装它是简易的，也许能够将如何分配错误风险的问题掩盖，但不会使这个问题消失，而传统的证据学说，并不足以规制司法事实认定。要想合理分配错误风险，对司法事实认定的法律规制，应当强化而不是减缩。

2．错误风险分配的应然性

对证据立法和制定证据规则进行思想引导，引导法律专业人员对证据精神的把握，是探索证据法学的目的。目的常常通过规则、原则得以体现，不同于其他的法律要素只承载法律的部分价值，原则几乎是一部法律价值的载体。要探究证据法立法目的必须首先明确一个问题：证据法的理论基础是什么？围绕这个问题可以衍生出证据法价值追求是一元的还是多元的？显然证据法的价值追求从“认识论”向“价值论”发展，其追求的已经不是简单的发现真实，单纯用认识论的一般追求取代诉讼活动的特殊追求，必然会抹杀诉讼活动的生存空间及证据法的特殊性。而规范证明则会使诉讼法与证据法关系更混乱，规范证明将使证据法规范内容与程序法规范的内容产生重叠、交叉等。可以说，证据法目的和程序法目的之间纠缠不清关系也是阻碍证据法成为独立学科，证据体系难以形成的重要原因。因而有必要抛弃上述两种证据目的学说，为证据法找到更为合适的目的理论。

事实认定者在不确定状态下决定这种概率实际上也在分配错误风险，而证明责任规则告诉事实认定者如何根据已决定的概率来分配错误风险，然而只有在决定了相关事实主张的概率之后，事实认定者才能适用证明责任规则。可以说，错误风险分配作为基础性的目的理论，一定程度上适用于各个国家的证据制度，甚至可以说但凡有证据制度的国家都应当树立错误风险的意识。权利保障和公平正义比发现真相或惩罚犯罪更应被重视，这也是错误分配理论价值所在，最大限度避免错误风险的发生，尤其是避免对被告人的错误风险分配的发生。[1]

三、民事诉讼错误风险分配的基本规则：平等原则

（一）书籍第七章“民事诉讼中的错误风险分配”内容梗概

本书第六章和第七章从功利（utility）转向公平（fairness），并且相应地从经济（economics）转向道德（morality）。这两章点明了两个基础性规则：控制民事诉讼中错误风险分配的平等原则和在每个刑事案件中为了判被告人有罪所需满足的“平等最优”标准，这些规则源自政治道德，它们也附属于第三章建构的最大个别化原则。这些规则使英美法系中的许多证据规则和原则得以正当化并得到解释。本书的阐述比对证据规则的传统描述更有吸引力：传统观点将证据规则描述为自由证明的零散和孤立的例外，本书则为传闻规则、品格证据规则、规制专家证言可采性的规则以及现行证明责任和标准提供了新的基础原理。

（二）书籍第七章相关章节概述

本书中与第七章相关的章节，除了前面论述的第四章，还包括第五章、第六章。该三章聚焦规范性论证，只具有部分描述性特征。分析表明，属于英美证据

[1] 参见曾征：《错误风险分配视域下刑事证据法基本原则运用研究》，西南财经大学 2021 年硕士学位论文，第 19—27 页。

制度的证据规则和原则有一个重要的功能，即分配错误风险。第六章、第七章是非功利主义的，关注个人权利角度。司法事实认定的法律规制还有待加强，而不是消除。这些原则包括：刑事——平等最优标准；民事——基础和矫正平等标准；最大个别化原则。

上述理论要求为审判法官通过合理适用适当的法律机制（包括排除机制和优先机制），为陪审团筛选证据；审判法官给陪审团的指示，应包括控制性的证明标准和证明责任，以及可以适用的补强要求；为进一步保证陪审团裁决符合现有证据机制，审判法官应当使用他们所享有的证据法裁判的权力。对法官审判而言，审判法官应通过适用控制性的法律机制，为他们自己筛选证据——这些规则和原则在不确定状态下分配错误风险。[1]

（三）对书籍第七章主要观点的理解

第七章论述思路为：首先，提出平等原理来解释普遍适用于民事诉讼的证明责任规则；其次，展开这一原理，衍生出初级平等和矫正平等两个原则，用以解释和证成其他的证据机制。这些证据机制包括排除、优先和补强；最后，指出该原理对于自由错误风险分配的影响。

在民事诉讼中，风险分配在两者之间受到公平、效率和取舍等方面的限制。效率对风险的分配体现在实现风险后所产生的损害量最小化的功利主义、成本—收益视角、审判成本与不公正成本要相互抵消、事实认证者引导事实认定错误所产生的损害成本以及为了达到效率要求而使用的总成本最小化的程序来减少这些错误和相应的损害发生率。从公平的角度来看，由于性质不同，审判费用和不公正费用不能相互抵消。法律体系需要为诉讼中的个体承担诉讼风险提供一个受到道德约束的合理性证成，成本—收益计算无法实现这种证成。平等标准是一个基本要求，包括初级平等和矫正平等。平等原则是对民事诉讼证据规则和原则优于成本—收益的解释。与此同时，自由裁量权应当受到约束，建议通过平等原则来架构裁判者的事实认定裁量权。

---

[1] 参见《亚历克斯·斯坦：〈证据法的根基〉读书笔记4》，载简书网，https://www.jianshu.com/p/be81870df163，2022年7月3日访问。

根据平等原则，原告和被告可能因风险实现而遭受的损失应当具有同等的负面效应，民事诉讼中的错误风险应当在诉讼中无偏好地分配给双方。矫正平等是初级平等、形式性平等的矫正机制，是对证明责任的再分配，目的是维持原告和被告之间的错误风险分配平等性。此时便对证明责任进行了一种再分配，由引发证据损害的被告承担证明责任，即使该事实是原告的要件主张。

通常，平等原则支持采纳所有与审判相关的证据，否则排除不可采证据就是系统性地偏向被告一方。自由证明制度通常支持平等原则的这种做法，由法官结合全部证据，在个案中随机地、无偏向性地分配风险。如此看来，自由证明似乎具有重要的平等主义特征。矫正平等机制使得具有以下特点的证据失去可采性：该证据将一个非对等性的——因此也是不平等的——错误风险施加给了对方，从而制造了诉讼双方之间的不平等。例如：单方面 + 不可验证证据应当被排除。通过排除这种证据，矫正平等与最大个别化原则 PMI 形成合力。

本书讨论的促进矫正平等的排除机制表现为，传闻排除规则、品格意见证据规则、控制科学和其他专家证言可采性的规则（构成了意见证据排除规则的重要例外）、优先机制。平等要求体现为，事实认定者的证据基础总是要向双方的对抗式检验开放。应注意，事实认定者不愿意根据某个特定证据作出裁决这种可能性的存在并不意味着该证据可检验，平等原则要求证据具有反利用前景。现有证据规则的例外使其陈述具有可采性，这一特点通常会被另一方当事人反利用。以此机制为基础，传闻规则例外的扩展主要包括：第一，对该证据的现在或过去的反利用机会，确保了平等的错误风险分配；第二，对正在进行的某种行为活动的文件记录，其可能产生的错误是偶然性的，没有系统的偏向性；第三，实际上不会包含任何传闻危险性的陈述——或可以自己证据反驳，并非单方面和不可检验的，或从技术上来说可以作为环境证据而发挥作用，其存在本身就有证据价值；第四，传闻规则的失权例外表现为能契合作者的一般理论，但不契合正在讨论的机制，理论基础为证据损害理论——来源于平等原则；第五，传闻规则的裁量例外。自由裁量的要求是错误风险分配的平等性、公平性、收益性。[1]

---

[1] 参见《亚历克斯·斯坦：〈证据法的根基〉读书笔记 4》，载简书网，https://www.jianshu.com/p/252f2b2b430c，2022 年 7 月 3 日访问。

四、读书过程中的问题、困惑与思考

（一）读书过程中遇到的问题和困惑

1. 功利主义理由的一个趋向合理的解释是什么？有何更为合理的解释？

2. 为何理想版本的平等原则无法实现？

3. 自由证明有哪些缺陷？在传闻规则例外中，反利用标准的功用有哪些？

4. 优先策略的例子有哪些？

5. 作为矫正平等的补强适用于哪些情形？

6. 矫正平等如何规制司法事实认定中的自由裁量？

（二）对有关问题和困惑的思考

1. 有关功利主义理由的一个趋于合理的解释是为了获得舒适、公平的社会环境，公民们应当承担司法事实认定中的错误风险。而该制度并不预先确定对于某人的社会成本和收益分配比其他公民更大或更小。但是这一解释也并不完整，因其属于一个一般性的主张，无法解答个案中关于某个人为何承担风险的疑问。实际上，用平等原则来解释更为合理。

2. 理想版本的平等原则为每一方获得一个其主张的相对价值。原告相对价值 =P D；被告相对价值 =（1–P）D（P= 原告主张的概率；D= 诉讼标的的价值）。这种方法虽有平等分配风险的自身内在价值，但是背离了从属性观念——无法准确实施实体法。尽管实体法层面的事实认定具有一定的不确定性，但实质正义和错误风险仍是不可分割的。在民事诉讼中，判定任何一方当事人胜诉获得权利或者判令任何一方败诉承担损害风险，都需要有占优势的理由，由此才能依结果赋予获胜方整体的正义，并由败方承担整体的损害。非黑即白的两分式方法的优势在于保护了法律权利的稳定性。但权利不能由概率来限定，如此将会使权利和违法性在法律体系中消失。因此，理想版本的平等原则无法实现，平等原则无法获得独立性和自主性，而需要以不同方式适用。

3. 自由证明只保证了风险分配中的基本平等，远不能保证在最终的错误风险分配中的平等。反利用标准的功用（在传闻规则例外中）包括：

（1）这一点补充了传闻例外的理论基础。传闻例外以社会必要性、可信性的环境保障为理论基础。其缺陷在于：前者未能指向正当的刑事审判错误风险分配；后者取决于每一个案件的具体特点，难以运用到一般的证据种类上。

（2）这一点证成了传闻规则之既成事实例外而具有可采性的自发性陈述。传统解释及其缺陷为陈述人的自发反应通常不会包含故意的或有意识的欺骗。同时未考虑到那些庭外证人在诚实心态下犯的错误（误导性事件陈述、记忆错误、感知错误）。类似情形包括法庭应当采纳为了医学诊断或治疗目的而作出的陈述，若它们描述了陈述人的就医历史、感觉、症状和因果关系。此外，交叉询问中，证人（医生、护士或其他医护人员）提供的完整信息可供双方使用。

4．优先策略是指 PMI 确立了不同证据类型之间的比较等级。证据或事实推论中，更容易受到对抗式检验或向潜在反利用开放，更符合最大个别化机制及平等性要求的，具有优先性。典型例子包括：

第一，最佳证据规则：举证一方为证明争议内容应提交原件，除非其表明善意且证明无法得到原件。最佳证据原则创造了修改纯粹对抗制的新的动机：它排除了某些证据，以迫使当事人寻找和提出其他被认为更优的证据。然而，其适当范围是受限的，以便有理由制造其他的证据激励与抑制因素。[1]

第二，法律对具体个案证据相对于裸统计证据的一般性偏好。典型案例如红蓝公交车案（Smith v. Rapid Transit）。平等原则阻止错误风险向某个方向单方面倾斜，因而不接受裸统计数据概括下的事实认定。但当裸统计证据产生一个有韧性的概率数据时（严格意义上不是“裸统计”），事实认定者可以依赖之（如英国重大航海保险案例）。

第三，在缺失了关键证据的案件中适用的规则包括：若当事人拒绝向法庭提供证人，就可以正当地作出一个不利于被期待传唤证人的当事人的推论；若当事人被自然地期待传唤某关键证人，但是他没有提出该证人，这种情况下法官可以给陪审团一个聚焦于该当事人的“缺失的证人”的指示，以其敦促陪审团推论：缺失的证人可能会提供不利于该当事人的证言。适用的规则还包括妨碍推论。该规则源于一般的“证据损害”理论。

5．补强是指由于经验的概括使证据种类潜在不可信，因此矫正平等要求以具

---

[1] 参见［美］John Leubsdorf：《作为动机体系的证据法》，刘强译，载《证据科学》2013 年第 21 卷第 1 期。

体个别化方式消除那些基于经验的概括投射到特定证据种类上的怀疑和猜测。其适用于：

第一，当事人自我利益导向的证言。最大个别化原则坚持要求引入具体个案证据，以此为某个概括夯实基础，不存在此类证据的推理是不平等的错误风险分配，因此应当适用补强规则。

第二，在那些将责任归给已死亡的人以从他们的遗产中获赔的案件中。设置恰当补强要求，解决错误风险的不平等。

6. 以下论述平等原则对司法事实认定中自由裁量的规制。矫正平等通过以下方式规制司法事实认定中的自由裁量：

第一，传闻规则及其例外：在英国和美国，传闻例外——排除不会经最大个别化检验、不会带来反利用机会的传闻陈述，这是由于矫正平等要求所表达的正义利益。

第二，证人在法庭宣誓后或在直接询问程序中作证后，拒绝在交叉询问中回答问题。这类证据不遵循最大个别化检验和反利用机会的要求，是单方面性质的。无论是对重要争点还是附属性事项，其宣誓和证言都应当排除。

第三，诱导性询问：当诉讼一方传唤敌意证人或不利证人作证时，可以使用诱导性问题发文，从而使敌意证人或不利证人能够在主询问环节即被有效交叉询问。这种意义上的交叉询问能抵消与该证人有关的当事人的不公正优势，法官应当允许，矫正平等原则要求法官在几乎所有案件中都给予这种许可。[1]

---

[1] 参见《亚历克斯 · 斯坦：〈证据法的根基〉读书笔记 4》，载简书网，https://www.jianshu.com/p/252f2b2b430c，2022 年 7 月 3 日访问。

民事证据理论的源与流

——《民事证据理论新探》读后感

曾 梦*

一、引言

韩象乾教授主编的《民事证据理论新探》❶在“学术推演与实践经验、国内法与比较法、既存理念与原生理念”统合的视角下，对贯穿民事诉讼程序全过程、决定着诉之胜败的民事证据及相关理论做了系统且深入的研究。在21世纪初面世的该部作品不仅拓宽了学界的认识边缘，也为实务界孜孜以求的司法公正提供了助推力。其中对既有证据理论或实务问题的翔实述评、适时穿插的作者新论等，不失为涉足民事证据领域的众多后来者上下求索的必经之路、再创新论之“源”，并为当今证据相关问题指明了出路。另外，这部作品本身也是对众多古老而又经典的证据理论的扬弃与发展，为源水之“流”，位于当时民事证据理论研究的前沿。同样基于时代的要求，我们需在将当下问题与该部作品对接的过程中，进一步发扬和发展该部作品的观点，并以此缅怀韩象乾教授及其对民事诉讼法学和法学教育所作的贡献。

二、证据在对抗法中的作用

从制度价值的不同侧重点出发，民事实体法是秩序法，而民事诉讼法是对抗法，故当民事主体不违反民事实体法意图维护的秩序，或各主体经自由处分而不将司法规则作为对抗规则时，民事诉讼法就无从适用。此即将民事实体法和民事诉讼法分为两个阶段：前一个阶段为民事主体无时不在的私域，而后一个阶段为

* 中国人民大学法学院2022级诉讼法学博士研究生。

❶ 韩象乾主编：《民事证据理论新探》，中国人民公安大学出版社2006年版。

韩象乾主编：《民事证据理论新探》，中国人民公安大学出版社2006年版

公权力介入的、不以民事主体意志为转移的公域。但这样的区分也不绝对，因为在民事诉讼程序中还存在着当事人、诉讼标的、证据、既判力制度等不随着案件审理流程的变化而变化的规范，这使得其既不同于紧随审理流程变化的其他民事诉讼程序规范，也不同于与程序具有显著区分度的民事实体规范，而是依据民事实体法相应内容确定的规制诉讼法律关系的实质诉讼法。证据规范即属于实质诉讼法的范畴。[1]

《民事诉讼法》第2条、第7条同时强调：人民法院审理案件应当查明事实。实际上，无论参与争讼的各方如何尽力还原事实，法院终能查明的、裁判文书记载的仅为证据所能证明的事实，而非生活事实本身，即无证据证明的事实不得作为法院裁判的依据。在法律适用以证据事实为基础的司法规律下，证据事实能够在何种程度上还原生活事实，或主要在哪方主体的意志主导下还原事实，或证据事实主要回应哪方主体的利益等，直接地左右着最终的裁判结果。同时，对抗双方也会根据证据的有无、被采信可能性的高低等改变己方的诉讼策略。因此证据并非简单地还原事实，也客观地在个案中于不同程度上发挥着塑造事实的作用。

---

[1] 陈刚：《民事实质诉讼法论》，载《法学研究》2018年第6期。

正如《民事证据理论新探》所援引的观点，法官对当事人权利义务关系的判断必须基于该关系产生、变更或消灭的事实，且不得凭个人好恶在脱离证据的情况下评价当事人争议的事实。❶ 即是，审判甚至司法工作体现的并非司法裁量权享有者的自由意志，而是围绕证据展开并受证据约束的活动。❷ 也正如韩象乾教授所言，审判工作对事实的认定实则是基于证据的逻辑引申结果。❸

三、法官释明制度的确立及体系缺失

韩象乾教授对法官释明义务重要性的关注源自当事人主义的缺陷。❹ 在当事人主义中，诉讼进程及相关资料主要由当事人负责，法官处于消极中立的位置——只得在排除与案件无关事项、制止重复或最后认定事实时才得以质询当事人及证人，否则质询工作都只能被交予律师进行，而法官只能被动听取辩论。❺ 这既使得诉讼权利极可能被优势方当事人滥用，又使得弱势方当事人由于无法承担优质诉讼服务的成本而在实质上丧失了于法律面前公平辩论的机会；既使得诉讼过程由于当事人过度使用诉讼技巧或难以靠自身进行准确表达而变得低效，也使得与事实原貌紧密相连的实质正义在当事人的对抗游戏中与司法渐行渐远。❻ 韩象乾教授认为，我国本土化吸收当事人主义的过程绝不是从极端的职权主义走向极端的当事人主义，而是融合职权主义与当事人主义的优势，弃其弊端。法官不应处在绝对消极的地位，法律只应尽量明确地区分法官得以主动作为的领域和不得主动作为的领域，让法官适时地发挥诉讼指导作用。与国外相比，我国没有律师强制代理制度，这就更加需要法官在诉讼中起到适当的指导作用，否则攻守武器的失衡程度将掀翻极致的机会平等主义的正当性，导致国内民事诉讼较国外民事诉讼而言更接近于优势方当事人自导自演的游戏。

---

❶ 江伟主编:《民事诉讼法学》，中国人民大学出版社 1999 年版，第 471 页。

❷ ［美］乔恩·R. 华尔兹:《刑事证据大全》，何家弘等译，中国人民公安大学出版社 1993 年版，第 28 页；［美］E. 博登海默《法理学：法律哲学与法律方法》，邓正来译，中国政法大学出版社 1999 年版，第 58 页。

❸ 韩象乾主编:《民事证据理论新探》，中国人民公安大学出版社 2006 年版，第 1 页。

❹ 同上书，第 10—11 页。

❺ 胡锡庆:《刑事审判方式改革研究》，中国法制出版社 2001 年版，第 32—33 页。

❻ 苏力:《法治与本土资源》，中国政法大学出版社 1996 年版，第 166—169 页。

法官得以主动作为的领域涵盖了法官对释明义务的承担。释明义务与释明权是一体两面的关系：就释明义务而言，其意味着法官若不释明，或超出法律规定的范围进行释明等都属违法行为；就释明权而言，其意味着法官的释明行为是依法律授权而为，不受当事人的意志左右，且各方当事人须配合法官的释明行为。❶韩象乾教授认为，法官释明权的行使范围应限于引导当事人进行主张和举证，这具体包括：制止当事人的不恰当陈述；提醒并要求当事人补充主张或举证不完全的内容；在当事人对事实或证据相关问题的表述模糊不清时，引导并要求当事人准确地进行表达。

随着时代的发展，国内在职权主义与当事人主义的融合之外有了又一凸显的学界关注点：协同主义诉讼构造。协同主义这一概念于 1972 年由卡尔 · 奥古斯特 · 贝特尔曼（Carl August Bertelsmann）首次提出。鲁道夫 · 瓦塞曼（Rudolf Wassermann）在其基础上通过《社会民事诉讼——社会法治国家的民事诉讼理论与实务》一书体系化地提出了协同主义的理论内涵。❷协同主义既要求尊重机会平等和当事人的处分权，又要求诉讼在一定程度上具有还原事实真相、追寻实质正义的功能；既要求法官与当事人之间相互合作，又要求法官与当事人之间以不同形式相互制约、监督。协同主义语境下的法官释明之内涵既不需要对职权主义中的法官地位作限缩解释，亦不需要对当事人主义中的法官地位做扩大解释，将其“义务—权力”的双重性质与协同主义的“相互合作与制约”特征更佳的衔接。

当前，虽然现行法的部分条款——《民事诉讼法》第 57 条、第 140 条、第 196 条，《最高人民法院关于民事诉讼证据的若干规定》第 2 条、第 4 条、第 6 条，《最高人民法院关于适用〈中华人民共和国民事诉讼法〉的解释》第 175 条、第 268 条——已经适用了法官释明的理念，并涉及证明责任、程序性事项、诉讼措施等内容，但并没有系统地对法官释明的要件、范围、责任等进行规定，从而呈现出高度碎片化的状况。这种高度碎片化的状况既使得法官在许多情况下的释明行为得不到法律的明确指引和约束，继而变成一种纯粹由自由意志决定的行为，又使得释明义务与现行法中已列明的应用场景的对接遭受“挂一漏万”的批评。因

❶ ［日］谷口安平：《程序的正义与诉讼》，王亚新、刘荣军译，中国政法大学出版社 1997 年版，第 116 页。

❷ ［德］鲁道夫 · 瓦塞曼：《社会的民事诉讼——社会法治国家的民事诉讼理论与实务》，森勇译，成文堂 1990 年版，第 118 页。

此，在民事诉讼相关法中系统地规定法官释明义务对在制度设计上平衡当事人双方攻守武器，减轻当事人不必要的诉讼成本负担；聚焦争议点以提高司法效率；使案件裁判结果尽可能接近事实原貌、实质正义，避免突袭裁判等具有重要意义。

在因法官释明制度系统化规定的缺失而致的问题中，“司法实务不能在案件审理中对民事诉讼标的维持统一、清晰的认识”属首当其冲。尽管《民事诉讼法》第 55 条、第 57 条、第 59 条，以及《最高人民法院关于适用〈中华人民共和国民事诉讼法〉的解释》第 233 条、第 247 条、第 256 条皆使用了“诉讼标的”一词，且学界普遍认为现行法中的诉讼标的以“请求权”（旧实体法说）[1] 为内涵，但这不足以为司法实务中纷繁复杂的情况提供明确指引。司法实务在不同案件中对诉讼标的的认识矛盾主要表现为以下几个方面：第一，对上诉有限原则及再审有限原则的判断标准不同；第二，对当事人申请诉讼标的变更或诉讼请求变更的准否结果不同；第三，对重复起诉的认定尤其是对当事人基于前案中未涉及的事实再次提起诉讼时是否构成重复起诉的认定尺度不同。

法官释明制度在诉讼标的场景中的应用虽远不足以平息学界对我国法律应适用何种诉讼标的理论的争议，但却能从避免类案异判、保障司法公正的角度为司法实务提供及时且高效的操作方案，具体而言，包括以下几点。第一，当二审或再审法官不认可一审法官所认定的事实时，二审或再审法官对案件事实的重新认定所引起诉讼标的的变更或当事人对诉讼请求作出的相应调整，这不再被认为违反了二审有限原则或再审有限原则。第二，当当事人所提起的诉讼请求明显地超越了其所能证明的、由其享有的实体请求权范围时，法官应该提示其补充相应证据以覆盖其诉讼请求；但法官的上述提醒只能是初步的、宏观的提醒，不能对证据收集的具体类型、方法等进行提醒，否则违反了法官的中立原则；由于补充证据的必要性源自当事人诉讼策略的不当，因此法官此时只能在取得对方当事人同意的情况下延长举证期限。第三，在请求权竞合的场合，只要当事人明确地表述了同时覆盖各个请求权的事实，那么法官除应当提醒当事人请求权竞合情况的发生外，还应当提醒当事人各请求权在实现诉讼请求范围上的不同，但不得干预当事人选择何种请求权进行诉讼的最终决定。如此，以在不打破法官中立地位及当事人间攻守武器平衡的情况下尽可能地提高司法效率、降低当事人的诉讼成本、

[1] 张卫平：《论诉讼标的及识别标准》，载《法学研究》1999 年第 4 期，第 64 页。

接近实质正义。

四、心证公开的趋势与挑战

裁判文书是对案件审理是否符合司法公正的终局性体现❶，其公开的是法院权威性与公信力的集中表达，是监督审判工作的合法性与科学性、落实司法责任、防止突袭裁判、避免司法失控❷的重要环节，是让公民切实地从每一个案件中感受到公平正义的核心途径。而我国裁判文书往往拘泥于僵化的文字模板，在“本院认为”部分简单粗暴地搭建逻辑框架，以致说理不透彻，败诉方及社会公众无法认可法院的裁判结果，司法的公信力与权威性因此受损。❸

对此，韩象乾教授认为应当从加强文书的说理力度及扩大文书的公开范围这两个方向推动裁判文书改革工作。❹就文书的说理内容而言，两大法系具有不同的风格。大陆法系主要在集中论述案件事实如何与法律规范中的构成要件相匹配，具有概念化、抽象化的特征；而英美法系则更加注重对案件细节及判断逻辑的公正性进行尽量详尽的阐述，这使其单篇文书体量往往比大陆法系的文书体量更大，其中优秀的裁判文书往往更接近于一篇论证充分的学术论文。就文书的公开范围而言应同时包含两个层面，第一个层面是对当事人公开，第二个层面是在对文书进行脱敏处理——隐去其中不适合公开的国家秘密、商业秘密及个人隐私后向社会公开。裁判文书中的心证公开应当注意以下问题：第一，根据个案情况区分有必要公开的心证和无必要公开的心证，例如，对当事人无争议的证据的采纳理由就没有必要在文书中进行过多的阐述，而对于当事人争议较大的证据则要着重阐述对其采信与否的理由。第二，程序的不同未必意味着心证公开必要性的不同。例如，并非只有对实体权利要件相关的内容才有详细说理的必要，在包含管辖权审查、诉讼保全措施、诉讼妨碍排除措施等程序性事项上，心证也须充分公开以使

❶ 王启庭、张志军:《论裁判文书论理的重塑》，载曹建明主编:《中国审判方式改革理论问题研究（下册）》，中国政法大学出版社2001年版，第925页。

❷ 宋冰编:《读本：美国与德国的司法制度及司法程序》，中国政法大学出版社1999年版，第443页。

❸ 颜承荣、何能高:《论裁判文书改革的几个问题》，载曹建明主编:《中国审判方式改革理论问题研究（下册）》，中国政法大学出版社2001年版，第895页。

❹ 韩象乾主编:《民事证据理论新探》，中国人民公安大学出版社2006年版，第14页。

司法活动的全流程具有信服力。

幸运的是，于 2013 年 7 月 1 日正式上线的中国裁判文书网在较大程度上改善了我国法官心证公开的状况，也借此倒逼法官必须更加认真地对待裁判文书中的说理内容。韩象乾教授所关心的法官心证公开问题至此有了里程碑式的突破。然而，中国裁判文书网的持续建设工作也面临着诸多困难。从宏观上看，向社会公开心证的难处主要在于三点：一是难以监督各级法院对适合公开的裁判文书是否实际进行了全面公开；二是在法院对部分案件故意设置信息障碍的情况下，公众很难获得案号、各方当事人姓名等准确的索引条件，此时，便捷、快速的文书检索与获取渠道名存实亡；三是难以平衡“合议庭或审判委员会中少数人意见的公开”与“对少数人的保护”这对关系，即难以平衡“心证公开的责任落实要求”与“秘密评议原则的保护要求”之间的关系。从微观上看，距离理想状态中“不涉密则皆公开”的目标仍有较远距离：第一，尽管中国裁判文书网于 2013 年就已正式运营，但碍于各法院参差不齐的硬件条件，直到 2015 年才实现了全国所有法院联网；❶第二，法院并未实时更新已生效的裁判文书，许多已生效的裁判文书需要等待数月之后才会被传至中国裁判文书网上以供查询；第三，已上传至裁判文书网中的文书总量在法院实际保存的文书总量中占比不高，例如，西藏自治区、黑龙江省的上网公开裁判文书总量低于该省裁判文书总量的 20%。❷

当前心证公开工作面临的最棘手的问题是审判委员会的心证公开。在我国统一法律适用的路径上，审判委员会在各级法院中享有最高裁量权，法官或合议庭的裁量权无法与之对抗，这主要体现为三个方面：第一，若正副院长、庭长试图对非本人承办的案件施加影响，则只能通过法律明确规定的相应方式提请审判委员会决定，专业法官会议的结论对案件审理仅具有参考地位。❸第二，就案件承办法官与审判委员会之间的关系而言，法官的裁量尺度不得偏离统一法律适用机制

---

❶ 姜佩杉：《中国裁判文书网文书总量突破一亿》，载《人民法院报》2020 年 9 月 2 日，第 1 版。

❷ 马超、于晓虹、何海波：《大数据分析：中国司法裁判文书上网公开报告》，载《中国法律评论》2016 年第 4 期，第 195—246 页。

❸ 《最高人民法院关于审判权运行机制改革试点方案》规定，院长、庭长不能签发本人未担任合议庭成员审理的案件的裁判文书，履行行政管理职责时不能影响法官独立判案。《最高人民法院关于完善人民法院司法责任制的若干意见》要求，院长、副院长、庭长不得在审判委员会、专业法官会议外对没有实质参加审理的案件发表倾向性意见；若正副院长或庭长对法官意见有异议的，只得根据相应方式提请审判委员会决定。《最高人民法院司法责任制实施意见（试行）》规定，除此文件列明的特殊情形外，院长及其他院领导、庭长不得以口头指示、旁听合议、文书送阅等方式变相审批案件等。

的裁量尺度，须根据审判委员会多数人的意见制作、签署裁判文书。❶第三，在宏观层面持续强调“审判委员会拥有统一法律适用标准的职权”的做法为审判委员会监督或干预法官办案留足了合法性、正当性的解释空间。❷然而，在许多案件实际是按审判委员会多数人意志进行最终裁量的情况下，裁判文书的落款处只列明了合议庭成员的姓名，却没有罗列审判委员会相关委员的姓名。而且裁判文书的说理部分也一律地使用“本院查明或认为”字样，未区分哪些是合议庭的意见，哪些是审判委员会的多数人意见。这样的心证公开显然无法起到明确司法责任、监督裁判权的行使、反向推动文书的说理部分更具科学性等作用。

尽管已有规范在不断地完善审判委员会的心证公开机制，但改革力度仍然不够。这些已有规范包括:《人民法院第四个五年改革纲要（2014 —2018）》第 32 条,《最高人民法院关于健全完善人民法院审判委员会工作机制的意见》第 21 条、第 26 条以及《关于深化司法责任制综合配套改革的实施意见》第 4 条要求审判委员会会议过程须以全程录音录像、会议记录及签名等方式留痕，并记录少数委员的意见;《最高人民法院司法责任制实施意见（试行）》第 50 条、《最高人民法院关于健全完善人民法院审判委员会工作机制的意见》第 24 条及《人民法院第五个五年改革纲要（2019 —2023）》第 23 条要求审判委员会委员的履职情况、会议讨论事项在内网公开，审判委员会对案件的最终裁量结果及相应理由须在裁判文书中公开;《最高人民法院关于健全完善人民法院审判委员会工作机制的意见》第 31 条、《最高人民法院关于完善人民法院司法责任制的若干意见》第 31 条废除了会议言论豁免权，要求各委员对自己支持的案件裁量结果负责，要求会议主持人对会议讨论过程违反民主集中制的情况负责等。

上述改革无法实现审判委员会心证公开的原因有两点：第一，当前的裁判文书皆用“本院查明或认为”的口吻进行说理，完全无法区分法官、合议庭的意见

---

❶ 参见《最高人民法院关于案例指导工作的规定》第 7 条,《最高人民法院关于完善人民法院司法责任制的若干意见》第 9 条、第 26 条（5）,《最高人民法院关于审判权运行机制改革试点方案》第 16 条,《最高人民法院司法责任制实施意见（试行）》第 9 条、第 51 条、第 40 条,《最高人民法院关于建立法律适用分歧解决机制的实施办法》第 11 条,《最高人民法院关于完善统一法律适用标准工作机制的意见》第 9 条。

❷ 参见《最高人民法院关于完善人民法院司法责任制的若干意见》第 9 条、《最高人民法院司法责任制实施意见（试行）》第二（三）部分、《最高人民法院关于完善统一法律适用标准工作机制的意见》第 11 条等。

与审判委员会的意见，且按规范要求应当于裁判文书末尾署名的审判委员会委员实际上皆未署名。第二，审判委员会委员一般都是该院的领导者，即头衔不同、人员相同的同班人马既掌握着该院的最高行政权，也掌握着该院的最高审判权，他们相互间具有行动上的一致性。在此情形下，试图通过人事关系隶属于该院的会议记录者或持少数意见的委员实现实质上的心证公开是不可能的。对此，只有由最高人民法院从外部推动地方各级法院的审判委员会心证公开制度改革：第一，要求地方各级法院在裁判文书中用“独任庭查明或认为”“合议庭查明或认为”“审判委员会查明或认为”的主谓结构取代“本院查明或认为”的主谓结构，防止实质行使审判权的人员借法院之名隐匿其本人的心证及逃脱司法责任；第二，要求地方各级法院在经审判委员会决议（包括部分决议）的案件的裁判文书末尾，列明审判委员会委员姓名及其对案件结果持支持还是反对立场；第三，要求地方各级法院在中国裁判文书网中上传所有经审判委员会决议（包括部分决议）的案件，涉及国家秘密、商业秘密及个人隐私的裁判文书或文书相应内容除外。

五、结语

民事证据理论不仅在内部存在源与流的关系，且据其与法官释明、诉讼标的及心证公开相关制度等的紧密联系来看，民事证据理论也不乏在某种程度上成为辐射、勾连其他民事程序理论的中心源，并在与不同民事诉讼程序的衔接中呈现出随应用场景变化而变化、多样态的理论发展之“流”。在领会韩象乾教授通过《民事证据理论新探》一作给予的开放性启发之时，应时代性的要求不断发展该作的观点是感念作者及升华作品的最好方式。

民法典时代萨维尼体系论思想的再发掘

——兼论民事诉讼法学的教义学化

张世超 *

一、引言

拉德布鲁赫曾言，有理由检讨其自身方法的学科均为病态。❶ 饶是如此，从古至今，法学对自身方法论的反思从未止息。随着《民法典》的颁行，民法“教义学”及“教义学化”的浪潮漫卷，在民事诉讼法学科内部也激起波澜。21世纪初，日本知名民诉学者高田裕成教授曾对民事诉讼的教义学化可行性抱持怀疑态度。❷ 德国民诉法学界权威学者罗尔夫·施蒂尔纳教授亦对民事诉讼教义学思维的功能与边界有所反思。❸ 可见，民事诉讼法与法教义学的关联性与适配度不仅是后民法典时代我国民诉学界亟待澄清的紧迫议题，更具有跨越国别的普适意义。民事诉讼法能否教义学化及如何教义学化，如欲回应上述问题，一个重要的前提性工作是了解法教义学自身的发展缘由、功能取向及方法论构造，在此基础上才能进一步回答民事诉讼法与教义学方法论的契合程度。但本文不欲直探民事诉讼法教义学化之骊珠，而是就教于古贤，在萨维尼的法学方法论中窥得民事诉讼法教义学化的门径。

---

* 清华大学法学院2021级博士研究生（民事诉讼方向）。

❶ 转引自［德］赖因哈德·齐默尔曼：《罗马法、当代法与欧洲法：现今的民法传统》，常鹏翱译，北京大学出版社2009年版，第47页。

❷ 高田裕成教授认为（民事诉讼法）的所谓方法用语本身就不限于“解释方法论”，而具有越来越多的含义。此外，民事诉讼法学的解释对象与民法学的解释对象存在差异，作为解释对象，民诉法上个别条文的作用似乎很小，如“既判力”“诉的利益”等重要理论并未写入民诉法。参见［日］加藤新太郎、高田裕成、三木浩一等：《日本民事诉讼法学的方法论及其展望（上）》，雷彤译，载《法治现代化研究》2019年第6期。

❸ 参见［德］罗尔夫·施蒂尔纳：《民事诉讼法中法教义学思维的角色》，霍旭阳译，载《复旦大学法律评论》2015年第2期，第217—219页。

［德］萨维尼、［德］格林：《萨维尼法学方法论讲义与格林笔记》，杨代雄译，法律出版社 2014 年版

法教义学主要由欧陆尤其是德国法律文化传统中成长而来。[1] 体系化思维是法教义学的核心。在法教义学臻于成熟乃至鼎盛的历程中，萨维尼的体系论思想扮演着奠基性的角色——萨氏首倡“科学”意义上的体系[2]，通过对罗马法学术的实证化[3]，构建了贯通古今，兼容实体法与诉讼程序的法学体系[4]。我国学界历来重视萨维尼方法论中的历史维度，但对其体系维度关注不足。在既有文献中，杨代雄教授曾对萨维尼的历史与体系方法进行过全面细致的剖陈，勾勒出萨维尼法学体系概念的、逻辑的一面。[5] 朱虎教授进一步挖掘了萨氏理论中另一重要概念——

❶ 雷磊：《什么是法教义学？——基于 19 世纪以后德国学说史的简要考察》，载《法制与社会发展》2018 年第 4 期，第 101—102 页。

❷ ［德］卡尔·拉伦茨：《法学方法论》（全书·第六版），黄家镇译，商务印书馆 2020 年版，第 26 页。

❸ ［德］赖因哈德·齐默尔曼：《罗马法、当代法与欧洲法：现今的民法传统》，常鹏翱译，北京大学出版社 2009 年版，第 51 页。

❹ 陈刚教授认为萨维尼将民事诉讼法分为诉讼程序规范和实质诉讼法，而实质诉讼法是其创建的现代罗马法体系的重要组成部分。参见陈刚：《萨维尼实质诉讼法理论及其现实意义》，载《法律科学（西北政法大学学报）》2016 年第 6 期，第 72 页。

❺ 参见杨代雄：《萨维尼法学方法论中的体系化方法》，载《法制与社会发展》2006 年第 6 期，第 25—27 页。

“直观”，并指出萨维尼的法学体系是“直观”与“建构”相连接的有机开放的体系。❶那么，萨维尼体系中“概念—逻辑”的面向与“直观—建构”的面向怎样相衔接？体系的封闭性与开放性如何在萨氏的理论中有机交融？这一体系建构方式与民事诉讼法怎样发生关联，能否侧证民事诉讼教义学化的可欲性及可行性？萨维尼法学方法论对民事诉讼法的教义学化有何借鉴和启示？

为探究上述问题，笔者将以《萨维尼法学方法论讲义与格林笔记》（以下简称“讲义”）及《当代罗马法体系》为主要分析材料，寻溯萨维尼体系思想的源流及背后隐藏的法学科学化线索（第一章），剖陈体系的概念、结构与特性（第二章），在此基础上揭示萨维尼法学体系中的实践面向（第三章），最后结合前述内容探求建构民事诉讼法教义学的启示（第四章）。本文的体系论主要指萨维尼对体系的认识论及其维护体系统一性的方法论，笔者亦将萨维尼对其体系论的阐发称为体系思想，体系论与体系思想互为表里。

二、前萨维尼时代的体系思想

自罗马法复兴运动时期的注释法学派兴起以来，法学领域的教义观念发展始终贯穿着法学对自身“科学性”的审问与反思。❷古希腊时期，传统法学被视为一门面向实践的“技艺”。面对来自外部学科的科学性质疑，传统法学不得不借助“体系化”验明“科学”的正身。前萨维尼时代各个学派在法学“体系化”上的勠力前行不仅推动了法学科学化的进程，更为历史学派体系论的生成奠定了基础。传统法学走向法律科学的进程亦可理解为法学对科学之冲击的因应与自我调适。科学与实践的张力关系也因之成为解码萨维尼体系思想的一柄钥匙，使我们在体系学说的演化嬗替中，寻得洞悉萨氏思想的门径。

科学的挑战是体系化的动力，而罗马法复兴后发掘出的大量原始法学文献则成为体系化的质料与对象。在13世纪中后期，作为欧洲“共同法”的罗马法和教

---

❶ 参见朱虎：《萨维尼的法学方法论述评》，载《环球法律评论》2010年第1期，第75页。

❷ 参见雷磊：《什么是法教义学？——基于19世纪以后德国学说史的简要考察》，载《法制与社会发展》2018年第4期。不同研究者在追溯教义学源流时选取了不同的时间节点。如陈辉教授以法学的科学化为主线，追溯到古希腊时期关于教义的“科学”与“技艺”的定性之争。参见陈辉：《德国法教义学的结构与演变》，载《环球法律评论》2017年第1期。

会法已被视为一种指导法体系（Leitrechts system），此时评注法学派已开启了对法学体系化的尝试。

（一）评注法学派的失败尝试：科学性与实践性的失衡

随着 12 世纪知识界对亚里士多德哲学的再发现，“知识的科学性问题”在评注法学派时期逐渐成为各类学问自我省思的焦点。❶ 演证方法（三段论）成为科学化的重要工具。各学科纷纷寻求各自的基本原理和概念前提，期望借由“确定性知识的三段论”获致学科自身的科学性。❷ 法学概莫能外。该时期的评注法学派在方法论上致力于追求法学“确定性知识”的体系化，但这种尝试难谓成功。❸

评注法学派的哲学基础源于亚里士多德哲学，法律体系的建构也建立在对“确定性知识”的笃信之上——坚信一切真理都可以从“必然的、不证自明”的前提演绎推导出来。与此同时，评注法学派在方法论层面又依赖于法律共同体内部就如何解决具体案件之难题达成的“教义学共识”（doctrinal consensus）。❹ 此等共识其实是对法律解释的实践理解 ❺，并不能超脱于共同体成员的经验认识。它无法成为构建科学理论的确定性前提，只能提供“或然的确定性”。

认识论与方法论上的矛盾最终导致评注法学派在经验主义哲学的冲击下深陷危机。❻ 然而，这场危机的根源还是在于评注法学派未能妥善处理法律的科学性与实践性的关系——以科学性理论彻底取代法学作为实践知识的学科属性并不现实。评注法学派过于激进的科学化方式漠视了法学的实践属性，注定走向失败。这一问题也将继续困扰后世致力法学科学化的各个学术流派。

---

❶ See Andrea Padovani, *The Metaphysical Thought of Late Medieval Jurisprudence,* in Andrea Padovani, Peter G. Stein(ed.), *The Jurists'Philosophy of Law from Rome to the Seventeenth Century*, Springer, p.57, note 62 (2007).

❷ See Andrea Errera, *The Role of Logic in the Legal Science of the Glossators and Commentators*, in Andrea Padovani, Peter G. Stein(ed.), *A Treatise of Legal Philosophy and General Jurisprudence volume 7: The Jurists'Philosophy of Law from Rome to the Seventeenth Century*, Springer, pp.135-136 (2007).

❸ 参见舒国滢:《法学的知识谱系（中）》，商务印书馆 2021 年版，第 606 页。

❹ 参见［英］约瑟夫·拉兹:《实践理性与规范》，朱学平译，中国法制出版社 2011 年版，第 62—63 页。

❺ 参见［荷］阿尔诺·R. 洛德:《对话法律：法律证成和论证的对话模型》，魏斌译，中国政法大学出版社 2016 年版，第 33 页。

❻ 参见舒国滢:《法学的知识谱系（中）》，商务印书馆 2021 年版，第 614—616 页。

（二）人文法学派的歧路寻途：体系化的路径摸索

两个多世纪过去，评注法学派走向没落，人文主义法学派取而代之。人文主义法学思潮大体兴起于16世纪初，人文主义法学家的活动主要集中于罗马文献（即优士丁尼《民法大全》）的校勘、整理和评释。人文主义法学盛行之时，法学科学性之论争及其伴生的体系化问题依然存在。只是这一次人文主义法学派面临的挑战并非来自经验主义哲学，而是“医学家的傲慢”（Hochmut der Mediziner）。❶

无论出于对外部挑战的因应，抑或学科自身的危机意识，人文主义法学派重新挖掘了失落已久的古希腊—罗马时期的“论题学”，将之改造并服务于法学的体系化建构。人文主义法学家始终坚信法学可以通过从一般到特殊的逻辑推理形式加以表达。但摆在他们面前的却是编纂极度松散，个案“大杂烩”式的优士丁尼《民法大全》。对人文主义法学家而言，当务之急是系统地整合《民法大全》，使个案的汇编由孤立走向有序。人文主义法学家师法西塞罗的《论市民法简化为一门技艺》，力图在法条之间建立“内在的关联”，以“体系”代替“个别注释”，最终将法学改造为“依一定方法安排的事物知识”。❷因此，人文主义法学时期，法学的体系化建构主要集中于对罗马法素材的系统整理——以更加合理的方式梳理、归类、编排优士丁尼的《民法大全》，为其搭建合理的外部框架。❸

人文主义时期，法学的体系就是罗马法素材的外在框架，体系化的方式则是对这些素材的分类与重排。这种体系化建构方式尚未及于法的内在关联，亦未能超脱于罗马法文本而上升至一般的“法”，但人文主义法学家的体系化努力的确成为促动法学朝向“科学化”“公理化”挺进的内驱力量。

---

❶ 按照亚里士多德的观点，将原因作为真实前提推断出结果是真正的科学证明，从结果推断其原因这样一种归纳并不具有严格的科学证明的性质。这种观点在16世纪意大利帕多瓦大学医学家们内部产生了异常争论，即技艺性学科到底是不是科学。这场争论也波及法学界，在帕多瓦的医学家们看来，法学是以从前的法学家看起来有些任意的言说为支撑的，也就是说，法学不是一门严格意义的科学。这种看法被称为“医学家的傲慢”。参见舒国滢：《法学的知识谱系（中）》，商务印书馆2021年版，第696页，脚注2。

❷ ［德］弗朗茨·维亚克尔：《近代私法史（上）》，陈爱娥、黄建辉译，上海三联书店2005年版，第74页。

❸ 参见［德］马克斯·韦伯：《法律社会学·非正当性的支配》，康乐、简惠美译，广西师范大学出版社2011年版，第29页。

（三）自然法学派的矫枉过正：法体系的公理化

如果说 16 世纪以来，欧洲的文化发展经历了从神学到形而上学 / 科学实证，再到人文—道德，终至经济领域的中心领域转移过程，17 世纪无疑是科学思想占据中心的黄金时代。在科学风潮的笼罩下，法学又一次面临自然科学的挑战。人文主义学派的体系化停留于实体法内容的协调。新法律只是从既定情形中推展而出的“或然性”“非确定性”结果，不具备科学所要求的“必然性”与“确定性”。法学的体系建构缺乏新知的生产性和创造性，科学性也因之备受质疑。❶ 正是在这一背景下，理性主义的自然法学派应运而生。

自然法是发端于古希腊哲学并延及现代的精神传统。❷ 中世纪自然法思想一度与神学思想融合，成为由神的意志决定并通过理性解释的不变法典。❸ 此后自然法经历了漫长的世俗化过程。其间，荷兰著名法学家胡果·格劳秀斯明确提出“自然法是正当理性的命令”，“上帝也不能对它加以改变”。❹ 从此，自然法的“理性主义”时代打开局面。普芬道夫在其著作《自然法与国际法八卷本》中主张在“人类理性法则和事物的本质”中寻求“法律体系的真正渊源”，进一步巩固了理性主义自然法学的成果。❺ 到了 17、18 世纪，“自然”从神学教义中解放出来，与“理性”等而视之。❻ 自然法学派在认识论上的敌手是宗教神学，而其方法论上的发展仍是一个克服自身的过程。从“冲击—回应”❼ 这一角度审视 17 世纪以降法学知识界在方法论上的转向，就不难理解自然法学派的法体系建构为何借镜自然科学（尤其是数学）。

---

❶ 参见舒国滢：《法学的知识谱系（中）》，商务印书馆 2021 年版，第 731 页。

❷ 参见［德］弗朗茨·维亚克尔：《近代私法史（上）》，陈爱娥、黄建辉译，上海三联书店 2005 年版，第 245 页。

❸ 参见舒国滢：《法学的知识谱系（中）》，商务印书馆 2021 年版，第 754 页。

❹ 参见［荷］格劳秀斯：《战争与和平法》，何勤华等译，上海人民出版社 2005 年版，第 32、33—34 页。

❺ 参见舒国滢：《法学的知识谱系（中）》，商务印书馆 2021 年版，第 764 页。

❻ ［德］马克斯·韦伯：《法律社会学·非正当性的支配》，康乐、简惠美译，广西师范大学出版社 2010 年版，第 305 页。

❼ “冲击—回应”模式由美国史学家费正清提出，他认为长期以来中国传统社会处于基本停滞状态，缺乏内部动力以突破传统束缚，只有经历 19 世纪中期的西方冲击后，才有可能向近代社会转变。尽管这一研究范式带有西方中心主义色彩，也难以周延复刻发展的全部动因，但作为一种简洁明快的思维模型，其对于理解人文主义法学到自然主义法学的历史转型仍具有相当的解释力。参见费正清：《冲击与回应：从历史文献看近代中国》，民主与建设出版社 2019 年版，第 9 页。

近代自然科学的方法有两大表征：一是通过实验来验证和证明科学发现，二是运用逻辑和数学发现和论证因果关系。对法学而言，前者显然难以实现。为了确证自身的科学性，法学体系建构倒向公理化、数学化几乎是必然的选择，也是最为便捷的方案。如前所述，“科学的法创制”一方面要求法学具有生产性，即具备从一般推导出特殊的逻辑结构，并形成层次分明的规范体系；另一方面又要求这种法的发现具有确定性与必然性。作为演绎前提的原则必须不证自明，具有真理的品格。而数学这种由界说、公设、公理推出结论的演绎结构恰好同时满足了上述双重需求。

在这一点上，17世纪德国自然科学家戈特弗里德·威廉·莱布尼茨（Gottfried Wilheilm Leibniz，1646—1716）开风气之先。他以数学的方法改造传统论题学，以此解决传统法律论证的或然性。此外，他提出以公理化方式“科学地改革罗马法”并“重整《民法大全》”的构想。❶莱布尼茨的思想实质在于运用自然科学的方法打造“封闭、无矛盾的法体系”。❷这一理论构想假定的前提是实在法的完满，以至于无须诉诸更高层级的理性自然法即可完成一般到特殊的演绎。另一种更为直白的法体系科学化改造方案是直接将理性引作实在法的理据，将自然法作为实在法的规范基准。莱布尼茨的追随者，哲学家克里斯蒂安·沃尔夫（Christian Wolff，1679—1754）持此立场。沃尔夫力主“绝对的、理性主义建构的自然法”，并以数理逻辑构造“封闭的、公理演绎的自然法体系”，强调所有的自然法规则都应按照“无漏洞的演绎方式”从公理到细节次第推导而出。❸此后，沃尔夫的后继者们继续坚持其“演证方法”。沃尔夫学派的概念——建构主义理论体系代表着理性主义自然法的巅峰。他依托自然科学的内在构造重塑了法学体系，一定程度上化解了法学的科学性危机。

然而，康德批判哲学的兴起逐渐摧毁了理性主义自然法学赖以立基的信仰前提，并留下了法学理论的真空。❹除此以外，沃尔夫学派的理论建构自身也存在问题：一方面，以概念与规则之逻辑关系相联结的法学体系脱离了法学自身的实践

---

❶ 舒国滢：《法学的知识谱系（中）》，商务印书馆2021年版，第740页。

❷ 同上书，第779页。

❸ Mathias Reimann, *Nineteenth Century German Legal Science*, B.C. L. Rev.,Vol. 31, No. 4, pp.843-844 (1990).

❹ Ibid., p.843.

属性，不能为法律人提供解决实际法律问题的答案。[1]另一方面，沃尔夫学派不加批判地将伦理与法、实定法与理性法、经验与批判等冶于一炉，但这些元素的自然属性大异其趣，难以耦合。[2]最终，理性主义自然法体系要么因过于理想化而失去现实意义，要么因过于封闭化而割裂与实践的联系。可以说，这一理性建构未能真正消解科学与实践的紧张关系，而是用更加彻底的科学化遮盖了法学的经验特质。

（四）早期历史学派的路径纠偏：科学性与实践性的再平衡

或许正因如此，沃尔夫的体系论在法学界并未广泛普及。该时期德国的部分“实践派”法学家以颇具实用主义色彩的方式，在个案中运用自然法理念，甚至出现了某种反体系的倾向。[3]此外，理性主义面临的另一重困境则来自法典化运动的悖反。成文法典的创制未能使理性昌明，反倒让理性堕化为教条。对成文法的遵从暗含着对立法者意志的屈就，这与理性主义原则背道而驰。更为重要的是，沃尔夫将理性主义推向极端，崇尚科学而忽视历史，造成了法学与自身经验传统的断裂。加之法国大革命后席卷欧洲的“历史主义”东风[4]，德国法学界蛰伏的历史传统被激活，“转向历史”成为风尚，一时间风头无两[5]。

对历史主义的方法论转型作出重要贡献的是哥廷根法学派。该学派的学术志趣在于打捞起沃尔夫学派所忽视的经验和历史，力图实现历史、经验与哲学的统一。[6]此处不得不提及该学派的一位重要代表人物，哥廷根大学罗马法教授古斯塔夫·胡果（Gustav Hugo，1764—1844）。他与萨维尼几乎身处同一时代且对后者思想的形成产生了重要影响。[7]胡果批判沃尔夫学派的体系方法和自然法学说，他认为实在法的基础既是哲学的，也是历史的。法学必须置于哲学和历史研究之间，这两者是法学方法论的主要组成部分。科学的法学是将哲学应用于历史裁量之上，

---

[1] Claes Peterson, *What has Logic Got to Do with it? On the Use of Logic in Christian Wolff's Theory of Nature Law*, Scandinavian Studies in Law, Vol. 48, pp.317-318(2005).

[2] Mathias Reimann, *Nineteenth Century German Legal Science*, B.C. L. Rev.,Vol. 31, No. 4, p.844 (1990).

[3] 舒国滢：《法学的知识谱系（中）》，商务印书馆2021年版，第782—783页。

[4] “历史主义”（Historismus）的相关介绍，参见舒国滢：《法学的知识谱系（中）》，商务印书馆2021年版，第808页。

[5] 参见［德］鲁道夫·冯·耶林：《法学是一门科学吗？》，［德］奥科·贝伦茨编注，李君韬译，法律出版社2010年版，第64页。

[6] 参见舒国滢：《法学的知识谱系（中）》，商务印书馆2021年版，第817—818页。

[7] 同上书，第852页，脚注3。

从历史和经验中获取实在法规则，并由此建构统一的法教义学。[1]胡果虽未明确提及“实证主义”这一概念，但其理论的问世确乎标志着传统的自然法理论转向实证主义。萨维尼的方法论思想中仍可以看到上述观点的影子，胡果本人也被视为“萨维尼的先行者”。

回望欧陆法学几个世纪以来曲折的发展历程，评注法学派引出科学性之问题，人文主义法学派发掘历史，自然法学派借镜逻辑，哥廷根法学派让理性之法走向实证，但法学对科学的回应总是存在一个滞后期。萨维尼亦坦陈：“法学比其他科学更为缓慢地达到科学在罗马人那里所具有的成熟程度，并且在科学和艺术已经在一般意义明显处于衰落之时，法学才达到其发展的顶峰。”[2]但这一滞后性对萨维尼而言反而是一种好处，前人的智慧成果为其铺就道路，也付与其未竟之业，摆在萨维尼面前的仍是三大问题：（1）如果法学必须建立一个体系，这个体系会是什么样子？（2）如果法律科学必须是实证的，那么它的材料从哪里来？（3）实证性和体系性之间的关系又是什么？[3]这三个问题最后可归总为一个问题：如何建构兼容科学性与实践性的法学体系。这一问题也成为我们理解萨维尼体系论思想的关键线索。

三、萨维尼法学方法论的体系思想

如果法学必须建立一个体系，这个体系会是什么样子？在萨维尼笔下，法体系是一个内在联结的统一整体，具备有机发展之结构，并通过法发现活动完善自身而不断趋于完善。

（一）法体系是结构化的体系

法体系是各种解释对象的统一。[4]解释的最小基本单元是“概念”。体系的内容是法律规范，“为了一方面逐个地，另一方面在整体的脉络中”认识全部法律规

---

[1] 参见舒国滢：《法学的知识谱系（中）》，商务印书馆2021年版，第832页。

[2] ［德］萨维尼：《当代罗马法体系Ⅰ》，朱虎译，中国法制出版社2010年版，第73页。

[3] Mathias Reimann, *Nineteenth Century German Legal Science*, B.C. L. Rev.,Vol. 31, No. 4, pp.843−844 (1990).

[4] ［德］萨维尼、［德］格林：《萨维尼法学方法论讲义与格林笔记》，杨代雄译，法律出版社2014年版，第105页。

范，需要将形式（Form）作为逻辑媒介，“阐明单个法律规则的内容”并“整合多个法律规则”。❶“认识单个的法律规则，即必须阐明其中所包含的概念”，也即给出概念的定义与划分。❷由此可见，“概念”是体系结构的“砖石”。萨维尼认为:“为了忠实立法中的概念谱系，应当充分利用词源学（Etymologie）这个有效的辅助手段。”❸例如，考察诉讼时效（Verjährung）这一概念应当先考察前书（praescriptio）及抗辩（exceptio）❹，前者正是由后两者演变而来。在概念的基础上，还应对“法律规范本身的内在关联予以阐释”，即整合规则。具体包括界定规则之间的相互关系，并对规则与例外之间的关系进行精确阐述。❺

萨维尼在其晚年著作《当代罗马法体系》中进一步将权利（判决）、法律关系、法律制度等纳入体系范畴，从而关联起主观权利与客观法。权利是个人所享有的权力（Macht），也是其意志所支配的领域。❻个人权利若被怀疑和否定，通过特定事实与一般规则之间的连接，权利的存在和范围会得到法官判决的确认。❼但判决的产生只是基于偶然的需要，其并非权利的本质，权利更深层次的基础在于法律关系（Rechtsverhältniss）。判决也只有以法律关系的整体直观（Gesammtanschauung）为出发点才是真实和令人信服的。❽法规则亦如是。制定法的清晰形式只是法规则的外在表现，其更深层次的基础寓于法律制度（Rechtsinstitut）的直观之中。❾所有的法律制度连接起来，成为一个整体。❿但权利/规则、法律关系和制度之间存在支配（Subsumtion）关系：法规则支配法判决及个别权利，法律制度支配法律关系，前一种支配又依赖于后一种支配。杨代雄教授曾将上述结构归纳为“法律判决（针对权利）—法律关系—法律规则—法律制

---

❶ ［德］萨维尼、［德］格林:《萨维尼法学方法论讲义与格林笔记》，杨代雄译，法律出版社2014年版，第108页。

❷ 同上书，第108页。

❸ 同上书，第110页。

❹ 同上书，第110—111页。

❺ 同上书，第112页。

❻ ［德］萨维尼:《当代罗马法体系Ⅰ》，朱虎译，中国法制出版社2010年版，第9页。

❼ ［德］萨维尼、［德］格林:《萨维尼法学方法论讲义与格林笔记》，杨代雄译，法律出版社2014年版，第10、12页。

❽ ［德］萨维尼:《当代罗马法体系Ⅰ》，朱虎译，中国法制出版社2010年版，第10页。

❾ ［德］萨维尼、［德］格林:《萨维尼法学方法论讲义与格林笔记》，杨代雄译，法律出版社2014年版，第12页。

❿ 同上书，第13页。

度”的四边形动态结构。[1] 该结构主要根据萨维尼晚期作品《当代罗马法体系》第四节、第五节整理而成，反映的是主观法（权利）意义上的体系构造。在此基础上，可进一步结合萨氏早期作品《萨维尼法学方法论讲义》与他的学生格林记录的《1802/1803 年法学方法论听课笔记》（以下简称《讲义与笔记》），整合客观法意义上的“概念—规则”。

客观法意义上的“概念—规则”与主观法意义上的“权利 / 判决—法律关系—法律制度”两相勾连。综合上述，可大致勾勒出萨维尼法体系二元三阶的内部构造，如图 1 所示。

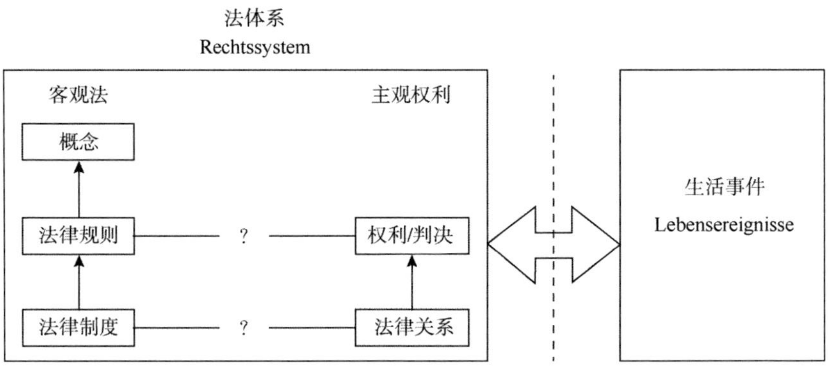

图 1　萨维尼法体系的构造图式

（二）法体系是内在统一的体系

在《讲义》中，萨维尼认为“绝对的研究，其仅以［法］体系为基础”[2]。“如果此研究想真正发挥作用，其内在关联（innerer Zusammenhang）就必须成为一个统一体”。[3] 换言之，“概念—规则—制度”等体系的各个组成部分并非机械地组合，而是有机地关联并形成统一体。这要求法体系具有统一性（Einheit）。

如何理解法体系的统一性呢？萨维尼并未进行正面阐释，而是列举了与体系性相背离的两种情形：一种是超出体系化高度的研究，即追求统一性但丧失素材

---

❶ 参见杨代雄：《萨维尼法学方法论中的体系化方法》，载《法制与社会发展》2006 年第 6 期。

❷ ［德］萨维尼、［德］格林：《萨维尼法学方法论讲义与格林笔记》，杨代雄译，法律出版社 2014 年版，第 68 页。

❸ 同上书，第 74 页。

的多样性。❶ 此种类型的研究包括阐述法律规则未使用的概念❷，或者让概念反过来决定体系——对概念错误的定义实际隐含了法律中不存在的规则❸。简言之，此类研究的体系中过多地包含了个人观点，而未忠实于法本身。❹ 另一种是尚未达到体系化的情形，即“拥有应当被整合为一个体系的多样性素材，但事实上并未成功地进行整合”❺。

萨维尼进提供了一则反例，如霍法克在《罗马－日耳曼民法原理》第 772 题中认为占有取得必须同时具备心素与体素，与此相应，占有丧失也须同时丧失这两个要素，但其在第 773 题和第 774 题关于占有丧失的具体例子中分别提及了（1）持有（Detenzion）丧失和（2）占有意思终止这两种情形。这意味着两者中任一因素的丧失即可导致占有的丧失。这与霍法克给出的占有丧失一般原则产生矛盾。萨维尼认为正确的解读方式是：占有取得要求的是心素与体素的结合，无论是两个要素同时丧失，还是其中任一丧失造成两者分离，均可导致占有丧失。❻

由此可见，统一性并不只是将法律渊源条理化，而是通过推理演绎的形式逻辑组织起来的内在关联的统一体。❼

（三）法体系是有机发展的体系

除统一性外，萨维尼认为体系应具有完备性（Vollständigkeit），这要求消除体系内部的矛盾并填补体系潜在的漏洞。拉伦茨认为萨维尼在早期的《讲义与笔记》中并未使用法律漏洞这一术语，仅提及借助类比推理填补制定法漏洞。❽ 但《当代罗马法体系》中，萨氏改换门庭，明确将“漏洞填补”作为解释方法。这一态度的转变与另一组概念——“法解释”与“法发现”密切相关。

---

❶ ［德］萨维尼、［德］格林：《萨维尼法学方法论讲义与格林笔记》，杨代雄译，法律出版社 2014 年版，第 107 页。

❷ 同上书，第 108 页。

❸ 同上书，第 109 页。

❹ 同上书，第 110 页。

❺ 同上书，第 106 页。

❻ 对此问题的具体解读，参见［德］弗里德里希·卡尔·冯·萨维尼：《论占有》，朱虎、刘智慧译，法律出版社 2007 年版，第 265—274 页。

❼ ［德］萨维尼、［德］格林：《萨维尼法学方法论讲义与格林笔记》，杨代雄译，法律出版社 2014 年版，第 74 页。

❽ ［德］卡尔·拉伦茨：《法学方法论》（全书·第六版），黄家镇译，商务印书馆 2020 年版，第 19 页。

法解释是“对法律内容的重建”。[1]但其前提是法的意图可从法律本身获知，此时解释应“只以法律的意图为准”。[2]萨维尼认为，“解释总是基于某个给定的东西，即文本”。将文本所蕴含的思想揭示出来，是解释的任务。这也间接说明了解释不能产生新的规则，不能代替立法。在《讲义与笔记》中，萨维尼认为，“立法不可能对独一无二的案件进行单独规定，每个案件都必须首先被涵摄于一条更为抽象的规则之下”[3]。若无直接与案件对应的情形，适用于个案的规则可从一般规则中推导出来，或在立法中找到类似案件的特殊规定，从中抽象出更高的规则并据此做出裁判。前述过程即“类推”[4]。类推是将个案涵摄于“更高规则”的纵向过程，是一种法解释方法。这种“一般到特殊”，由“抽象到具体”的演绎方式，似乎意味着法规则中总是存在能够覆盖个案情形的“更高规则”。这或许表明，立法只是没有“对独一无二的案件进行单独规定”，而并不存在真正超出其所预料的新情势。[5]若如此，似乎并不存在法律漏洞，“类推”即是立法的自我补充。[6]

在《当代罗马法体系》中，萨维尼对于漏洞填补及漏洞填补的方法的认识发生了转变。萨维尼区分了两种情况：一种情形是“在一个已知的法律制度中，产生了一个新的具体法问题”，“必须根据属于此法律制度的法规定的内在相似性而对此作出回答”[7]；另一种是“出现了一种新的、迄今未知的法律关系，在迄今形成的实在法之中，并不存在作为次法律关系原型的法律制度”[8]，“根据与已知法律制度之间的内在相似性这个法则，此种原型性的法律制度被新构建出来”[9]。拉伦茨认为这是一种新的创造。[10]

---

[1] ［德］萨维尼、［德］格林：《萨维尼法学方法论讲义与格林笔记》，杨代雄译，法律出版社 2014 年版，第 78 页。

[2] 同上书，第 78 页。

[3] 同上书，第 117 页。

[4] 同上。

[5] 同上。

[6] 同上。

[7] 同上书，第 225 页。

[8] 同上书，第 224 页。

[9] 同上书，第 225 页。

[10] ［德］卡尔 · 拉伦茨：《法学方法论》（全书 · 第六版），黄家镇译，商务印书馆 2020 年版，第 25 页。

上述两种方式被萨维尼称为类推式的法发现，它既可能是纯粹的解释方式。也可能更加自由并通过立法成为法发展的动力。❶更为重要的是，这些新的法律关系或法问题应交给法官决定。❷换言之，法律漏洞的填补有可能蕴含着创造性的基因，甚至可能是创制新规则的活动（近似于法官造法）。相较于《讲义与笔记》中的保守立场——类推方法只是法解释，“对立法进行完善固然是可能的，但这属于立法者的职权，而不是法官的职权，所谓‘掌握司法权的人’是指能够制定规则的古罗马裁判官，而不是现代的法官”❸，萨维尼对漏洞填补的观念发生了转变。尽管法官进行法发现的自由在一定程度上得到认可，这种自由并非无所限制。萨维尼认为类推之所以得到认可，是因为实在法具有一种有机的形成力量，并应当根据自身得到完善。但个别法规定根据不同原则产生，只是被放置在体系当中。个别法不具有常规法所享有的有机形成力量，故个别法不得类推。

对于科学的法体系建构，类推的意义不止于此。萨维尼早期将类推视为对“更高规则”的回溯。❹但后期，萨维尼更强调对相关法律制度的整体直观，而非单纯的演绎推理。直观本质上是以事实“相似性”取代数理逻辑的“因果性”，使法发现不再拘泥于由“高层次一般原则推导出低层次特殊规范”的纵向结构，而具备了通过实践性质的总体直观横向扩展的可能——这种方式同样可保持法体系内在的融贯与确定，在确保法发现之科学性的同时，又随时向实践敞开。萨维尼认为：“类推的任何应用都依赖于假定的法的内在一致性；但此种一致性并非仅仅是类似于因果关系的这种单纯的逻辑一致性，而同时是一种有机的一致性，它产生于法律关系及其原型之实践性质的总体直观。”❺这一认识既意味着法学逐渐摆脱了沃尔夫学派建构在数理逻辑之上的封闭唯理的法体系，也意味着历史与体系的衔接成为可能。

---

❶ ［德］萨维尼、［德］格林：《萨维尼法学方法论讲义与格林笔记》，杨代雄译，法律出版社 2014 年版，第 225 页。

❷ 同上。

❸ 同上书，第 120 页。

❹ ［德］卡尔·拉伦茨：《法学方法论》（全本·第六版），黄家镇译，商务印书馆 2020 年版，第 25 页。

❺ ［德］萨维尼、［德］格林：《萨维尼法学方法论讲义与格林笔记》，杨代雄译，法律出版社 2014 年版，第 225 页。

四、萨维尼体系论的反思：历史性的悖论与实践性的复归

如果法律科学必须是实证的，那么它的材料从哪里来？萨维尼认为体系是历史形成的产物。若法律科学必须是实证的，其材料必须从历史处来。

（一）体系的历史性

“法学是一门历史性的科学，是历史性与哲学性科学的统一。”❶对法体系的解读也无法绕开其历史性。法学的对象已预先被现行法的历史性决定。❷

首先，法体系是法律渊源的体系。法是人为的产物，享有其既定的实际存在。❸体系是实在法（positives Recht）的统一。所谓的实在法就是民族法（Volksrecht）❹，其包括三大组成部分：习惯法、制定法和科学法。全部法律渊源构成一个整体。❺

当代罗马法中的制定法主要指经过筛选的优士丁尼立法，即优士丁尼《民法大全》，通常包括三部法典籍（Rechtbücher）和一部新律（Novellen）。❻习惯法方面，萨维尼区分了一般习惯法和特别习惯法两种形式：一般习惯法的接受指向继受当代罗马法的正当性，即德意志继受优士丁尼《民法大全》的正当性。❼此种继受有国别之分，对德意志而言，其正当性在于罗马法对新产生的生活关系是适

---

❶ ［德］萨维尼、［德］格林：《萨维尼法学方法论讲义与格林笔记》，杨代雄译，法律出版社2014年版，第5—6、71页。

❷ 参见［德］弗朗茨·维亚克尔：《近代私法史（上）》，陈爱娥、黄建辉译，上海三联书店2005年版，第351页。

❸ ［德］萨维尼、［德］格林：《萨维尼法学方法论讲义与格林笔记》，杨代雄译，法律出版社2014年版，第17页。

❹ 同上。

❺ 同上书，第203页。

❻ 在上述范围内，萨维尼特别强调对于优士丁尼时期的法律渊源也应有所择选。其排除了学说汇纂中的希腊文本而承认博洛尼亚大学中接受的翻译文本；相对不重要的学说汇纂修复亦被排除。新律汇编及法典中的扩展也只有真本（Authenticum）可被接受为当代罗马法的渊源，但注释法学家对文本的评论被排除在外。同样被排除的还有诸如奴隶法、殖民区、要式口约等法律制度。除罗马法外，若教会法继续和修正了罗马法律制度，也可被承认为法院。参见［德］萨维尼、［德］格林：《萨维尼法学方法论讲义与格林笔记》，杨代雄译，法律出版社2014年版，第59—66页。

❼ 继受的范围限定于前节萨维尼的筛选后的罗马制定法渊源，见注释131、参见［德］萨维尼、［德］格林：《萨维尼法学方法论讲义与格林笔记》，杨代雄译，法律出版社2014年版，第69页。

当的。[1] 相对于德意志，罗马法是外来民族的产物，但这与其所持的法是民族精神之产物并不冲突，因为共同的基督教信仰如看不见的纽带成为继受罗马法之各国族的共同精神基础，亦烙印在该等国族的历史传统中。[2] 这也是萨维尼将法理解为一种文化现象（Culture Phenomenon）的侧证。[3] 而特别习惯法主要集中于德意志的土地法、继承法以及城市中的商业、手工业惯例方面，这些根据共同信念（Gemeinschaftlichkeit der Überzeugung）而产生，可通过民族的风俗习惯和实践认识的法律渊源也是重要的法律渊源。

科学法是罗马法学家阶层对民族法的科学化表达，具有理论性与实践性的双重面向。前者可大致理解为法学职业阶层对民族法审慎细致研究之成果，后者则是博学的学院性（collegialisch gebildeten）法院或类似具备职业素养之主体的实践性工作成果，包括但不限于教义性著作、决议、解答、裁决的汇集等，其具有习惯法的性质，亦可转化为科学法，也表明了习惯法和科学法本质的同一性与可转化性。[4] 因此，作为一个整体的全部法律渊源，其最终的对象是以优士丁尼《民法大全》为代表，包含罗马法以及对当下德意志具有重要意义的各类习惯法和科学法之总和（见图 2）。

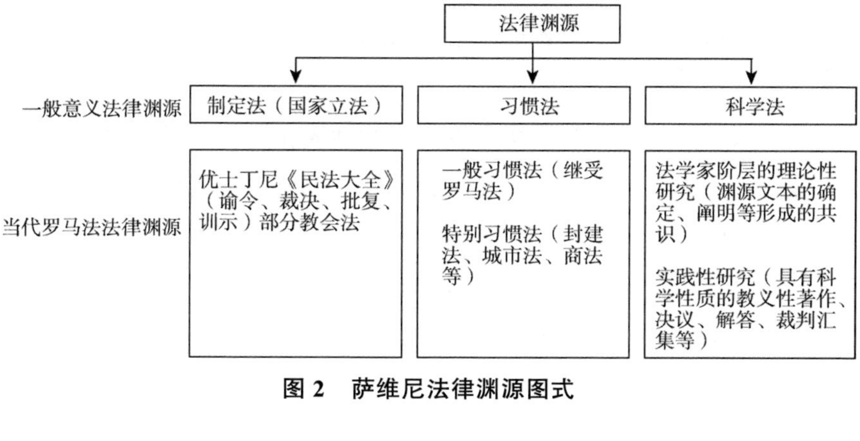

图 2　萨维尼法律渊源图式

❶ ［德］萨维尼、［德］格林：《萨维尼法学方法论讲义与格林笔记》，杨代雄译，法律出版社 2014 年版，第 69 页。

❷ 同上书，第 70 页。

❸ Mathias Reimann, *Nineteenth Century German Legal Science*, B.C. L. Rev. Vol. 31, No.4, p.876 (1990).

❹ ［德］萨维尼、［德］格林：《萨维尼法学方法论讲义与格林笔记》，杨代雄译，法律出版社 2014 年版，第 78 页。

其次，法体系历史地形成，而非超验地加诸实定法之上。这与沃尔夫学派将法的正当性诉诸超迈于实在法的自然理性的观点截然两立。萨维尼认为法律像语言、习俗和政制一样有机地成长起来。其并非通过国家意志或立法者的意志形成，而是通过内在的、默默起作用的力量产生。这种力量寓于民族的共同意识中，是共同存在和作用的民族精神（Volksgeist）的产物❶，法律与民族的本质和性格之间存在着有机的联系，随着民族的成长而成长，随着民族的壮大而壮大，最终随着民族特性的丧失而消亡❷。庞德指出，历史法学派在反对自然法理论的过程中朝着相反方向走得太远——寓于民族精神和共同意识中的法生成仅关注抽象的人，而非具体的人。历史学派的各种解释只是根据行为的条件而非行为人本身去解释法律，实际上将具体且特殊化的人际关系转化为抽象的法律概念，最终将失去对个案情势的把控。❸这一指责并不完全准确，关注法律渊源与生机勃勃的法状况之间的抽象关系，不代表对个案的忽视。萨维尼承认每一个裁决都具有科学的性质，只是该裁决必须由真正审慎博学、精研法律的法官作出。❹

萨维尼所推崇的习惯法某种意义上说也是个案累积的产物。个案中，法官在“法必然性感觉”下作出的裁断具有天然的正确性，由此形成的习惯法亦如此。按此理解，与其说萨维尼的法律解释方案存在忽视个案情势的弊端，倒不如说他过于强调“法必然性的感觉”，有可能错误地将个案中法官的恣意上升为不可置疑的教条。

但不可否认，一旦将民族法律交往的历时性演化过程和对这一过程的观察结果抽象为法律，这种生机勃勃、有机发展的法状况就不可避免地沾染形而上的绝对化色彩。只是这一次“历史”代替“理性”成为新神。相对于理性主义自然法，历史学派的超越性不在于破除了对形而上的崇拜，而在于如下方面：其一，历史法学派坦诚地接受每一个时代都是“密不可分地关联着过去去创造”❺；其二，历史

❶ [德]萨维尼、[德]格林：《萨维尼法学方法论讲义与格林笔记》，杨代雄译，法律出版社2014年版，第17页。

❷ [德]弗里德里希·卡尔·冯·萨维尼：《论立法与法学的当代使命》，许章润译，中国法制出版社2001年版，第9页。

❸ [美]罗斯科·庞德：《法律史解释》，邓正来译，中国法制出版社2002年版，第20页。

❹ [德]萨维尼、[德]格林：《萨维尼法学方法论讲义与格林笔记》，杨代雄译，法律出版社2014年版，第78页。

❺ [德]弗里德里希·卡尔·冯·萨维尼：《历史法学派的基本思想》，郑永流译，法律出版社2009年版，第18页。

法学派“正确地评价了现今时代与过去时代的关系”[1]；其三，历史法学派重新将“历史的维度”和“实践的维度”带回法学，重建了“当下—过去”，“现实—传统”之间断裂的联系。法学作为一门经验累积的学科，其实证的、经验的特质得到正视，这也是原初法教义学所以得名的真正原因。[2]

同时，萨维尼没有忘记将法学科学化的这一历史任务，但其看到了哲学的体系性结构与法学的实证特征并不冲突，而这一结构的形成不需要以“理性”作为起点和驱动。因此，萨维尼给出的科学化方案便是历史性与哲学性并举，“科学”体系意义上的体系正是经验与体系性（逻辑演绎结构）的结合。

（二）历史性的悖论

即便如此，萨维尼的体系思想并非完美无瑕，其中隐伏着内在的矛盾。萨维尼体系中法的历史不是描述性的历史，而是评价性的历史，将其推至极致，便是“习惯法优于制定法”的铁律。[3]这一观点不仅存在“循环论证”的逻辑问题，也与其历史的有机发展观自相矛盾。

萨维尼认为产生习惯法的行为是在法必然性这个感觉下被作出的。在第一个可被证实的行为之中，没有任何错误的“法必然性感觉”已经可能而且必然存在。如果这一行为是在民族信念下作出的，就必然是正确的。相应地，一切民族法都是必然正确的。这一推论的逻辑终点则是“法的存在即正确”。这便混淆了实然与应然。

另一问题更为切峻。如上所述，历史是一个过程，过去与现在是历史的两端。过去代表着实践成果的汇集，并外化于习惯法。现在则是生机勃勃的法状况，是发展演化的结果与终端。在萨维尼笔下，习惯法因在法必然性的信念感下作出，它必然是正确的。因而，习惯法对未来就具有规定性。另一方面，现实的法状况作为发展的结果具有较之于历史的优越性，是对过去的辩证否定。这意味着，除非现在与过去完全一致，以过去的习惯法为准，抑或以当下的现实状况为准，就会产生冲突。倘若认为过去与现在完全一致，这无异于否定了法的发展。

---

[1] ［德］弗里德里希·卡尔·冯·萨维尼：《历史法学派的基本思想》，郑永流译，法律出版社2009年版，第22页。

[2] 舒国滢：《法学的知识谱系（中）》，商务印书馆2021年版，第827页，脚注1。

[3] 同上书，第878页。

该矛盾的态度也体现在萨维尼对法典化运动的态度中。有机发展虽然意味着好于昨天，但也代表着永远没有真正完善的法典，法典总是来得“太早”。❶ 一旦法典真正落成，罗马法也必然会成为陈迹，法典作为法学历史发展的最高成果，其诞生却是对历史的悖反。从此，法的历史将成为“法律史”，而不再是“法”。在这一层面，萨维尼既是历史法学派的创立者，也是其掘墓人。

（三）实践性的复归

萨维尼的体系论在法教义学发展方面的确带给今世诸多启迪。一方面，在回应法律学科的科学属性方面，萨维尼的体系论构造出“概念—规则—制度”的体系构造，同时又将“权利 / 判决—法律关系”的主观法结构纳入其中。法体系具备了通过个案吸纳现实法状况并进行反馈的结构，生活世界与法律世界因此而关联。此外，各个体系组成部分间的关联也不再依托刻板的因果逻辑演绎，直观与事实相似性也是法体系各个组成部分间有机关联的方式。上述体系性构造是法学保持自身科学性的基本前提，保障了法学知识的科学生产能力。

另一方面，萨维尼体系论中，过去和传统的一面存在感过强，面向现实与当下实践的一面被忽视。但这一面向亦是萨维尼体系论中不可缺少的组成部分。在《当代罗马法体系》开篇，萨维尼便提出不断增长的理论和实践的分离是法状态之流弊，其补救的方式只能在理论与实践天然统一性的建立中寻求。❷ 而这一理论与实践结合的思想几乎贯穿此部论著始终。萨维尼以当代罗马法为论述对象也是因为罗马法“最有助于法律科学和与其相联系的法律实践的生机勃勃”。❸ 理论与实践的结合离不开生机勃勃的法状况，也离不开法学家阶层对此变动不居之法状况的直观（Anschauung）。

萨维尼尊重历史，但也保持警惕。萨维尼认为将罗马法中“已经枯萎的内容与仍然继续存在并在很大程度上将始终存在的内容分离开来”，完成这一任务必须秉持着寻求真理的意识。因偏爱罗马法而仅仅力图在各个领域都回复罗马法的

---

❶ ［德］赖因哈德 · 齐默尔曼：《罗马法、当代法与欧洲法：现今的民法传统》，常鹏翱译，北京大学出版社 2009 年版，第 21 页。

❷ ［德］萨维尼、［德］格林：《萨维尼法学方法论讲义与格林笔记》，杨代雄译，法律出版社 2014 年版，第 9 页。

❸ 同上书，第 87 页。

纯粹性，或者走向另一种极端——对新的实践抱有幻觉，认为新的实践彻底独立于历史，这两种立场都是不可取的。前者的错误在于“将历史中已逐渐消亡的部分作为有活力的部分”，后者的错误在于“将自己的幻想作为现实”。❶由此可见，萨维尼的体系论实际上是紧密对接实践的体系。它尊重历史，也时刻面向复杂多变的法律实践敞开。

五、萨维尼思想的再发掘：对民事诉讼教义学化的启示

（一）萨维尼体系论中的民事诉讼观

那么，萨维尼的体系思想对当下民事诉讼法的教义学化能否有所助益呢？在沿用萨氏体系思想前，尚须明确其方法论所及之对象是否包括今日之民事诉讼法，即萨氏的民事诉讼观。

萨维尼早期关于方法论的讲义并未将民事程序（Civil Prozess）纳入考量。《讲义》中萨氏仅区分了描述国家产生的国家法，即宪法以及真正由国家立法产生的法，即私法和刑法。❷此时，程序法自身（包括民事诉讼、刑事诉讼）的定位是不清晰的。但到了《当代罗马法体系》中，“国家法—非国家法”的简单划分被“公法—私法”的二元划分取代。前者仍以国家为对象，整体是目的，个人只是从属；后者以全部法律关系作为对象，个人本身是目的。❸萨维尼认为国家的首要的、最为不容推卸的使命在于使得法理念在可见世界中居于支配地位。为此，国家应采取两方面的行动：首先，保护权利受到侵害的个人对抗此种侵犯，支配此种行动的规则被称为民事程序（Civil Prozess）；其次，国家要维护并回复受损害的法权，而不考虑个人利益，这通过惩罚而实现，支配此种行动的是刑法，刑事程序构成刑法的一部分。因此，民事程序、刑法以及刑事程序就是国家法。而《当代罗马法体系》的论述对象是私法，而非国家法。不过，萨维尼也承认在民事程序中，国家的行动与个人的权利紧密联系，两者的完全分离在实践上是不可行的。

---

❶ ［德］萨维尼、［德］格林：《萨维尼法学方法论讲义与格林笔记》，杨代雄译，法律出版社 2014 年版，第 80 页。

❷ 同上书，第 4、70—71 页。

❸ ［德］萨维尼：《当代罗马法体系 I》，朱虎译，中国法制出版社 2010 年版，第 23—24 页。

法教义学的本质没有由此而被改变。[1]因此，民事程序法虽未处于其论述范畴，但其具有教义学本质。

论述至此还尚不足够，萨维尼所言之民事程序并非今日的民事诉讼。今日的民事诉讼法乃是“民事程序法”与“诉讼实体法”结合的产物，也即陈刚教授所言之“诉讼程序规范”和“实质诉讼法”。[2]由于罗马法时期，实体请求权与诉权尚未分离，罗马法中的诸多内容，诸如诉权与抗辩权、争讼程序、既判力、替代判决、权利恢复之顺序等实质诉讼法的内容本身就是罗马私法的内容，萨维尼也将此部分纳入了《当代罗马法体系》的写作计划中，只是未能完成而已。[3]直至温德沙伊得提出“请求权”这一概念后，才彻底分离了实体请求权与诉权，推动了民法与民事诉讼法的进一步分离。但是，在萨维尼的时代，今日民事诉讼法的实体部分是其方法论的直接适用对象，而其程序规范之部分则被认为具有教义学本质。如此一来，将萨维尼之思想运用于今日民事诉讼法的教义学化似无理论障碍。

（二）萨维尼体系思想对当下民事诉讼教义学化的启示

科学与法学间“冲击—回应”的互动为法学走向科学化提供了契机，也说明了科学的法学必须具备知识自我生产的能力，因之须维持稳定的体系构造。该体系思想对民事诉讼法教义学的启示在于如下方面：

1. 概念与规则的厘清与精确化。概念与规则是法体系大厦的砖石。“对概念的错误界定首先有害于解释”[4]。因此，尽可能对基本概念进行清晰明确的界定，对于法学知识的学习和传播具有重要意义。历史法学派注重概念系谱的梳理，有意识地厘清基本概念与规则的发展脉络，探究概念及规则创制时的情势，澄清其可能的误用，进而明澈规则未来发展的走势，无疑是较为符合萨氏精神的研究取向，对当下中国重层继受的司法现状亦有所裨益。[5]民诉学界近来亦有对“公益诉

---

[1] ［德］萨维尼、［德］格林：《萨维尼法学方法论讲义与格林笔记》，杨代雄译，法律出版社2014年版，第26页。

[2] 陈刚：《萨维尼实质诉讼法理论及其现实意义》，载《法律科学（西北政法大学学报）》2016年第6期，第72-87页。

[3] 同上书，第75页。

[4] ［德］萨维尼、［德］格林：《萨维尼法学方法论讲义与格林笔记》，杨代雄译，法律出版社2014年版，第23页。

[5] 参见章程：《民法学的地平线——继受民法学与公私法的接轨》，北京大学出版社2021年版。

讼”[1]、“诉讼标的”[2]、必要共同诉讼中“合一确定”[3]等基本概念的考察等，可资借鉴。

2．推进规则之间、制度之间、规则与制度之间的整合。尽管萨氏的本意在于法解释时应当回到法体系各组成部分间的意义脉络中，重建法律的真意。对于民事诉讼而言，萨氏体系化思路在民事诉讼中的现代表达包括但不限于如下形式：其一，体察概念、规则在不同制度情境中弹性的适用；其二，洞悉时间维度上程序规则在诉讼不同阶段中的差异化表达；其三，协调功能相近之程序制度的冲突并为其限定更为具体的适用条件情境。如近来“诉讼标的”的相对化考察[4]，如果不考虑概念本身的相对性，而是以过程性视角观察不同诉讼程序对自身规则的差异化需求，以及制度之间的协调与互动，这种凸显程序流变特点的研究进路同样是充满诉讼法特色的另一种教义学表达。

3．概念—规则—制度—原则的有机统一。[5]在上述工作的基础上，亦可考虑建构贯通“概念—规则—制度”的宏观体系构造。同时，近来请求权思维的分析方法又在此基础上增加了“请求—抗辩”的新维度。当然，由于民事诉讼法本身具有目的多元性，在基层原则层面，除辩论原则、处分原则外，亦存在诚实信用原则、诉讼经济与诉讼效率原则等，在体系建构时是否需要以单一目的为出发点，不同基本原则之间如何选取，能否真正生成由更高层级规则向低层级原则、理论、规则渗透的固定路径，这些问题一时恐怕难有定论。

4．跨部门法的制度整合。除上述民事诉讼法体系的内部建构外，跨部门法的研究，尤其是实体与程序法研究的结合也是教义学的重要方面。而实质民事诉讼法理论也为民法与民事诉讼提供了可能的结合点。[6]上已述及，此不赘述。

---

[1] 参见王福华：《公益诉讼的法理基础》，载《法制与社会发展》2022 年第 2 期，第 59—81 页。

[2] 参见任重：《论我国民事诉讼标的与诉讼请求的关系》，载《中国法学》2021 年第 2 期，第 245—263 页。

[3] 参见段文波：《德日必要共同诉讼“合一确定”概念的嬗变与启示》，载《现代法学》2016 年第 2 期。

[4] 参见陈杭平：《诉讼标的理论的新范式——“相对化”与我国民事审判实务》，载《法学研究》2016 年第 4 期，第 149—165 页。

[5] 参见任重：《反思民事连带责任的共同诉讼类型——基于民事诉讼基础理论的分析框架》，载《法制与社会发展》2018 年第 6 期，第 137—156 页。

[6] 参见陈刚：《萨维尼实质诉讼法理论及其现实意义》，载《法律科学（西北政法大学学报）》2016 年第 6 期，第 72—87 页。

此外，民事诉讼法紧贴实践的特性也决定了萨维尼体系论中实践与直观的面向应得到重视，这也有助于避免“概念—演绎”体系结构走向僵化、失去活力。因此，民事诉讼的教义学体系亦可始终保持对司法实践的响应。那么，如果建立这种直观呢？社会学、人类学等丰富的社科资源或许是一种方式❶，亦有诸多研究亲历司法运作的过程，将理论研究与社会调研结合❷。在新近的研究中，司法政治对于民事诉讼制度的影响也得到揭示。❸各具诉讼法特色的佳作不一而足。

六、续论

萨维尼的思想包罗宏富，本文虽尝试复现其冰山一角，但仍存力有未逮之处。如上所言，在科学体系与历史视野之外，法学家阶层对生机勃勃法状况的直观亦是其方法论的重要方面，但其直观仰赖职业阶层的信念感与专业素养，当中也暗含对法学教育的要求。而包括民诉法在内的法学教义学化恐怕离不开与国情相结合的对法学教育与法律职业共同体的探讨，这已然超出了笔者力所能及的范围。不过，诚如萨氏所言，科学所取得的任何接近真理的成果，并非仅凭一人之力，我们是与包括同代在内的过往几个世纪的联合力量一起工作。❹因此，本文已述的内容及未竟的话题，期待更多前辈及朋辈的交流探讨。

---

❶ 参见傅郁林:《改革开放四十年中国民事诉讼法学的发展　从研究对象与研究方法相互塑造的角度观察》，载《中外法学》2018 年第 6 期，第 1437 页。

❷ 参见陈杭平:《“职权主义”与“当事人主义”再考察：以“送达难”为中心》，载《中国法学》2014 年第 4 期，第 200—216 页；吴泽勇:《民事证据失权制度的失落与重建》，载《中国法学》2020 年第 3 期，第 282—302 页。

❸ 参见马家曦:《民事诉讼立案处理的标准澄清与程序完善》，载《中外法学》2021 年第 3 期，第 703—722 页。

❹ ［德］萨维尼、［德］格林:《萨维尼法学方法论讲义与格林笔记》，杨代雄译，法律出版社 2014 年版，第 1 页。

附录一

“韩象乾优秀读书报告奖”管理委员会名单

顾　问：樊崇义

主　任：樊　巍

委　员：顾永忠　宋朝武　乔　欣　杨秀清

毛立华　葛　玲　熊秋红　王进喜

徐鹤喃　陈永生　吴宏耀　张　中

附录二

第一届“韩象乾优秀读书报告奖”评审专家名单

民诉组

赵炳昊	中国政法大学民商经济法学院副教授
王德新	山东师范大学法学院副院长、教授
毛立华	最高法院执行局副局长
葛　玲	北京金融法院政治部副主任
王艳梅	国家广电总局一级调研员
张　凯	中国政法大学应用法学研究中心研究员
魏　超	北京市鑫诺律师事务所主任
常　铮	北京衡宁律师事务所创始合伙人

刑诉组

王进喜	中国政法大学教授
陈永生	北京大学法学院教授
史立梅	北京师范大学教授
王　戬	华东政法大学教授
徐鹤喃	国家检察官学院副院长、教授
白俊华	中国人民公安大学教授
刘　涛	中国人民公安大学教授
张小玲	中国人民公安大学法学院教授
夏　红	辽宁师范大学法学院副院长、教授

附录二　第一届“韩象乾优秀读书报告奖”评审专家名单

左德起	深圳大学教授
苗京平	中央台办投诉协调局二级巡视员
叶肖华	浙江工商大学法学院副教授
金文彤	国家检察官学院河南分院副教授